AF587303

Die überdehnte Staatlichkeit

Ditmar Brock

Die überdehnte Staatlichkeit

Warum der Westen scheitern könnte

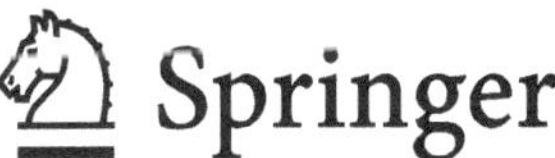

Ditmar Brock
Frankfurt am Main, Deutschland

ISBN 978-3-658-19366-9 ISBN 978-3-658-19367-6 (eBook)
https://doi.org/10.1007/978-3-658-19367-6

Die Deutsche Nationalbibliothek verzeichnet diese Publikation in der Deutschen Nationalbibliografie; detaillierte bibliografische Daten sind im Internet über http://dnb.d-nb.de abrufbar.

Gedruckt auf säurefreiem und chlorfrei gebleichtem Papier

Springer ist Teil von Springer Nature
Die eingetragene Gesellschaft ist Springer Fachmedien Wiesbaden GmbH
Die Anschrift der Gesellschaft ist: Abraham-Lincoln-Str. 46, 65189 Wiesbaden, Germany

Inhalt

Einleitung

Worum geht es?

Die westliche Art zu leben wie auch der damit eng verknüpfte liberale und demokratische Staat galten bis vor kurzem als alternativlos, denn mit dem Zusammenbruch der Sowjetunion schien das sozialistische und kommunistische Experiment endgültig gescheitert zu sein. Danach stand das westliche Gesellschaftsmodell unangefochten für die bis auf weiteres beste Art und Weise des Zusammenlebens, die den meisten einen guten Lebensstandard, Sicherheit und Frieden beschert.

Seit einigen Jahren hat sich das geändert. Die Globalisierung wird nicht mehr nur von den Kirchen und wenigen Intellektuellen kritisiert, sondern von politisch relevanten Massenbewegungen. Sie opponieren gegen den Freihandel, weil er in den westlichen Staaten Arbeitsplätze vernichte. Die Weltoffenheit der westlichen Staaten gerät in die Kritik, weil sie zur massenhaften Einwanderung von verachteten ‚Fremden' geführt habe – von Muslimen nach Europa, von Hispanics in die USA. Auf diese Weise seien die nationalen bzw. die christlichen Traditionen und Werte neutralisiert und relativiert worden. Daher werden Grenzschranken und Grenzbefestigungen wieder wichtig, um die Zuwanderung aus ‚fremden' Kulturkreisen zu unterbinden, aber auch um Kriminelle und ‚Sozialschmarotzer' fern zu halten. Diese Kritik kommt nicht intellektuell daher, sondern sie wird von hochkochenden Emotionen und von Radikalisierungstendenzen am rechten Rand des politischen Spektrums begleitet.

Hinzu kommt, dass auch keine politische Debatte darüber stattgefunden hat, dass sich die *Grundlagen unseres Zusammenlebens* seit dem Zweiten Weltkrieg schleichend verändert haben. Der Wandel vom relativ geschlossenen Nationalstaat zu einem weltoffenen Staatenverbund ist einfach passiert, ohne dass darüber groß politisch debattiert oder gar entschieden worden wäre. Deswegen ist er aber auch nie explizit demokratisch legitimiert worden. Offensichtlich hat sich also erheblicher Rede- und Verständigungsbedarf angestaut. Dieses Buch ist entstanden, weil wir alle für eine solche unausweichliche Debatte um ‚den Westen' ziemlich schlecht gerüstet sind.

‚Der Westen' – was ist das eigentlich?

Mir ist diese Frage schon einmal Anfang der 1990er Jahre gestellt worden. Damals wurde ich auf eine Soziologieprofessur in den neuen Bundesländern berufen und stand jungen Studienanfängern gegenüber, die mich ganz selbstverständlich als ideologischen Vertreter des ‚westlichen Gesellschaftsmodells' angesehen haben. Da ich zu seinen linken Kritikern gehörte, war das keine ganz einfache Rolle. Die Erwartung meiner Studenten war, dass die bisherige Ideologie, also ‚ML' (= Marxismus-Leninismus), die Schulpflichtfach war, durch eine andere ersetzt werden würde. Und die wollten sie schnellstens lernen, weil sie es gewohnt waren, dass die genaue Kenntnis der herrschenden Ideologie für das weitere berufliche Fortkommen unentbehrlich ist.

Ja, was macht ‚den Westen' eigentlich aus? Das war mir damals nur schemenhaft klar. Eher konnte ich erklären, was er nicht ist. Er ist nicht einfach ein anderes Wort für Kapitalismus oder für Marktwirtschaft. Auch die Formel aus der soziologischen Modernisierungsforschung ‚Marktwirtschaft plus Demokratie' bot nur eine sehr grobe Beschreibung. Ich löste das Problem dann so, dass ich meinen Studenten erklärt habe, dass der Westen keine verbindliche Gesellschaftsideologie kenne. Soziologie sei daher auch kein Ersatz für Marxismus-Leninismus, sondern habe die Aufgabe, das gesellschaftliche Zusammenleben mit wissenschaftlichen Mitteln zu erforschen und dabei Probleme und Defizite herauszuarbeiten. Dies und keine neue Ideologie gelte es zu erlernen. Meine Studenten fanden diese Erklärung vermutlich eher merkwürdig. Genaueres konnte ich aber nicht in Erfahrung bringen, weil sie es noch nicht gelernt hatten, kritische Fragen zu stellen.

Zweifellos war meine damalige Erklärung höchst unvollständig. Sie war auch teilweise falsch, denn wir werden in diesem Buch sehen, dass das westliche Gesellschaftsmodell sogar zwei rivalisierende Legitimationserzählungen kennt. Schon deswegen tut man sich mit einer Antwort so schwer.

Weil damals weder meine Disziplin, die Soziologie, noch die Politikwissenschaften befriedigende Antworten auf die Frage nach dem westlichen Gesellschaftsmodell geben konnten, blieb sie seitdem in meinem Hinterkopf. In diesem Buch präsentiere ich nun meine heutige Antwort auf die Frage nach ‚dem Westen'. Weil das Thema inzwischen in den Mittelpunkt öffentlicher Debatten gerückt ist, habe ich versucht, möglichst allgemeinverständlich und für ein breiteres Publikum zu schreiben.

Wie ist das Buch aufgebaut?

Meine Vorgehensweise in diesem Buch entspricht in etwa der eines Arztes bei der Erstdiagnose. Zumindest im Idealfall informiert der Arzt seinen Patienten zunächst über das Wissen, das er zugrunde legt. Das erfolgt im ersten und zweiten Teil. Im ersten Teil des Buches geht es um soziologisches und sozialhistorisches Grundlagenwissen. Im zweiten Teil werden dann die Modelle der bürgerlichen Gesellschaft, des Wohlfahrtsstaates, des Faschismus/Nationalsozialismus und des Realsozialismus sowjetischer Prägung skizziert.

Auf Basis seines Spezialwissens untersucht der Arzt seinen Patienten und fragt nach der Genese bestimmter Symptome. Nach dieser Untersuchung kommt er dann zu einer Diagnose. Falls er eine bestimmte Krankheit diagnostiziert, schlägt er schließlich eine geeignete Therapie vor. Ich habe ebenso versucht, herauszufinden, wieso welche Probleme aufgetreten sind. Dies geschieht im dritten und vierten Teil. Während es im dritten Teil um die für die Diagnose relevante Vorgeschichte geht, werden im vierten Teil die inneren und äußeren Probleme bei der Expansion ‚des Westens' nach dem Sieg im Kalten Krieg herausgearbeitet werden.

Auf dieser Grundlage wird schließlich eine Therapie vorgeschlagen.

Was wird in dem Buch behandelt?

Ich möchte dem Leser an dieser Stelle zumindest einen Vorgeschmack davon geben, was ihn erwartet.

Da soziale und politische Bewegungen wie auch deren Konzepte immer auf den Staat zielen – jede revolutionäre Bewegung will ja die Staatsmacht ‚ergreifen' – geht es im ersten Teil darum, Grundelemente für eine bis heute fehlende soziologische Staatstheorie zu präsentieren. Meine grundlegende These ist, dass vor ca. fünfeinhalbtausend Jahren in Ägypten und Mesopotamien das Zusammenleben in Staaten quasi erfunden wurde. Damit wurde zum zweiten Mal in der Menschheitsgeschichte das gesellschaftliche Zusammenleben der Menschen deutlich verbindlicher und die wechselseitige Abhängigkeit voneinander wesentlich stärker. Ähnlich wie zuvor schon bei der neolithischen Revolution (Sesshaftigkeit; Ackerbau) wird auch mit der ‚Erfindung' der Staatlichkeit eine feste ‚Form' für ein noch voraussetzungsvolleres gesellschaftliches Zusammenleben entwickelt. Diese Form der Staatlichkeit von Gesellschaften kann zwar modifiziert werden. In ihren Grundlagen besteht sie jedoch bis heute fort. Staatlichkeit etabliert und verbindet Herrschaftsabhängigkeit mit gesellschaftlicher Arbeitsteilung und systematischer Arbeit. Bis heute kennen wir für die Staatlichkeit von Gesellschaften keinen Ersatz.

Staatliche Herrschaft war zunächst religiös legitimiert. Die ursprüngliche Denkfigur war, dass die Staatsangehörigen in einem Knechtschaftsverhältnis zum

Lokalgott stehen und gegen diese Abhängigkeit göttlichen Beistand eintauschen. Da diese religiöse Legitimation bis in die frühe Neuzeit weiter bestand, ersetzte sie erst der bürgerliche Staat. Hier rückte der freie Markt an die Stelle des Schutzgottes, und staatliche Herrschaft, Arbeit und Arbeitsteilung sollten unmittelbar dem diesseitigen Ziel der Wohlstandsmehrung dienen. Der Staat mutierte von einer unumschränkten Herrschaftsinstanz zu einem Dienstleister für die Bürger. Das waren revolutionäre Veränderungen.

Allerdings hatte der bürgerliche Staat mit Demokratie zunächst wenig zu tun. Er war eine Erfindung von Bürgern für Bürger, die ihr Vermögen durch Handel bzw. Gewerbe vermehren wollten. Den Bürgern, die vom Verkauf ihrer Arbeitskraft leben müssen, konnte er erst nützlich werden, als den Besitzbürgern ein allgemeines Wahlrecht und der Wohlfahrtsstaat aufgenötigt wurden. Erst durch diese tiefgreifenden Veränderungen ist aus der bürgerlichen die ‚westliche' Gesellschaft und aus dem bürgerlichen Staat der ‚westliche' Staat geworden.

Von diesen Innovationen setzte sich nur die direkte Ausrichtung auf wirtschaftliche Prosperität anstelle der religiösen Legitimation unangefochten durch. Das hing nicht zuletzt damit zusammen, dass sich auf dieser Grundlage zwei konkurrierende Gesellschaftsmodelle entwickelten. Der *Faschismus* wollte dem Staat wieder zu alter Machtfülle verhelfen, während der *Realsozialismus* das Privateigentum an Produktionsmitteln beseitigte, um Prosperität nicht nur für die Besitzenden, sondern für alle Staatsbürger in einer kommunistischen Überflussgesellschaft zu schaffen. Entgegen dieser Programmatik führte das Realexperiment der Sowjetunion jedoch in eine Entwicklungsdiktatur mit sehr bescheidenen wirtschaftlichen Erfolgen.

In seiner heutigen Ausprägung ist der Wohlfahrtsstaat ein Produkt aus der Ära des Kalten Krieges. Aus besitzbürgerlicher Sicht musste dabei ein schmerzlicher Kompromiss eingegangen werden, ohne den das Gesellschaftsmodell weder den Ausscheidungskampf gegen den Faschismus und den Realsozialismus noch die Krisen des 20 Jahrhunderts überlebt hätte. Damit sind wir bereits bei den ‚frühen Symptomen', also bei den Wurzeln der ‚Krankengeschichte' des westlichen Gesellschaftsmodells angekommen. Sie sind Thema des dritten Teils. Hier geht es um drei Bewährungsproben: die Weltwirtschaftskrise, den Zweiten Weltkrieg und schließlich den Kalten Krieg. Für die spätere Diagnose werden dabei zwei Aspekte eine wichtige Rolle spielen: Kompromiss- und Lernfähigkeit und ideologische Inkonsistenz. Weder das allgemeine und gleiche Wahlrecht noch der Wohlfahrtsstaat waren genuine Produkte der bürgerlichen Gesellschaft. Sie bedeuteten vielmehr schmerzliche Kompromisse, die aus Gründen des Überlebens eingegangen wurden. Daraus folgt, dass die ‚westliche Gesellschaft' ein zwar inkonsistentes, aber deswegen auch für Anpassung und Veränderungen offenes Gesellschaftsmodell ist.

Der vierte Teil schließlich gilt der aktuellen Krankengeschichte des westlichen Gesellschaftsmodells. Obwohl die Zweifel am westlichen Gesellschaftsmodell erst nach der Lehman-Pleite im Jahr 2008 lauter wurden, liegt der Ausgangspunkt für die Selbstgefährdung in den Jahren 1989 bis 1991, als sich der Realsozialismus selbst auflöste. Der Sieg im Kalten Krieg wurde dazu genutzt, dass sich der westliche Kapitalismus, also das besitzbürgerliche Element, von den immer noch nationalen westlichen Staaten in die wirtschaftliche Globalisierung verabschiedete. Die wirtschaftlichen Eliten wurden wohl erst durch die Lehman-Pleite daran erinnert, dass auch ein globalisierter Kapitalismus unverändert der staatlichen Protektion durch eine westliche Staatengemeinschaft bedarf. Da der Westen somit vor allem wirtschaftlich expandierte, hat er die klassischen sozialen Probleme aus der Frühindustrialisierung exportiert, was zu antiwestlichen Strömungen wie dem islamischen Dschihadismus und zu antiwestlichen Gesellschaftsexperimenten geführt hat, die an faschistische (insbesondere Russland) und realsozialistische Traditionen (China) anknüpfen. Aber auch die westlichen Gesellschaften mussten in Form innerer Spannungen und Widersprüche einen erheblichen Preis für die wirtschaftliche Globalisierung entrichten.

Wenn der Westen wieder zukunftsfähig gemacht werden soll, dann müssen vor allem die inneren Probleme angegangen werden. Daher werden im Schlussteil perspektivische Sanierungsmöglichkeiten sondiert. Drei Debatten sollten zentrale Bedeutung gewinnen.

Erste Debatte: Wie kann wieder eine überwiegende Mehrheit vom westlichen Gesellschaftsmodell profitieren? Hier wird überraschenderweise vorgeschlagen, nicht den freien Markt sondern die politische Grundidee des Liberalismus in den Mittelpunkt zu stellen. Sie besagt, dass jeder Bürger Eigentümer seiner eigenen Person ist. Bisher hat sie zur Garantie von Rechtsstaatlichkeit, von Bürger- und Menschenrechten geführt. Darauf aufbauend müssen sich die westlichen Gesellschaften nun stärker darum kümmern, dass das Versprechen der US-amerikanischen Verfassung, jeder habe das Recht, nach seinem Glück zu streben, auch tatsächlich gelebt werden kann. Nur wenn darüber ein Konsens erreicht werden kann, wird der sich bereits abzeichnende Strukturwandel auf dem Arbeitsmarkt (Stichwort neue Robotergeneration) nicht in einem sozialstrukturellen Desaster enden.

Zweite Debatte: Die westlichen Staaten sind mit der Aufgabe, als Nationalstaaten die wirtschaftliche Globalisierung zu organisieren, strukturell überfordert. Das zeigt sich vor allem an wachsenden Demokratieproblemen. Daher muss, auch wenn das im Moment höchst unpopulär ist, eine offene Debatte über bundesstaatliche Zusammenschlüsse geführt werden. Sie beginnt bei der EU.

Dritte Debatte: Das westliche Gesellschaftsmodell ist ideologisch inkonsistent, was zu unendlichen Kontroversen und Zerreißproben geführt hat und weiterhin führen wird. Ausgehend vom liberalen Eigentumsbegriff, der beim Eigentum an der eigenen Person beginnt, könnten seine heute wichtigsten Komplexe, bürgerliche Gesellschaft/bürgerlicher Staat auf der einen und Arbeitnehmer/Wohlfahrtsstaat/ Demokratie auf der anderen Seite unter einen Hut gebracht werden. Neben Rechtsstaatlichkeit und Bürger- und Menschenrechten könnten diese beiden Komplexe als weitere Konkretisierung des Eigentums an der eigenen Person verstanden werden. Damit nämlich das unveräußerliche Eigentum an der eigenen Person von einer Mehrheit der Bevölkerung tatsächlich in subjektiv befriedigende und finanziell akzeptable Lebensentwürfe gegossen werden kann, bedarf es sowohl einer leistungsfähigen Marktwirtschaft wie auch eines Wohlfahrtsstaates, der *im Interesse von Lebenschancen für alle* in den freien Markt und seine Verteilungsergebnisse eingreift und eigene Impulse für den freien Markt setzt. Wenn eine solche Legitimationsgrundlage des westlichen Gesellschaftsmodells politisch konkretisiert werden kann (siehe erste Debatte), dann hat der Westen wieder eine Zukunft.

Wer nichts verpassen will, der muss das Buch wohl in der vorgesehenen Reihenfolge lesen. Gerade auch der erste, sehr ‚theoretisch' anmutende Teil wird immer wieder als Anker und als Erklärungsfolie benötigt. Man kann aber auch ins Wasser springen und mit dem dritten Teil anfangen. Zumindest wenn man es genauer wissen will, muss man dann eben häufiger auf die Übersichten und auf weitere Teile der ersten acht Kapitel zurückgreifen. Dagegen würde ich abraten, gleich mit dem fünften Teil zu starten. Wer meine Vorschläge zur Sanierung des Westens blank liest, wird sicherlich finden, dass er schon originellere und vor allem radikalere Ideen gelesen hat. Das stimmt zweifellos. Die Pointe ist jedoch eine ganz andere. Nur wer tiefer einsteigt und d.h. am besten vorne oder zumindest beim dritten Teil beginnt, der wird nachvollziehen können, dass es darauf überhaupt nicht ankommt. Es geht um gut dosierte, an den Problemen ansetzende politische Veränderungen, die aber nur dann nicht in politischer Flickschusterei enden werden, wenn sie mit einer klaren, mehrheitsfähigen mittelfristigen Perspektive verbunden werden. Mit möglichst bodenständigen Mitteln muss letztlich ein neuer Langfristkonsens erreicht werden. Mit spektakulären Vorschlägen oder Szenarien aufgeblasene buntschillernde Luftballons können dazu keinen Beitrag leisten.

Lesern, die den expliziten Bezug auf soziologische Debatten oder Theorien vermissen, geben die Anmerkungen zumindest Hinweise. Am Ende des Buches findet sich auch ein detailliertes Inhaltsverzeichnis, das ein gezieltes Nachschlagen konkreter Themen ermöglichen soll.

Es wird häufig von ‚Modellen' die Rede sein – was ist damit gemeint?

Ich möchte noch auf eine gedankliche Klippe aufmerksam machen, die mit den Begriffen Modell und Gesellschaftsmodell verbunden ist. In der Wissenschaft steht ‚Modell' für gezielte Vereinfachungen von realen Dingen oder Vorgängen, die erforscht werden sollen, weil ihre Machart nicht bekannt ist. Deswegen werden z. B. Klimamodelle erstellt. Die für Modelle charakteristischen Vereinfachungen werden aus heuristischen Gründen vorgenommen. Derartige Modelle, die auch in der Soziologie üblich sind, nenne ich *analytische Modelle*. Daneben verwende ich den Begriff *Realmodell*. Realmodelle werden beispielsweise von Architekten verwendet. Sie entwerfen einen Plan als Grundlage für ein erst zu bauendes Haus. Hier folgt also die Realität dem Modell und nicht das Modell der Realität. Ein dritter Typus von Modell entsteht schließlich, *wenn Modelle und Pläne* von bestehenden Bauwerken *rekonstruiert werden*, weil vielleicht die Originalpläne verloren gegangen sind oder man Abweichungen vom ursprünglichen Plan fixieren möchte. Solche Modelle sind dann *Nachbildungen* von Realmodellen. So kennen wir z. B. die Modelleisenbahn, Auto- und Flugzeugmodelle. Ein Spezialfall solcher Nachbildungen sind Rekonstruktionen vergangener Gesellschaften, die Archäologen und Historiker vornehmen, obwohl nur noch bestimmte Teile einer Gesellschaft erhalten geblieben sind. Im Prinzip sind wir auch heute in dieser Rolle, wenn wir herausfinden wollen, was der Westen ‚ist'. Gegenüber den Archäologen haben wir allerdings den Vorteil, dass alle Teile des Puzzles vorhanden sind. Sie müssen ‚nur' in Erinnerung gerufen und ‚richtig' sortiert werden.

Wenn in diesem Text ein westliches Gesellschaftsmodell beschrieben wird, dann handelt es sich also immer um Rekonstruktionen real existierender Gesellschaften. Der Bauplan für diese Gesellschaften wurde, wie im vierten und fünften Teil gezeigt werden wird, seit der Atlantikcharta von 1940 schrittweise entwickelt. Die bürgerliche Gesellschaft wurde dabei vorausgesetzt. Das Buch geht also von der Prämisse aus, dass es einen ‚Bauplan' gibt. Diese Überzeugung stützt sich darauf, dass staatlich organisierte Gesellschaften immer eine ‚Ordnung' aufweisen müssen, die die Staatlichkeit und die gesellschaftliche Arbeitsteilung legitimiert. Das liegt, wie im ersten Kapitel erläutert wird, daran, dass Menschen ihr Handeln in diesem Bereich ausschließlich an geltenden ‚Ordnungen' orientieren, also an ‚Bauplänen der Macht'.

Diese Unterscheidungen sind aus zwei Gründen wichtig. Einmal geht es um den *Anspruch* der vorgelegten Analyse. Während mit Hilfe analytischer Modelle etwas aufgezeigt wird, dessen Realitätsbezug prinzipiell ungesichert ist, verfügen Rekonstruktionen von Realmodellen über einen gesicherten Realitätsbezug. Hier muss man aber debattieren, ob die Rekonstruktion überzeugend gelungen ist. Das gilt auch für dieses Buch.

Vielleicht noch wichtiger ist der damit verknüpfte sachliche Aspekt. Wenn staatlich organisierte Gesellschaften tatsächlich Realmodelle sind, dann wird es verständlich, warum so erbittert über Gesellschaftsideologien gestritten wird. *Es geht hierbei eben um den ‚richtigen' und den ‚zweckmäßigsten' Bauplan für staatlich organisierte Gesellschaften.* Dabei darf aber nie übersehen werden, dass im besten Fall ein neues Kapitel der komplexen Baugeschichte einer staatlich organisierten Gesellschaft aufgeschlagen werden kann. Anders als bei Bauwerken kann bei Gesellschaften ein Totalabriss keine Grundlage für einen Neuanfang schaffen, sondern wie etwa in Kambodscha in den 1970ern nur in die absolute soziale Katastrophe führen.

Wer mehr über einzelne Themen wissen will, sollte zusätzlich recherchieren

Abschließend noch ein kleiner Hinweis für wissbegierige Leser. An vielen Stellen im Text werden in Klammern Stichworte genannt. Sie sollen Lesern, die über ein bestimmtes Thema Genaueres wissen wollen, einen gezielten Einstieg in die Internetrecherche ermöglichen. Ich musste viele Details aussparen, sonst wäre der Text wesentlich voluminöser geworden.

Dass es dieses Buch überhaupt gibt, hängt auch damit zusammen, dass Dr. Caroline Morgenstern, Juniorprofessor Dr. Christian Papsdorf und Greta Brock (BA. Soz.), Teile des Rohmanuskripts gelesen und ermutigend kommentiert haben. Greta Brock verdanke ich darüber hinaus wichtige Literaturhinweise zu China. Studienrat Alexander Kolbeck hat dafür gesorgt, dass die Rechtschreibfehler und die grammatischen Unzulänglichkeiten in hoffentlich engen Grenzen gehalten werden konnten.

Wenn eine einzelne Person die Weichen für das westliche Gesellschaftsmodell gestellt hat, dann war es Franklin D. Roosevelt. Ihm möchte ich dieses Buch widmen.

Erster Teil

Soziale Grundlagen staatlich organisierter Gesellschaften

1 Wenn Ordnungen das soziale Handeln dirigieren

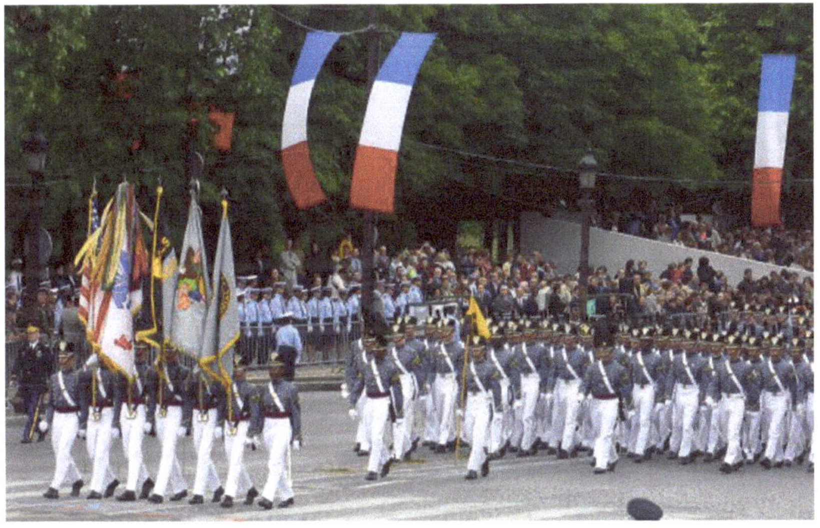

Copyright: Französische Botschaft in Washington

Die Erscheinungsformen von Ordnungssozialität sind vielfältig. Das Bild zeigt eine Abordnung der US-Militärakademie West Point bei der Parade zum 14. Juli.

1.1 Worum geht es?

Da dieses Buch nicht Interpretationen über den Westen diskutiert, sondern seine *tatsächlichen* Wirkungen auf die zwischenmenschlichen Beziehungen untersuchen möchte, muss zunächst geklärt werden, in welcher Weise Staaten und Gesellschaftsmodelle das zwischenmenschliche Handeln überhaupt prägen können. Es geht also um die sozialen Grundlagen staatlich organisierter Gesellschaften.

Daher wird in diesem ersten Teil gezeigt, dass Staaten wie auch staatlich organisierte Gesellschaften einen ganz speziellen Typus von Sozialität durchgesetzt haben. Ich bezeichne ihn als Ordnungssozialität. Das ist der Stoff, aus dem alle Staaten gebildet werden müssen, den sie verbreiten und ohne den sie bis heute nicht auskommen. Wer über den Westen nachdenken und reden will, sollte zunächst diese soziale Grundlage aller staatlich organisierten Gesellschaften kennen.

1.2 Eine Einführung in das Muster der Ordnungssozialität

In seiner Kategorienlehre erläutert Max Weber das Soziale an seinem soziologischen Grundbegriff, dem *sozialen* Handeln, auf zweifache Art und Weise. Nach seiner berühmten Definition ist Handeln dann sozial, wenn es seinem Sinn nach auf das Verhalten anderer bezogen und in seinem Ablauf orientiert ist[1]. Sozialität benötigt also den oder die anderen Menschen als Adressat. Deswegen ist es bis heute in der Soziologie auch üblich, eine Zweierbeziehung als soziale Grundsituation zwischen zwei sich gegenüber stehenden Menschen, Ego und Alter, zu modellieren (z. B. Parsons/Shils 1951, Luhmann 1984, Mead 1973, Habermas 1981). Allerdings ergänzt Weber diese Definition noch durch eine zweite. An die Stelle eines oder auch mehrerer anderer Menschen kann nämlich auch eine „Ordnung" treten, wenn der Akteur von ihrer „Legitimität" überzeugt ist[2].

Jeder weiß aus eigener Erfahrung, dass Ordnungen ganz selbstverständlich an die Stelle von Menschen treten können. Aber wieso ist das so? Ein Blick in die täglichen Nachrichten liefert uns zahllose Beispiele für soziales Handeln, das an den Maximen geltender Ordnungen orientiert ist. Beispielsweise werden Menschen getötet, nur weil sie das islamische Glaubensbekenntnis nicht aufsagen können oder wollen. Fußballtrainer werden für ‚unsportliches Verhalten' bestraft, wenn sie gegen Regeln verstoßen haben. Andere Menschen wiederum werden verurteilt, weil sie sich nicht an Gesetze, also an vom Staat ‚gesetzte' Ordnungen gehalten haben. Dagegen kann die vorbehaltlose Orientierung an einer Ordnung zu Ruhm und Verehrung führen. Sie kann Muster an Untadeligkeit, Heilige, Märtyrer,

,Deutschlands Beste', Politiker mit moralischem Rückgrat usw. hervorbringen. In allen diesen Fällen werden Ordnungen und nicht konkrete Menschen mit ihren situativen Anliegen oder Bedürfnissen als Orientierungs- und Bewertungsmaßstab sowohl für das eigene Verhalten (,Gewissen', ein Vorbild sein wollen ...) wie auch für das Verhalten gegenüber anderen (z. B. Tötung, Bestrafung, Belohnung, Verehrung als Heilige ...) verwendet.

Die Beispiele zeigen uns aber auch, dass die Orientierung an einer als geltend angesehenen Ordnung die *zwischenmenschlichen* Beziehungen überformt. Unser Gegenüber bleibt zwar ein Mensch mit einem bestimmten Charakter, mit einer unverwechselbaren Lebensgeschichte, mit persönlichen Bedürfnissen und Interessen. Aber an ihn und an sein Handeln werden Ordnungen als Maßstab angelegt und darauf wird dann nach den Maximen derselben Ordnung reagiert (zum Beispiel: Bestrafung bei Autofahren ohne Führerschein völlig unabhängig davon, ob der Verkehrssünder ein finsterer Fiesling oder ein liebenswerter Mitmensch ist).

Darüber hinaus betont Weber noch eine weitere Eigenschaft von Ordnungssozialität: Die Vorstellung vom Bestehen einer legitimen Ordnung kann *menschliches Handeln generell* prägen. In dieser Hinsicht geht der Einfluss von Ordnungen sogar über die zwischenmenschlichen Beziehungen hinaus. So können beispielsweise religiöse Ordnungsvorstellungen dazu führen, dass Bäume, die als Wohnstätte von Geistern gelten, nicht gefällt werden. Unsere heutige Zivilisation wäre wohl nie entstanden, wenn Ordnungssozialität die Menschen nicht dazu getrieben hätte, systematisch zu forschen und zu arbeiten.

Kennen nur Menschen diese Form von Sozialität? Bereits ein kurzer Blick in die Ethologie, also in die Tierverhaltensforschung, zeigt, dass das nach heutigem Kenntnisstand eindeutig der Fall ist. Vor allem die nächsten biologischen Verwandten des Menschen, die Primaten, aber generell auch alle in Rudeln lebende Säugetierarten scheinen nur Webers erste Variante des Sozialen zu kennen (vgl. z. B. van Lawick-Goodall 1971; de Waal 1991; Fouts/Mills 1998).

War die menschliche Sozialität immer zweigleisig oder sind geltende Ordnungen ein Produkt der menschlichen Evolutionsgeschichte? Da relativ eindeutig letzteres der Fall ist, ergibt sich sofort die Anschlussfrage: Wie kann man die Herausbildung dieser Ordnungs-Sozialität erklären? Wie ist sie historisch entstanden? Da sich die Soziologie bislang für derartige Fragen nicht interessiert hat und die Ursprünge der Ordnungssozialität im Dunkeln der Frühgeschichte schriftloser Kulturen liegen, kann ich an dieser Stelle nur mit zwei Hypothesen antworten. Ich vermute, *dass die Orientierung an Ordnungen mit der Religion aufgekommen ist* (Hypothese 2). Denn bereits die archaischsten Religionen operieren mit abstrakten Wesen oder Kräften (Durkheim 1981), die im Rahmen kosmologischer bzw. kosmogoner Erzählungen konstruiert worden sind. Um mit diesen Konstrukten in eine religiöse

Kommunikation eintreten zu können, muss ein neuartiger Typus sozial geprägten Verhaltens entwickelt werden: das ritualisierte Handeln. Hier liegt die Quelle der Ordnungssozialität. Die Religion wiederum dockt aber an eine spezielle Möglichkeit der menschlichen Symbolsprache an: *die Möglichkeit objektivierter Kommunikation* (Hypothese 1).

Ich erläutere zunächst Hypothese 1. Nach meinem Wissensstand ermöglicht *jede* Sprache die Kommunikation von *Beobachtungen in der dritten Person* (z. B. Wikipedia, Artikel Personalpronomen; Abruf 2.1.17). Jede Erzählung kultiviert die damit gegebene Möglichkeit, nicht nur über anwesende sondern auch über abwesende oder auch nur imaginierte Personen zu kommunizieren. Für archaische Religionen scheinen nun Zusammenkünfte typisch zu sein, bei denen meist durch die Einnahme von Drogen kollektive Tranceerlebnisse angestrebt werden (Clottes/Lewis-Willams 1997). Im Zustand der Trance *kann man sich selbst in der Perspektive der dritten Person beobachten* und erfahren, wie man den eigenen Körper verlässt und sich in ein anderes Wesen verwandelt (ebd.). Solche Erfahrungen regten offenbar zu im weitesten Sinne religiösen Erzählungen an, in denen die Entstehung der Welt (Stichwort: Kosmogonie) oder zumindest die Rolle der eigenen sozialen Einheit im Weltgeschehen (Stichwort: Kosmologie) dargelegt wird (vgl. Eliade 1978).

Die zweite Hypothese hebt darauf ab, dass aus solchen religiösen Erzählungen oder Phantasien verbindliche Ordnungen hervorgehen können, an denen menschliches Handeln orientiert wird. Das passiert insbesondere dann, wenn religiöse *Erzählungen der Kultgemeinschaft eine aktive Rolle im Weltgeschehen zudiktieren.* Das ist z. B. in nahezu allen frühen Ackerbau- Kulturen, aber bereits auch bei deren Vorläufern der Fall (Gimbutas 1995 a und b). Hier soll die Kultgemeinschaft den kosmologischen Zyklus von Leben, Tod und Wiedergeburt durch rituelle Handlungen „bewirken" (vgl. auch Frazer 1989).

Wenn wir zum Vergleich noch einmal das an anderen Menschen orientierte soziale Handeln, also Webers erste Definition des Sozialen, einblenden, dann wird der entscheidende Unterschied sofort deutlich. Ordnungs-Sozialität macht *die gemeinsame Kultur zu einer direkten Voraussetzung für das soziale Miteinander wie auch für das auf objektive Wirkungen ausgerichtete Handeln von sozialen Einheiten.* Diese Rolle können gleichermaßen die Überlieferungen einer Stammesgesellschaft wie auch die ‚westliche Zivilisation' spielen. Dagegen bringt an anderen orientiertes soziales Handeln nur gegenüber konkreten, anwesenden Stammes- oder Gesellschaftsmitgliedern soziale Effekte hervor. Es kennt also immer konkrete soziale Adressaten, die z. B. beruhigt oder gereizt werden sollen. Ob soziales Handeln diese beabsichtigte Wirkung erzielt, kann man dann an der Reaktion des oder der Adressaten erkennen.

Ordnungssozialität hat zwar weitreichendere Effekte als das an anderen Menschen orientierte soziale Handeln. Seine soziale Reichweite ist dagegen immer auf diejenigen begrenzt, die eine konkrete Kultur miteinander teilen. Für Beobachter, die diese kulturellere Ordnung nicht kennen, bleibt sie dagegen unverständlich, sinnlos oder auch lächerlich. Aus dieser Perspektive wurde z. B. über die Mission von ‚Heiden' berichtet, deren religiöse Rituale für den christlichen Missionar keinen Sinn ergaben. Um ihnen die Wirkungslosigkeit und damit auch die ‚Sinnlosigkeit' ihres Tuns vor Augen zu führen, hat man meist versucht, die angebeteten ‚Götzenbilder' zu zerbrechen. Denn es macht ja keinen Sinn, machtlose Götter zu verehren. Man kann auch für die westliche Zivilisation zeigen, dass sie auf dem Glauben an die *Wirksamkeit* bestimmter Ordnungen beruht. Daher würden Beobachter aus indigenen Kulturen, die diesen ‚Ordnungsglauben' nicht teilen und auch nicht nachvollziehen können oder wollen, nur über eine Ansammlung von Merkwürdigkeiten stolpern. Dieser fremde Blick auf westliche Gesellschaften ist längst in Filmen und Büchern durchgespielt worden (z. B. Paasche 1984).

Wir können also bereits hier festhalten, *dass Gesellschaftsmodelle wie ‚der Westen' nur deswegen die zwischenmenschlichen Beziehungen sehr weitgehend prägen können, weil wir es gewohnt sind, unser Handeln an geltenden Ordnungen zu orientieren.*

1.2 Wichtige Merkmale und Effekte der Ordnungssozialität

Wie hat diese offenbar nur Menschen zugängliche Form von Sozialität das soziale Handeln verändert und zugleich seine Reichweite erhöht? In diesem Abschnitt soll ein Überblick über wesentliche Merkmale und über die damit verbundenen Effekte gegeben werden.

Wenn man nach einem gemeinsamen Nenner sucht zwischen den Berichten über die Kommunikation zwischen Schimpansen und zwischen den Mitgliedern archaischer Gesellschaften, dann könnte er darin bestehen, *dass ständige Kommunikation das Leben der Gruppe begleitet und sich die Gruppenmitglieder auf diesem Wege auch emotional stabilisieren.* So betont Jane Goodall, dass die von ihr beobachtete Schimpansen-Gruppe selbst nachts zwischen den Schlafbäumen ständig Rufe austauscht und dass die Schimpansen offenbar Spezialisten für emotionale Befindlichkeit sind und darauf mit Lautgesten reagieren (van Lawick-Goodall 1971). Ebenso zeigt der Sprachwissenschaftler George Everett für die Piraha[3], dass ihre Kommunikation auf das Mit-Teilen von Beobachtungen und Erlebnissen fokussiert ist (Everett 2013), um so dem-miteinander-Leben eine soziale Grundlage zu geben. Wir kennen diesen Bindungs-Effekt der sprachlichen Verständigung ebenfalls. Man fühlt sich zu den Mitmenschen hingezogen, mit denen man immer gemütlich plaudern kann. Dagegen spricht man nichts mit Menschen, mit denen man nichts zu tun haben will, weil keine soziale Bindung aufkommen soll.

Dagegen hat Ordnungssozialität mit solch zwangloser lebensbegleitender emotionaler und sozialer Stabilisierung überhaupt nichts zu tun. Hier geht es darum, bestimmte *objektivierte Wirkungen* zu erzielen. Sie werden den Akteuren als deren ‚*Leistung*' zugeschrieben. Auf Leistungen sind wir stolz, sie verbinden uns mit der herrschenden Ordnung und kitten dadurch Gesellschaften zusammen. Das ist der gemeinsame Nenner zwischen legendären Spezialisten für Magie wie Schamanen, Zauberern, den Göttern opfernden Priestern und den Zielen heutiger Sportler, Manager oder Politiker.

Ein ebenso grundlegendes Merkmal ist die von Ethnologen vielfach beobachtete (vgl. exemplarisch Benedict 1949) ‚rituelle Sorgfalt'. Damit soll ausgedrückt werden, dass es nicht nur bei religiösen Ritualen, sondern generell bei gesellschaftlichen ‚Leistungen' immer auf äußerliche Details wie genau festgelegte Handlungsabläufe ankommt, die ganz genau den bekannten Vorbildern zu entsprechen haben. Mit anderen Worten: *An Ordnungen orientiertes Handeln muss exakt wiederholbar sein.* Nur die absolute Gleichförmigkeit sichert die Wirksamkeit und den Erfolg bei der Beeinflussung kosmologischer Kräfte. Aber genau diese Merkmale gelten auch, wenn dieses Muster heute praktiziert wird. Ich erinnere nur an Fertigungsabläufe in der Industrie, an das Kriterium der Wiederholbarkeit in der Wissenschaft oder an justitiable Regelungen des Auftretens von Verkehrspolizisten. Diese Gleichförmigkeit kann über längere Zeitabschnitte wie auch über längere räumliche Distanzen durchgehalten werden. Nur dieser Typus des sozialen Handelns ist unbegrenzt modernisierungsfähig.

Bei direkter Sozialität kommt es dagegen auf Spontaneität an. Wer was sagt und was tut, wird von der Situation und der sozialen Konstellation bestimmt. Die direkte Kommunikation läuft und vergeht wie das Leben selbst. Sie ist prinzipiell irreversibel. Selbst das subjektive Erleben von sich wiederholenden Ereignissen (z. B. Theaterbesuch) kann nicht identisch sein (vgl. bereits Bergson 1989; 60ff.).

Weiterhin fallen Unterschiede in der Reichweite und der Plastizität der Handlungsziele auf. An Ordnungen orientiertes Handeln überschreitet dabei auch systematisch die Schwelle der ‚Menschlichkeit'. Dieser Begriff wird hier nicht wertend sondern beschreibend verwendet. Er steht für ein Spektrum von Interessen und Bedürfnissen des gemeinsamen Überlebens, das durch andere Menschen, die Ego gegenüberstehen, aktiviert werden kann. Dagegen werden religiöse Rituale an Götter, Geister, transzendentale Kräfte und die ihnen zugeschriebenen ‚übermenschlichen' Fähigkeiten und Eigenschaften adressiert. Um mit ihnen zu kommunizieren, schlüpfen Menschen in konstruierte Rollen und führen genau vorgegebene Verhaltensweisen aus. Das liegt daran, dass die religiösen Akteure ihrem Verständnis nach in kosmologische Wirkungszusammenhänge eintreten. *Um deren Reproduktion geht es und nicht mehr um das direkte Überleben der Gruppe.*

Deswegen wird im rituellen Handeln auch die Grenze des menschlichen Lebens systematisch überschritten. Nahezu alle Religionen schreiben einen besonderen Umgang mit Toten vor. Daher werden von Archäologen alle Anzeichen von ritueller Bestattung der Toten als Hinweis auf Religion und Kultur angesehen. Aber auch das mehr oder weniger freiwillige Opfer des eigenen Lebens gehört in das Spektrum der an geltenden Ordnungen orientierten Handlungen. So gehörte es beispielsweise zu den rituellen Handlungen von Ackerbaukulturen, dass Menschen aus Reziprozitätsgründen (Frazer 1989; 628ff.) geopfert wurden und ihr Fleisch auf den Äckern verteilt wurde. Sogenannte ‚Vegetationskönige' mussten im Herbst sterben, weil das nachlassende Wachstum der Vegetation auf ihre nachlassenden magischen Wirkungen zurückgeführt wurde (Frazer ebd.; 287ff).

Auch wenn diese Beispiele für uns heute gruselig klingen, muss man festhalten, dass das Überschreiten des Horizonts der direkten Überlebensprobleme eine ungeheure zivilisatorische Chance bedeutete, weil Handeln damit von den in Gruppen oder Zweierbeziehungen direkt relevanten Alltagsthemen entkoppelt werden kann. Vor allem rückt systematische Arbeit, ebenso allerdings auch systematische Kriegsführung (vgl. Keegan 1995; Kapitel 1) in den Horizont menschlicher Möglichkeiten.

Ein weiteres wichtiges Merkmal ist, dass Ordnungssozialität der *expliziten Rahmung* bedarf. Darunter ist folgendes zu verstehen. Wie vor allem Irving Goffman (Goffman 1993) gezeigt hat, setzen wir bei der Kommunikation sehr viel Wissen voraus, das unser Gegenüber mit uns teilt. Erst dieses gemeinsame Wissen macht die sprachliche Verständigung effektiv, denn wir müssen nicht erst über diese Selbstverständlichkeiten sprechen, sondern können gleich zur Sache kommen. Dabei fungiert das nicht ausgesprochene gemeinsame Alltagswissen als ‚Rahmen' unserer sprachlichen Verständigung. Goffman hat das am Beispiel des Wetterberichts erläutert. Er beginnt nicht bei der Erklärung, was ein Wetterbricht ist und wie man die Verlässlichkeit der gegeben Prognosen einschätzen sollte, sondern kommt gleich zur Information über die Wetterlage. Die Kommunikation wird durch das selbstverständlich vorausgesetzte Allgemeinwissen ‚gerahmt' und auf diese Weise wesentlich kürzer und effektiver.

Während in lebensweltlichen Kontexten diese Rahmung *implizit* unterstellt wird, eben weil sie allen Beteiligten hinlänglich bekannt ist, muss im Bereich der Ordnungssozialität die Rahmung explizit angegeben werden. Ich spreche daher von *expliziter* Rahmung (Brock 2014; 56ff.). So geben bereits die Ritualkalender ganz explizit an, wann welches Ritual durchzuführen ist. Nur so kann die Kommunikation im Bereich der Ordnungssozialität zuverlässig und zweifelsfrei geordnet werden.

Dieses in seinen Effekten zweifellos ambivalente Potential wird jedoch erst in dem Moment in seiner ganzen Tragweite gehoben, in dem die Ordnungssozialität von der außeralltäglichen religiösen Sphäre *in den gesellschaftlichen Alltag eindringt und das zwischenmenschliche Handeln überformt.* Genau diesen Vorgang können wir erkennen, wenn wir aus dem Blickwinkel der Soziologie auf den Prozess der *Staatenbildung* schauen. Da wir dabei in den Bereich der Schriftkulturen vordringen, können wir nun auch über notgedrungen spekulative Hypothesen hinausgelangen.

Sobald Staaten entstehen, werden sie zum gesellschaftlichen Organisationszentrum. Damit lernen wir eine direkte Voraussetzung des westlichen Gesellschaftsmodells aber auch denkbarer alternativer Gesellschaftsmodelle kennen. Denn *alle Gesellschaftsmodelle zielen darauf ab, dass staatliche Macht in bestimmter Weise gebraucht wird.* Auf Stammesgesellschaften könnten sie also gar nicht angewendet werden.

Damit der Leser genauer nachvollziehen kann, welcher Möglichkeitsbereich gesellschaftlicher Entwicklung und welches Spektrum gesellschaftlicher Veränderungsmöglichkeiten mit der Staatlichkeit verknüpft sind, führt die nun folgenden Kapitel in die entscheidenden Alleinstellungsmerkmale staatlich organisierter Gesellschaften ein: *Herrschaft (Kapitel 2) und um gesellschaftliche Arbeit und Arbeitsteilung (Kapitel 3). Im vierten Kapitel ziehen wir daraus Folgerungen sowohl für die Unvermeidlichkeit der Staatlichkeit von Gesellschaften wie auch für deren immanente Veränderbarkeit und weisen ‚politische Stellschrauben' aus.*

Übersicht: Ordnungssozialität

1. Ordnungen treten an die Stelle konkreter Personen.
2. Die Handlungen sind gleichförmig, erfolgsorientiert und auf identische Wiederholbarkeit ausgerichtet.
3. Ordnungssozialität ist radikaler (z.B. Menschenopfer) und systematischer (ritueller Umgang mit Toten).
4. Sie wird nicht spontan entwickelt, sondern explizit vorgegeben (explizite statt implizite Rahmung).
5. Ordnungssozialität bildet den gesellschaftlichen Leistungsbereich. Staaten basieren auf Ordnungssozialität.
6. Die Geltung von Ordnungen muss durch eine übergreifende Legitimationserzählung postuliert werden.
7. Staaten bzw. politische Systeme haben die Aufgabe, Ordnungssozialität einzusetzen und zu organisieren.
8. Ordnungssozialität ist von der Religion aus in die alltäglichen zwischenmenschlichen Beziehungen eingedrungen. Dabei spielen die Erfolgsmedien, insbesondere Macht und Geld eine tragende Rolle.

2 Herrschaft und Unterwerfung – wie ein altes Grundproblem nicht nur des zwischenmenschlichen Zusammenlebens gelöst wurde

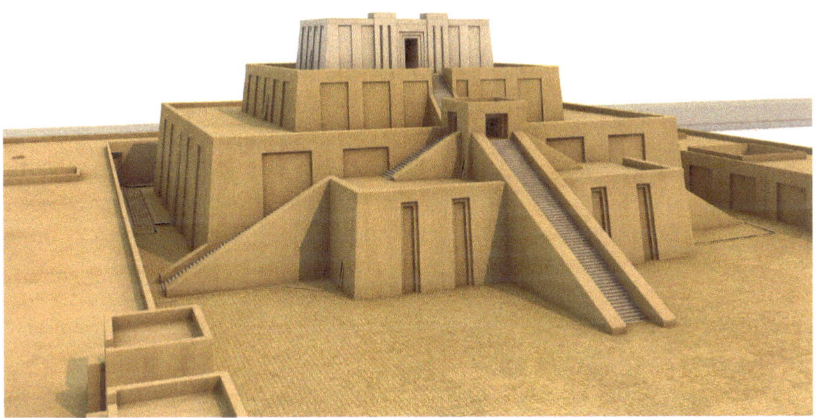

Copyright: artefacts-berlin.de; Material: Deutsches Archäologisches Institut

So könnte nach einer Rekonstruktion des deutschen archäologischen Instituts die Zikkurat von Uruk ausgesehen haben, die eine zentrale soziale Grundlage für staatliche Herrschaftsausübung darstellte.

2.1 Machtgebrauch bei Tieren und Menschen

Obwohl die Reflexion über Macht zu sehr unterschiedlichen Ergebnissen geführt hat, scheint klar zu sein, dass Macht immer dem Willen einzelner Individuen entspringt, das Verhalten Anderer zu bestimmen. Daran setzt auch Webers bekannte und bis heute allgemein benutzte Definition an: „Macht bedeutet jede Chance, innerhalb einer sozialen Beziehung den eigenen Willen auch gegen Widerstreben durchzusetzen, gleichviel worauf diese Chance beruht". (Weber 1972: 28 – Kategorienlehre §16).

Jeglicher Machtgebrauch antwortet auf ein Problem, das nicht nur Menschen, sondern zumindest alle sozial lebenden Säugetiere kennen: das Problem der Ablehnung. A möchte, dass B etwas Bestimmtes tun soll, aber B lehnt ab. In der menschlichen Symbolsprache hat dieses Problem einen genauen Platz: die Ja/Nein Codierung, das immer gegebene Risiko der Ablehnung. Was kann A tun, wenn B nein sagt? Naheliegend ist, dass er Gewalt anwendet. Der Einsatz oder die Androhung von Gewalt kann dann zu einer zeitlich stabilen Abhängigkeitsbeziehung führen, *wenn sich der Unterlegene der Gewaltandrohung nicht entziehen kann.* Genau das scheint bei unseren nächsten biologischen Verwandten, den Schimpansen, häufig der Fall zu sein (vgl. bereits van Lawick-Goodall 1971; ausführlicher de Waal 1991), die deswegen auch Rangordnungen ausgebildet haben. Denn Beobachtungen haben gezeigt, dass Exemplare, die den Kontakt zur Gruppe aufgeben, nicht nur ohne soziale Zuwendung bleiben, sondern auch schutzlos sind und eine deutlich geringere Überlebenswahrscheinlichkeit haben (van Lawick-Goodall). Daher scheint Unterordnung unter körperlich bzw. sozial überlegene Artgenossen die evolutionär vorteilhaftere Alternative zu sein[4].

Dennoch hat Macht bei sozial lebenden Tierarten wie auch bei archaischen Stammesgesellschaften immer eine höchst prekäre Rolle gespielt. Das liegt schlicht daran, dass das kooperative Zusammenwirken innerhalb des Rudels oder der Schweifgruppe Vorteile mit sich bringt, die aus Gründen des Überlebens nicht verspielt werden dürfen. Diese existenzielle Angewiesenheit auf Kooperation setzt daher jedem Versuch, den eigenen Willen gegen Widerstreben durchzusetzen, enge Grenzen. *Die Kosten der Machtausübung übersteigen nämlich nur allzu schnell den kollektiven wie den individuellen Nutzen, der aus ihr gezogen werden kann.* Aus dieser Sicht scheint *Kooperation* eine alternativlose Erfolgsstrategie zu sein. Diese Sichtweise konnte auch durch die Spieltheorie experimentell bestätigt werden. Am erfolgreichsten erwiesen sich hier Kooperationsstrategien, die die eigene Kooperationsbereitschaft konditional an die Kooperationsbereitschaft anderer knüpfen (Axelrod 2005).

Daher kann es wenig überraschen, wenn die Ethnologen von als besonders archaisch angesehenen menschlichen Stammesgesellschaften ein Bild geradezu antiautoritärer Friedfertigkeit zeichnen (zusammenfassend Harris 1992: 327, ausführlich: Gould 1982; Lee 1969a und 1969b). Meines Erachtens ist es aber präziser, von einer besonders konsequenten *Kultur des Teilens* zu sprechen. Teilen ist vor allem dann eine gute kooperative Überlebensstrategie, wenn Nahrung schwer zu bekommen ist und unregelmäßig fließt. *Nicht nur von einer erzwungenen Überlebenspraxis* (Stichwort: reziproker Altruismus) *sondern von einer Kultur des Teilens kann man dann reden, wenn das Teilen als unbedingte Selbstverständlichkeit bewusst praktiziert wird, also vor allem gezielt frei von allem Reziprozitätskalkül, von Gefühlen der Dankbarkeit und daran anknüpfenden potentiellen Rangordnungen gehalten wird.* So werden etwa Unterschiede im Jagderfolg gezielt bagatellisiert (Dentan 1982; Gould ebd.). Generell wird es nicht geschätzt, wenn sich ein Gruppenmitglied hervortun will (ebd.). Diese Norm dient dem Zusammenbleiben der Gruppe. Anders als bei den Schimpansen kann der einzelne sich nämlich ohne große Gefahren aus einer Gruppe zurückziehen und sich anderen Gruppen anschließen (Harris ebd. 330). Die Kehrseite solch extremer Friedfertigkeit und Egalität scheint allerdings zu sein, dass diese Gruppen ihr Schweifgebiet nicht gegen Eindringlinge verteidigen können. In solchen Fällen ziehen sie sich zurück[5]. Das hat dazu geführt, dass sie von kriegerischeren Stämmen, die es geschafft haben, positiv mit Macht umzugehen, in extreme Lebensräume zurück gedrängt wurden.

2.2 Macht als Voraussetzung der Kooperation

Wie ist es im Verlauf der weiteren Menschheitsgeschichte gelungen, Macht zu etablieren, ohne dass sie ein Quell ständiger Reibereien bildet? Die bisherigen Überlegungen lassen im Grunde nur eine Möglichkeit erkennen: *Macht hatte nur dann eine Chance, wenn es gelang, sie als Voraussetzung der Kooperation zu etablieren.* In der Evolutionsgeschichte wurden offenbar mindestens zwei Strategien ausgetestet, Macht auf diese Weise im sozialen Miteinander zu verankern.

Die bereits erwähnte Drohstrategie

Eine naheliegende Möglichkeit ist, den Machtgebrauch, insbesondere den Gebrauch körperlicher Gewalt, nur anzudrohen (vgl. auch Popitz 1992). Das konfrontiert Alter mit der Alternative, entweder ‚freiwillig' zu gehorchen oder ein Sanktionsrisiko in Kauf zu nehmen. Diese Drohstrategie kennen nicht nur Menschen, sondern nahezu alle in individualisierten Gruppen lebenden Arten. Sie ist nur situativ wirksam und regt zu Gegenstrategien, etwa zur Bildung von Koalitionen, an. Rangordnungen auf dieser Grundlage sind daher immer nur solange stabil, wie das Drohpotential überzeugend ist. Die Drohstrategie dämmt zwar den Machtgebrauch ein, aber sie produziert auch das Risiko von ‚Revolten', also von Phasen des intensivierten Gewaltgebrauchs (für Schimpansen vgl. de Waal 1991).

Das Einfordern von Reziprozität

Eine zweite Möglichkeit wurde von Ethnologen dokumentiert. Bei dieser Variante muss aber vorausgesetzt werden können, dass, anders als bei den Ka![6], keine Kultur des *unbedingten* Teilens praktiziert wird, sondern vielmehr umgekehrt die Reziprozitätsnorm (vgl. Mauss 1990) explizit gilt. Hierunter ist zu verstehen, dass jede Gabe nach der Vorstellung aller Beteiligten ausgeglichen werden soll, also mit einer *gleichwertigen* Gabe zu beantworten ist. Nur so können die Akteure ihr wichtigstes Gut, ihre Ehre, bewahren. Diese Norm gilt hauptsächlich im positiven Sinne. Ein wertvolles Geschenk soll also durch ein ebenso wertvolles Gegengeschenk ausgeglichen werden. Allerdings wird unter dem Gesichtspunkt der Reziprozität auch Schaden vergolten. Dann konnte z. B. ein Misserfolg eines Magiers – etwa unwirksamer Regenzauber – dadurch vergolten werden, dass der erfolglose Regenzauberer in der Wüste ausgesetzt oder verbrannt wurde (Hulsewe 1962: 498).

Gesellschaftlich folgenreich war aber vor allem die positive Variante, denn unter dieser kulturellen Voraussetzung richteten sogenannte ‚big men' ‚Feste' aus. Sie versorgten einen Kreis von Teilnehmern ‚freiwillig' mit Nahrung. Damit setzen sie die ‚Beschenkten' unter Zugzwang. Aus Gründen der Reziprozität fühlten sie sich nämlich verpflichtet, Gutes mit Gutem zu vergelten. Waren die Beschenkten jedoch nicht in der Lage, die ‚Großzügigkeit' des Gastgebers materiell auszugleichen, indem sie ihrerseits den Schenkenden und seine Anhänger ebenso reichlich bewirteten, dann konnten sie die Schenkung nur durch *Folgebereitschaft und Anerkennung der Autorität des Schenkenden* ausgleichen. Auf diese Weise gelang es den ‚Big Men' einen Kreis von Anhängern zu gewinnen, den sie ggfs. für *ihre* Interessen mobilisieren konnten. Diese einseitige Abhängigkeit der ‚Anhänger' vom ‚big man' wird damit zur Voraussetzung der weiteren Sozialbeziehungen[7].

Unter vorstaatlichen Bedingungen ist diese Strategie jedoch nur solange erfolgreich, wie jemand über überlegene Ressourcen verfügt, die aber durch jede Verteilaktion zwangsläufig geschmälert werden. Langfristig tendiert diese Strategie daher mit hoher Wahrscheinlichkeit zur Nivellierung der verfügbaren Nahrungsressourcen.

Diskussion

Beide Strategien machen auf ein grundlegendes Problem *individualisierter Macht*ausübung aufmerksam. Ob man das ‚Widerstreben' der Betroffenen nun durch Drohung oder durch Großzügigkeit überwinden möchte – auf derartigen Grundlagen kann das kooperative Zusammenwirken *immer nur für begrenzte Zeit* geordnet werden. Möglicherweise ist dies, wie Richard Münch im Anschluss an Parsons vermutet, ein generelles Manko utilitaristischer, also auf je individuellem Nutzenkalkül basierender Ordnungen (Münch 2003: 172f.; Münch 1988: 33ff.). Deshalb liegt die These nahe, dass *der offene individuelle Durchsetzungswille immer Gegenkräfte erzeugt, die er nicht dauerhaft ausschalten kann. Deshalb ist Macht, so wie Weber sie definiert hat, keine geeignete Grundlage für die Etablierung zeitlich stabiler und sozial robuster einseitiger Abhängigkeitsbeziehungen.*

Für diese Behauptung liefert die Gegenwart bedauerlicherweise genügend Anschauungsmaterial. Überall dort, wo die staatliche Ordnung zeitweise oder über längere Zeiträume kollabiert ist, beispielsweise in Somalia, können sich Gruppierungen entwickeln und Teile des Territoriums und der Bevölkerung kontrollieren, die auf der Grundlage von Macht entstanden sind. Es haben sich militärische Führer herauskristallisiert, die Anhänger rekrutiert und Einnahmequellen monopolisiert haben sowie über genügend militärisches Gerät verfügen, um einen Einflussbereich gegen Konkurrenten zu behaupten. Diese Strukturen bleiben aber in hohem Maße labil. Einerseits locken sie Konkurrenten an, die sich zutrauen, selbst an die Stelle eines solchen Machthabers zu treten. Andererseits bringen Ereignisse wie der Tod oder auch nur eine plötzliche Schwäche eines Anführers die Gesamtkonstellation ganz schnell zum Einsturz. Ebenso kann eine neue auftretende Gruppierung oder eine plötzlich gebildete Koalition die Gewichte so weit verschieben, dass sofort eine neue Runde militärischer Konfrontation einsetzt, in der eine neue Verteilung der Einflussgebiete ausgekämpft wird (Beispiele: Somalia und Afghanistan vor den Taliban).

2.3 Die bis heute funktionierende Lösung: Ordnungen legitimieren Herrschaft

Nur wenn sich ein ‚Warlord' auf eine von seinen Anhängern geglaubte Ordnung berufen kann, die ihn autorisiert, dann besteht eine realistische Chance, dass er seine Machtstellung stabilisieren kann. Er transformiert sie damit in eine Herrschaftsbeziehung, wird also zum Herrscher und überschreitet die Schwelle zur Staatenbildung (Beispiel IS).

Wieso funktioniert Herrschaft in der Regel problemlos? Diese entscheidende Eigenschaft wird von Max Weber als ein wesentliches Merkmal verstanden. Er definiert nämlich „Herrschaft" als „die Chance, für jeden Befehl bestimmten Inhalts bei angebbaren Personen Gehorsam zu finden." (Weber 1972: 28). Damit Herrschaft problemlos ausgeübt werden könne, komme es vor allem auf die Disziplin der Beherrschten an. Sie biete den Herrschenden die „Chance, kraft eingeübter Einstellung für einen Befehl prompten, automatischen und schematischen Gehorsam ... zu finden" (ebd.). Diese Disziplin wiederum könne aber nur eingeübt werden, wenn die Beherrschten an die Rechtmäßigkeit der Befehle glauben. Die Grundlage des eingeübten Gehorsams ist somit der *Legitimationsglaube* der Beherrschten (vgl. ebd. 122ff.).

Um das besser zu verstehen, blicken wir zunächst gesondert auf die Herrschenden und dann auf die Beherrschten. Im Unterscheid zur Machtausübung kommt es bei der Herrschaftsausübung *auf einen von der Person eines Machthabers ablösbaren Ordnungsanspruch an.* Nicht der Machtwille einer Person, sondern der von ihr *verkörperte* Ordnungsanspruch ist also entscheidend. Das schließt aber keineswegs aus, dass einzelne Personen ihre Willenskraft darauf konzentrieren, eine bestimmte Ordnungsvorstellung zu verbreiten. Weber sieht deswegen auch in Religions- und Ideologiegründern sowie in religiösen und politischen Propheten ein zentrales Element für revolutionäre Entwicklungen. In seinem Idealtyp der *charismatischen Herrschaft* (Weber 1972: 140ff.) hält er sogar fest, dass der Glaube an das Charisma einer solchen Person eine Grundlage politischer Herrschaft bilden kann. In diesem Fall verkörpern persönliche Eigenschaften des Herrschenden die Attraktivität und den Erfolg einer bestimmten Ordnungsvorstellung[8]. Das ist etwas völlig anderes als ein *rein persönlicher Machtwille*, dem sich andere nur mehr oder weniger widerwillig fügen werden.

Kommen wir zu den Beherrschten. So verstandene Herrschaft kann nur über Menschen ausgeübt werden, die es (a) gelernt haben, ihr soziales Handeln an den Maximen von Ordnungen auszurichten (Kapitel 1) und (b) von der Legitimität der gerade herrschenden Ordnung überzeugt sind. Warum sie so funktioniert, wie Weber das analysiert hat, kann man vielleicht besser verstehen, wenn man untersucht, wie sie entstanden ist.

2.4 Wie haben archaische Religionen die Ausrichtung menschlichen Handelns an Ordnungen eingeführt und eingeübt?

Wenn der religiöse Erzähler seinem Publikum die Welt auf eine bestimmte Weise erklärt[9], dann hebt er eine bestimmte *Ordnung* als grundlegend hervor, die die Gläubigen besonders beachten müssen. Im Totemismus ist das beispielsweise das Verwandtschaftssystem, im Christen- wie im Judentum ist das der Schöpfergott.

Religiöse Gemeinschaften begeben sich auf einen Pfad, der zunächst zu religiöser Herrschaft führt und in der Staatenbildung endet, sobald *in diese Erzählungen von der Ordnung der Welt Risiken* (genauer formuliert Kontingenzen[10]) *eingebaut werden, die nur durch Aktivitäten der Kultgemeinschaft gemeistert werden können.* Ein uns heute noch geläufiges Beispiel für eine solche Kontingenz ist das Erscheinen des Messias im Judentum. Dass dieses Ereignis passieren wird, gilt als gewiss, aber der Zeitpunkt ist kontingent. Daher müssen die Gläubigen immer auf dieses Ereignis vorbereitet sein. Aber wie sollen sie das anstellen? Hier werden nun religiöse Spezialisten wichtig, die „Pharisäer und Schriftgelehrten", von denen im Neuen Testament die Rede ist. Sie geben den Gläubigen vor, wie sie zu leben haben (Stichwort religiöse Heilswege). Auf diese Weise üben sie religiöse Herrschaft aus.

Die für die menschliche Zivilisationsgeschichte wohl wichtigste Kontingenzbehauptung wurde in den alten, um den Zusammenhang von Leben, Tod und Wiedergeburt kreisenden ‚Fruchtbarkeitskulten'[11] entwickelt. Dieser Kreislauf wurde offenbar als ‚gefährdet' angesehen. Jedenfalls häufen sich ab etwa 35 000 v. u. Z. Funde symbolischer Zeichen, die nach damaligem Verständnis Fruchtbarkeit ‚*bewirken*' sollten (Gimbutas 1995: 141ff und 321). Das lässt nur die Interpretation zu, dass *das Bewirken* des Kreislaufs von Leben, Tod und Wiedergeburt das Ziel der religiösen Rituale der Kultgemeinschaften war (Eliade 1978: 49ff.). Man kann sich schwer vorstellen, aber auch nicht direkt belegen, dass diese Kulte ohne Formen der religiösen Herrschaft ausgekommen sind.

Dagegen ist es relativ sicher, dass religiöse Zentralisierungsprozesse bei derartigen Kulten der Staatenbildung voran gingen. Sie werden auf die ungleiche Verteilung von Prestigegütern zwischen den Tempeln zurückgeführt (Friedman 1975; Friedman/Rowlands 1977; Breuer 1981). Da den Tempeln, die über die meisten Prestigegüter verfügten, die größte religiöse Wirksamkeit zugeschrieben wurde, verdrängten sie andere Tempel und gewannen religiöse Herrschaft über eine immer größere Anhängerschaft.

2.5 Staaten waren zunächst religiöse Projekte

Dass die Religion bei der Staatenbildung offenbar eine zentrale Rolle gespielt hat, zeigen bereits die archäologischen Befunde aus den ältesten mesopotamischen Städten. Sie belegen, dass sich im Mittelpunkt jeder größeren Stadt eine große Zikkurat, also ein pyramidenförmiger Zentraltempel befunden hat. Davon künden noch heute große Schuttberge. Sie belegen, dass es sich dabei um das bei weitem aufwändigste Bauwerk in den damaligen Siedlungen gehandelt haben muss. Alles spricht daher für ein großes religiöses Zentrum, um das sich Menschen ansiedelten.

Wahrscheinlich wurden diese riesigen Zentraltempel als ‚Götterwohnsitze' angesehen. Auch heute stellen sich noch viele Naturvölker vor, dass ihre Götter auf hohen Bergen wohnen. Als nun Siedler in das absolut ebene Südmesopotamien vordrangen und herausfanden, dass sie dort durch künstliche Bewässerung reiche Ernten erzielen konnten, hatten sie vermutlich ein religiöses Problem. Wie konnten sie für dieses risikoreiche Unterfangen auf den Schutz der Götter rechnen, den sie weitab von den natürlichen ‚Götterwohnsitzen', etwa auf den Höhen des mehr als 100 km entfernten Taurus-Gebirges, benötigten?

Deswegen mussten wohl gigantische Tempel aus Lehmziegeln als künstliche Göttersitze errichtet werden. Nach alter Vorstellung waren Götterstatuen keine bildlichen Darstellungen von Göttern, sondern gewissermaßen Gefäße oder Hüllen, in denen die göttliche Kraft konzentriert war.[12] Nach der Vorstellung der Bewohner konnte daher eine mit der Statue des Lokalgotts versehene Zikkurat die göttlichen Kräfte und Gewalten *an einen von der Kultgemeinschaft künstlich hergestellten* Ort binden. Die hierbei erbrachten Arbeitsleistungen setzen eine verbindliche, also staatliche oder staatenähnliche Organisation des gesellschaftlichen Zusammenlebens zwingend voraus. Um diese künstlichen Göttersitze herum bildeten sich im gesamten Zweistromland Zentren der bäuerlichen Besiedlung, die in der einschlägigen Forschung als Städte interpretiert werden (z. B. Nissen 1995).

Da jede Stadt einen eigenen Stadtgott hatte, kannten die Bewohner des Zweistromlandes viele Götter, die zusammen einen Götterkosmos bildeten. In seinem Zentrum standen die Götter der vier zunächst wichtigsten Städte – Ur, Uruk, Kisch und Lagasch. Das macht deutlich, wie die religiöse Logik im alten Mesopotamien beschaffen war. Denn in der wirtschaftlichen Prosperität und in dem raschen Anwachsen dieser Städte zu Metropolen[13] konnte sich ja nur die Macht des jeweiligen Stadtgottes manifestieren. Worauf sollte der wirtschaftliche Erfolg auch sonst beruhen? Nach dieser Logik mussten die Stadtgötter der wohlhabendsten und größten Städte auch die mächtigsten sein – und umgekehrt, die wohlhabendsten Städte die mächtigsten Götter haben.

Die Auffassung, dass unser Wohlergehen von den Göttern bestimmt werde, ist uns heute fremd, da wir schon lange nicht mehr in einer Agrargesellschaft leben. Jeder Bauer weiß aus eigener Erfahrung, dass seine Arbeit nur einen überschaubaren Beitrag zu einer guten Ernte leistet. Alles Weitere liegt an der vom Menschen nicht beeinflussbaren Natur, an einem richtigen Maß an Regen ohne Hagel und Sturm, an der Sonneneinstrahlung und der Temperatur, wenigen Schädlingen usw. Da solche Kontingenzen auf Dauer schwer ausgehalten werden können und Menschen offenbar schon immer nach kausalen Erklärungen und nach sicherem Erfolg gesucht haben, haben sie mächtige Götter konstruiert. Entweder verkörperten sie selbst diese Naturkräfte oder sie beherrschten sie. Anders als mit zufälligen Natureinflüssen konnte man sich mit diesen Göttern arrangieren. Die eine Möglichkeit war, selbst über die göttlichen Kräfte gebieten zu wollen. Das ist der Weg der Magie, die nur von Menschen mit besonderen Fähigkeiten ausgeübt werden konnte (Zauberer, Schamanen…). Als zuverlässiger galt dagegen die Alternative, sich den göttlichen Kräften *zu unterwerfen* und sich die Götter durch Opfer und asketische Praktiken gewogen zu machen. Das ist die Perspektive der Priester und der Religionen (Frazer 1978: 74f.). *In den alten Hochkulturen wurde dieses religiöse Unterordnungsverhältnis gegenüber den Göttern erstmals durch einen weltlichen Staat organisiert.*

Dass die Bewohner Südmesopotamiens sich ‚ihrem' jeweiligen Lokalgott unterworfen hatten, ist ziemlich sicher. Denn von ihnen sind genügend schriftliche Zeugnisse erhalten geblieben, die zumindest für die frühen Phasen festhalten, dass das bebaute Land als Eigentum der Götter galt, de facto also der Priesterschaft des Zentraltempels gehörte. Die Menschen sahen ihren Daseinszweck darin, für die Götter da zu sein (v. Soden 1961: 561). Was das aber konkret zu bedeuten hatte, mussten ‚Beauftragte' der Götter verbindlich auslegen. Das waren zunächst die obersten Priester der zentralen Tempel. Sie waren durch ihre Nähe zum Stadtgott autorisiert, ihnen *in seinem Namen Befehle zu erteilen.*

Die in den ersten Staaten praktizierte Religion und die dort gefundene Konstruktion des göttlichen Grundeigentums wird uns nun dabei helfen, eine soziologische Grundfrage zu beantworten, nämlich: *Wieso funktioniert staatliche Herrschaft in der Regel so problemlos* wie Max Weber in seiner oben zitierten Definition hervorgehoben hat?

Der Blick auf die Entstehung der ersten Staaten zeigt, dass der Legitimationsglaube der Beherrschten zunächst religiösen Ursprungs war. Wenn die Herrscher selbst als Gott oder als Sprachrohr des Lokalgottes galten, dann war es schlicht ein Gebot der Klugheit, ihren Befehlen zu folgen, denn die Götter sind in der Vorstellung der Gläubigen immer mächtiger und klüger als die Menschen. Da die Priester sie durch Opfer und andere Praktiken gewogen gemacht hatten und ihnen große und prächtige Tempel als Wohnsitze gebaut wurden, konnte angenommen werden, dass sie ihre überlegenen Fähigkeiten zugunsten ihrer Diener und Anhänger einsetzen würden. Warum also sollte man sich *ihrem* Willen nicht *freiwillig* unterwerfen? Die *freiwillige* Unterwerfung unter mächtige Götter lässt Herrschaft problemlos funktionieren.

Auch wenn Weber zu Recht betont, dass im politischen Alltagsgeschäft Befehle und Anordnungen auf *eingeübten* Gehorsam treffen, darf man dennoch die Grenzen der Tradition und der religiösen Legitimation nicht übersehen. Sie ist nämlich eine Konstruktion, die den Herrscher *zum politischen Erfolg verdammt*. Erfolglose Herrscher taten sich daher mit jedem Misserfolg schwerer, ihre herausgehobene Stellung als Sprachrohr des göttlichen Willens zu behaupten. Wie konnten die ausbleibenden Erfolge auch anders interpretiert werden, als dass der Lokalgott oder die relevanten Götter sich von *ihm* abgewandt hatten? Daher wird z. B. die Geschichte des chinesischen Kaisertums auch von Bauernaufständen gegen erfolg- und glücklose Herrscher geprägt. Der Gründer der Ming- Dynastie war beispielsweise ein erfolgreicher Bauernrebell (vgl. Seitz 2006: 36). Seine militärischen Erfolge gegen die Regierungsarmee wurden von der Bevölkerung als Zeichen interpretiert, dass ‚der Himmel' seinen Herrschaftsauftrag den bisherigen Herrschern entzogen und nun an ihn übertragen habe.

Webers Definition betont weiterhin, dass die Herrschaftsausübung einer bestimmten Form bedarf, nämlich des Befehls und dass sie nicht beliebige Themen behandeln kann, sondern in ihrer Reichweite festgelegt ist. Die Befehlsform speiste sich zunächst aus dem Unterordnungsverhältnis der Menschen unter die Götter. Die begrenzte Reichweite dieser Befehle (Weber: … auf *Befehle angebbaren* Inhalts…) verweist darauf, dass der Staat nicht die ganze Gesellschaft organisiert, sondern nur einen genau umrissenen Aufgabenbereich, in dem es um Arbeit, Arbeitsteilung und das Erbringen gesellschaftlicher Leistungen geht (vgl. Kapitel 3).

Eine für das Verständnis von Staatlichkeit wichtige *soziale Bindung* des Herrschers wird dagegen nicht nur bei Weber, sondern nahezu in der gesamten soziologischen Literatur[14] erstaunlicherweise ausgeblendet: Er hat *die Erwartungen der Beherrschten auf staatlichen Schutz zu bedienen*. Besser als lange Erklärungen beleuchten Auszüge aus einer alten Tontafel diesen Aspekt. In dem Text wenden sich die bedrängten Einwohner einer zum ägyptischen Reich gehörenden Stadt an ihren Herrscher und fordern seinen Schutz ein. Die dabei verwendeten Formulierungen lassen keine Zweifel aufkommen, dass die Unterwerfung unter einen Herrscher den Beherrschten offensichtlich ein *Anrecht* auf Schutz verschaffte, das hier einge*fordert* wird.

„Wer hätte früher Tunip plündern können, ohne dass Manachpinja ihn zur Strafe geplündert hätte? … und wenn Aziru in Simyra eindringt, so wird er uns tun, was ihm gefällt auf dem Gebiet unseres Herrn , des Königs und trotzdem hält unser Herr sich von uns zurück … haben wir an unseren Herrn, den König von

Ägypten, Boten gesandt, aber keine Antwort ist uns gekommen, nicht ein einziges Wort" (aus den Amarna Briefen, die Teile der außenpolitischen Korrespondenz von Amenophis IV. enthalten; Quelle Wikipedia; Stichwort Echnaton)

2.6 Wieso traten Herrscher an die Stelle von obersten Priestern?

Aus den großen Tempelanlagen, die offenbar von Oberpriestern geleitet wurden, hat sich in engem Zusammenhang mit der Staatenbildung ein aus heutiger Sicht allerdings immer noch unspezifischer ‚staatlicher Komplex' ausgegliedert. Archäologisch fassbar ist er in Form der baulichen Trennung von Tempel und Palast. Die Herrscher ziehen gewissermaßen aus dem Tempel aus und errichten prunkvolle Gebäude, die von der sozialen Bedeutung ihrer Tätigkeit zeugen (vgl. z. B. von Soden 1961: 542; Mann 1990: 168ff. Nissen 1995: 107; Abb.23.; Klengel 1991: 17).

Etwas schematisch kann man die nun entstandene Arbeitsteilung zwischen Priestern und Herrschern so fassen, dass sich die Priester ausschließlich ihren Göttern zuwenden, während sich die Befehle der Herrscher an die Gläubigen richten und die Konsequenzen ihres Unterordnungsverhältnisses unter die Götter ausbuchstabieren. Schon deswegen behalten sie eine enge Bindung zum Tempel bei und gelten meist auch als religiöses Oberhaupt. Weiterhin spielen sie in Ritualen, die für die Alltagspraxis der Beherrschten zentrale Bedeutung hatten, eine tragende Rolle. Ansonsten musste sich die ihnen zugeschriebene magische Kraft aber zunehmend in ‚diesseitigen' Aufgaben bewähren – wie etwa als Anführer im Krieg, als Organisator des Bewässerungssystems oder der Bewirtschaftung des göttlichen Grundeigentums, das allmählich zum Grundbesitz der Herrscher wird.

Zu beachten ist weiterhin, dass der Begriff Staat zunächst unbekannt war (vgl. Zibelius-Chen 2006: 473 vgl. auch 270 und 299f.). Die Person des Herrschers stand für den Staat. Solange es aber, wie im alten Ägypten, kein eigenes Wort für ‚Staat' gab, weil eben der regierende Pharao den Staat buchstäblich verkörperte, musste in der Tat der Staat als *allmächtige Person* angesehen werden. Als allmächtig galten ansonsten jedoch nur Götter. Dieser Widerspruch wurde im alten Ägypten dadurch gelöst, dass auch der Pharao den Göttern zugerechnet wurde. Er war aber nicht der alleinige Gott, sondern Bestandteil eines Götterkosmos und Teil einer kosmologischen Ordnung. Daher war auch der allmächtige Pharao an die religiöse Tradition gebunden. Wie der Fall Echnaton (Reeves 2002; Assmann 1998) zeigt, konnte er zwar unbeschränkt über seine Untertanen verfügen. Er konnte aber nicht ohne weiteres die Religion umkrempeln, die seine Herrschaft legitimierte.

In der zweiten zumindest ebenso alten Zivilisation mit Staat und Schriftkultur, nämlich in Mesopotamien, galt der Herrscher dagegen als menschlicher Repräsentant und als Interpret des göttlichen Willens. Das hing damit zusammen, dass die Staatenbildung hier zunächst dezentral erfolgte und von der Priesterschaft großer lokaler Tempel ausging (siehe oben). Auch hier konnte vom Staat als einem Machtapparat und als einer unabhängig vom Herrscher und der konkreten Herrschaftspraxis existierenden Institution noch keine Rede sein. Hinter der ‚Allmacht' des realen, weltlichen Herrschers stand die Allmacht des lokalen Gottes. Eng verwandt mit diesem Konzept, allerdings auf einen zentralen Staat zugeschnitten, war auch die traditionelle chinesische Version, dass es *einen* Herrschaftsauftrag des Himmels gebe, der vom Herrscher des ‚Reichs der Mitte' ausgeübt werde.

Wenn man sich an der Verkörperung des Staates durch die Person des Herrschers orientiert, dann stützt das die allgemein vertretene These, *dass sich eine Herrscherrolle aus der Priesterschaft der zentralen Tempel heraus entwickelt hat.* Die Rolle des politischen Herrschers muss nicht unbedingt aus dem ‚Oberpriester' hervorgegangen sein. Man könnte auch an die religiöse Nebenfigur des Vegetationskönigs[15] denken.

Die Bedeutung des auf einem Thron (!) sitzenden Vegetationskönigs bestand darin, dass er den jährlichen Vegetationszyklus und damit auch die Grundlage des Überlebens der Stammesgesellschaft sichern sollte. Der Übergang auf den nächsten Zyklus wurde ursprünglich wohl über die rituelle Opferung des alten und die Einsetzung eines neuen Vegetationskönigs ‚gesichert' oder ‚bewirkt' (vgl. Frazer 1989: 387ff.). Aus diesen rituellen Königen könnten sich ‚politische' Könige entwickelt haben, die sich nicht mehr opfern ließen, sondern die Reproduktion des Vegetationszyklus nicht mehr religiös, sondern durch aktives ‚politisches' Handeln sicherstellen wollten. Es konzentrierte sich vermutlich zunächst auf Anweisungen an die ‚Bauern', die nun ganz real dazu dienten, den Vegetationszyklus zu sichern. Dabei spielte in Mesopotamien die Planung und Ausführung von Bewässerungskanälen (vgl. Nissen 1995) und in Ägypten der organisierte Umgang mit der jährlichen Überflutung des Nil eine zentrale Rolle. Als Beispiel für die stark ausgeprägte magisch- rituelle Komponente im politischen Aufgabenbereich der frühen Herrscher möchte ich das Pflugritual der Pharaonen (vgl. Barta 1975: 111ff.) erläutern. Bei ihm ist auch die Nähe zur religiösen Funktion der alten Vegetationskönige sehr deutlich zu erkennen.

Um Samen in den Boden zu setzen, wurde zunächst der Hackstock benutzt, ein sehr einfaches, schon in Wildbeuterkulturen von den Sammlerinnen benutztes Gerät. Mit dem von Rindern gezogenen Pflug wurde der Pflanzenanbau revolutioniert, weil nun viele Samen nacheinander in die Furchen gelegt werden konnten. Dabei wird allerdings die Erde ‚aufgerissen'. Ein sehr gewaltsamer und risikoreicher Vorgang für Menschen, die die ‚Unterwelt' als einen eigenen Bereich mit eigenen

Kräften ansehen, von denen Unheil droht[16]. Daher wird es verständlich, dass jedes Aufreißen des Bodens nach damaliger Vorstellung diese mächtigen Gewalten stören und zu Racheakten anstacheln könnte. Es war daher ein Akt der Vernunft, dass der selbst als Gott angesehene und mit weiteren göttlichen Kräften in engster Verbindung stehende Pharao als erster mit einem Pflug die Erde aufriss und den Zuschauern demonstrierte, dass dabei nichts Schlimmes passiert. Durch Zusehen konnten sich die Bauern davon überzeugen, dass die magischen Kräfte des Pharao sie beschützen werden, wenn sie nun selbst mit dem Pflügen beginnen.

Allerdings konnte der Pharao mit diesem Ritual nicht an allen Orten zugleich die Phase der Bodenbestellung einläuten. Deswegen waren seine Beamten damit beauftragt, an vielen weiteren Orten dieses Ritual zeitgleich durchzuführen. *Mit dem entsprechenden Auftrag übertrug nach damaliger Vorstellung der Pharao auch seine magischen Kräfte auf die Beamten* (ebd.: 114). Auf diesem Wege entstand faktisch ein Staatsapparat.

2.7 Staaten operieren mit dem Machtmedium

Dieser Exkurs zur Entstehung der staatlichen Grundlagen des Zusammenlebens erleichtert es, die heute gängige Terminologie zu verstehen. Sie unterscheidet sich von Webers Herrschaftssoziologie nämlich dadurch, dass sie ihren Grundgedanken *verallgemeinert*. Dieser Grundgedanke wird aber erst dann in hinreichender Klarheit verständlich, wenn man sich mit der oben bereits behandelten Frage auseinandersetzt, warum *individuelles* Macht- oder Dominanzstreben gerade nicht die Grundlage staatlicher Machtausübung sein kann.

Machtausübung, so unser Ergebnis, ist für die Menschen nur dann auf Dauer akzeptabel, wenn damit eine von den Gesellschaftsmitgliedern geteilte und als überlegen angesehene Ordnung realisiert und reproduziert werden soll. *Nicht die Unterwerfung unter eine überlegene Person sondern nur die Unterwerfung unter eine überlegene Ordnung kann auf Dauer akzeptabel sein.* Herrscher können daher ihre herausgehobene Position stabilisieren, wenn sie glaubhaft behaupten, im Namen einer derartigen Ordnung zu befehlen.

Wenn Soziologen heute vom Machtmedium sprechen, mit dem politische Systeme operieren, dann handelt es sich dabei in der Sache um ein Herrschaftsmedium, über das eine als gegeben unterstellte Ordnung praktiziert und durchgesetzt werden soll. Warum es sich verweltlicht hat und in politische Macht transformiert wurde, erklärt sich aus den im folgenden Kapitel behandelten Prozessen.

3 Die materielle Seite der Ordnungen: Aufgaben, Berufe, Arbeitsteilung, Tausch und Erfolgsmedien

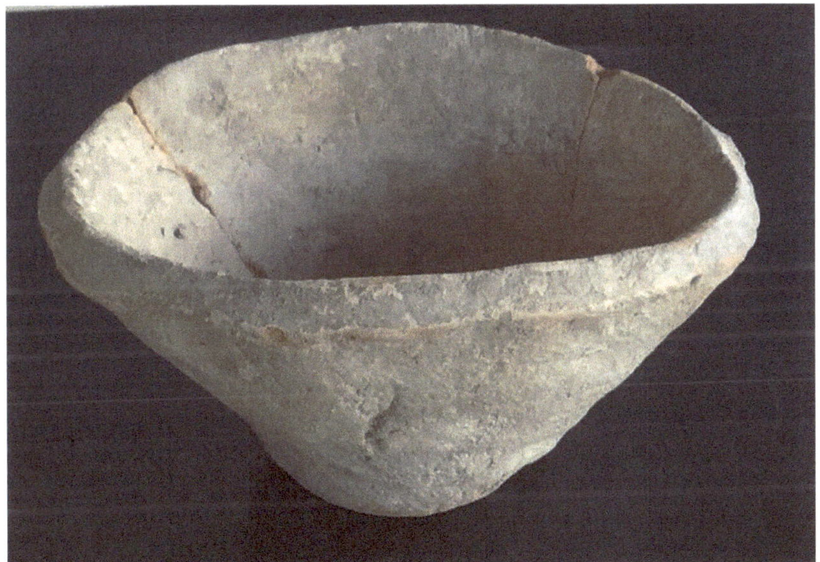

Glockentöpfe waren wohl das erste Massenprodukt und vor allem eine Grundlage für die Entwicklung einer auf Tausch und Arbeitsteilung basierenden staatlich organisierten Gesellschaft. Die Abbildung zeigt einen Uruk-zeitlichen Glockentopf (ca. 3400 -3200 v. Chr.)

Im zweiten Kapitel wurden die *politischen* Konsequenzen ausbuchstabiert, die mit der Orientierung des sozialen Handelns an Ordnungen verknüpft sind. Sie bestanden in Herrschern bzw. Staatsapparaten, die deren Konsequenzen für die Beherrschten verbindlich auslegen. Dabei treffen sie Entscheidungen, die nicht mehr dem persönlichen Machtwillen entspringen, sondern die Konsequenzen aus der als geltend postulierten Ordnung ziehen. Das bedeutet aber nichts anderes, als dass geltende Ordnungen nicht nur eine politische, sondern zugleich auch eine materielle Seite haben. *Aus dieser ‚materiellen', Perspektive blicken wir in diesem dritten Kapitel erneut auf den Prozess der Staatenbildung.*

3.1 Kontingente Ordnungen bescherten zunächst der Kultgemeinschaft, heute uns allen Aufgaben

Wenn kontingente Ordnungen verbindlich ausgelegt werden, dann ergeben sich daraus für die Beherrschten ‚Dinge', die getan werden müssen, also Aufgaben. Das ist heute zu einer für viele lästigen, für andere dagegen erfreulichen Selbstverständlichkeit geworden

Wer kennt nicht den Satz: „Da muss man doch etwas tun!" Das in dieser Aufforderung enthaltene Wort ‚etwas' „bezeichnet" laut Duden „eine nicht näher bestimmte Sache, die bedeutsam erscheint". Es geht also um wichtige Sachen und dennoch ist das Handeln sozial: Ich und andere werden *aufgefordert* doch endlich ‚etwas' zu tun. Das Wort „Aufgabe" zeigt an, dass dieses versachlichte Handeln nicht nur in seltenen Ausnahmesituationen gefragt ist, sondern längst unseren Alltag bestimmt. Im Duden wird es nämlich folgendermaßen umschrieben: „*etwas*, was jemandem zu tun aufgegeben ist; Auftrag, Obliegenheit" (Duden; Hervorhebung D.B.).

Wenn man ethnologische Beschreibungen archaischer Stammesgesellschaften liest, dann gewinnt man den Eindruck, dass die westlichen Beobachter am meisten davon fasziniert sind, dass diese Menschen keine Aufgaben kennen, von denen sie getrieben werden. Zumindest eine populäre Version von Glück hebt darauf ab. Danach scheinen Menschen nämlich erst dann zutiefst glücklich zu sein, wenn sie gar nicht wissen, dass ihnen etwas zu tun aufgegeben ist (exemplarisch: Everett 2012). Für Menschen, deren Alltag von Aufgaben bestimmt wird, scheint das Paradies eine Welt ohne Aufgaben zu sein. Unter diesem Gesichtspunkt hat Marshall Sahlins ein Buch über die Nahrungssuche von Jägern und Sammlern geschrieben, das große Kontroversen ausgelöst hat. Seine Grundthese ist, dass die Steinzeit- Ökonomie als zielloses In-den-Tag-hinein-Leben blendend funktioniert habe (Sahlins 1972).

Wenn Sie nun noch das Wort *Faulheit* googeln, dann werden (Abfrage vom 1.3. 2016) Ihnen folgende Suchhilfen vorgeschlagen: Faulheit überwinden, Faulheit besiegen, Faulheit bekämpfen. Damit wäre fast schon alles zum Thema ‚Aufgaben' gesagt: Sie sind uns aufgegeben, auch wenn das Leben ohne sie vielleicht angenehmer wäre! Deswegen sind ‚Drückeberger' zu stigmatisieren und der ‚innere Schweinehund' muss überwunden werden.

Dieses Kapitel möchte nun erklären, wie diese ‚Aufgaben' auf uns gekommen sind, wieso sie so unabweisbar sind und wieso sie so sehr unseren Alltag beherrschen. Aus den beiden voran gegangenen Kapiteln kann man zwei generelle Antworten bereits herauslesen. Sobald Menschen ihr soziales Handeln nicht an konkreten Anderen orientieren, sondern an Ordnungen, müssen soziale Verpflichtungen zu ‚Aufgaben' verallgemeinert werden. Im Umkehrschluss erklärt fehlende Ordnungssozialität auch fehlende Aufgaben. Daher sind archaische Stammesgesellschaften nicht nur „Gesellschaften ohne Staat" (so der programmatische Titel eines Readers von Kramer/Sigrist aus dem Jahr 1987), sondern auch *Gesellschaften ohne Aufgaben*.

Das zweite Kapitel liefert das zusätzliche Argument, dass verpflichtende Aufgaben immer dann entstehen, wenn Religionen in ihre Kosmologien Kontingenzen eingebaut haben und die Kultgemeinschaft zu rituellen Handlungen aufgefordert wird, die genau diese Kontingenzen bearbeiten. Hier ist nun zu klären, wieso aus unabweisbaren religiösen Aufgaben alltägliche Pflichten und aus religiösen Ritualen menschliche Arbeit wurden.

3.2 Erste Berufe: Priester und Herrscher

Wenn eine Arbeit einem Menschen dauerhaft, also lebenslang oder bis zum Rentenalter, aufgegeben ist, dann spricht man von seinem ‚Beruf'. Im zweiten Kapitel haben wir bereits gesehen, dass zwei *‚Berufsrollen'* für den Weg in die Staatlichkeit von zentraler Bedeutung waren: die des Priesters und die des Herrschers. Durch sie verwandelten sich rituelle Aufgaben, die zuvor ganz selbstverständlich Bestandteile der gemeinsamen religiösen Lebenspraxis eines Stammes waren, in Aufgaben von beruflichen Spezialisten. Dabei hatte die Berufsrolle des Priesters (bzw. allgemeiner: des Spezialisten für Magie) Pioniercharakter für die *Entwicklung eines neuartigen Typus sozialer Beziehungen*. Herrscher setzen ihn dann gesellschaftsweit durch. Erst auf diesem Wege wurden Stammesgesellschaften zu staatlich organisierten Gesellschaften.

Wie ist es zu diesen ‚Berufen' gekommen? Offensichtlich war die ‚Entdeckung' von enormer Bedeutung, dass Stammesmitglieder unterschiedliche ‚magische

Fähigkeiten' haben[17]. Dabei ging es um folgendes. Für Stammesgesellschaften, die bei ,Festen' gemeinsam in Trance gelangen wollen, ist dokumentiert, dass manche relativ schnell, andere dagegen nur unter massiver Unterstützung (Rauschmittel, Tanz usw.) und viele Stammesangehörige diesen Zustand gar nicht erreichen konnten (Clottes/Lewis-Williams 1997: 22 sowie 31ff.). Sobald daraus auf unterschiedliche Fähigkeiten zur Kommunikation mit göttlichen Gewalten geschlossen und diese Differenz als entscheidend für den Erfolg ritueller Handlungen angesehen wird, entwickelt sich die *Idee religiöser Stellvertretung*: Magische Spezialisten führen Rituale im Auftrag der Kultgemeinschaft und stellvertretend für sie durch. Diese stellvertretend durchgeführten Rituale werden für *wirksamer* als kollektive rituelle Handlungen angesehen (vgl. Brock 2006: 280f.). Mit dieser Ansicht wird eine soziale Grundlage für die Tendenz geschaffen, kollektive religiöse und magische Rituale durch Berufe und Arbeit zu ersetzen.

Ein berühmtes ethnologisches Beispiel für eine derartige Praxis ist die „Gartenmagie", bei der ein Magier Rituale in den Gärten der Dorfbewohner durchführt (Malinowski 1981). Für diese ,Leistung' bekommt er Gegengeschenke, in der Regel Nahrungsmittel, die seine Leistung im Sinne der Reziprozitätsnorm ausgleichen sollen. Diese Art der ,Kompensation' wird sich für die Entwicklung eines alle Gesellschaftsmitglieder einbeziehenden Wirtschaftssystems als besonders wichtig erweisen. Sie gleicht aus, dass der Magier aufgrund seiner ,beruflichen Aufgabe' sich selbst weniger oder auch gar nicht mehr um die Nahrungsbeschaffung kümmern kann. *Beruf steht also zunächst dafür, dass wichtige gemeinsame Aufgaben an einen Spezialisten mit besonderen (zunächst magischen) Fähigkeiten delegiert werden, der für seine ,Leistungen' Gegengeschenke bekommt.*

Sehen wir uns nun die besonderen Merkmale und damit auch das ,Modernisierungspotential' der Verberuflichung etwas genauer an. Mit jeder Verberuflichung ist bis heute zunächst einmal immer eine *soziale Generalisierung der Adressaten* (erstes Merkmal) sozialer Praktiken verbunden. So pflegen Mütter in der Regel nur eigene kranke Kinder, während Krankenschwestern, Pfleger und Ärzte dagegen alle Kranken behandeln, die zu ihnen kommen und krankenversichert sind. Aus einer persönlichen Zuwendung wird so eine *explizite Aufgabe*. Daher wird mit jeder Verberuflichung auch die Grenze des Verwandtschaftssystems überschritten. Mit ihr ist eine soziale Generalisierung verbunden. Sie gilt allerdings nicht unbegrenzt, sondern muss in ihrer sozialen Reichweite genau definiert werden. So müssen wir annehmen, dass die Priester eines Tempels den Schutz und die Zuwendung der lokalen Götter für eine *genau bestimmte* Gruppe von Menschen organisierten, z. B. für einen bestimmten Stamm oder bei religiöser Zentralisierung auch für mehrere Stämme. Ein Herrscher regiert eine genau definierte Bevölkerung auf einem abgegrenzten Territorium. Dieser Satz gilt im Grundsatz noch heute, denn nach der allgemein benützten Definition von Jellinek weist ein Staat immer drei Elemente auf: Er hat eine Regierung, ein genau definiertes Territorium und eine ebenso fixierte Bevölkerung (Jellinek 1900).

Die zweite mit der Verberuflichung verbundene Innovation besteht in der *Spezifizierung von Aufgaben*. Zwar ist mit Durkheim anzunehmen, dass religiöse Praktiken immer schon gegen den Alltag abgegrenzt waren (Durkheim 1981: 405ff.). Dabei ging es zunächst jedoch immer um eine *gemeinsame* Praxis, an der zumindest alle erwachsenen Stammes- oder Klanmitglieder aktiv beteiligt waren. Sobald sich aber religiöse Spezialisten etablieren, wird diese gemeinsame Praxis aufgespalten in die Leistungsrollen herausgehobener Akteure und ihr Publikum. Das ‚Publikum' des Priesters (oder Medizinmannes…) entwickelt dann ganz bestimmte *Rollenerwartungen* gegenüber dem religiösen Spezialisten. Sie sind *leistungs- und erfolgsorientiert*. Er soll bestimmte *Erfolge* durch seine beruflichen Praktiken erzielen: z.B. Kranke heilen, für das Wachstum des Getreides sorgen oder Regen herbeizaubern. Auf diese *spezifizierten* Leistungen hin werden die Praktiken der beruflichen Spezialisten vom Publikum beobachtet. Haben die Spezialisten Erfolg oder nicht? Auf diese Weise wird allmählich *ein expliziter Aufgabenbereich für berufliche Spezialisten definiert und aus der gemeinsamen Praxis herausgelöst*. Die Verberuflichung schafft also nicht nur ‚Arbeit', sondern auch ‚berufliche Leistungen'.

Drittens entsteht eine Kompetenz-Inkompetenz Schwelle zwischen dem beruflichen Spezialisten und seinen Kunden sowie dem allgemeinen Publikum. Zwar verfügen selbst bei gemeinsamer Praxis alle Beteiligten selten über das gleiche Wissen. Es ist aber in jedem Fall auf viele Schultern verteilt. B*ei der Verberuflichung konzentriert sich dagegen dieses Wissen einseitig beim beruflichen Spezialisten*. Die nicht mehr aktiv Beteiligten werden ihr Wissen allmählich vergessen, während der berufliche Akteur Spezialwissen akkumulieren kann. Weiterhin kann er die Leistungserbringung inszenieren, also seine Praktiken vor dem Publikum oder den Kunden auf besondere Art und Weise präsentieren. All dies führt zum Aufbau einer *Kompetenz- Inkompetenz*-Schwelle, die dem beruflichen Spezialisten *einen hohen Grad an beruflicher Autonomie* sichert, aber der gemeinsamen Lebenswelt Wissen entzieht.

Viertens *verändert sich die Kommunikation* zwischen den Beteiligten grundlegend. Während bei gemeinsamer Praxis aus der Teilnehmerperspektive kommuniziert wird, können die beruflichen Spezialisten bei der Ausführung ihrer für das Publikum bzw. die Kunden wichtigen Tätigkeit nur unter Leistungsgesichtspunkten beobachtet werden. Da sie nicht mehr an den Praktiken beteiligt sind und in der Regel auch nicht über das erforderliche Wissen verfügen, aber Erwartungen an das Ergebnis haben, können die Kunden (bzw. das Publikum) nur *erfolgsorientiert beobachten* und aus diesem Blickwinkel untereinander und mit dem beruflichen Spezialisten kommunizieren.

Bei religiösen und politischen Spezialisten kommt hinzu, dass die im weitesten Sinne religiöse Praxis zu ihrem Beruf wird. Sie entscheiden damit über die Tradierung bzw. Modifizierung der Vorstellungen über die kosmologische Ordnung, die sie in den einschlägigen Ritualen für die Mitglieder der Kultgemeinschaft erfahrbar machen (vgl. als Beispiel das Pflugritual der ägyptischen Pharaonen im zweiten Kapitel). Auch deswegen werden die beruflichen Spezialisten *zu wichtigen Personen*, während die übrige Bevölkerung ‚religiöse Kompetenz' einbüßt. *Generell kann festgehalten werden, dass die sozialen Beziehungen der beruflichen Spezialisten zu ihren ‚Kunden' durch soziale Ungleichheit und Leistungsabhängigkeiten geprägt sind.*

3.3 Wieso konnten sich Berufe und Arbeit ausbreiten?

Einen wichtigen Mechanismus haben wir bereits kennen gelernt. Man könnte ihn auf die These zuspitzen, dass Berufe abhängig machen. Sobald Aufgaben von Spezialisten wahrgenommen werden, gehen das alltagspraktische Wissen und das Vertrauen in die eigenen Fähigkeiten verloren. Der berufliche Spezialist wird dann umso dringender benötigt. Jedoch nur, wenn diese Tendenz von der *Ausbreitung des Tauschhandels* begleitet wird, ist das allmähliche Eindringen der beruflichen Spezialisierung und Arbeitsteilung aus der magisch-religiösen Sphäre in den Alltag und die zwischenmenschlichen Beziehungen nicht mehr aufzuhalten.

Tauschhandel kann sich erst auf der kulturellen Grundlage der *Reziprozitätsnorm* entwickeln. Sie besagt, dass Leistungen, die man empfangen hat, durch gleichwertige ‚Gegengeschenke' aufgewogen werden müssen. Das galt als eine Frage der Ehre, die wiederum die respektvolle Behandlung durch das soziale Umfeld sicherte[18].

Weiterhin konnte sich der Austausch nur entwickeln, wenn es allgemein anerkannte Äquivalente gab, mit denen man empfangene Leistungen kompensieren konnte. Daher muss man nach Vorformen von Geld suchen, die bereits die soziologischen Eigenschaften des Erfolgsmediums Geld aufweisen, nämlich eine allgemeine Codierung der Tausch-Kommunikation in einen Positivwert und einen Negativwert. Sie sind hier nur allgemeiner zu fassen als die nur auf das Tauschmittel Geld abzielende Version ‚zahlen' bzw. ‚nicht zahlen' (Luhmann 1988). Ich schlage daher ‚Reziprozitätsnorm erfüllt' bzw. ‚nicht erfüllt' vor.

Eine erste Antwort, die auf die Einlösung des Positivwerts zugeschnitten war, wurde in Form von sogenannten *Prestigegütern* gefunden, also von Dingen, die nach allgemeinem Urteil als ‚wertvoll' anzusehen waren. Später ist man dann in Mesopotamien zu Gerste als allgemeinem Tauschmittel übergegangen (Klengel 1991), einem Lebensmittel von damals universeller Bedeutung, das bereits eine

Quantifizierung, also eine genaue Justierung des ‚Äquivalents' erlaubte. Schließlich setzte sich die Verwendung von Edelmetall durch, aus dem dann vom Staat Münzen geprägt wurden (Graeber 2012).

An dieser Stelle ist vor allem wichtig, dass der Tausch von beruflichen Leistungen gegen ein Äquivalent auch zwischen Akteuren stattfinden kann, die sich zuvor nie begegnet sind. Zwischen ihnen muss nur Einigkeit bestehen, dass die Reziprozitätsnorm gilt und eine berufliche Leistung von besonderem Wert erbracht wird. *Das Handeln wird also nicht mehr an einer als geltend unterstellten ‚Ordnung' insgesamt orientiert, sondern nur noch an einem wertvollen Gut oder einer wertvollen Leistung und an der Erfüllung der Reziprozitätsnorm durch den Tauschvorgang. Deswegen kann auch über kulturelle Grenzen hinweg getauscht werden.* Auch die Motivation zum Austausch muss nur noch auf einem punktuellen *Interesse am ‚Wert' einer beruflichen Leistung bzw. am dagegen eingetauschten Äquivalent* basieren.

In einer vom Tausch geprägten Gesellschaft beobachten sich die Menschen im Hinblick auf wertvolle Leistungen oder Güter, die getauscht werden könnten (vgl. Coleman 1995: 34ff.). Die beruflichen Spezialisten werden dabei zu ‚Leistungsträgern'. Deren Kundschaft muss dagegen sehen, dass sie über Äquivalente verfügt, durch die sie in den Genuss dieser Leistungen kommen kann. Daher entwickeln nicht nur die beruflichen Spezialisten berufliche Praktiken, die vom lebensweltlichen Miteinander der Stammesgesellschaft abgeschottet sind, sondern auch die ‚Leistungsempfänger' müssen für den Tauschhandel Arbeit investieren und Produkte herstellen, also Dinge tun, die sich nicht mehr zwanglos aus dem sozialen Miteinander ergeben.

Wer von spezialisierten beruflichen Leistungen abhängig geworden ist, der muss eben auch ‚zahlungsfähig' sein, also über allgemein als Tauschmittel akzeptierte Werte verfügen. Wie sollte z. B. die Leistung eines Schamanen entgolten werden? Das in Mesopotamien zunächst übliche Tauschmittel Gerste deutet schon die bei weitem wichtigste Problemlösung an: Wer seinen Mitmenschen keine besonders gefragte berufliche Leistung anzubieten hatte, der konnte landwirtschaftliche Überschüsse erzeugen. Die Wurzeln dieser ‚ökonomischen' Strategie gehen bis zu den ‚big men' in den Stammesgesellschaften zurück (Kapitel 2).

Mit der Staatenbildung rücken die Tauschbeziehungen und die damit verbundenen beruflichen Leistungen aus der Nische außeralltäglicher Praktiken wie der Gartenmagie oder der Geisteraustreibung in das Zentrum der Gesellschaft. Sie werden für alle Gesellschaftsmitglieder verpflichtend und prägend. Das bedeutet einmal, dass die Sozialstruktur hierarchisch wird und die Gesellschaftsmitglieder nach der unterschiedlichen Wertigkeit zu erbringender Leistungen kategorisiert werden. Der Mensch zählt von nun an gesellschaftlich in erster Linie als ‚Leistungsträger'.

Diesen neuen Blick auf die Gesellschaftsmitglieder zeigt uns die sozialstrukturelle Grundordnung der Feudalgesellschaften besonders deutlich. Jede Feudalgesellschaft kennt nämlich zwei herausgehobene Stände, einen für Religion, Kosmologie und Bildung zuständigen Gelehrtenstand (z. B. Druiden, Brahmanen, Priester) und einen für die politische und kriegerische Führung zuständigen Kriegerstand (Adlige als Krieger, Heerführer, Herrscher und deren Gefolgsleute). Eine niedrigere Stellung (‚dritter Stand') nimmt dagegen die große Masse der Gesellschaftsmitglieder ein, die sich um die materielle Reproduktion zu kümmern hat.

Man erkennt, dass hier das materielle Entgelt für berufliche Leistungen religiöser und politischer Spezialisten Pate gestanden hat. Unterhalb und in sozialer Hinsicht auch außerhalb dieser Ständeordnung rangieren schließlich diejenigen, die ‚unreine' und ‚unehrenhafte' Berufe wie Henker oder Gerber ausüben sowie die ‚Überzähligen', für die kein Platz in der Ständeordnung da ist (wie die ‚Paria' in Indien oder die ‚Burakumin' im alten Japan), so dass sie als Bettler, Wegelagerer, Diebe ihr Leben fristen müssen.

Zumindest für Mesopotamien kann man vermuten, wie diese abstrahierende Sichtweise auf die Gesellschaftsmitglieder sich durchgesetzt hat. Dabei spielte wahrscheinlich die Interpretation eine zentrale Rolle, dass die landwirtschaftliche Nutzfläche wie auch die Bevölkerung dem Stadtgott gehöre (vgl. Kapitel 2). Aus dieser Interpretation folgt ziemlich direkt, dass die Bevölkerung für ihn zu arbeiten, also berufliche Leistungen zu erbringen hatte. Für die Masse bedeutete dies, landwirtschaftliche Überschüsse zu produzieren und an die Beauftragen des Stadtgottes, also den Tempel bzw. den Herrscher abzuführen. Das göttliche Grundeigentum führte also zur Veralltäglichung der Warenproduktion und schuf damit die Grundlage berufliche Spezialisierung, die bereits breite Schichten der Bevölkerung erfasste. Das hatte unter anderem zur Folge, dass die beruflichen Leistungen von Bau- und Kunsthandwerkern, Steinmetzen, Transportarbeitern usw. in der Regel als nicht besonders wertvoll eingeschätzt wurden[19], weil sie von vielen Menschen erbracht werden konnte.

Dieser Interpretation liegt die These zugrunde, dass sich die Produktion landwirtschaftlicher Überschüsse und die Festlegung der Bevölkerung auf systematische Arbeit in engem Zusammenhang mit der Staatenbildung relativ rasch durchgesetzt haben. Sie kann aus den archäologischen Befunden zu den ältesten Siedlungen wie Jericho in Palästina gestützt werden. Dort wurden nämlich nicht nur Spuren von Ackerbau gefunden, sondern ebenso über sehr lange Zeiträume hinweg zugleich auch Spuren von umfangreichen Jagdaktivitäten. In den Siedlungen der mesopotamischen Stadtstaaten ist davon nicht mehr die Rede, was nicht an der damals reichen Tierwelt in diesem Gebiet gelegen (Klengel 2006: 12ff.) haben kann. Aus späteren Phasen sind schriftlich festgehaltene Verträge bekannt, in denen Pächter die Bewirtschaftung ‚fremden' Grund und Bodens gegen die jährliche Ablieferung einer bestimmten Menge an Getreide oder auch Silber übernahmen (Klengel 1991: 144ff.). Hier kann kein Zweifel aufkommen, dass es sich dabei um Bauern handelte, also um Menschen, die ein hohes Maß an systematischer landwirtschaftlicher Arbeit leisten, um neben dieser Abgabe auch noch den eigenen Lebensunterhalt zu erwirtschaften. Sie hatten also schlicht keine Zeit mehr für Jagdausflüge. Die Jagd wurde bis zum Ende der Feudalgesellschaft zum Privileg der Herrscher und Krieger.

Für spätere Phasen, in denen das Grundeigentum vom Tempel auf den Herrscher übergegangen ist, ist durch Texte belegt, dass mit diesen landwirtschaftlichen Überschüssen eine redistributive Staatswirtschaft[20] betrieben wurde, die zahllose berufliche Spezialisten entlohnte. Von dem Umfang der Alimentierung beruflicher Spezialisten künden heute noch Berge von Tonscherben der sogenannten Glockentöpfe (Nissen 1995; vgl. das Foto auf S. 37). Ihr Rauminhalt war normiert. Sie wurden millionenfach produziert und waren damit das wohl älteste Massenprodukt der Geschichte. Ein solcher Glockentopf fasste genau eine Tagesration an Getreide, die dem üblichen Tageslohn entsprach.

Auch wenn nach heutigem Verständnis Waren für den Handel produziert werden müssen, um als Waren zu gelten[21], möchte ich auch die landwirtschaftlichen Abgaben an den Staat als Waren bezeichnen. Man kann von Warenproduktion sprechen, weil sie von vornherein nicht für den eigenen Verbrauch bestimmt waren und höchstwahrscheinlich auch weitere typische Merkmale von Waren aufwiesen wie die Normierung von Qualität und Quantität.

3.4 Erfolgsmedien und die Veralltäglichung einer heiligen Ordnung

Mit der Verwandlung der Menschen in Arbeitskräfte, die Aufgaben erfüllen und dabei Leistungen erbringen und Waren produzieren, prägte die zunächst auf religiöse Aufgaben beschränkte Ordnungssozialität zunehmend den gesellschaftlichen Alltag. Dabei veränderte sie ihren Charakter. Am besten kann man das an der Entwicklung von Tauschmitteln bis hin zum Geld erkennen. Die Menschen werden nun nämlich nicht nur von überlegenen göttlichen Mächten und ihren weltlichen Stellvertretern abhängig, sondern auch von den Leistungen anderer Menschen. Dabei verliert Ordnungssozialität zunehmend ihren religiösen Charakter und prägt sozialen Beziehungen den Stempel der Nützlichkeit auf.

Das gilt auch für die Reziprozitätsnorm. Aus ehrerbietigen Gegengeschenken wird ein genau kalkuliertes Entgelt für Waren oder Leistungen. Horst Klengel kann daher aus altbabylonischen Keilschrifttexten eine von unserem heutigen Alltag gar nicht so weit entfernte Welt geschäftlicher Transaktionen wieder lebendig werden lassen, in der das *Nützlichkeitskalkül* schon dominierte. So sind beispielsweise Mietverträge erhalten geblieben, in denen ganz genau fixiert wurde, was Vertragsgegenstand war und was nicht. Daher wissen wir z. B. auch, dass im damaligen Südmesopotamien die Mieter Türen und Fenster mitbringen oder sie anderweitig beschaffen mussten. Aufgrund der Holzknappheit waren sie wertvolle Gegenstände, die mit zur ‚Einrichtung' gehörten (Klengel 1991: 214). Ob um den Mietpreis gefeilscht wurde, ist dagegen nicht überliefert, aber man muss sich wohl lokale Wohnungsmärkte vorstellen, auf denen die Höhe der Mieten von Angebot und Nachfrage zumindest erheblich beeinflusst wurde.

Diese Details zeigen sehr deutlich, wie sehr bereits im zweiten Jahrtausend vor unserer Zeitrechnung die Ordnungssozialität den Alltag prägte. Das war aber nur möglich, weil mit der Gerste bereits ein Tauschmittel üblich war, das eine genaue Kalkulation von Werten ermöglichte. Das lässt sich ein Stück weit verallgemeinern. In der Soziologie sind vier Erfolgsmedien bekannt, neben Geld noch Macht, Recht und Wahrheit, auf deren Vorläufer man, wie u. a. Klengel gezeigt hat, bereits in den alten Hochkulturen stößt. Erfolgsmedien sind Erfindungen, die den Rückgriff auf ‚Ordnungen' alltagstauglich machen, weil man mit ihrer Hilfe schnell feststellen kann, was ‚Sache ist'. Das erleichtert nicht nur den Tauschhandel, sondern ebenso auch den Umgang mit Herrschaft, Recht und Wissen[22].

Das bedeutet aber keineswegs, dass die Götter und die kosmologischen Kräfte nun keine Rolle mehr spielen würden und die zwischenmenschlichen Beziehungen ausschließlich vom Nützlichkeitskalkül bestimmt worden seien. Sie bilden vielmehr einen unverzichtbaren Ordnungsrahmen, der bis heute die Veralltäglichung ‚tragen' muss und z. B. aus geprägten Metallstücken erst ein allgemein anerkanntes Zahlungsmittel macht.

Für das Machtmedium wird dieser religiös-kosmologische Anker z. B. in den Annalen der assyrischen Könige sichtbar. Die assyrischen Herrscher sind bis heute dafür berüchtigt, dass sie besonders hemmungs- und skrupellos von der militärischen Macht Gebrauch gemacht haben. Dennoch bezeichnen sie sich und ihren Ruhm als ein Produkt der Götter[23]! Auch noch moderne Gewaltherrscher wie Hitler oder Stalin legitimierten jegliche Gewaltanwendung mit dem Dienst an einer ‚höheren Ordnung', hier dem Überlebenskampf der germanischen Rasse dort der Durchsetzung des Kommunismus.

Skizze einer soziologischen Theorie des Staates

4

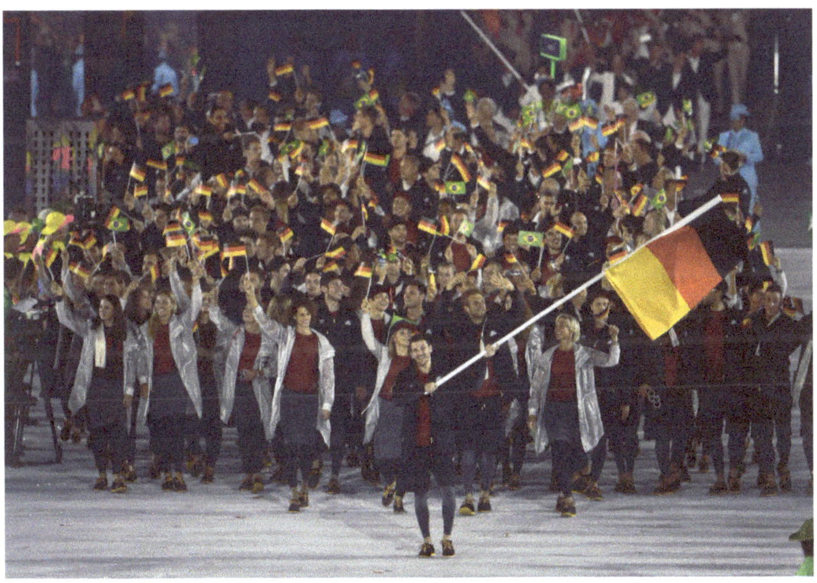

Copyright: picture-alliance / dpa

Sogar der Sport kommt ohne staatliche Organisation und ohne staatliche Symbole nicht aus. Das Foto zeigt die deutschen Athleten auf der Eröffnungsfeier der olympischen Spiele in Rio 2016.

4.1 Zwischenstand

Um auch dem soziologisch weniger informierten Leser die Lektüre nicht zu sehr zu erschweren, wurde in den beiden voran gegangenen Kapiteln eine sozialhistorische Annäherung an den Staat präsentiert. Dabei haben wir einiges über ihn erfahren, das hier kurz resümiert wird:

- Erstens wurde gezeigt, dass Staaten an ein in archaischen *Religionen* entwickeltes Muster *des in kosmologische Zusammenhänge intervenierenden ritualisierten Handelns* angeknüpft haben.
- Dabei wurde es zweitens zu *Ordnungssozialität* (vgl. Kapitel 1) *verallgemeinert und gesellschaftsweit durchgesetzt.*
- Drittens konnte man erkennen, dass Staaten (und davor bereits bestimmte Religionen) erstmals das alte Problem der Stammesgesellschaften gelöst haben, wie Macht und Kooperation miteinander verbunden werden können (Kapitel 2). Das perspektivische Ergebnis bestand in einem *politischen Herrscher, der im Namen einer geltenden Ordnung Entscheidungen trifft und Befehle erteilt.*
- Viertens: Ausgehend von der stellvertretenden Durchführung magischer Rituale hatten sich bereits vor den ersten Staaten *Berufe und Tauschhandel* entwickelt, also Vorformen eines Wirtschaftssystems. *Mit der ‚Erfindung' des Staates wurden systematische Arbeit, der Austausch von Arbeitsprodukten und eine innergesellschaftliche Arbeitsteilung von den Herrschern durchgesetzt.*
- Fünftens wurde gezeigt, dass sowohl im Bereich der politischen Herrschaft (Herrscher, Beamte, Schreiber, Aufseher…) wie auch in wirtschaftlichen Bereich, standardisierte und systematisierte *Leistungen für anonyme Andere* erbracht werden. In Abgrenzung gegen Formen spontaner Kooperation im lebensweltlichen Kontext kann man deswegen von einem *gesellschaftlichen Leistungsbereich* sprechen. In ihm hat sich Ordnungssozialität objektiviert.
- Damit wurde sechstens deutlich, dass staatlich organisierte Gesellschaften sich *durch die Existenz eines gesellschaftlichen Leistungsbereichs von Stammesgesellschaften unterscheiden.* Mehr noch: durch den gesellschaftlichen Leistungsbereich werden sie entscheidend geprägt. Nicht zufällig kreisen die historischen Rekonstruktionen der alten Hochkulturen um genau diese Innovation.
- Als *allgemeines Fazit* kann daher festgehalten werden, dass der gesellschaftliche Leistungsbereich und demzufolge auch Staaten auf dem Typus der Ordnungssozialität (Kapitel 1) und nicht auf dem an konkreten Mitmenschen orientierten sozialen Handeln basieren.

Auf dieser Grundlage können in diesem Kapitel zwei zentrale Fragen behandelt werden: Warum sind Staaten *eine bis heute konkurrenzlose Form für die Organisation von Gesellschaften* geblieben, insoweit es um den gesellschaftlichen Leistungsbereich geht? Wie *flexibel und veränderbar* sind Staaten und an welchen Stellschrauben können substanzielle Veränderungen vorgenommen werden?

4.2 Für Staaten gibt es bis heute keinen gleichwertigen Ersatz

Die biologische Evolutionstheorie kennt Innovationen, die Organismen gegenüber ihren Konkurrenten so überlegen machen, dass sie wegen ihrer großen Leistungsvorteile nicht wieder verschwinden (Stichwort: Aromorphose). Ein klassisches Beispiel ist die Fähigkeit zu sehen. Auch das zwischenmenschliche Zusammenleben kennt Innovationen mit genau denselben Effekten. Im Anschluss an Talcott Parsons spricht man hier von evolutionären Universalen. Man kann sie daran erkennen, dass eine entsprechende Innovation „nicht nur an einer Stelle auftritt, sondern dass mit großer Wahrscheinlichkeit mehrere (Gesellschafts-)Systeme unter ganz verschiedenen Bedingungen diese Erfindung machen“ (Parsons 1971:55; Ergänzung D.B.). Die Form einer *staatlich organisierten Gesellschaft* ist in der Menschheitsgeschichte bisher mindestens sechs Mal zu unterschiedlichen Zeiten und unter verschiedenen Bedingungen entwickelt worden (vgl. Service 1977). Das sollte ausreichen, um ihr den Status einer derartigen Innovation zuzubilligen.

Aber es gibt noch weitere Argumente. Wo Staaten auf Stammesgesellschaften getroffen sind, haben sie sich in der Regel durchgesetzt. Entweder in der Form, dass die Stammesgesellschaften ‚geschluckt‘ wurden oder dass sie nachgezogen haben und ebenfalls zu Staaten wurden. Selbst dort, wo Staaten durch militärisch straff organisierte Stammesverbände erobert wurden (Mesopotamien, China), wurde die Staatlichkeit beibehalten. Heute wird das gesamte Territorium des Planeten Erde von Staaten beansprucht. In den wenigen Fällen, wo es sich um ‚failing states‘, also um gescheiterte oder zerfallende Staaten handelt, wird die Auflösung der Staatlichkeit als das Hauptproblem dieser Gesellschaften angesehen, weil sie mit gravierenden Leistungsnachteilen verbunden ist, die durch nichts kompensiert werden können.

Deswegen muss Staatlichkeit als eine bis heute konkurrenzlose Form für die Organisation des gesellschaftlichen Leistungsbereichs angesehen werden. Sie gerät meistens in Gefahr, wenn die Regierung das Machtmonopol nicht behaupten kann (‚failing states‘). Es wird sich aber zeigen, dass auch der Westen nach dem Sieg im

Kalten Krieg die Staatlichkeit gefährdet, sobald unscharf wird, auf welche Bürger sich die staatliche Protektion bezieht.

4.3 Wieso haben Staaten konkurrenzlose Leistungsvorteile entwickeln können?

Die soziologische Standarderklärung lautet: Die Leistungsfähigkeit einer Gesellschaft – also nicht eines Staates – hängt vom vorherrschenden Differenzierungsmuster ab. Funktional differenzierte Gesellschaften sind am leistungsfähigsten.

Um das verstehen zu können, muss man wissen, das mit dem Begriff Differenzierungsmuster die Art und Weise der inneren Untergliederung von Gesellschaften gemeint ist. Dabei werden vier Muster unterschieden: segmentäre, stratifikatorische und funktionale Differenzierung sowie die räumliche Untergliederung zwischen den Polen Zentrum und Peripherie. Bei segmentärer Differenzierung gliedern sich Gesellschaften in gleichartige Teile wie die Stücke einer Torte. Diese Art der Untergliederung dominiert in Stammesgesellschaften, wo das Verwandtschaftssystem zentrale Bedeutung hat. Derartige Gesellschaften gelten als stabil, aber als wenig leistungsfähig, weil sie weder systematische Arbeit noch Arbeitsteilung kennen. Bei stratifikatorischer Differenzierung existiert bereits ein gesellschaftlicher Leistungsbereich, aber die Gesellschaftsmitglieder werden auf einer vertikalen Achse unterschieden und fixiert. Menschen mit einem hohen Status erfüllen Aufgaben von hoher gesellschaftlicher Wertigkeit und umgekehrt. Dieses Merkmal weisen vor allem Feudalgesellschaften auf, die sich als Staaten organisiert haben. Dagegen sind moderne Gesellschaften, die immer staatlich organisiert sind, funktional differenziert. Das bedeutet, dass hier Funktionssysteme nach sachlichen Kriterien unterschieden werden und als autonom, gleichrangig aber ungleichartig gelten. Anders als in Feudalgesellschaften werden Positionen vom Prinzip her nach Leistung und nicht nach Geburtsstatus besetzt.

Das Hauptproblem der soziologischen Differenzierungstheorie ist, dass sie hochabstrakt ist – für das Thema dieses Buches viel zu abstrakt. Wenn man diese Abstraktionshöhe nicht hinreichend beachtet, dann könnte man meinen, dass sich der Wechsel im Differenzierungsmuster einfach ereignet hat und dass es keine gravierenden Leistungsunterschiede zwischen Gesellschaften gibt, die durch dasselbe Differenzierungsmuster geprägt sind. Beide Folgerungen sind falsch. Der Wechsel des vorherrschenden Differenzierungsmusters wurde von Menschen bewirkt und als gesellschaftlicher Umbruch wahrgenommen. Gerade weil es auch nach allgemeiner Einschätzung zwischen funktional differenzierten Gesellschaften

Leistungsunterschiede gibt, ist die konkrete gesellschaftliche Ordnung häufig umstritten. Daher werden auch unterschiedliche Gesellschaftskonzepte oder -Modelle entwickelt und es wird erbittert um deren Durchsetzung gerungen. Die weiteren Teile dieses Buches handeln daher auch von Konzepten, die mit dem westlichen Gesellschaftsmodell konkurrieren.

Die Realität ist also deutlich komplizierter. Zudem ist die Theorie funktionaler Differenzierung vom Standpunkt heutiger moderner Gesellschaften aus formuliert, so dass sie unter dem Verdacht der Einseitigkeit und der Parteilichkeit steht. Die *Form* der Staatlichkeit spielt in der soziologischen Differenzierungstheorie daher nicht nur aus Gründen der Abstraktion keine Rolle, sondern auch deswegen, weil der Staat, wie im nächsten Kapitel erläutert werden wird, in der Frühmoderne in ideologischer Hinsicht seine zentrale Rolle verloren hat.

Wenn man vom bisher dargestellten Kenntnisstand auf die Theorie funktionaler Differenzierung blickt, dann ist nur der Gedanke neu, dass staatlich organisierte Gesellschaften ihr Leistungspotential erst dann voll entfalten können, wenn sich autonome und gleichrangige Funktionssysteme ausbilden. Auch wenn einige Autoren, insbesondere Richard Münch, darauf hingewiesen haben, dass sich Funktionssysteme bereits vor der modernen Gesellschaft verselbständigt haben (Münch 1980: 42), legt die soziologische Differenzierungstheorie das Missverständnis nahe, dass funktionale Differenzierung erst ein Produkt moderner Gesellschaften sei. Wie sich im dritten Kapitel gezeigt hat, wird dieses Schlüsselelement für einen effizienten gesellschaftlichen Leistungsbereich aber bereits mit der Staatenbildung zu einem wichtigen Thema.

In den Kapiteln 2 und 3 wurde deutlich, dass die beiden Themenkreise politische Herrschaft und Wirtschaft bei der Staatenbildung eine zentrale Rolle spielten. Man kann sie noch um zwei weitere Kanäle ergänzen, über die die sozialen Beziehungen ebenfalls unter Ordnungsgesichtspunkte gebracht werden. Ein dritter Kanal war die Unterwerfung unter eine Rechtsordnung. Soziale Konflikte wurden auf diese Weise durch Dritte bearbeitet. Ein vierter Kanal war die Suche nach kosmologischer Ordnung.

Die Anfänge aller vier Entwicklungen datieren noch weit vor der Staatenbildung, die vor ungefähr fünfeinhalbtausend Jahren erfolgte. Sie waren bereits in jenen alten Religionen enthalten, die eine gefährdete Kosmologie behauptet hatten, die ein aktives Eingreifen der Kultgemeinschaft in kosmologische Zusammenhänge erfordere.

Dass ich genau vier Kanäle unterscheide, über die sich auf der Grundlage der Ordnungssozialität ein gesellschaftlicher Leistungsbereich entwickelt habe, hängt damit zusammen, dass offenbar bereits in den frühen Staaten jene vier Erfolgsmedien zumindest in Grundzügen existierten, die auch noch die heutigen modernen Gesellschaften prägen: Macht, Geld/Eigentum, Recht und die Unterscheidung zwischen objektiver Wahrheit und Unwahrheit[24]. Im Anschluss an Luhmann verstehe ich unter Erfolgsmedien (oder symbolisch generalisierten Kommunikationsmedien) in einer Gesellschaft allgemein durchgesetzte Codierungen der Kommunikation, die „Kommunikation mit Annahmechancen ausstatten“ (Luhmann 1997: 319), also das Risiko der Ablehnung verringern. Die Erfolgsmedien stehen also in der Tradition der Herrschaftsausübung und sie setzen Ordnungssozialität voraus. In der Soziologie besteht weitgehende Einigkeit darüber, dass nur vier gesellschaftliche Funktionssysteme auf ein jeweils auf sie zugeschnittenes Erfolgsmedium zurückgreifen können. Deswegen bilden sie den Kernbereich moderner Gesellschaften (vgl. Brock 2014: 71):

• Politisches System/Staat	Machtmedium/Recht
• Wirtschaftssystem	Geldmedium /Eigentum
• Rechtssystem	Rechtsmedium
• Wissenschaftssystem	Code Wahrheit/Unwahrheit

Somit gelangte erfolgsorientiertes Handeln nicht nur auf vier unterschiedlichen Wegen in den gesellschaftlichen Alltag. Es wurden auch *sachlich begründete Unterscheidungen* dessen möglich, *was genau unter Rückgriff auf Ordnungen bewirkt werden kann*. Einmal konnten Handlungen durch Herrschaft ohne Widerstreben der Beherrschten koordiniert werden. Zum andern konnten über das Geldmedium nützliche Leistungen getauscht werden. Drittens konnten unter Rückgriff auf eine Rechts*ordnung* soziale Konflikte und Vergehen gegen die geltende Ordnung sanktioniert und beendet werden. Viertens konnte der Erklärungsanspruch der Ordnungen untersucht und hinterfragt werden. Damit wurde die Keimzelle für funktionale Differenzierung gelegt.

Die Erfolgsmedien haben sich entwickelt, weil die Ordnungssozialität vom religiösen Bereich in die zwischenmenschlichen Beziehungen eingedrungen ist und es nun erstmals galt, soziale Beziehungen zwischen Gleichen zu ordnen. Gleich waren sie ja insofern, als sie sich alle dem gleichen lokalen Gott unterworfen hatten oder Anhänger derselben religiösen Kosmologie waren. Was in den alltäglichen Leistungsbeziehungen jeweils zu tun war, ließ sich weder aus der Religion direkt ableiten noch konnten die Herrscher unmöglich alle Leistungs-Beziehungen im Namen der Götter regeln. Die Komplexität der Ordnungssozialität wurde also ganz schnell viel zu hoch. Daher entwickelten sich die Erfolgsmedien dort, wo direkte Rückgriffe auf die religiöse Ordnung scheiterten oder auch dort, wo sich die Staaten bzw. Herrscher aus der Regelung bestimmter Fragen zurückzogen (vgl. Klengel 1991: 69ff.).

Dass immer genau diese vier Erfolgsmedien benutzt werden, hängt mit ihrer Alltagstauglichkeit zusammen. Luhmann spricht von der erforderlichen ‚Technisierbarkeit‘ (Luhmann 1987), die in anderen Kommunikationsbereichen eben nicht entwickelt werden konnte. Dabei ermöglicht Geld (und privates Eigentum) standardisierte Lösungen für die Frage der Reziprozität beim Austausch von Gütern und Leistungen. Autorisierte Herrschaft (=autorisierter Gebrauch des Machtmediums) erlaubt den routinemäßigen Gebrauch von privilegierter Anweisungskompetenz. Für die Entscheidung zwischen Recht und Unrecht entstehen festliegende Verfahren. Gleiches gilt für die Wahrheitssuche.

Auffällig ist, dass die ‚Technisierung' bei Recht und Wahrheitssuche auf die Fixierung von Verfahrensweisen hinausläuft, ohne die die Codes nicht funktionieren. Das liegt schlicht daran, dass wir uns hier bereits innerhalb der Ordnungssozialität befinden. Bei den Medien Macht und Geld geht es dagegen zusätzlich noch darum, dass zwischen der Lebenswelt und dem gesellschaftlichen Leistungsbereich eine für alle erkennbare Grenze gezogen werden muss[25]. Das bedeutet vor allem, dass die Ausblendung des für die Akteure ja immer ganz selbstverständlich gegebenen alternativen lebensweltlichen Kontexts organisiert werden muss. Deswegen läuft die Technisierung bei Macht und Geld nicht nur über Verfahrensweisen, sondern auch über vergleichsweise grobe *kommunikative Signale* (Geldstücke, Befehl, Uniform usw.) sowie über das Einziehen standardisierter Unterscheidungen in die Kommunikation. Daher fungieren Macht und Geld nicht nur als ein Code innerhalb des gesellschaftlichen Leistungsbereichs. Zugleich markieren sie eine Trennungsgrenze zwischen Lebenswelt und dem gesellschaftlichen Leistungsbereich[26].

Grafik 1 Die zweifache Ordnungsleistung von Macht und Geld

Lebenswelt	**gesellschaftlicher Leistungsbereich**
GELD	
(a) Trennungsgrenze	
nicht käuflich	käuflich
(b) Codierung	
	Reziprozität erfüllt /nicht erfüllt bzw. zahlen/nicht zahlen
MACHT	
(a) Trennungsgrenze	
Privatsphäre	dem Machtmedium unterworfene öffentliche Sphäre
(b) Codierung	
	Herrschaft ausüben / gehorchen müssen[27]

Das kann man daran erkennen, dass jede Gesellschaft *Konventionen entwickelt hat, die festlegen, in welchen Fällen die Grenze zum gesellschaftlichen Leistungsbereich nicht überschritten werden darf*, weil bestimmte Dinge eben nicht käuflich sind bzw. nicht mit dem Machtmedium geregelt werden können (z. B. religiöse Überzeugungen oder eine ausgegrenzte ‚Privatsphäre').

Hier stoßen wir auf die beiden ersten *gesellschaftspolitischen Stellschrauben*. Mit diesem Begriff wird darauf aufmerksam gemacht, was in staatlich organisierten Gesellschaften unterschiedlich geregelt werden kann, aber in jedem Fall auch geregelt werden muss. Daher geht es hier um den grundlegenden Regelungsbedarf, also um Fragen, auf die in jedem Fall bis heute eine gesellschaftspolitische Antwort gefunden werden muss.

In jeder Gesellschaft, in der mit Geld operiert wird, muss die *Grenze* dieses Mediums gegenüber dem lebensweltlichen Kontext festgelegt werden: *was darf käuflich sein, was nicht?* Dagegen ist die Begrenzung der Reichweite politischer Herrschaft und des staatlichen Machtgebrauchs eine alles andere als selbstverständliche *zivilisatorische Errungenschaft*, die, wie im nächsten Kapitel gezeigt wird, erst mit dem bürgerlichen Staat aufgekommen ist. Wo es keine gesellschaftspolitische Regelung dieser Grenze gibt, wird sie ‚informell' gezogen, denn ein totaler Herrschaftsanspruch lässt sich nie durchhalten, wie bedrückende Berichte über den Alltag in NS-Konzentrationslagern gezeigt haben (z. B. Bejarano/Gärtner 2007).

Wo die Reichweite des gesellschaftlichen Leistungsbereichs explizit geregelt und damit zwangsläufig auch begrenzt worden ist, wird die Grenzlinie immer über relativ grobe und sofort erkennbare kommunikative Signale ausgeflaggt. Jeder kennt das aus seinem Alltag. Wenn man mit dem Auto in eine ‚Radarfalle getappt' ist und danach von einem uniformierten Polizisten, neben dem ein als Polizeiwagen kenntlicher PKW steht, angehalten wird, dann schluckt man in der Regel die lebensweltliche Reaktion herunter („so eine Gemeinheit …", „ausgerechnet hier …") und neutralisiert seine Emotionen, um nicht noch mehr Ärger zu bekommen. Die Uniform, der Polizeiwagen etc. signalisieren ja unmissverständlich, dass diese Menschen die Befugnis haben, PKW-Fahrer anzuhalten. Man befindet sich jetzt im Bereich legitimer staatlicher Machtanwendung. Auf vergleichbare Weise signalisiert ein Preisschild, dass etwas käuflich ist.

4.4 Die Unterscheidung zwischen innerer und äußerer Autonomie der gesellschaftlichen Funktionssysteme

Wie bereits erwähnt wurde, besteht der gesellschaftliche Kernbereich in modernen Gesellschaften aus vier autonomen Funktionssystemen, die mit jeweils einem Erfolgsmedium operieren. Die Erfolgsmedien scheinen zumindest in ihrer Grundausrichtung fest zu liegen. Man kann sie weder völlig außer Kraft setzen (exemplarisch ist hier das 7. Kapitel: Geldmedium im Realsozialismus) noch können sie vermehrt werden. Jedenfalls fällt auf, dass alle weiteren Funktionssysteme kein eigenes Erfolgsmedium kennen und sich nur auf die vorhandenen beziehen können. *Anscheinend konnte die „Verweltlichung" der religiösen Rituale nur diese vier Erfolgsmedien hervorbringen.*

Dagegen ist die konkrete Ausdifferenzierung von Funktionssystemen immer eine Frage gesellschaftspolitischer Entscheidungen. Denn bei der historischen Ausgangslage in den alten Hochkulturen existierte ja nur ein sehr unspezifisches Funktionssystem, eben der Staat, dessen Homogenität aber bereits entlang der vier Erfolgsmedien erkennbare Risse aufwies, also Tendenzen in Richtung sachlicher Autonomie. Die Erfolgsmedien wirkten dabei als Spaltpilze, die die Linien vorzeichneten, entlang derer Funktionssysteme ausdifferenziert werden können. Die Ausdifferenzierung selbst dagegen ist ohne politischen Willen nicht möglich. Im Hinblick auf Fragen der politischen Gestaltbarkeit ist es daher sinnvoll, zwischen dem nicht explizit steuerbaren Entwicklungstrend hin zu funktionaler Differenzierung, daraus entstehender innerer Autonomie, und nur gesellschaftspolitisch herstellbarer äußerer Autonomie zu unterscheiden.

Wenn man archaische Religionen wie den Totemismus oder auch die frühen Staaten aus heutiger Sicht betrachtet, dann fällt auf, dass sie absolut unspezifisch waren. Bei derartigen Religionen ging es immer auch um materielle Leistungen (z. B. Regenzauber), um die Rechtsordnung (Tabus, heilige Orte …) und um politische Entscheidungen (z. B. Orakel). Die Herrscher in den alten Hochkulturen waren zugleich auch Richter, sie zelebrierten religiöse Rituale und sie organisierten die Wirtschaft. Das lag daran, dass zunächst eben auf alles Außeralltägliche mit ‚Religion' reagiert wurde und der Herrscher Sprachrohr eines allumfassenden göttlichen Willen war. Erst als sich im alltäglichen Sprachgebrauch sachliche Unterscheidungen durchsetzten, konnten sich autonome Funktionsbereiche bilden. Damit verbunden ist, dass Religion eine immer engere Bedeutung gewann, weil viele zuvor der Religion zugeschriebene Leistungen nun z. B. dem Staat oder der Justiz zugerechnet wurden.

Innere Autonomie entsteht daher immer dann, wenn sich in der Kommunikationspraxis *Codierungen* entwickeln, die einen funktionsspezifischen Kommunikationsbereich ausgrenzen. Diese Codes können mit einem der Erfolgsmedien übereinstimmen. Darüber hinaus haben sich noch weitere Codes ohne autoritative Effekte gebildet. So basiert beispielsweise ein Gesundheitsdiskurs auf dem Code krank – gesund. Wer mitreden möchte, muss in diesem Rahmen argumentieren. *Innere Autonomie betont also, dass funktionsspezifische Kommunikation immer nur funktionsspezifisch fortgesetzt werden kann.* Wenn es z. B. im Gesundheitssystem um Krankheit geht, kann nicht politisch oder wirtschaftlich weiter argumentiert werden. Das würde keinen Sinn machen.

Andererseits hängen die Heilungschancen aber nicht nur von der einschlägigen Kommunikation ab, sondern immer auch von der finanziellen Ausstattung des Gesundheitssystems und von den Zugangschancen zu medizinischer Versorgung. Man kann also neben der *inneren (bzw. sachlichen) Autonomie* auch eine *Autonomie der materiellen Rahmenbedingungen* (= der verfügbaren Ressourcen) beachten. Hier geht es dann um äußere Autonomie.

Nur die äußere Autonomie eines Funktionssystems ist politisch gestaltbar. Sie muss aber auch in jedem Fall geregelt werden. Wenn man unter diesem Gesichtspunkt auf heutige westliche Gesellschaften blickt, dann zeigt sich, dass außer Wirtschaft und Staat/Politik alle weiteren Funktionssysteme nur über innere, aber nicht über äußere Autonomie verfügen. Genau deswegen muss es aber eine Instanz geben, die die Rahmenbedingungen und damit die Wachstumschancen der einzelnen Funktionssysteme steuert[28], die nur über innere Autonomie verfügen. Wenn diese Instanz selbst ein Funktionssystem ist, dann kann sie *sowohl ihre eigenen materiellen Rahmenbedingungen autonom setzen wie auch dafür sorgen, dass andere Funktionssysteme mit Ressourcen versehen werden. Staaten, die über das Gewalt- und das Steuermonopol verfügen, erreichen genau diese Fähigkeit.* Das Gewaltmonopol setzt die sachliche Autonomie im Umgang mit dem Machtmedium durch. Das Steuermonopol sichert eine hinreichende materielle Autonomie. Der Staat kann nun Ressourcen für andere Funktionssysteme und damit auch die Chancen der Bürger auf einschlägige Leistungen sowohl über das Machtmedium (z. B. allgemeine Versicherungs*pflicht* gegen gesundheitliche Risiken) wie auch über das Geldmedium (z. B. ein aus dem Staatshaushalt finanziertes Bildungssystem) organisieren.

Die im Fokus der Theorie funktionaler Differenzierung stehende explizite Ausdifferenzierung eines Funktionssystems wie z. B. des Gesundheits- oder des Bildungssystems bedeutet daher nur, dass (a) die Modalitäten des Zugangs zu Ressourcen stabil, aber reversibel geregelt wurden und dass (b) dem Funktionssystem immer begrenze Rechte der Selbstorganisation eingeräumt werden. Die auf diese Weise ausdifferenzierten Funktionssysteme stehen unter der permanenten Beobachtung des Staates, der ggfs. ‚Reformen' verordnet, also über das Macht- oder das Geldmedium in das Funktionssystem hineinregiert.

Nur drei Funktionssysteme waren bisher zumindest phasenweise in der Lage, ihre äußere Autonomie, also den Zugang zu Ressourcen, selbst zu organisieren und sich daher selbst zu steuern und ggfs. zu verändern: Staaten/politische Systeme; Wirtschaftssysteme und Religionen. Im historischen Normalfall ist der *Staat das gesellschaftliche Organisationszentrum, das die Wachstumschancen der nur in sachlicher Hinsicht autonomen Funktionssysteme steuert.* Wer also die Staatsmacht innehat, der sitzt an den Schalthebeln der Macht. Deswegen war und ist es das Ziel aller Revolutionäre, die Staatsmacht zu erobern und die Schalthebel nie wieder aus den Händen zu geben.

Wie wir bereits gesehen haben, waren vor dem Staat die großen Zentraltempel diese gesellschaftlichen Organisationszentren. Im nächsten Kapitel wird es dann darum gehen, dass diese Rolle im bürgerlichen Staat *teilweise* auf das Wirtschaftssystem und den freien Markt übertragen wird.

Erstaunlich unabhängig von der Frage, wer regiert, kann man beobachten, dass sich über lange Zeiträume hinweg *stabile Ungleichgewichte zwischen den Funktionssystemen gebildet haben* (vgl. Disparitätsthese; Brandt, Körber u.a. 1969). Das lässt Grenzen der gesellschaftspolitischen Gestaltungsmöglichkeiten vermuten. Deshalb nehme ich an, dass sich die vormoderne Idee hierarchischer Weltbilder nicht völlig erledigt hat. Vielmehr können *neben* den zweifellos existierenden funktionsspezifischen Weltbildern nach wie vor *ideologische Hierarchien zwischen den Funktionssystemen* konstruiert werden, die Unterschiede in der Angewiesenheit der Gesellschaft auf die jeweiligen Leistungen postulieren. Daraus können *Unterschiede in der sozialen Wertigkeit* gefolgert werden. In jedem Fall aber muss das für das gesellschaftliche Wohlergehen unverzichtbarste Funktionssystem identifiziert werden. Es wird dann behauptet, dass es von seiner ungestörten und möglichst expansiven Reproduktion abhängt, wie gut es der Gesellschaft geht. Da politische Herrschaft die herrschende Ordnung treuhänderisch verwaltet, kanalisieren solche Argumentationen, wenn sie allgemein geglaubt oder für verbindlich erklärt werden, die politischen Möglichkeiten ganz erheblich.

Das unverzichtbarste Funktionssystem, man kann auch vom *ideologisch führenden Funktionsbereich* sprechen, bestimmt letztlich das gesellschaftliche Verständnis des gesamten gesellschaftlichen Leistungsbereichs und sorgt damit für seine Legitimation.

Meine Argumentation läuft daher darauf hinaus, dass moderne Gesellschaften (genauer: der Leistungsbereich in modernen Gesellschaften) immer zwei Zentren kennen:

- ein *organisatorisches Zentrum*, das alle weiteren Funktionssysteme mit Ressourcen versorgt und ihre Selbstorganisation steuert und

- ein *ideologisches Zentrum*, das seine Existenz als Funktionssystems selbst legitimiert und auf den gesamten gesellschaftlichen Leistungsbereich ausstrahlt. Etwas vereinfacht ausgedrückt erklärt es den Gesellschaftsmitgliedern, *warum sie überhaupt Aufgaben übernehmen, arbeiten und etwas leisten sollen* (vgl. Einleitung Kapitel 3).

Mit dem organisatorischen und dem ideologischen Zentrum haben wir die zwei mit Abstand wichtigsten gesellschaftspolitischen Stellschrauben in staatlich organisierten Gesellschaften benannt. Wenn Begriffe wie ‚Systemveränderung' oder auch ‚Revolution' berechtigt sein sollen, dann müssen sie auf diese beiden größten politischen Stellschrauben bezogen werden können. In der Regel postulieren revolutionäre Bewegungen ein gegenüber dem alten überlegenes neues ideologisches Zentrum und leiten daraus Veränderungen des *organisatorischen* Zentrums, also der Staatsaufgaben ab. So wird mit der bürgerlichen Gesellschaft die wirtschaftliche Prosperität zum wichtigsten ideologischen Ziel. Dagegen hat der Nationalsozialismus an die Stelle von Wirtschaftswachstum und Lebensstandard die Volksgemeinschaft zum ideologischen Zentrum gemacht. Lenin setzt an die Stelle der Privatwirtschaft das ideologische Ziel des Übergangs zum Kommunismus. Der Staat wird, angeblich nur vorübergehend, zu einem alles regelnden Organisationszentrum, da nur so der Übergang zum Kommunismus und die konsequente Industrialisierung zu organisieren seien.

Vor diesem Hintergrund überrascht es nicht weiter, dass sich Kontroversen um den Westen meist auf sein im Wirtschaftssystem lokalisiertes ideologisches Fundament konzentrieren. Es geht dabei um die Fokussierung auf das materielle Wohlergehen und die wirtschaftliche Handlungsfreiheit der Bürger. Kritiker unterschiedlichster Couleur von der katholischen Kirche über radikale Linke bis hin zur Umweltbewegung ziehen genau diesen ‚Materialismus' in Zweifel. Hierbei wird typischerweise immer nach dem Staat gerufen, der dies korrigieren solle. Nur die Kirchen verweisen auf die Religion.

Diese Fragen nach dem ideologischen und dem organisatorischen Zentrum des gesellschaftlichen Leistungsbereichs werden uns daher bis zum Ende des Buchs beschäftigen.

Übersicht: Die gesellschaftspolitischen Stellschrauben staatlich organisierter Gesellschaften

1. Die größte gesellschaftspolitische Stellschraube besteht in der Legitimation des gesellschaftlichen Leistungsbereichs. Sie bestimmt die Ausrichtung. Sie *gibt der Gesellschaft einen bestimmten ‚Charakter' und sie ist für Disparitäten im Ausbau der Funktionssysteme verantwortlich.* Bisher fungierten Religion, Wirtschaft (in Form der Privatwirtschaft) und Staat (als Agent der Volksgemeinschaft bzw. des Übergangs zum Kommunismus) als Legitimationszentrum. Denkbar wären vermutlich auch andere (z. B. ökologische) Modelle des Wirtschaftens evtl. auch das Wissenschaftssystem als Legitimationszentrum. Das würde den Charakter der Gesellschaft fundamental verändern.
2. Eine etwas kleinere gesellschaftspolitische Stellschraube bildet das *Organisationszentrum des gesellschaftlichen Leistungsbereichs.* Diese Funktion wird bisher scheinbar konkurrenzlos vom *Staatsapparat* wahrgenommen. *Variierbar ist* jedoch *die genaue Aufgabenstellung*: Wo enden legitime Kontroll- und Korrekturrechte gegenüber den Gesellschaftsmitgliedern wie den Funktionssystemen? Welche Eingriffe in die Privatsphäre und in die ausdifferenzierten Funktionssysteme sind legitim? Welche Protektionsleistungen sollen gegenüber den Gesellschaftsmitgliedern wie den Funktionssystemen erbracht werden? Welche Möglichkeiten haben Gesellschaftsmitglieder wie Funktionssysteme die Aufgaben des Organisationszentrums zu verändern? Welche Möglichkeiten haben sie auf die Revision konkreter Eingriffe hinzuwirken – über rechtliche Möglichkeiten wie auch direkt?
3. Die Staatsaufgaben können nicht nur von außen verändert werden, *der Staat kann sich selbst von Ausgaben entlasten durch die Ausdifferenzierung von Funktionssystemen. Er kann aber auch zusätzliche Aufgaben an sich ziehen durch die Rücknahme von Autonomie.* Im ersten Fall (klassisches Beispiele Bildungssystem, Justiz) wird die innere Autonomie anerkannt und in Kompetenzen der Selbstorganisation bis hin zu einer staatsunabhängigen Finanzierung übersetzt. Im Umkehrfall, können sowohl Merkmale äußerer Autonomie kassiert werden, aber auch die Anerkennung der inneren Autonomie kann zurück genommen werden (Beispiel: Scheinprozesse mit von der Politik diktiertem Urteil oder Feststellung des Bildungserfolgs nach politischen Kriterien).
4. Die kleinste, aber keineswegs zu unterschätzende politische Stellschraube bestimmt über die genaue Grenzziehung des gesellschaftlichen Leistungsbereichs. Besonders wichtig sind die Abgrenzung der Aufgabenbereiche der politischen Herrschaft (und der Rechtsordnung) gegen eine dagegen geschützte

Frage der Käuflichkeit, die die Reichweite des Wirtschaftssystems gegen die Lebenswelt abgrenzt.

Zweiter Teil

Das Staatsmodell der bürgerlichen Gesellschaft und seine Konkurrenten

5 Vier aktuelle Staatsmodelle – eine Einführung

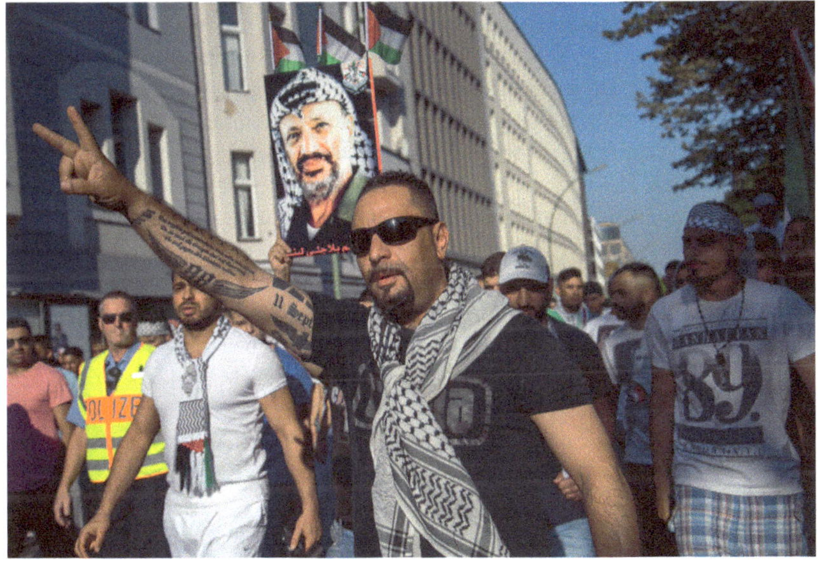

Copyright: Boris Niehaus

Schon seit der Französischen Revolution werden Kleidungsstücke, symbolische Zeichen und bestimmte Gesten sowohl als Erkennungsmerkmal benutzt wie auch, um sich zu einer Gesellschaftsideologie offen zu bekennen. Das Foto zeigt einen Teilnehmer an einer antisemitischen Demonstration, der mit einem im arabischen Raum verbreiteten Kopftuch, der Kufiya, seine Solidarität mit den Palästinensern und mit der am Unterarm eintätowierten Zahl 88 als Code für den verbotenen Hitlergruß seine Sympathie für den Faschismus ausdrückt.

In diesem Teil wird zunächst ein *analytisches* Modell des bürgerlichen Staates und der ihn tragenden bürgerlichen Gesellschaft (Kapitel 6) vorgestellt. Die Argumentation bewegt sich dabei immer auf der Ebene konkreter einzelner Staaten.

Der bürgerliche Staat, der an den Beispielen Venedig und England eingeführt wird[29], hat die Staatlichkeit in mehrfacher Hinsicht revolutioniert und auf eine neue Grundlage gestellt. Er legitimiert den gesellschaftlichen Leistungsbereich nicht mehr religiös sondern wirtschaftlich. Ordnungssozialität erfüllt also keine religiösen Aufträge mehr, sondern soll den Wohlstand der Menschen heben. Die *Wohlstand bewirkende Ordnung* wird durch den *freien Markt* und die an ihm orientieren *wirtschaftlichen Entscheidungen der Bürger* hervorgebracht und reproduziert. Zweitens bleibt der Staat zwar als gesellschaftliches Organisationszentrum bestehen. Er wird aber auf eine *dienende Funktion* reduziert. Die wohl größte zivilisatorische Errungenschaft des bürgerlichen Staates ist, dass er das Eigentum wesentlich konsequenter schützen soll. Es beginnt nun bereits beim Eigentum an der eigenen Person. Dieses Eigentum kann aber nur dann realisiert werden, wenn der Staat eine ganze Reihe von Bürger- und Menschenrechten schützt.

Im *siebten Kapitel* lernen wir die wohlfahrtsstaatliche und sozialdemokratische Antwort auf die ‚soziale Frage' kennen, die zu einer nicht systemkonformen Ergänzung des Gesellschaftsmodells des bürgerlichen Staates, aber zu keiner Systemveränderung führt. Wenn der Staat dafür Sorge tragen soll, dass man von Lohnarbeit lebenslang leben kann, dann muss massiv in den Preisbildungsprozess auf dem Arbeitsmarkt eingegriffen und ein soziales Sicherungssystem geschaffen werden, das für Transferleistungen in Zeiten der Nichtarbeit sorgt. Dabei wird die *Aufgabe staatlicher Daseinsvorsorge* zu einer mit dem freien Markt konkurrierenden Legitimationsgrundlage.

Im achten *Kapitel* wird das zur bürgerlichen Gesellschaft alternative Gesellschaftsmodell des ‚realen Sozialismus' behandelt, das die soziale Frage radikal lösen möchte.

Der Realsozialismus ist zwar vom Anspruch her ein transnationales Gesellschaftsmodell, konkret wurde es aber in einem Staat, der Sowjetunion, entwickelt. Es schafft das Privateigentum an Produktionsmitteln ab. Damit wird auch die soziale Grundlage des privaten Eigentums, individuelle Bürger- und Menschenrechte wieder disponibel. Der gesellschaftliche Leistungsbereich wird hier legitimiert durch den vom Marxismus-Leninismus zum säkularen Heilsweg erklärten Übergang zunächst zum Sozialismus und dann zum Kommunismus. Ihn zu bewirken, sei die historische Mission der Arbeiterklasse. Was jeweils getan werden muss, um dieses Ziel zu erreichen, wird von einer in der kommunistischen Partei organisierten revolutionären Avantgarde verbindlich festgelegt. Der Staat und der staatliche Machtgebrauch werden als Instrument der gesellschaftlichen Umgestaltung verstanden.

Auch wenn hierbei viele Errungenschaften der bürgerlichen Gesellschaft, insbesondere die grundsätzliche Bedeutung von Bürger- und Menschenrechten sowie die parlamentarische und rechtliche Kontrolle staatlicher Machtausübung, preisgegeben werden, bleiben drei wesentliche Durchbrüche des bürgerlichen Staates erhalten. Auch im Realsozialismus wird der gesellschaftliche Leistungsbereich durch wirtschaftliche Prosperität, legitimiert. Strittig ist ‚nur', auf welchem Weg sie erreicht werden kann. Zweitens bleibt die Reduzierung des Staates auf eine dienende Funktion vom Anspruch her erhalten. Drittens kann die Leistungsfähigkeit auch dieser Legitimationsgrundlage kritisiert werden. Zwischen bürgerlichem Staat und dem Realsozialismus besteht also ein direktes Konkurrenzverhältnis, das die Ära des ‚Kalten Kriegs' prägen wird (Kapitel 12).

In der Weltwirtschaftskrise zeigte sich ein Machtproblem des bürgerlichen Staates, das im Kern aber ein Problem des Marktversagens, also der Leistungsfähigkeit seiner Legitimationsbasis ist. Denn der bürgerliche Staat soll ja nur den Marktprozess und die wirtschaftlichen Interessen der eigenen Bürger, insofern sie Unternehmer, Kaufleute, Finanziers sind, schützen, aber er soll gerade nicht in den Markt eingreifen. Dies wurde in der Weltwirtschaftskrise als Schwäche des Staates, als wirtschaftliches Unvermögen, wahrgenommen und kritisiert. Dieses Problem des bürgerlichen Staates begünstigte überraschenderweise weniger den Realsozialismus, sondern es förderte die Entwicklung eines weiteren konkurrierenden Gesellschaftsmodells, nämlich des Faschismus/Nationalsozialismus (neuntes Kapitel).

Auch der Faschismus kennt eine weltliche Legitimationsgrundlage des gesellschaftlichen Leistungsbereichs, die aber nicht rein wirtschaftlicher Natur ist. Es geht hier um das Wohlergehen der Nation bzw. der ‚Volksgemeinschaft'. Programmatische Bedeutung hat ein starker Staat, der als Organisationszentrum völkischer/nationaler Interessen wieder an vormoderne Traditionen anknüpfen soll. Damit wird parlamentarische Kontrolle entbehrlich und die Demokratie disponibel. Privates Eigentum bleibt zwar erhalten, wird aber dem kollektiven Selbsterhaltungsinteresse untergeordnet und auf materielles Eigentum reduziert. Damit verlieren die Bürger- und Menschenrechte nicht nur ihre Unantastbarkeit. Die auf systematische Erniedrigung zielende ‚Andersbehandlung' politischer Gegner gewinnt sogar demonstrative Bedeutung.

Der bürgerliche Staat und die bürgerliche Gesellschaft 6

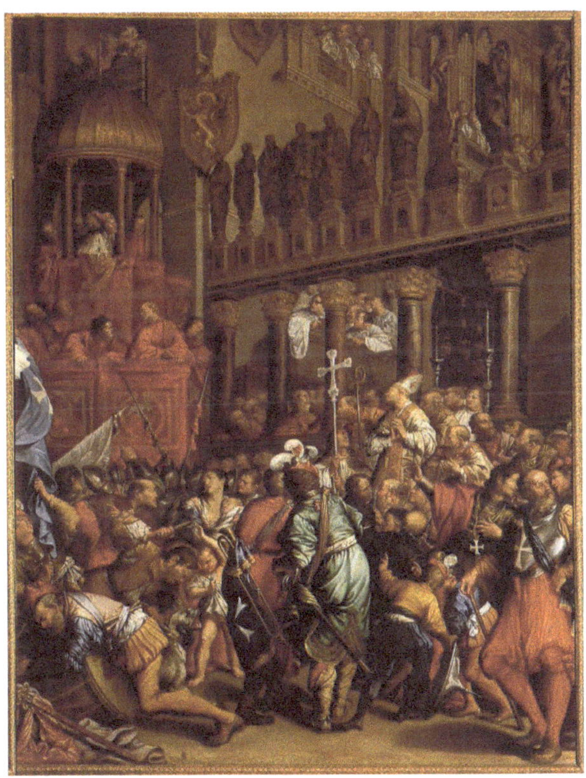

Die bürgerlichen Staaten führten Kriege, um die Erwerbschancen der Besitzbürger zu verbessern. Deswegen beteiligten sich die Venezianer auch am 4. Kreuzzug und betrieben die Eroberung von Byzanz. Das Bild von Jean le Clerc aus dem Jahr 1621 zeigt den Dogen Enrico Dandolo bei der Rekrutierung von Kreuzfahrern.

6.1 Gegen die Allmacht des Staates

1776 war ein Jahr großer und folgenreicher Umwälzungen. In diesem Jahr erklärten die Siedler der nordamerikanischen Kolonien ihre Unabhängigkeit von der britischen Kolonialmacht. In demselben Jahr veröffentlichte der Philosoph Adam Smith eine Untersuchung mit dem Titel ‚An Inquiry into the Nature and Causes oft he Wealth of Nations'. Beide Ereignisse erwiesen sich im Nachhinein als höchst erfolgreiche und wegweisende Rebellionen gegen die Allmacht des Staates.

Die amerikanischen Siedler opponierten erfolgreich gegen den britischen Staat, als er sich durch die zusätzliche Besteuerung seiner Kolonien sanieren wollte. Der britische Premier Lord North und sein Kabinett mussten die gewaltigen finanziellen Lasten der kriegerischen Auseinandersetzungen aus den vorangegangenen Jahren irgendwie bewältigen. Dazu sollten auch die Kolonien herangezogen werden. Deswegen wurden von den nordamerikanischen Siedlern neue Steuern auf Luxusprodukte erhoben. Diese warfen jedoch bei der ersten sich bietenden Gelegenheit drei Schiffsladungen mit solchen Luxusprodukten kurzerhand ins Wasser (Stichwort: Boston Tea Party) und erklärten ihre staatliche Unabhängigkeit. Von nun an wollten sie sich selbst regieren und sich nicht mehr als Bürger zweiter Klasse des britischen Empire von der Londoner Regierung melken lassen.

Dieses Selbstbewusstsein fand einen bis heute nachwirkenden Ausdruck in der amerikanischen Verfassung. Der neu gegründete Staat sollte nämlich kein Selbstzweck sein und auch kein Leviathan[30], sondern er sollte der individuellen Selbstentfaltung seiner Bürger dienen, indem er *universelle Bürgerrechte* schützt. Der entscheidende Satz lautet: „We hold these truth to be self-evident, that all men are created equal, that they are endowed by their creator with certain unalienable Rights, that among these are Life, Liberty and the pursuit of Happiness."

Dagegen setzte sich das Buch von Adam Smith auf eine grundsätzliche Weise mit den wirtschaftlichen Folgen staatlicher Allmacht und den daraus erwachsenen Regelungsansprüchen auseinander (Smith 1978). Es erwies sich als ebenso wegweisend wie die Rebellion der amerikanischen Siedler und die von Thomas Jefferson konzipierte amerikanische Verfassung. Denn es zeigte mit der Überzeugungskraft sachlicher Argumentation auf, dass nur ein freier Welthandel und die freie Entfaltung der Tatkraft selbständiger Bürger den Reichtum der Nationen steigern können. *Wirtschaftlichen Reichtum könnten nämlich nur die Bürger und nicht der Staat schaffen!* Diese These war damals neu und von revolutionärer Kraft.

Sie richtete sich vor allem gegen die auf dem europäischen Kontinent praktizierte Doktrin des Merkantilismus. Der Reichtum eines Landes wurde hier in traditioneller Manier durch die Ressourcen innerhalb des Staatsgebiets definiert. Deswegen sollte der Staat wirtschaftlich aktiv werden und z. B. Manufakturen gründen. Dem setzten Adam Smith und die seine Lehre weiter ausarbeitenden Nationalökonomen des 19. Jahrhunderts, insbesondere David Ricardo, das Konzept eines *freien Welthandels* entgegen. Nur dieser mache es möglich, dass alle Güter dort hergestellt werden können, wo es jeweils am effektivsten geschehen könne, weil z. B. die benötigten Rohstoffe verfügbar, die klimatischen Bedingungen optimal und ein genügendes Reservoir an qualifizierten Arbeitskräften vorhanden sei. Nur die Preisbildung auf freien Märkten könne zuverlässig anzeigen, wer wo am günstigsten eine bestimmte Ware herstellen könne. Auf diese Weise könnten bei gleichbleibendem menschlichem Arbeitsaufwand mehr Güter produziert und konsumiert werden. Der Reichtum der Nationen insgesamt könnte also wachsen und der durchschnittliche Lebensstandard sich erhöhen.

Mit dieser Argumentation gewinnt das bei der Boston Tea Party demonstrierte politische Selbstbewusstsein der Bürger ein argumentatives Fundament. Der Weg in eine bessere Zukunft der Menschheit könne, so lassen sich die Analysen der Nationalökonomen verstehen, weder über staatliche Machtentfaltung noch über staatliche Wirtschaftslenkung erfolgreich beschritten werden, sondern nur mit der freien Entfaltung der menschlichen Tatkraft und der unternehmerischen Initiative der Bürger gelingen.

Dazu muss aber der Aufgabenbereich des Staates neu konzipiert werden. Denn offensichtlich soll ja nicht mehr der Staat, sondern der Wettbewerb auf freien Märkten für ein maximales Warenangebot sorgen. Wozu wird der Staat dann benötigt? Einmal soll er, wie in der amerikanischen Verfassung festgeschrieben wurde, Freiheits- und Menschenrechte garantieren. Welche darüber hinausgehenden Aufgaben er wahrnehmen soll, behandelt Adam Smith im letzten Teil seines umfangreichen Werks (fünftes Buch). Wichtig daran ist aus heutiger Sicht vor allem, dass er von *notwendigen* Staatsausgaben spricht. Sie umfassen die Landesverteidigung, die innere Ordnung, sowie „öffentliche Anlagen und Einrichtungen", die wirtschaftlich nützlich sind bzw. der Bildung der Bürger dienen. Schließlich gebe es noch unverzichtbare Ausgaben für den Unterhalt der britischen Monarchie. Diese *gerechtfertigten* Ausgaben seien durch Steuern und Schulden zu decken.

Der Staat wird also nicht mehr als Selbstzweck, sondern ganz nüchtern als eine Art Dienstleistungsagentur verstanden, die im Interesse der Bürger notwendige Gemeinschaftsaufgaben wahrnimmt.

6.2 Die bürgerlich-liberale Revolution

Da mit der theoretischen Argumentation von Adam Smith und den praktischen Staatskonzepten etwa der USA die alten Legitimationserzählungen von den göttlichen Gewalten oder dem Staat als Selbstzweck vollständig ausgetauscht werden, muss man hier tatsächlich von einer Revolution der Staatlichkeit sprechen. *Die bürgerlich-liberale Revolution dreht nämlich erstmals wieder an der großen gesellschaftspolitischen Stellschraube* der Legitimationserzählungen (vgl. Kapitel 4; Fazit)!

Die *neue Legitimationserzählung handelt vom materiellen gesellschaftlichen Reichtum und dem Projekt, ihn im globalen Maßstab zu steigern.* Es ist kein Projekt der göttlichen Gewalten mehr sondern eines der Waren produzierenden Bürger und des freien Marktes. Das Wachstum der privaten Wirtschaft im globalen Maßstab wird zum Gradmesser des gesellschaftlichen Leistungsbereichs erklärt. Diese Größe soll von nun an allen Leistungen die Aura des gesellschaftlich Wertvollen überzeugend verleihen. Mit dieser neuen Legitimationserzählung *werden das Wirtschaftssystem und dessen spezifische Leistungen, nämlich die Erzeugung von Waren und Dienstleistungen, zum ideologischen Zentrum der Gesellschaft.* Anders formuliert: Der Staat folgt nicht mehr dem göttlichen Willen, sondern er gehorcht den wirtschaftlichen Interessen der bürgerlichen Warenproduzenten[31]. Der zunächst aus Privatwirtschaft und Staat bestehende gesellschaftliche Leistungsbereich, also das, was normalerweise als ‚die Gesellschaft' bezeichnet wird, wird nicht mehr von religiösen bzw. von Machtfragen beherrscht, sondern von wirtschaftlichen Fragen.

Zweifellos wirkt es befremdlich, wenn hier die These aufgestellt wird, dass die bürgerlichen Warenproduzenten und der freie Markt gewissermaßen an die Stelle der Götter getreten seien. Nur welche einleuchtende Antwort sollte man sonst auf die Frage finden, woran die Rationalität der Entscheidungen des bürgerlichen Staates gemessen werden kann? Schließlich soll sich, daran lässt schon Adam Smith keinen Zweifel, der bürgerliche Staat ja als zweckmäßig erweisen. Welcher legitime Zweck kann dabei unterstellt werden? M. E. zeigt sich genau an dieser Frage, *dass die Steigerung des materiellen Reichtums an Stelle der religiösen Beeinflussung übermenschlicher Kräfte zum gesellschaftlichen Ziel geworden ist. Dieses Ziel kann unter privatwirtschaftlichen Bedingungen nur durch die Warenproduktion selbständiger Bürger unter Wettbewerbsbedingungen erreicht werden. Das* muss gedanklich als Maßstab und praktisch als allgemeine Zielvorgabe *vorausgesetzt* werden[32], damit der bürgerliche Staat überhaupt ‚rational' agieren, also seine *Zweckmäßigkeit* unter Beweis stellen kann.

Hinzu kommt die Rationalität des freien Marktes als überlegener Allokationsmechanismus, der die am Profit orientierten Handlungen der Warenproduzenten und Kaufleute koordiniert. Auch sie fungiert als Prämisse. In der Tat ist sie nicht beweisbar, sondern kann nur mit Argumenten erläutert werden (vgl. exemplarisch Hayek 1969). An sie kann also letztlich nur in ähnlicher Weise geglaubt werden wie zuvor an die ja ebenfalls argumentativ erläuterte überlegene Macht der Götter. Charakteristisch für den Glauben an den freien Markt ist, dass er zum *schicksalhaften Richter* über die Entscheidungen der Waren produzierenden und verkaufenden Bürger stilisiert wird. Hayek formuliert diesen wichtigen Punkt folgendermaßen: „…die Chance, dass unser nicht vorhersehbarer Anteil am Gesamtprodukt der Gesellschaft ein so großes Aggregat von Gütern und Dienstleistungen umfasst, verdanken wir der Tatsache, dass Tausende von Menschen sich ständig den Anpassungen *unterwerfen*, die der Markt von ihnen *fordert*; und infolgedessen ist es unsere *Pflicht*, ebenfalls solche Änderungen unseres Einkommens oder unserer Position *hinzunehmen*, auch wenn das eine Verschlechterung unserer gewohnten Position bedeutet, *die wir nicht vorhersehen konnten und für die wir nicht verantwortlich sind*“ (v. Hayek 1969: 112; Hervorhebungen D.B.) Aufschlussreich ist, dass man bei diesem Zitat das Wort ‚Markt' problemlos durch den Namen eines mesopotamischen Stadtgottes, eines altägyptischen Staatsgottes oder auch durch den Gott des asketischen Protestantismus ersetzen könnte. Das Legitimationsargument funktionierte ebenso!

Im asketischen Protestantismus wird Gott so weit erhöht, dass die Menschen seine Weisheit nicht rational nachvollziehen können. Sie können die von Gott geschaffene Ordnung nur in ihrem Alltagsleben praktizieren und damit aber auch reproduzieren. Es ist nun schlicht naheliegend, diese vorgegebene göttliche Ordnung mit dem freien Markt und seinen schicksalhaften Verteilungsergebnissen zu identifizieren. Wenn es nicht verstehbar ist, warum jemand ruiniert wird und zugleich ein anderer Bürger zu märchenhaftem Reichtum kommt, dann kann dies gleichermaßen auf das schicksalhafte Walten des freien Marktes wie auf göttlichen Willen zurückgeführt und gerechtfertigt werden. Jedenfalls wird nicht zufällig der bürgerliche Staat genau dort in relativ reiner Form realisiert, wo die diversen Sekten dieser Glaubensrichtung besonders stark vertreten sind: im Vereinigten Königreich, in den Niederlanden und den USA.

Welche Rolle sollen aber die entmachteten alten ideologischen Zentren, Religion und Staat, im neuen Konzept der bürgerlich-liberalen Gesellschaft spielen? Die Religion wird zur *Privatsache* erklärt. Mit andere Worten: Sie wird aus dem gesellschaftlichen Leistungsbereich verbannt. Das gelingt auf Dauer so überzeugend, dass ihre Rolle in den soziologischen Theorien der modernen Gesellschaft typischerweise unklar bleibt. Dagegen wird der Staat in zweifacher Weise benötigt. Einmal als politisches System, in dem gesellschaftlich bindende Entscheidungen fallen. Daneben ist der Staat aber nach wie vor auch als gesellschaftliches Organisationszentrum unabdingbar, das die äußere Autonomie der weiteren Funktionssysteme regelt. Es setzt der Wirtschaft Rahmenbedingungen und beobachtet die aus dem Staat ausdifferenzierten Funktionssysteme auf ihre Leistungsfähigkeit hin. In diesen beiden Aufgaben wird der Staat jedoch auf eine dienende Funktion gegenüber dem neuen gesellschaftlichen Legitimationszentrum, dem Wirtschaftssystem, zugeschnitten. Das bedeutet aber nichts anderes, als das die beiden mittleren gesellschaftlichen Stellschrauben (vgl. erster Teil: Fazit) ebenfalls betätigt werden.

Die erste mittlere Stellschraube regelt den Umfang der Staatsaufgaben. Die bereits erwähnte Auflistung der notwendigen Staatsausgaben bei Adam Smith gibt bis heute die Richtung vor. Der Staat soll nur notwendige Gemeinschaftsaufgaben erledigen, die die privaten Wirtschaftsakteure nicht oder nur unvollkommen bestreiten können. Die Feinjustierung der Staatsaufgaben ist die Aufgabe von Parlamenten und Regierungen, die von gewählten oder bestimmten Vertretern der Bürgerschaft gebildet werden. Die dienende Funktion des Staates zeigt sich aber auch daran, dass er seinen Bürgern Freiheits- und Menschrechte garantiert, die ihnen gleiche Chancen zur freien Entfaltung ihrer Potentiale geben sollen.

Die zweite mittlere Stellschraube regelt die Ausdifferenzierung der Funktionssysteme durch den Staat. Hier sieht das bürgerlich-liberale Gesellschaftsverständnis zwingend vor, dass der Privatwirtschaft innere wie äußere Autonomie gegeben werden muss, damit der materielle Wohlstand wachsen kann. Der Staat hat dabei – ähnlich wie gegenüber den Bürgern – für geeignete Rahmenbedingungen zu sorgen. Hierbei geht es primär um den fairen Wettbewerb. Hinzu kommen eine vom Staat organisierte und garantierte Währung und die Protektion der Wirtschaftsinteressen der eigenen Bürger im Ausland. Ebenso kann die Wirtschaft durch vom Staat organisierte Kollektivgüter (siehe Abschnitt 6.3) gefördert werden.

Ob der Staat seine Aufgaben erfolgreich bewältigt, entscheiden letztlich die *realen und dementsprechend unsicheren* Wirtschaftsaktivitäten der Bürger. Von ihnen kann sich die praktische Politik nicht mehr in der Weise entfernen, wie die Politik von der staatstragenden Religion. Anders ausgedrückt: Die Regierung eines bürgerlichen Staates kann ihre politischen Entscheidungen nicht einfach im Namen oder im Auftrag einer bestimmten Ordnung autonom treffen, sondern *sie muss immer auf konkrete Probleme der Warenproduzenten mit diesen ‚angemessenen' politischen Entscheidungen reagieren – nur so kann diese Ordnung erfolgreich fortgeschrieben werden. Daher ist die Legitimation staatlicher Machtausübung in wesentlich höherem Maße erfolgsabhängig* als bei einer traditionell religiösen Legitimationsgrundlage. Zwar konnten auch traditionelle Herrscher bei anhaltender Erfolgslosigkeit abgesetzt werden. Im Modell des bürgerlichen Staates können dagegen politische Erfolge gar nicht mehr autonom innerhalb einer politischen Sphäre festgestellt werden. Sie werden daran gemessen, ob es mit den Wirtschaftsaktivitäten der Bürger bergauf geht oder nicht. Selbst wenn es bergauf geht, dann kommt es darauf an, ob die

Bürger ihre wachsende Prosperität auch auf politische Entscheidungen zurückführen oder nicht. Nur dann hat eine Regierung die für ihr politisches Überleben notwendige Unterstützung.

Übersicht: Bürgerliche Gesellschaft

- Legitimationserzählung: Wir erbringen Leistungen, um unseren materiellen Nutzen zu mehren. Dabei schafft das Walten des freien Marktes ein gesellschaftliches Maximum an Leistungen. Deshalb haben wir uns ihm zu unterwerfen.
- Instanz ihrer verbindlichen Interpretation: fehlt, allerdings versuchen die Wirtschaftswissenschaften sie mit wissenschaftlichen Mitteln zu konkretisieren.
- Gesellschaftliches Organisationszentrum: Staat
- Abgrenzung wirtschaftlicher und politischer Leistungen gegen die Lebenswelt: die Frage nach Grenzen der Käuflichkeit wird alltagskulturell, teilweise auch über Gesetze entschieden. In politischer Hinsicht wird eine Privatsphäre alltagskulturell wie rechtlich ausgegrenzt und staatlich geschützt.

6.3 Die Republik Venedig – das erfolgreiche Labor des bürgerlichen Staates

Dieses analytische Modell gewinnt schärfere Konturen, wenn wir einen Blick auf die Entstehungsgeschichte des bürgerlichen Staates werfen. Dabei wird sich ein wichtiger Unterschied gegenüber den Programmen von 1776 ergeben. Diese zielten auf die gesamte Menschheit bzw. den weltweiten Reichtum. Die bürgerlichen Staaten protegieren dagegen nur die eigenen Bürger notfalls auch gegen ‚fremde' Konkurrenten. Wichtig ist weiterhin, dass die bürgerliche Gesellschaft *zunächst* nicht „das Ergebnis einer theoretischen Konstruktion" war. Sie „entsprang dem Wunsch, die wohltätigen Wirkungen auszudehnen und zu verallgemeinern, die sich ganz unbeabsichtigt aus den Beschränkungen der Staatsgewalt ergeben hatten, welche man aus purem Misstrauen gegen die Herrscher eingeführt hatte" (v. Hayek 1969: 109).

Für diesen Blick in die Entstehungsgeschichte des bürgerlichen Staates begeben wir uns nach Italien, in die Phase des Übergangs vom Hochmittelalter in die Frühmoderne, denn das Modell des bürgerlichen Staates hat sich zunächst in den italienischen Stadtrepubliken entwickelt. Die wesentlichen Akteure waren die *von Handel und Gewerbe lebenden Bürger* in großen Städten wie Venedig, Genua oder

Florenz[33]. Diese Städte waren Inseln der Warenproduktion, des Handels und der Geldwirtschaft in einem agrarisch- traditionellen Umfeld. Ihre sozialen Besonderheiten konnten sie dort entwickeln, wo sie staatliche Unabhängigkeit erreichten. Venedig erreichte diesen Status bereits im 11. Jahrhundert und konnte ihn bis zum Ende des 18. Jahrhunderts bewahren. Dagegen konnte Genua seine Unabhängigkeit nur phasenweise behaupten: von der Mitte des 12. Jahrhunderts bis 1396; von 1436 bis 1458; sowie von 1528 bis 1796. Auch Florenz regierte sich – ebenfalls mit Unterbrechungen – nur zwischen 1193 und 1530 selbst.

Konzentrieren wir uns daher auf Venedig, weil es offenbar nur hier gelang, das Modell des bürgerlichen Staates erstmals auf Dauer zu stellen. Was war das Erfolgsgeheimnis? Zunächst fällt auf, dass der Ort von einem unzugänglichen Zufluchtsort für Flüchtlinge zu einer Metropole des Welthandels aufstieg. Diese Erfolgsgeschichte hat viel mit dem Unternehmensgeist der Venezianer zu tun, *der auch die gemeinsamen staatlichen Aktivitäten prägte.* Ich möchte dies an drei Beispielen erläutern.

Das erste Beispiel stammt aus der Frühzeit. Am Beginn des wirtschaftlichen Aufstiegs der Stadt stand die ‚Akquirierung' der Gebeine des hl. San Marco. Wie sie nach Venedig gekommen sind, lässt sich nicht mehr mit Sicherheit sagen. Vermutlich wurden sie von den Venezianern schlicht in Alexandria geraubt. Diese Reliquie ermöglichte es den Bürgern Venedigs, in das im Mittelalter so wichtige Geschäft mit den Pilgern einzusteigen.

Das zweite Beispiel stammt aus der wirtschaftlichen Blütezeit Venedigs. Im ausgehenden Mittelalter unterhielt der venezianische Staat eine Handelsflotte, die nach einem genauen Fahrplan die wichtigsten Hafenstädte des Mittelmeeres anlief. Der Laderaum wurde an venezianische Händler vermietet, die sich auf diese Weise am Mittelmeerhandel beteiligen konnten, obwohl sie selbst nicht in der Lage waren, eigene Schiffe auszusenden und die damit verbundenen Risiken allein zu tragen.

Das dritte Beispiel ist legendär. Es handelt vom Transport des vierten Kreuzfahrerheeres. So große Geschäfte konnten selbst reiche Kaufmannsdynastien nicht alleine schultern. Sie bedurften immer der staatlichen Vermittlung und Organisation. Daher war die Staatsspitze bei diesem Geschäft federführend. Als Bezahlung forderten die Venezianer die damals exorbitante Summe von 80 000 Mark in Silber. Als das Geschäft zu scheitern drohte, weil die Kreuzfahrer diesen Betrag nicht aufbringen konnten, einigte man sich darauf, ‚unterwegs' Byzanz, die Metropole Ostroms, zu plündern, um auf diese Weise die Finanzierung zu erwirtschaften. Dies gelang 1204 unter der Führung des berühmtesten venezianischen Politikers, des Dogen Enrico Dandolo. Mit diesem Unternehmen verbanden die Venezianer den strategischen Hintergedanken, die Endpunkte der Seidenstraße unter venezianische Kontrolle zu bringen. Die enormen Profite aus dem Asienhandel sollten nur den venezianischen Kaufleuten zu Gute kommen. Vor allem sollte die verhasste genuesische Konkurrenz ausgeschaltet werden.

Während die Herrscher der Feudalstaaten vor allem nach territorialer Expansion strebten, machten die Venezianer gar nicht erst den Versuch, Konstantinopel dem eigenen Staatsgebiet hinzuzufügen[34]. Das wäre in ihren Augen unrentabel gewesen, weil es mit großen Folgekosten für weitere kriegerische Auseinandersetzungen verbunden gewesen wäre.

Alle drei Beispiele aus der Geschichte Venedigs zeigen übereinstimmend, *dass der staatliche Zusammenschluss darauf zielte, Kollektivgüter zu schaffen, die zusätzliche Erwerbschancen für venezianischen Kaufleute generierten.* Kollektivgüter sind solche Güter, die nicht einem allein sondern dem bürgerlichen Staat gehören, weil sie ihren Nutzen erst entfalten, wenn sie von vielen genutzt werden. Genau das charakterisiert den wirtschaftlichen Nutzen der Gebeine des hl. Markus, die Staatshandelsschiffe wie auch die venezianischen Privilegien im Asienhandel. Heutige Kollektivgüter sind z. B. Straßen oder das Schienennetz.

Wenn es darum geht, die staatliche Machtausübung nicht mehr religiös sondern ökonomisch zu legitimieren, dann gewinnen solche durch den Staat geschaffene Kollektivgüter zentrale Bedeutung. Das allgemeinste Kollektivgut ist sicherlich Rechtssicherheit und der Schutz vor Kriminalität auf der Grundlage eines staatlichen Gewaltmonopols. Elementar sind aber auch Freiheits-, Bürger – und Menschenrechte. Sie nützen allen Bürgern. Bei den für Venedig charakteristischen ökonomischen Kollektivgütern scheint es dagegen so zu sein, dass sie nur einer zahlenmäßig kleinen Schicht nützten: den Kaufleuten, die vom Fernhandel leben. Deswegen wundert es nicht, dass die genuesische Republik, deren Politik ganz ähnlich ausgerichtet war, immer wieder durch Aufstände der Handwerker erschüttert wurde, die ihre anders gelagerten Interessen zur Geltung bringen wollten.

Diesem Problem begegneten die Venezianer dadurch, dass sie auch die einheimischen selbständigen Handwerker und sogar die Lohnarbeiter in vom Fernhandel abhängige Wertschöpfungsketten integrierten. So blieb vielfach die Weiterverarbeitung der importierten wertvollen Rohstoffe ausschließlich den venezianischen Handwerkern vorbehalten. Deren Luxusprodukte konnten die Kaufleute dann mit Gewinn weiter verkaufen. Besonders wichtig waren die Herstellung von Seide, Baumwollstoffen und Glas. Für die Wartung, Reparatur und den Bau von Schiffen schuf der venezianische Staat die Arsenale, einen Werftkomplex, der als größter vorindustrieller Produktionsbetrieb gilt und ca. 10 % der Fläche des historischen Venedig umfasste. Der Warenumschlag erforderte eine Vielzahl an Trägern. Die Schiffe, überwiegend Galeeren, benötigten ebenso viel Personal. Deswegen ist in den historischen Dokumenten häufig von Arbeitskräftemangel (vgl. Wikipedia:

Wirtschaftsgeschichte der Republik Venedig) die Rede. Die Löhne für handwerkliche Spezialisten sollen daher vergleichsweise hoch gewesen sein.

Weil über solche Wertschöpfungsketten zumindest ein überwiegender Teil der Stadtbevölkerung von den staatlichen Aktivitäten profitierte, konnte Venedig jahrhundertelang *ausschließlich vom Adel regiert* werden, ohne dass es deswegen zu Aufständen kam. Im Anschluss an Platon kann man das politische System Venedigs daher als eine *Oligarchie*, also als eine am Eigennutz orientierte Herrschaft der Wenigen bezeichnen[35].

Die venezianischen Adligen waren keine Großgrundbesitzer, sondern in erster Linie durch Handel reich gewordene Kaufleute (‚Geldadel'). Aus den lange in der Stadt ansässigen Adelsfamilien setzte sich der ‚große Rat' zusammen, eine Art Parlament, aus dem auch die weiteren Staatsorgane rekrutiert wurden. In den letzten 500 Jahren der venezianischen Eigenstaatlichkeit, also zwischen 1297 und 1797, war genau festgelegt, welche Adelsfamilien den großen Rat bildeten (die sogenannte Schließung des großen Rates). Der Doge, das traditionelle Stadtoberhaupt wurde vom großen Rat gewählt. Sein Amt war, abgesehen von der Frühzeit, auf repräsentative Aufgaben beschränkt. Zusammen mit mindestens vier Beratern bildete er allerdings auch den kleinen Rat (die Signoria), der die Regierungsgeschäfte führte. Weitere wichtige Staatsorgane waren der Senat, den man als oberste Verwaltungsbehörde verstehen kann und die Quarantia, der Rat der 40, eine Art oberstes Gericht, das aber auch Konflikte unter den Adelsfamilien schlichten sollte. Alle Mitglieder dieser Gremien durften selbst keine privaten Geschäfte tätigen, denn sie sollten unparteilich sein. Dazu muss man aber wissen, dass die Handelsaktivitäten vom Familienverband getragen wurden – bei diesen Geschäften durften Familienmitglieder in politischen Ämtern also nicht in Erscheinung treten. Zum anderen waren diese Ämter Ehrenämter auf eigene Rechnung, also ohne Bezahlung. Weiterhin wurden sie, abgesehen von dem lebenslangen Amt des Dogen, nur auf Zeit vergeben.

Das sehr komplizierte und sich ständig verändernde politische System Venedigs sollte verhindern, dass eine Adelsfamilie, wie etwa die Medici in Florenz, eine Monarchie errichten konnte. Deswegen wurden politische Entscheidungen nie von einer Person allein sondern immer kollegial getroffen. Zudem wurden alle Gremien penibel kontrolliert. Im 16. Jh. wurde sogar eine Staatsinquisition samt Spitzelsystem und Folterrecht eingerichtet. Das Kollegialprinzip sollte vor allem sicherstellen, dass der Staat nicht die Interessen einer oder weniger Adelsfamilien, sondern aller im Großen Rat vertretenden Adelsfamilien berücksichtigte. Daneben sollte er aber auch die Interessen aller Bürger beachten, auf die man sich z. B. im Kriegsfall ebenfalls stützen musste.

Das Verhältnis der Bürger zum Staat wurde aber nicht nur durch den praktischen Nutzen politischer Erfolge und die aktive Mitwirkung an den Staatsgeschäften sondern auch durch die Beteiligung an der Staatsfinanzierung geprägt. Traditionell wurden vormoderne Staaten vor allem aus den Überschüssen aus der Bewirtschaftung des dem Herrscher oder dem Staat gehörenden Großgrundbesitzes finanziert (Stolleis 1983). Eine ergänzende Finanzierung aus Steuern war nur für den Notfall vorgesehen und sie bedurfte – trotz des Souveränitätsanspruchs der Herrscher – der Zustimmung durch die Stände. Dieses Finanzierungsmodell konnten die Stadtstaaten schon deshalb nicht übernehmen, weil sie zumindest zunächst über keinen Großgrundbesitz verfügten. Der Aufstieg der Städte war ja immer mit dem Aufschwung von Handel und Gewerbe verbunden. Daher konnte die Staatsfinanzierung nur auf Formen der Besteuerung dieser wirtschaftlichen Aktivitäten der Bürger basieren.

Hierbei wählte der venezianische Staat den Weg des geringsten Widerstands und besteuerte zunächst einmal nur die gewerblichen Aktivitäten von Fremden. Gründeten sie, wie z. B. deutsche Kaufleute, in Venedig eine Handelsniederlassung, dann wurden sie besteuert. Ebenso konnten Zölle auf den Import ‚fremder' Waren erhoben werden. Daneben wurden auch die eigenen Bürger als Konsumenten zur Ader gelassen, da Verbrauchsteuern offenbar schon damals politisch leichter durchzusetzen waren. Nur reichte diese Besteuerung in der Regel nicht aus. Vor allem teure militärische Auseinandersetzungen konnten daher nur über Kredite finanziert werden, die von den führenden Familien Venedigs gegen eine niedrige Verzinsung teilweise freiwillig gezeichnet wurden. Teilweise wurden sie auch gezwungen, dem Staat einen bestimmten Anteil ihres Vermögens als Kredit zu geben, das daher von Beauftragten des Staates genau erfasst wurde.

Kredite vergibt man nur an Personen, von deren Zuverlässigkeit und deren Fähigkeit zur Rückzahlung man überzeugt ist. Dieses Vertrauen brachten zumindest jene vermögenden Venezianer ihrem Staat entgegen, die freiwillig Kredite gaben. Schließlich hatten sie Einfluss auf die Aktivitäten des Staates. Aber selbst, wenn der Staat die Kredite nicht zurückzahlen konnte, profitierte man davon, dass er das übrige Vermögen schützte und durch Kollektivgüter dafür sorgte, dass es weiter wachsen konnte. Man muss also festhalten, dass das Verhältnis zwischen Staat und Bürgern *auch* durch die *Beziehung zwischen Gläubigern und Schuldner* geprägt wurde.

Deswegen überrascht es auch nicht, dass bürgerliche und liberale Staatstheoretiker den Staat als eine sekundäre Institution verstanden haben, die aus einem Vertrag hervorgegangen sei, bei dem die Bürger das Recht der Gewaltausübung auf eine Herrschaftsinstanz übertragen (Hobbes, Pufendorf, Grotius) haben. Diese Interpretation hat zwar mit der historischen Realität wenig zu tun. Sie sagt aber sehr viel über das Verhältnis der von der Warenproduktion oder vom Handel lebenden Bürger zu ihrem Staat aus. Er ist *ihr* Werk, weil er ihre Interessen vertritt, insoweit sie eben nicht individuell, sondern nur durch den Zusammenschluss aller Bürger mit denselben wirtschaftlichen Interessen zur Geltung gebracht werden können. Genau diese nur kollektiv realisierbaren Interessen hat Adam Smith zu notwendigen Staatsaufgaben erklärt (siehe oben). Daher lässt sich die Übertragung dieser Interessen auf den Staat auch als ein Vertragsverhältnis verstehen.

6.4 Der legendäre Geldbedarf frühmoderner Staaten

Während die Stadtrepubliken im ausgehenden Mittelalter und auch noch im 16./17. Jh. Inseln in einem Meer von Monarchien waren, das sie in Phasen der Schwäche überspülte, wendete sich im 17. Jh. allmählich die Lage. Vor allem wegen seiner Praktiken der Staatsfinanzierung wurde der bürgerliche Stadtstaat für die Flächenstaaten zu einer attraktiven Alternative.

Für diesen Umschwung gibt es eine Reihe von Gründen. Die beiden wichtigsten sind, dass sich die Monarchien in der Ära des Absolutismus zu Zentralstaaten entwickelt hatten und dass soziale Beziehungen zunehmend über das Geldmedium geknüpft werden mussten.

Die Tragweite der Zentralisierungstendenz wird klar, wenn man sich in Erinnerung ruft, dass die mittelalterlichen Staaten sehr labile und vor allem dezentrale Gebilde auf der Grundlage des Großgrundbesitzes waren, die aus den Erträgen des königlichen Grundbesitzes finanziert wurden (Stolleis 1983: 63ff.). Nach alter indoeuropäischer Tradition entstanden Staaten durch den Zusammenschluss zu einem ‚Volk' [36] mit einem Anführer an der Spitze, der Getreue um sich scharte und sie mit Grundbesitz belehnte. Die Herrschaftsgrundlage bestand also in der Belehnung von Kriegern mit Grundeigentum gegen Treue und Heeresfolge. Diese Staaten waren schon deswegen höchst labil, weil sie auf einem persönlichen Treueverhältnis zwischen Herrscher und adligen Großgrundbesitzern (Gefolgschaft) beruhten, die ihre Territorien samt der zugehörigen Leibeigenen und weiterer Abhängiger relativ autonom regierten. Da die Kriege von Lehensaufgeboten bestritten wurden, die von den Beteiligten selbst ausgerüstet wurden, war die Staatsfinanzierung nicht sehr umfangreich. Es ging dabei im Wesentlichen um die Alimentierung des Hofes, die in der Regel durch die landwirtschaftlichen Überschüssen aus dem Grundbesitz des Herrschers gedeckt werden konnte.

Anders als in Venedig war der Staat deshalb noch keine Institution, die unabhängig von den Personen gedacht werden konnte, die gerade die Staatsgeschäfte führten. Ähnlich wie im alten Ägypten verkörperte daher auch noch im Mittelalter der Herrscher als Person den Staat. Dies änderte sich erst im Zeitalter des Absolutismus und der Aufklärung. Der berühmte Ausspruch des preußischen Königs Friedrich II. „Ich bin der erste Diener meines Staates" macht deutlich, wie tiefgreifend und schwierig diese Veränderung war. Einerseits wird in dieser Aussage der Staat als eine unabhängig vom Herrscher existierende Institution vorausgesetzt, denn nur dann kann man ihm dienen. Andererseits begreift Friedrich II. diese Institution aber als sein ureigenstes Werk und spricht deshalb von ‚seinem' Staat.

Im Absolutismus wird der Staat allmählich zu einer Institution, die vom Herrscher abstrahiert werden kann, weil nun die im Mittelalter dezentralisierten Herrschaftsrechte und Herrschaftsfunktionen wieder zentralisiert wurden. Das wurde möglich, weil Kriege seit dem 14. Jh. nicht mehr durch Aufgebote der Vasallen gewonnen werden konnten. Die Kriegeraristokratie wurde allmählich durch Söldner ersetzt, die Kanonen und Handfeuerwaffen bedienten, deren Feuerkraft militärische Auseinandersetzungen von nun an entschied. *Deswegen waren die Vasallen entbehrlich geworden und ihre Herrschaftsrechte, teilweise auch ihr Grundbesitz konnten vom Herrscher eingezogen werden.* Norbert Elias, der soziologische Analytiker des höfischen Lebens im Absolutismus, hat diesen Prozess zu einem Ausscheidungskampf stilisiert, bei dem der Sieger alle Herrschaftsrechte monopolisiert und sich auch Grund und Boden der Besiegten aneignet (Stichwort: Monopolprozess; vgl. Elias 1976).

Das ist sicherlich übertrieben, denn in vielen Fällen reichte die überlegene Macht des Königs bzw. des Fürsten aus, um Lehen einzuziehen und Herrschaftsrechte zu zentralisieren. Um dieses allmählich entstehende ‚Machtmonopol' aber auch effektiv ausüben zu können, musste der Herrscher immer mehr Herrschaftsaufgaben an eine rasch wachsende (vgl. Stolleis 1983) Beamtenschaft delegieren. In vielen Fällen ersetzten Beamte mit Staatsgeschäften betraute Adlige, wenn Zweifel an deren Loyalität gegenüber dem Herrscher aufkamen. Hier kommt dann das Geldmedium zum Tragen. Da die Beamten entlohnt wurden, *mussten* sie loyal sein. Aber auch die vor allem in Frankreich bevorzugte Entmachtungsstrategie des Adels, dessen Repräsentanten gezielt an den königlichen Hof geholt und zu genusssüchtigen und intriganten Höflingen gemacht wurden, setzt auf *Geldabhängigkeit*.

Deshalb führten sowohl die Erfordernisse der Kriegsführung wie auch der Herrschaftsausübung zu einem enorm anwachsenden Geldbedarf mit den Brennpunkten: Kriegsfinanzierung, Hofhaltung, Repräsentationsbauten und Beamtenapparat (vgl. Stolleis, ebd.). Dieser Geldbedarf war auf traditionellem Wege, also allein aus den Erträgen des Großgrundbesitzes des Herrschers, nicht zu decken. Daher war der Geldhunger der Monarchien seit dem frühen 16. Jh. geradezu legendär. *Auf allen Feldern, wo sie sich der Staat modernisierte, musste Geld eingesetzt werden, um Handlungsketten jenseits der Standesloyalität knüpfen zu können.* Die Protagonisten der neuen Zeit, Söldner, Beamte, Höflinge, erfüllen die ihnen zugedachten Rollen ja nur, solange Geld floss. Solange es floss, konnte man sich auf ihre Loyalität verlassen.

Der chronische Geldbedarf war auch eine wichtige Triebfeder des Kolonialismus. Trotz der kolonialen Abenteuer mussten sich die frühmodernen Herrscher aber zunehmend verschulden. Mit der Aufnahme von Krediten ging der Aufstieg großer Finanziers wie der Fugger und Welser im 16. Jh. einher. Auch in den Flächenstaaten gewann daher der städtische Geldadel an politischer Bedeutung. Er finanzierte Kriege oder auch so kostspielige Projekte wie die Wahl zum deutschen Kaiser.

Weil sich diese Versuche der Staatsfinanzierung als perspektivisch nicht tragfähig erwiesen, blieb letztlich nichts anderes übrig, als zusätzlich Steuern zu erheben. Angesichts der heutzutage üblichen Praxis der Regierungen, fast schon routinemäßig die Steuern zu erhöhen, muss man sich zunächst fragen, warum das damals offenbar nur als eine Ultima Ratio, als ein buchstäblich allerletztes Mittel galt, um den Staatsbankrott abzuwenden. Der Grund lag darin, dass die Königsmacht schlicht nicht so weit reichte. Um Steuern zu erheben, bedurfte es daher immer der Zustimmung durch die Vertreter der Stände. Der Souverän musste also die Ständeparlamente[37] einberufen. Die gängige Praxis war, dass nur außergewöhnliche Notlagen, z. B. die Belagerung Wiens durch die Türken, als legitime Gründe für die Erhebung zusätzlicher Steuern angesehen wurden, die anders als z. B. der heutige ‚Solidaritätszuschlag', tatsächlich eng befristet waren.

Vor diesem historischen Hintergrund kann man nachvollziehen, warum es wohl nur zwei Möglichkeiten für eine tragfähige kontinuierliche Steuerfinanzierung gab. Die eine Möglichkeit wurde im absolutistisch regierten Frankreich ausgetestet. Sie bestand schlicht darin, *das Gewohnheitsrecht auszuhebeln und die Ständeparlamente nicht mehr einzuberufen*. Es wurde damit zum ausschließlichen Recht des Souveräns, Steuern zu erheben. Aber auch dieses Recht konnte nur in vorsichtiger Dosierung praktiziert werden, weil die Bürger nun völlig ohne Einfluss auf die Staatsgeschäfte waren und Steuern nur als staatliche Bereicherung auf ihre Kosten interpretieren konnten. Daher musste der französische Staat sich zusätzlich verschulden. Der Verschuldung war zwar vergleichsweise moderat und erreichte 1788 gerade 80 % des Bruttosozialprodukts, also in etwa den Durchschnitt der heutigen EU-Staaten. Zur selben Zeit war z. B. England mehr als doppelt so hoch verschuldet.

Ohne in die Einzelheiten zu gehen, können wir schlicht festhalten, dass nicht England sondern Frankreich im Jahr 1788 einen Staatsbankrott erlebte, weil offenbar die Gläubiger das Vertrauen in die Zahlungsfähigkeit des französischen Staates verloren hatten. Auf den Staatsbankrott folgte dann die Französische Revolution (1789). Beide Ereignisse demonstrierten, dass mit den Ständeparlamenten auch der Rückhalt des absoluten Monarchen in der Bevölkerung verschwunden war. Ein absoluter Monarch, der Steuern ohne Zustimmung der Stände dekretierte, setzte also die Legitimität seiner Herrschaft aufs Spiel. Insbesondere dann, wenn er keine anderen Kanäle fand, um sich das Wohlwollen der Bevölkerung zu sichern. Die französischen Monarchen glaubten offenbar, dass es ausreiche, sich Adel und Geistlichkeit gewogen zu machen. Das stellte sich jedoch spätestens 1789 als Irrtum heraus.

6.5 Der Siegeszug des bürgerlichen Staates

Ende des 18. Jahrhunderts hatten gerade einmal drei Flächenstaaten das Modell des bürgerlichen Staates übernommen. Die *Niederlande* hatten es mit der Loslösung von Habsburg-Spanien und dem Heiligen Römischen Reich deutscher Nation schon im 17. Jh. zu einem Erfolgsmodell stabilisiert. Auf dieser Grundlage war es gelungen, nicht nur die Eigenstaatlichkeit zu verteidigen, die im Frieden von Münster und Osnabrück 1648 von den europäischen Mächten auch offiziell anerkannt wurde. Durch den erfolgreichen Ostasienhandel wurden die Niederlande auch zu einer wohlhabenden Nation (die ‚Pfeffersäcke' in zeitgenössischen Karikaturen). In *England* war die Stabilisierung zwar erst durch die Glorious Revolution und die Bill of Rights von 1689 gelungen. Danach nahm auch hier der wirtschaftliche wie der politische Aufstieg des Landes rasante Züge an. Ende des 18, Jahrhunderts war Großbritannien, wie es sich nach der Union mit Schottland nannte, als See- wie als Handelsmacht weltweit führend. Der dritte bürgerliche Staat, die neu entstandenen *USA*, hatten dagegen Ende des 18. Jahrhunderts ihre Zukunft erst noch vor sich. In den Jahren nach der Französischen Revolution schien sich auch der mächtigste Staat auf dem europäischen Kontinent, Frankreich, zu einem bürgerlichen Staat zu entwickeln. Hier kam es jedoch schon nach wenigen Jahren zur Alleinherrschaft Napoleons, da die junge französische Republik anders als Venedig gegen dieses Standardproblem bürgerlicher Staaten noch keine hinreichenden Vorkehrungen entwickelt hatte.

Die relativ langsame Durchsetzung des bürgerlichen Staates hängt vor allem mit der Rolle des Adels zusammen. Die Flächenstaaten, die dem Modell als erste folgten, hatten entweder keinen Adel (USA) oder aber er assimilierte sich an das Bürgertum, weil er unter dem Einfluss des asketischen Protestantismus ebenfalls auf den Gelderwerb über die Produktion und den Verkauf von Waren setzte (Niederlande, England). In beiden Ländern entstand durch die soziale Verschmelzung zwischen bürgerlichen und adligen Kaufleuten und Unternehmern eine führende Sozialschicht (die ‚Gentry' in England), deren Lebensgrundlage sich vom Großgrundbesitz auf Handel und Gewerbe verlagert hatte. Wenn wir uns in Erinnerung rufen, dass Venedig eine Adelsrepublik war, dann wird die Bedeutung einer ‚Gentry' sofort klar. Diese Schicht verfügte über ökonomische Interessen, auf die die Staatsaufgaben ausgerichtet werden konnten und sie hatte eine Nähe zur politischen Herrschaft. Dagegen setzte sich das Modell des bürgerlichen Staates überall dort erst wesentlich später durch, wo der asketische Protestantismus nicht dominierte und sich der niedrige Adel nicht ‚verbürgerlichte'.

Der andere Hebel für die Einführung des bürgerlichen Staates war die bereits erwähnte Problematik der Staatsfinanzierung. Wie sich bei den Problemen des absolutistischen Staates gezeigt hat, bot das klassische Modell einer Staatsfinanzierung aus dem königlichen Grundbesitz spätestens seit der frühen Neuzeit keine tragfähige Basis mehr. Der Ausweg konnte nur lauten: kontinuierliche Erhebung von Steuern und ergänzende Kreditfinanzierung. Die französischen Könige hatten den vom Machtkalkül her naheliegenden aber unter Legitimationsgesichtspunkten fatalen Weg gewählt und die sich gegen zusätzliche Steuern sperrenden Parlamente kurzerhand abgeschafft.

Der andere Weg zu einer Staatsfinanzierung durch Steuern bestand paradoxerweise in der *Aufwertung und Zentralisierung der Ständeparlamente*. Er wurde in Großbritannien beschritten. Ähnlich wie die Kaiser im Hl. Römischen Reich deutscher Nation waren auch die englischen Könige vom Grundbesitz her in der unbequemen Rolle eines ‚primus inter pares', also eines ersten Großgrundbesitzers unter vielen weiteren Großgrundbesitzern. Die klassische Staatfinanzierung aus den Überschüssen des *eigenen* Großgrundbesitzes konnte daher in beiden Fällen dem Herrscher nur relativ begrenzte Mittel in die Schatullen spülen. Im deutschen Reich hatte diese Konstellation die Zersplitterung in viele selbständige Klein – und Mittelstaaten begünstigt. Dagegen führte sie in Großbritannien zur allmählichen Herausbildung eines bürgerlichen Staates.

Diesen Prozess setzte Johann Ohneland unfreiwillig in Gang, als er im Jahr 1215 seinen Untertanen in der „Magna Charta Libertatum" bestimmte traditionelle Rechte explizit gewähren musste. In 63 Artikeln gestand er seinen feudalen Vasallen, den Bürgern von London, aber auch allen Bauern und Kaufleuten in seinem Königreich vor allem das Recht auf einen fairen Prozess zu. Nicht unwichtig ist, dass die Einhaltung dieser Zugeständnisse von einem mit 25 Baronen (= adligen Großgrundbesitzern) besetzen Kontrollgremium überwacht werden sollte. Man kann in dieser vom König relativ unabhängigen Kontrollinstanz den Einstieg in den modernen Parlamentarismus sehen. Einmal wurde ein Gremium geschaffen, das für das gesamte Staatsgebiet zuständig war, also eine Art Vorläufer für ein zentrales Parlament. Zum anderen kontrollierte es die Herrschaftspraxis. Das bedeutete den Einstieg in die nach der Gesetzgebung wohl wichtigste Aufgabe moderner Parlamente, die Regierung zu kontrollieren. In den folgenden Jahrhunderten erlangen die englischen Parlamente aufgrund der häufig unsicheren Stellung der englischen Könige eine Reihe von Rechten, die heute als typisch für demokratische Parlamente angesehen werden: neben dem Schutz vor willkürlicher Verfolgung der Parlamentarier, vor allem das Recht, das Parlament selbst einzuberufen und das Budgetrecht[38].

Ähnlich wie in Frankreich kulminierte diese Entwicklung im 17. Jahrhundert. Während in Frankreich die absolute Monarchie den Gipfelpunkt ihrer Souveränität erreichte, stellte in England das Parlament 1642 die Monarchie radikal in Frage. Es forderte nämlich, dass jegliches politisches Handeln grundsätzlich von seiner Zustimmung abhängig gemacht werden müsse. Damit verlangte es für sich genau die Rolle, die in Venedig der Große Rat innehatte.

In dem daraufhin folgenden Bürgerkrieg, der mit einem Sieg der Parlamentstruppen unter Oliver Cromwell und der Enthauptung Karls I. endete, wurde allerdings ein grundlegendes Dilemma einer reinen Parlamentsherrschaft offenkundig, das erst gegen Ende des Jahrhunderts mit der Inthronisierung Wilhelm III. von Oranien (Stichwort:‚Glorious Revolution') und der Bill of Rights (1689) gelöst werden konnte. Als Kriegspartei bedurfte das Parlament einer einheitlichen Führung. Deswegen hatte es die Exekutivgewalt auf einen militärischen Führer, Oliver Cromwell, übertragen. Dieses Experiment endete in einer Art Militärdiktatur, weil es anders als in Venedig oder im antiken Rom keine zuverlässigen institutionellen Regelungen für die permanente parlamentarische Kontrolle und noch weniger für die Rückübertragung der militärischen Macht an das Parlament gab.

Die aus dieser historischen Erfahrung hervorgehende Problemlösung bestand in einer *konstitutionellen Monarchie*, die auf einer erstmals institutionalisierten Gewaltenteilung zwischen Legislative und Exekutive beruhte. Die Bill of Rights sah ein aus freien Wahlen hervorgegangenes Parlament vor, das über Steuern und über militärische Angelegenheiten souverän bestimmt, *aber die Ausführung seiner Beschlüsse auf einen Herrscher überträgt* (institutionelle Trennung zwischen Legislative und Exekutive).

Sozialtheoretiker können die Geschichte des englischen Parlamentarismus als Beispiel für einen Prozess zunehmender Verrechtlichung der Machtausübung lesen. Damit wäre die These bestätigt, dass unter modernen Bedingungen die Ausübung staatlicher Herrschaft (Machtmedium) einer Zweitcodierung durch das Rechtssystem bedarf, um allgemeine Akzeptanz zu gewinnen (vgl. Luhmann 1997: 367f.). *Die Verrechtlichung allein sorgt aber noch nicht für die Legitimität politischer Entscheidungen und politischer Machtausübung.* Sobald die traditionelle religiöse Legitimation des Herrschers nicht mehr ausreichte, im frühmodernen Europa also mit dem Aufkommen vertragstheoretischer Begründungsversuche, konnten nur noch die praktischen Effekte politischer Entscheidungen Legitimation stiften.

Woran aber ist erfolgreiche Politik zu erkennen? Als Maßstäbe bieten sich in der bürgerlichen Gesellschaft Kategorien wie Lebensstandard, Wirtschaftswachstum und die volkswirtschaftliche Gesamtrechnung an. Nicht ganz zufällig entstand nach der definitiven Lösung des Konflikts zwischen Königtum und Parlament durch die Bill of Rights (1689) in Großbritannien die ‚politische Ökonomie'. Sie drehte sich genau um diese Fragen.

An dieser Stelle ist festzuhalten, *dass Geld und die Rationalität der Geldvermehrung zu einem allgemein anerkannten Maßstab für das menschliche Wohlergehen wurde und dass dieser Maßstab offenbar in einem direkten Zusammenhang mit der Durchsetzung des bürgerlichen Staates steht.*

6.6 Lag die Wiege der modernen Demokratie in England?

Ein Punkt ist noch zu klären. Häufig wird die Geschichte des englischen Parlamentarismus mit der Pointe erzählt, dass hier die moderne Demokratie geboren worden sei. Das klassische Athen und der englische Parlamentarismus gelten gemeinsam als ‚Wiege der Demokratie'. Demokratie bedeutet wörtlich Volksherrschaft. Als wichtigste Merkmale gelten ein allgemeines Wahlrecht, faire Wahlen, Mehrparteiensystem, Regierung auf der Grundlage einer parlamentarischen Mehrheit und der friedliche Machtwechsel.

Wenn man sich an diesen Kriterien orientiert – war England vor oder nach 1689 tatsächlich eine Demokratie? Eine solche Lesart scheitert schon am ersten Kriterium, dem allgemeinen Wahlrecht. Wenn man darunter versteht, dass alle erwachsenen Staatsbürger abstimmen dürfen und jede Stimme das gleiche Gewicht hat, dann war das eindeutig nicht der Fall. Ein solcher Stand wird in Europa erst im frühen 20. Jahrhundert erreicht, wobei die klassischen Demokratien keine Vorreiter sondern Nachzügler waren. Das ist, wie wir noch sehen werden, alles andere als ein Zufall. Daher ist die auch heute noch gängige These, dass der bürgerliche Staat zwangsläufig zur parlamentarischen Demokratie führen müsse, schlicht eine Legende.

Gehen wir daher den Fakten des englischen Parlamentarismus etwas genauer nach. Zunächst muss man wissen, dass er auf der Grundlage des angelsächsischen Gewohnheitsrechts entstanden ist, wonach eine Ratsversammlung führender Männer den König *beraten* sollte[39]. Seit dem 13. Jahrhundert (Stichworte: Simon de Montford 1264; Modellparlament unter Edward I. 1295) hat es sich allmählich eingebürgert, dass neben den führenden Geistlichen und den wichtigsten Grundeigentümern (‚Barons') auch die Grafschaften durch je zwei Ritter und die Städte durch je zwei Bürger vertreten waren. Damit wurde neben dem ersten und zweiten Stand auch der dritte Stand einbezogen. Daraus entwickelten sich allmählich zwei Kammern, das House of Lords (Barone und Geistlichkeit, später auch Repräsentanten der Universitäten Oxford und Cambridge) und das House of Commons (Ritter und Bürger), die zunächst an unterschiedlichen Orten tagten. Weil die Zugehörigkeit zum Oberhaus auf einer herausgehobenen Position bzw. auf erblichen Adelsprädikaten beruhte, stellt sich die Frage demokratischer Wahlen nur für das Unterhaus.

Daher kann man von einer Demokratie erst sprechen, nachdem das Unterhaus eine *führende Stellung* gewonnen hat und die Parlamentarier nach einem demokratischen Verfahren gewählt werden. Zunächst dominierten König und Oberhaus, aber seit Edward III. (1312-1377) das Prinzip eingeführt hat, dass Gesetze und Beschlüsse nur im Konsens zwischen König, Lords und Commons gefällt werden können, konnte das Unterhaus nicht mehr umgangen werden. Erst im 17. Jahrhundert gewann es eine *führende* Rolle. Das ist schon daran zu erkennen, dass nicht mehr die Konflikte zwischen dem König und den Baronen die englische Innenpolitik prägten, sondern nun das Unterhaus mit dem König um die politische Macht rang.

Wie wurden nun die Mitglieder des Unterhauses bestimmt? Für die Zeit Heinrichs VII. (1491-1547) wird geschätzt, dass gerade einmal 3 % der männlichen Bevölkerung, also 1,5 % der Gesamtbevölkerung, Einfluss auf die Bestimmung von Abgeordneten hatten, wobei das Verfahren nach heutigen Maßstäben als korrupt anzusehen sei (vgl. Wikipedia; Parliament of England). Hinzu kommt noch, dass Katholiken im 17. Jh. sowohl vom aktiven wie vom passiven Wahlrecht ausgeschlossen waren (Stichwort Testeid). Daran ändern erst die Reformgesetze im 19.Jh. etwas, die mit der *Reform Bill* von 1829 einsetzten und neben einer Anpassung der Wahlbezirke an die durch die Industrialisierung veränderte Bevölkerungsverteilung auch eine Ausweitung des Wahlrechts bezweckten. Aber selbst nach diesen substantiellen Verbesserungen sind wir noch weit von einem allgemeinen Wahlrecht entfernt, weil das Wahlrecht nach wie vor an den Vermögensstatus gekoppelt blieb. Nach diesen Reformen waren ca. 1 Mio. Männer wahlberechtigt bei einer Gesamtbevölkerung von ca. 20 Millionen Männern und Frauen (Meyers 1895; Bd. 7; 1049).

Diese Befunde reichen bereits aus, um zu folgern, dass Demokratie im heutigen Wortsinn keine Rolle bei der *Entwicklung* des Parlamentarismus im ‚Mutterland der Demokratie' gespielt hat. Daran schließt fast von selbst die Frage an: Kann man das als historischen Zufall verbuchen oder nicht? Wohl eher nicht. So knüpften z.B. auch die USA zunächst das Wahlrecht an Grundbesitz oder an die Zahlung von Steuern. Bader-Zaar (2004) kommt für die Anschauungen im 18. Jahrhundert zu folgendem Resümee: „Nur der Selbständige und Besitzende habe ein Interesse am Wohlergehen des Staates, den Armen fehle – in aristotelischer Tradition – der eigene Wille, so in vielen staatstheoretischen Schriften des 18. Jahrhunderts". Hinzu kommt, wie man auch am Beispiel des ähnlich aufgebauten Zwei-Kammer

Parlaments der Niederlande (‚Generalstaaten') gut erkennen kann, ein noch nicht individualisiertes Verständnis politischer Beteiligung. Der dritte Stand war nach damaligem Verständnis am politischen Prozess beteiligt, wenn Vertreter aus diesem Stand einberufen wurden – ganz unabhängig davon, wie die Delegation jeweils zustande gekommen war. Viel wichtiger war damals, dass die Vertreter aller Provinzen (Niederlande) bzw. aller Grafschaften und Städte (England) beteiligt waren.

Daher können wir, wie schon für Venedig, auch für England eine Oligarchie konstatieren. In England sind damit jedoch auch allgemeine Interessen verknüpft. Das klingt zunächst absolut paradox, denn definitionsgemäß verfolgen die an einer Oligarchie Beteiligten ja nur eigennützige Interessen. Diese Paradoxie löst sich jedoch auf, wenn wir uns an John Locke, einen der wichtigsten Theoretiker des bürgerlichen Staates, erinnern. Er sah im Schutz des Eigentums die eigentliche Aufgabe des Staates (vgl. Locke 1690). Unter Eigentum verstand er aber nicht nur Vermögen im heutigen Sinne, sondern auch *das Eigentum an der eigenen Person* und ihre Handlungsfreiheit. Das ist ein für das Verständnis des bürgerlichen Staates ganz zentraler Punkt. Die persönliche Freiheit und die Fähigkeit, für sich selbst verantwortliche Entscheidungen zu treffen, hat naturrechtliche Qualität und sie ist die Grundlage, um frei über materielles Eigentum verfügen zu können. Mit der Garantie von Bürger- und Menschenrechten *für alle Bürger* schützt der Staat also das *private Eigentum*. Nach unserem heutigen Verständnis schützt er die soziale Grundlage, auf der materielles Eigentum in einer freien Gesellschaft gebildet werden kann[40]. Die persönliche Freiheit wiederum gibt jedem nach liberaler Auffassung die Möglichkeit, durch Fleiß und Tatkraft auch materiell reich zu werden. Insofern *schloss die Verfolgung der eigenen wirtschaftlichen Interessen auch ein allgemeines Interesse an Bürgerrechten mit ein.*

Jenseits solcher Grundsatzfragen reicht es aber auch aus, zu konstatieren, dass eine auf Protektion wirtschaftlicher Interessen von Kaufleuten und Finanziers ausgerichtete Politik nur für Besitzende von Interesse sein konnte. Auf dieses Ziel waren sowohl die Aktivitäten des venezianischen Staates wie auch der Parlamente Englands und der Niederlande im 17. und 18. Jahrhundert ausgerichtet. *Wie man es auch dreht und wendet: Der bürgerliche Staat war ein auf die Besitzenden beschränktes Emanzipationsprojekt, unter deren wirtschaftlichen Interessen die Staatstätigkeit rationalisiert wurde.*

6.7 Das Bürgertum und die „herrschende Klasse"

Es ist nun an der Zeit, endlich die soziale Grundlage der bürgerlichen Gesellschaft und des bürgerlichen Staates näher zu umreißen. Sie wird durch die Waren produzierenden und Handel treibenden Bürger gebildet. Ihr sozialer Kern ist die Produktionsfamilie, zu der nicht nur Großeltern, Eltern und Kinder gehörten, sondern alle, die sowohl an der Selbstversorgung im Rahmen des Haushalts wie an der landwirtschaftlichen oder handwerklichen Warenproduktion mitwirkten. Vor der industriellen Revolution lebte vermutlich eine Mehrheit der Bevölkerung, der dritte Stand, auf diese Weise. Unterhalb der Produktionsfamilie befand sich der aus der Ständeordnung herausgefallene ‚vierte Stand', eine nicht unerhebliche Zahl an Bettlern, Wegelagerern, Söldnern usw. Oberhalb befand sich eine zahlenmäßig kleine Oberschicht, die sich aus Adel und Geistlichkeit und einer noch kleineren Bildungselite zusammensetzte.

Der Normalfall sah die wirtschaftliche Selbstständigkeit vor. Der Haushaltsvorstand, der den Familienverband nach außen auch in rechtlicher Hinsicht vertrat (Stichwort: ‚ganzes Haus'), war Eigentümer von Produktionsmitteln – entweder von landwirtschaftlich nutzbaren Flächen oder einer Werkstatt, in der im Rahmen der Zunftordnung ein bestimmtes Gewerbe ausgeübt werden durfte. Er zählte samt den mitarbeitenden Familienangehörigen zum Bürgertum, wenn er in einer Stadt einem Handwerk oder einem anderen Gewerbe nachging. In direktem Zusammenhang mit der zunehmenden Verstädterung wuchs das Bürgertum seit dem Hochmittelalter (vgl. Le Goff 2005; exemplarisch: Gimpel 1996) von einer kleinen zu einer auch zahlenmäßig bedeutsamen Sozialschicht an, obwohl immer mehr bürgerliche Produktionsfamilien in wirtschaftliche Abhängigkeit gerieten und vor allem im Rahmen des Verlagswesens Zuarbeit für reiche Kaufleute leisteten.

Dagegen handelte es sich bei dem vielbeschworenen *politischen* Aufstieg des Bürgertums um eine vergleichsweise kleine Population, die ich in diesem Text vereinfachend als ‚Besitzbürger' bezeichne. Darunter kann man sich reiche Kaufleute, daneben auch reiche Finanziers vorstellen, deren Wirtschaftsinteressen in relativ direktem Zusammenhang mit dem Aufstieg Europas in der Frühmoderne expandierten. Für ihre wirtschaftlichen Interessen konnte, vor allem, wenn sie in den neuen Weltmächten wie Großbritannien, den Niederlanden oder auch in Frankreich lebten, politische und militärische Protektion von großem Nutzen sein.

Zu diesem starken Anreiz, um eine Beteiligung an der politischen Macht zu kämpfen, kam noch hinzu, dass die Rendite aus landwirtschaftlichem Besitz und damit auch der Wert von Grund und Boden abnahm, während zugleich die Renditen aus Handel und Gewerbe sowie aus dem Kolonialbesitz stiegen. So zeigen Pikettys Daten für England und Frankreich bereits für das gesamte 18. Jahrhundert diese

Tendenz (Piketty 2014: 157). Um 1810 herum überflügeln die kommerziellen und gewerblichen Renditen in England die landwirtschaftlichen Renditen, um 1850 geschieht dies auch in Frankreich. Das führte dazu, dass das Besitzbürgertum vom Einkommen und Vermögen her zunehmend mit den adligen Großgrundbesitzern mithalten konnte. Auch vom Lebensstil her entstand nun neben dem Adel eine weitere ‚nichtarbeitende' Klasse. Piketty lokalisiert sie im obersten Perzentil der Vermögensverteilung. Während die reichsten 10 % auf 90 % der Kapitalerträge zugreifen, kontrolliert das oberste Prozent den Löwenanteil dieses Reichtums mit 60 % (Frankreich; Schweden) bzw. 70 % (Großbritannien) (ebd. 453ff.). Piketty gelingt es also, die in vielen Romanen des 19. Jhs. beschriebene klassische bürgerliche Oberschicht statistisch näher zu lokalisieren. Dieses oberste Prozent der Bevölkerung lebte von Kapitalerträgen, die zudem überwiegend ererbt waren (ebd.: 533). Die Schwelle für ein ‚elegantes', der Sorge um den Lebensunterhalt wie auch der ‚Mittelmäßigkeit' enthobenes Leben lag bei dem 20- bis 30-fachen des damaligen Durchschnittseinkommens (ebd.: 546)[41].

Die wirtschaftlichen Interessen dieser bürgerlichen Oberschicht haben seit dem 17. Jh. die britische Politik zunehmend geprägt. Daher haben die politischen Reformen des 19. Jahrhunderts (siehe oben) nie das gesamte Bürgertum sondern nur die reichsten 5 – 10 % in den Prozess der politischen Willensbildung einbezogen. Auch das historische Beispiel Venedig hat gezeigt, *dass der bürgerliche Staat zunächst keine Angelegenheit aller Bürger, sondern nur der reichen Familien war.*

6.8 Wer profitiert vom internationalen Handel und von der internationalen Arbeitsteilung?

Für Venedig, England, die Niederlande, die USA und andere bürgerlich-liberale Staaten galt bis 1945, dass sie für freien Wettbewerb und freien Handel nur in sehr begrenztem Umfang eintraten. Nur der Wettbewerb zwischen den eigenen Staatsbürgern sollte fair verlaufen. Freier Handel war nur erstrebenswert, wenn er Vorteile für die eigenen Besitzbürger brachte. *Die liberale Vision eines freien Welthandels blieb zunächst also ein reines Legitimationsargument* für eine Politik, die die eigene Volkswirtschaft aus der staatlichen Gängelung entließ und nur die wirtschaftlichen Interessen der eigenen Besitzbürger protegierte.

Das ist wenig verwunderlich. Beide Beispiele, Venedig wie England, haben trotz aller Unterschiede gezeigt, dass es die wirtschaftlichen Interessen jener reichen Familien waren, die nicht mehr von den Erträgen des Großgrundbesitzes sondern von den Renditen aus Handel und Warenproduktion lebten, die den Umbau des Staates zu einem Instrument der Wirtschaft nahe legten und allmählich den materiellen Reichtum zum ideologischen Ankerpunkt der ganzen Gesellschaft machten. Wieso sollte jemand anderes von den Aktivitäten des bürgerlichen Staates profitieren?

Natürlich war es ein Gebot der politischen Klugheit, einen möglichst großen Teil der ‚eigenen' Bevölkerung in die zum eigenen Nutzen geknüpften Wertschöpfungsketten zu integrieren. Schon aus Gründen der politischen Stabilität sollten sie am Wohlstand teilhaben. Aber sollten und würden auch alle anderen, die keine Bürger des eigenen Staates waren, profitieren? Die liberale Argumentation besagt, dass das quasi zwangsläufig passiert, wenn Handelsschranken abgebaut werden. Vor allem dann, wenn überall bürgerliche Staaten etabliert werden, die Handelshemmnisse abbauen, dann sollten doch eigentlich alle von den segensreichen Effekten des freien Welthandels profitieren?!

Gegen einen derartigen Automatismus sprechen zwei starke Argumente, auf die man fast automatisch stößt, wenn man sich etwas näher mit der Wirtschaftsgeschichte bürgerlicher Staaten beschäftigt.

Das erste Argument lautet, dass die Protektion der eigenen Bürger immer staatlichen Machtgebrauch *zur wirtschaftlichen Schädigung fremder Bürger* mit einschloss. Der Abbau von Handelshemmnissen auf dem eigenen Territorium wurde von Handelshemmnissen für die ausländische Konkurrenz flankiert. Sowohl die Geschichte Venedigs wie auch der Aufstieg des britischen Empire liefern für dieses Argument Beispiele in Hülle und Fülle. Wenn man die Jahrhunderte langen militärischen Auseinandersetzungen zwischen Venedig und Genua um die Kontrolle der westlichen Endpunkte der Seidenstraße oder den mit militärischen Mitteln entschiedenen Kampf Englands um die Vorherrschaft auf den Weltmeeren Revue passieren lässt, dann ergeben sich zahlreiche Anknüpfungspunkte für eine weitere Zuspitzung. *Die Protektionsleistung bürgerlicher Staaten scheint vorrangig darin bestanden zu haben, die eigenen Wirtschaftsakteure vor unliebsamer und womöglich sogar ökonomisch überlegener Konkurrenz mit den Mitteln militärischer Gewalt zu schützen.* Nur wenn allein die wirtschaftliche Prosperität der *nationalen* Volkswirtschaft als Bewertungsmaßstab dient, dann waren beispielsweise die Navigationsakte von 1651 und der daran anschließende militärische Sieg gegen die niederländische Flotte eine höchst rationale Protektionsleistung des englischen Staates, von der vor allem die englischen Reeder profitiert haben. Aus dem Blickwinkel des liberalen Fortschrittsglaubens bedeutete die Navigationsakte dagegen eine Einschränkung des freien Welthandels und damit eine Einbuße an möglichem globalem Reichtum. Die Navigationsakte schrieb nämlich vor, dass alle englischen Exporte wie Importe nur auf englischen Schiffen befördert werden dürfen.

Dieser Widerspruch kann, wie wir im vierten Teil sehen werden, politisch gelöst werden. Staaten können sich über wechselseitige vertragliche Verpflichtungen darauf verständigen, einen transnationalen Wirtschaftsraum zu bilden, in dem alle Akteure gleich zu behandeln sind. Das wäre dann eine Art der Protektion, die die Unterscheidung zwischen eigenen und fremden Bürgern beseitigt und den globalen Reichtum fördert. Das wird allerdings zu einem die Staatlichkeit gefährdenden Widerspruch führen (vgl. Teil vier).

Beim zweiten Argument geht es um die soziologischen Implikationen der These von den segensreichen Wirkungen eines freien Welthandels. Die Theoretiker des freien Welthandels, Smith wie auch Ricardo, unterstellen eine aus unzähligen gewerblichen Kleinproduzenten bestehenden Weltwirtschaft, die alle immobil sind. Nur unter dieser Bedingung kann ein freier Weltmarkt bewirken, dass sie ihre je spezifischen Standortbedingungen zur Herstellung solcher Waren nutzen, die an allen anderen Standorten nur mit mehr Aufwand, also weniger rentabel, zu produzieren wären. Die liberale Grundidee einer reicheren Welt lief also darauf hinaus, dass ein freier, weder durch Steuern noch durch Handelshemmnisse manipulierter Welthandel dazu führen würde, dass jeder gewerbliche Kleinproduzent bzw. industrieller Unternehmer *an seinem Ort* unter den dort herrschenden klimatischen, geologischen und sozialen Bedingungen genau das produzieren werde, was an allen anderen Orten weniger effektiv produziert werden kann. Dieses Konzept blendet die alternative Möglichkeit aus, dass solche Standortunterschiede auch zur *Migration aus Gründen der Bereicherung,* genutzt werden können. Wenn genau das aber zur vorherrschenden Praxis wird, dann profitieren nur noch Wenige von den Segnungen eines freien Welthandels.

Dass Smith diese Pointe entgangen ist, ist erstaunlich, denn schon 1776 war offenkundig geworden, dass der wirtschaftlich-politische Aufstieg des ‚Westens' genau damit zusammen hing, dass spanische Konquistadoren in der Neuen Welt mit Waffengewalt nach ‚Eldorado' gesucht hatten und portugiesische, niederländische und englische Kaufleute wichtige Importgüter dort unter ihre Kontrolle brachten, *wo sie hergestellt*, gewonnen oder, im Falle von Sklaven, erbeutet wurden. Das führte schon unter vorindustriellen Bedingungen zu ‚Geldmaschinen', *die die lokalen Warenproduzenten von der Bereicherung durch Handel weitgehend ausschlossen.* Eine solche Bereicherungsmaschine war z. B. das von niederländischen Kaufleuten in Indonesien errichtete Gewürzmonopol oder das Dreiecksgeschäft der westindischen Handelskompanien. Sie kauften Sklaven auf lokalen afrikanischen Märkten, verkauften sie mit Gewinn in der neuen Welt, um dort landwirtschaftliche Produkte einzukaufen, die in Europa Gewinne einbrachten. Dort konnte dann Ramschware für Afrika günstig eingekauft werden.

Solche Geldmaschinen wurden nach der Protektionslogik des bürgerlichen Staates organisiert, die ja besagte, dass privilegierte Erwerbschancen, wenn sie nicht auf einmaligen Zufällen basierten, nur durch politisch- militärische Protektion der ‚eigenen' Staatsbürger geschaffen werden konnten. Das logische Endergebnis dieser Bereicherungsstrategie war eine in koloniale Einflusssphären aufgeteilte Welt. In Großbritannien machte das überwiegend in den Kolonien investierte Nettoauslandskapital im Jahr 1910 gut ein Viertel des nationalen Kapitals aus, in Frankreich etwa ein Fünftel (Piketty 2014: 157).

Dieser Prozess war 1914 zu einem gewissen Abschluss gekommen. Wenn man auf die Weltkarte von 1914 blickt, dann wies die Kolonialisierung in Afrika und Asien nur noch wenige weiße Flecke auf. In Afrika bildete Äthiopien einen solchen weißen Fleck. China war erst punktuell kolonialisiert, stand aber bereits unter dem Einfluss des Westens. Unklar war auch noch, wie Afghanistan und der Iran zwischen Großbritannien und Russland aufgeteilt werden sollten. Thailand hatte durch diplomatisches Geschick verhindert, dass es dem britischen bzw. französischen Kolonialbesitz hinzugefügt wurde. Japan hatte sich dafür entschieden, lieber Mittäter zu werden als dem westlichen Kolonialismus zum Opfer zu fallen. Allein Südamerika und Mexico waren dem Vorbild der USA gefolgt und hatten die Herrschaft der immer schwächer werdenden alten Kolonialmächte Portugal und Spanien abgeschüttelt. Die USA (Stichwort: Monroe-Doktrin) sorgten dafür, dass die europäischen Mächte in der neuen Welt keine neuen Kolonialaktivitäten entwickelten.

Aber auch die Auflösung der Kolonialreiche nach dem Zweiten Weltkrieg hat die Möglichkeiten mittlerer und großer Unternehmen keineswegs beseitigt, sich die ‚natürlichen Standortvorteile' durch Mobilität, also durch die Verlagerung von Unternehmensaktivitäten auf die jeweils günstigsten Standorte, zu Nutzen zu machen und damit zwangsläufig den ortsansässigen Wirtschaftsakteuren Erwerbschancen zu nehmen. Nur geschieht dies nach der Auflösung der Kolonialreiche ohne offene nationalstaatliche Protektion.

Das liberale Modell muss also um die alternative Möglichkeit ergänzt werden, dass sich Formen der internationalen Arbeitsteilung nicht nur über Prozesse der Preisbildung auf freien Märkten ergeben. Bürgerliche Staaten können sie auch über das Machtmedium und die an Bereicherungsinteressen ausgerichtete militärisch-politische Intervention unter Umgehung oder Ausschaltung der lokalen Warenproduzenten schaffen. Damit verliert das liberale Modell eines freien Welthandels seine politische Unschuld und die unter solchen Rahmenbedingungen funktionierenden Marktprozesse können nicht mehr umstandslos als schicksalhafte Mächte verklärt werden. Umgekehrt können sich die Verlierer der internationalen Arbeitsteilung aber auch nicht in jedem Fall als Opfer von Bereicherungsstrategien ‚böser Kapitalisten' darstellen. Es kommt immer auf die genauen Umstände an.

Halten wir zunächst nur fest, dass der bürgerliche Staat von sehr unterschiedlichen wirtschaftlichen Interessen des Bürgertums geprägt wurde. Sie umfassten einmal die im liberalen Modell berücksichtigten Interessen lokaler Warenproduzenten, die auf lokale Standortvorteile setzen. Für sie ist ein liberaler Staat von Nutzen, der den freien Warenverkehr nicht durch Zölle und andere Zwangsmaßnahmen behindert. Ganz anders liegen die wirtschaftlichen Interessen von Großkaufleuten und Großunternehmen, die die Vorteile möglichst vieler Standorte zur Quelle der eigenen Bereicherung machen wollen. Für Eingriffe in die quasi natürliche Vielfalt der Standorte und der wirtschaftlichen Möglichkeiten *benötigen sie nicht nur Geld sondern zusätzlich auch staatliche Machtmittel.* Dabei müssen diese Interessen auch den bürgerlichen Eigentumsbegriff zur Disposition stellen, der beim Eigentum bei der eigenen Person beginnt. Sollte dieses Eigentum an der eigenen Person auch für scheinbar weniger zivilisierte Menschen, für Eingeborene fremder Länder oder gar für ‚Wilde' und ‚Barbaren'[42] gelten, die der Nutzung ‚ihrer' Standortvorteile durch europäische Kaufleute und Unternehmer im Wege standen?

6.9 Handelskompanien mit staatlichen Rechten

Diese Frage stellte sich ganz direkt für Handelskompanien, *die mit staatlichen Rechten ausgestattet wurden.* Da sie eine erhebliche Bedeutung für den wirtschaftlichen Aufstieg Europas hatten, dürfen sie aus einer Analyse des bürgerlichen Staates nicht ausgeklammert werden. Die damals keineswegs rein theoretische Frage war: *Können sich wohlhabende Bürger einen eigenen Staat schaffen, um solche geschäftlichen Interessen im Überseehandel zu realisieren, die sie weder allein verfolgen noch zu Interessen der Regierung machen können?* Ein solches Projekt war z. B. die East India Company.

Was unterscheidet den bürgerlichen Staat von dem Modell einer Kapitalgesellschaft wie der East India Company? Sie war von einem Konsortium britischer Kaufleute und Finanziers ins Leben gerufen worden, um den bereits bestehenden Handel mit ‚Ostindien', also dem indischen Subkontinent, ‚zu intensivieren'. Das Problem der britischen Kaufleute im Indienhandel war nämlich, dass sie mit Händlern aus Frankreich, den Niederlanden, Portugal aber auch mit arabischen Fernhändlern um die kostbaren indischen Exportartikel konkurrieren mussten. Zudem waren sie nicht in der Lage, für ein größeres Warenangebot zu sorgen (vgl. hierzu Wallerstein 1981). Diese ‚Probleme' der Londoner Kommanditisten der East India Company konnten entweder militärische Interventionen des ‚eigenen' Nationalstaats lösen oder er musste ihrer Handelsgesellschaft staatliche Machtmittel übertragen, damit sie in eigener Regie gelöst werden konnten. Genau diese zweite Möglichkeit wurde realisiert. Die East India Company erhielt von der britischen

Regierung das Recht, Kriege zu führen, Truppen auszuheben, Territorien unter ihre Kontrolle zu bringen und dort auch Steuern zu erheben. Ebenso durfte sie die Gerichtsbarkeit in den eroberten Territorien wahrnehmen.

Daher kann man durchaus die These verteidigen, dass die East India Company ab 1689 auf indischem Territorium wie ein souveräner Staat auftreten konnte. Dieser Staat verfolgte jedoch nicht die Interessen der indischen Bevölkerung, sondern die seiner Londoner Gesellschafter. Sie wollten aus den indischen Standortbedingungen möglichst hohe Profite erlösen.

Die East India Company war alles andere als ein historischer Sonderfall. Vielmehr vollzog man damals in London nur eine Entwicklung nach, die die niederländische Ostindienkompanie mit einem Gewürzmonopol in Indonesien eingeleitet hatte. Auch sie verfügte bereits über staatliche Rechte, wurde aber relativ schnell zu einem Projekt unter staatlicher Regie. Dagegen blieb die East India Company 257 Jahre lang, von 1600 bis 1857, in privater Hand! Im Jahr 1600 hatte Queen Elisabeth I. Londoner Kaufleuten Handelsprivilegien eingeräumt und ihrer Gründung den Titel ‚*Governors and Company* of Merchants Trading to the East Indies' (Hervorhebung D.B.) verliehen. „Zunehmende Aufstände, zuletzt derjenige der Sipahi 1857, führten dazu, dass man die Rechte der Kompanie an die britische Krone übertrug" (Wikipedia: Britische Ostindienkompanie). Erst als sich das Gemeinschaftsunternehmen aufgrund des wachsenden Widerstands der Bevölkerung nicht mehr rechnete, wurde Indien zur britischen Kolonie.

Waren solche mit staatlichen Rechten versehene Handelsgesellschaften nicht eine konsequentere Version des bürgerlichen Staates? Wenn man den bürgerlichen Staat mit solchen quasi staatlichen Handelsgesellschaften vergleicht, dann erweist er sich in der Tat als die problematischere politische Organisationsform für Wirtschaftsinteressen. Während sich bei der Gründung einer Handelsgesellschaft die Finanziers auf ein festzulegendes Geschäftsziel verständigen mussten und von vornherein klar war, wer mit welchem Anteil am Gewinn, aber auch an möglichen Verlusten, partizipieren würde, ist der bürgerliche Staat ein ergebnisoffeneres Gemeinschaftsunternehmen. Wer in welcher Weise von der Politik und dem staatlichen Machtgebrauch profitierte und wie dies mit Steuern verkoppelt war, musste permanent ausgehandelt und ausgetestet werden.

Bei einem solchen Vergleich darf man allerdings nicht übersehen, dass Unternehmen wie die East India Company nur ‚disjunkte Staaten' gründen konnten, also Staaten, die nicht das Handeln der Finanziers sondern nur das einer Zielgruppe von ‚Eingeborenen' normieren sollten, um Gewinne zu maximieren. Die ‚Eingeborenen' fungierten in diesem Projekt also nicht als ‚politische Akteure' und als Eigentümer an ihrer Person, sondern sie wurden als Teil eines Kollektivgutes der Londoner Kommanditisten[43] behandelt. Ein solcher ‚disjunkter' Staat war geradezu darauf ausgerichtet, die Menschen- und Bürgerrechte der Beherrschten zu missachten oder zu verletzen. Das ‚Naturrecht' an der eigenen Person wurde hier einkassiert, was sich perspektivisch als ein unlösbares Problem des europäischen Kolonialismus erwies.

6.10 Fazit

Der bürgerliche Staat und die bürgerliche Gesellschaft haben den gesellschaftlichen Leistungsbereich, also alles soziale Handeln, das an Ordnungen orientiert ist, revolutioniert, weil sie an die Stelle einer von überlegenen göttlichen Gewalten und deren weltlichen Interpreten definierten Ordnung ganz explizit den materiellen Reichtum setzten. Aus diesem gesellschaftlichen Ziel wird in dem Moment eine *geglaubte Ordnung*, wo es mit einem weltlichen Heilsweg verbunden wird: Die Waren produzierenden und mit ihnen Handel treibenden Bürger schaffen diesen Reichtum und der freie Markt koordiniert nach Art einer ‚invisible hand' die dezentralen wirtschaftlichen Aktivitäten über den Prozess der Preisbildung.

Waren, Märkte und profitorientiertes Wirtschaften sind zweifellos keine Erfindungen der bürgerlichen Gesellschaft, sondern wesentlich älter. Zu einem gesellschaftlichen ‚Heilsweg' werden sie erst, als die Steigerung des materiellen Reichtums im 18. Jahrhundert zum gesellschaftlichen Ziel erhoben wird, auf dessen Förderung hin dann auch die Staatsaufgaben zugeschnitten werden. Das verändert die Semantik des gesellschaftlichen Leistungsbereichs von Grund auf. Die gesamte Ordnungssozialität wird von nun an durch diesseitige Ziele legitimiert und im Hinblick auf ihre Zweckdienlichkeit für den materiellen gesellschaftlichen Reichtum hin bewertet. Das gilt über die Funktions- und Handlungsbereiche Wirtschaft und Staat hinaus auch für die erst später ausdifferenzierten Funktionssysteme Bildung und Gesundheit.

Die folgenden Kapitel werden demonstrieren, dass sich die mit dem bürgerlichen Staat eingeleitete Verweltlichung der Ordnungssozialität als irreversibel erwiesen hat. Umstritten bleibt dagegen bis heute der konkrete ‚Heilsweg', der zu wachsendem gesellschaftlichen Reichtum führen soll.

7 Die soziale Frage und die Entwicklung zum Wohlfahrtsstaat

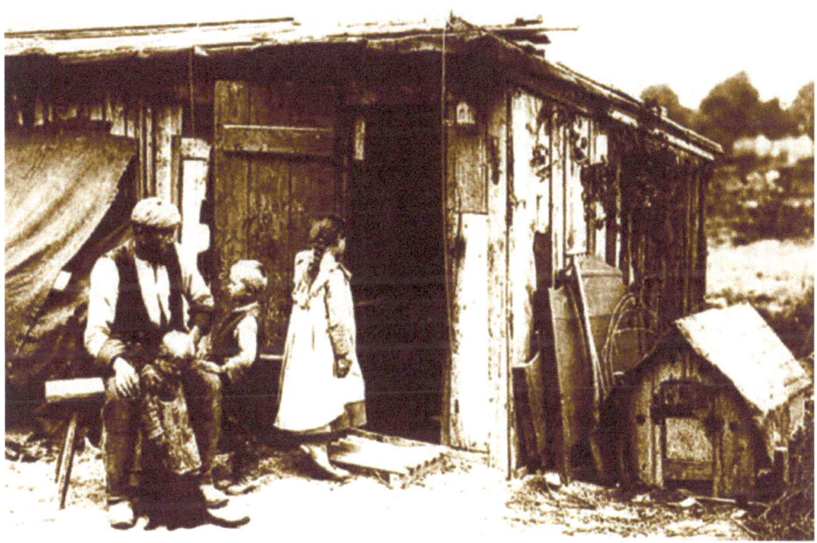

Die Lösung der sozialen Frage führte letztlich zur Entwicklung des Wohlfahrtsstaates jenseits der Institutionen der bürgerlichen Gesellschaft. Das Foto zeigt skandalöse Lebensbedingungen einer Arbeiterfamilie in Hamburg (1902).

7.1 Industrialisierung und die soziale Frage

Auf den ersten Blick schien gerade in der Industrialisierung die Saat des Liberalismus aufzugehen. Sie demonstrierte ganz praktisch das Fortschrittspotential, das im Fleiß und im Unternehmungsgeist der Bürger und in der Anwendung wissenschaftlicher Erkenntnisse lag. Zudem legte die ‚tragende Schicht' des bürgerlichen Staates, die Besitzbürger, durch die hinzu kommenden erfolgreichen Unternehmer an Zahl wie an gesellschaftlicher Bedeutung stark zu. Und vor allem Großbritannien demonstrierte, dass der bürgerliche Staat den für die Entfaltung unternehmerischer Initiative geeigneten Rahmen bot. Dennoch nährte gerade der Siegeszug der Industrialisierung tiefgreifende Zweifel daran, ob der bürgerliche Staat für alle Staatsbürger nützlich sein könne.

Das hing mit der ‚sozialen Frage' zusammen. Die erschütternden Berichte über das Elend der Arbeiter in den neu entstandenen Industrieregionen Nordenglands (vgl. Engels 1845) setzten diese Frage für Jahrzehnte auf die politische Tagesordnung (Brakelmann 1975; Fischer/Bajor 1967). Bittere Armut, menschenfeindliche Arbeitsbedingungen und vor allem die Perspektivlosigkeit im Alter verlangten nach einer konstruktiven politischen Antwort.

Der Wandel der Sozialstruktur bis 1914 kann als Polarisierungsprozess beschrieben werden. Ungefähr 1 % der Bevölkerung lebte überwiegend oder ausschließlich von der Kapitalrendite. Die nächsten 9 % lebten überwiegend von hohen Einkommen aus leitenden Tätigkeiten und akademischen Qualifikationen (Piketty 2014: 366ff.). Die „Zwischenschichten" (Th. Geiger) kleiner und mittlerer Selbständiger, freiberuflich Tätiger und bäuerlicher Familienbetriebe nahmen kontinuierlich ab. Daher wurden die Lohnarbeiter, die nur vom Verkauf ihrer Arbeitskraft leben konnten, zur mit Abstand größten Gruppe in der neuen Sozialstruktur der Industriegesellschaft. Im Deutschen Reich lag ihr Anteil 1907 bei rund 65 %[44] (Bolte u. a. 1970: 42ff.).

7.2 Wieso war die soziale Frage ein existenzielles Problem für die bürgerliche Gesellschaft?

Die nahe liegende Antwort lautet natürlich: weil die skandalösen Lebensbedingungen der Arbeiter im Frühkapitalismus zeigten, dass eine reine Marktwirtschaft für die Lohnarbeiter nicht funktionieren kann. Sie führte zu einem sozialen Protest- und Gewaltpotential, das die neue Gesellschaftsordnung in Frage stellen musste, weil sie anders als die Ständegesellschaft der Mehrheit der Bevölkerung offenbar keine hinreichend stabile Existenzgrundlage bot.

In diesem Abschnitt wollen wir jedoch etwas tiefer schürfen und an die Überlegungen zur Ordnungssozialität im ersten Teil anknüpfen. Dort hatte sich gezeigt, dass Menschen im Rahmen einer arbeitsteiligen Gesellschaft nur dann ‚Leistungen' für anonyme Andere erbringen, wenn sie ihr Handeln an einer legitimen und für sie glaubhaften Ordnung orientieren können. Was bedeutete die Industrialisierung und die soziale Frage für die neu etablierte, um die Kategorien materieller Reichtum, freier Markt und Warenproduktion gestrickte bürgerliche Legitimationsgrundlage?

Zunächst einmal kann man festhalten, dass sie generell an sozialer Plausibilität gewonnen hat, weil die Marktabhängigkeit deutlich zugenommen hat. Mit der Herausbildung der Industriegesellschaft wird die Alternative, Warenproduktion oder Hauswirtschaft, obsolet. Tendenziell alle Gesellschaftsmitglieder stellten ihr Leben auf die Konsumption von Waren um. Sie wurden zu marktabhängigen Konsumenten. Die ‚soziale Frage' zeigte nachdrücklich, dass der Marktmechanismus nun tatsächlich permanent *als schicksalhafte Macht* erfahrbar wurde.

Allerdings demonstrierte die soziale Frage auch, dass diese Ordnung auf eine höchst unterschiedliche Weise erfahrbar geworden ist, je nachdem, ob man als Rentier bzw. Unternehmer oder aber als Arbeitskraftvermieter (Arbeitnehmer) mit dem freien Markt konfrontiert wird. Die bürgerliche Legitimationserzählung vom schicksalhaften Walten des freien Marktes konnte nur die Erfahrungen der Rentiers und der Unternehmer bestätigen und fortschreiben. Dagegen musste sie für die Lohnarbeiter nichtssagend bleiben.

Dass sie mit ihr nichts anfangen konnten, hängt damit zusammen, dass *Geld für sie eine ganz andere Bedeutung gewonnen hat als für Rentiers oder Unternehmer.* Dabei spielen drei miteinander verknüpfte Aspekte eine zentrale Rolle: Zunächst einmal äußert sich die zunehmende Marktabhängigkeit im *Problem ständig Geld beschaffen zu müssen.* Wer ständig Geld ausgibt, der muss auch ständig zu Geld kommen. Nur so kann diese Praxis ja verstetigt werden. Wenn man die Konsumausgaben einmal ausklammert, dann fallen bei den Unternehmern und Rentiers Geldverwendung und Geldbeschaffung zusammen. Geld wird ja investiert, um eine Rendite zu erzielen, also um zu mehr Geld zu kommen. Bei den Arbeitnehmern fallen beide Prozesse dagegen auseinander. Zu Geld zu kommen, und es auszugeben sind zwei Paar Stiefel.

Das führt bereits zum zweiten Aspekt, der *sozialen Bedeutung des Geldes.* Für die Unternehmer und Finanziers besteht sie darin, dass, marxistisch gesprochen, Geld als Kapital verwendet wird. Dabei dient Geld zugleich als Maßstab für Reichtum, um den sich alle Aktivitäten drehen. Für Arbeitnehmer hängt vom verfügbaren Geld dagegen ab, wie viel Waren man ‚sich leisten' kann. Geld hat für sie also die soziale Bedeutung eines reinen Tauschmittels.

Der dritte Unterschied liegt in der *Rationalität des Wirtschaftens*. Sie liegt für die Unternehmer und Rentiers darin, mit möglichst wenig Geld möglichst viel zu bewirken, um zu einer höheren Rendite zu kommen. Es geht also immer um ein abstraktes Kalkül, um ‚formale Rationalität' (Weber). Dagegen zielt bei den Arbeitnehmern der Umgang mit Geld immer auf ‚materielle Rationalität' (Weber). Für sie ist also die Fähigkeit des Wirtschaftssystems entscheidend, Waren zu produzieren, die menschliche Bedürfnisse befriedigen.

Daher konnte die bürgerlich-liberale Legitimationserzählung, die dem Erfahrungsbereich der Rentiers und der Unternehmer entstammt, für die besitzlosen Arbeitskraftvermieter zu keiner faszinierenden Legitimationserzählung werden, an der man sein Handeln aus freiem Willen heraus orientiert. Sie blieb eine ‚fremde' Ordnung ohne soziale Bindungseffekte[45].

Was hat die Eigentumslosen aber dann bewogen, in die neu entstandenen Industrieregionen zu wandern und ein Leben in Hunger und Elend zu führen? Zeitgenössische Beobachter sprachen von der Peitsche des Hungers und antibürgerliche Kritiker ergänzten, dass die Liberalen ihnen ja alle traditionellen ‚Schlupflöcher' genommen hatten (Polanyi 1979). In die Logik von rationalen Wahlhandlungen übersetzt, waren Bedingungen geschaffen worden, unter denen die Hungerlöhne der frühkapitalistischen Unternehmer vorteilhafter als alle anderen Möglichkeiten waren. Unterhalb der Ordnungssozialität gibt es immer noch das Fangnetz der etwas besseren unter lauter schlechten Alternativen. Es zwang sie zwar in den gesellschaftlichen Leistungsbereich hinein, aber integrierte sie nicht in die bürgerliche Ordnung.

Das zeigte sich vor allem bei der Frage der politischen Integration in den bürgerlichen Staat. Während nämlich die Abhängigkeit vom Geldmedium und damit eine aktive Beteiligung am Wirtschaftskreislauf durch die Verhältnisse erzwungen werden kann, bedarf staatliche Herrschaft zumindest auf Dauer einer von der Bevölkerungsmehrheit geglaubten Legitimation. Davon konnte unter frühindustriellen Bedingungen keine Rede sein. Den Lohnarbeitern wurde die Beteiligung an der politischen Macht verwehrt und der bürgerliche Staat kümmerte sich nur um die Belange der Besitzenden.

Ein weiteres Integrationshindernis war und ist, dass mit der eigenen Arbeitskraft eine besondere Ware verkauft wird, die den normalen Rahmen der Warenproduktion sprengt. Nur hier sind *die eigene Person, das eigene Leben und die eigene Lebenszeit Teil des Tauschgeschäfts und sie unterliegen für die abgetretene Zeit einem fremden Willen*. Analytisch gesehen wird in diesem Fall also Geld gegen eine spezifische Machtbeziehung getauscht. In allen anderen Fällen werden gegen Geld dagegen entweder Arbeitsprodukte oder, im Falle von Dienstleistungen, vom Anbieter selbst verantwortete Arbeitsroutinen eingetauscht. Zweifellos ist auch der Austausch von

Waren und von Dienstleistungen mit erheblichen sozialen Zwängen verknüpft, aber das Eigentum an der eigenen Person kann sich gerade im selbstbestimmten Umgang mit solchen sozialen Konsequenzen der Marktabhängigkeit bewähren. Für die verkaufte Lebenszeit (= Arbeitszeit) soll das aber gerade ausgeklammert bleiben, auch wenn der Arbeitgeber Dispositionsrechte wieder rückübertragen kann – wie etwa Führungs- oder Managementaufgaben (Coleman 1995; Band2: 127ff.).

Zusammengefasst kann man also festhalten: Nur weil bessere Optionen fehlten, wurden Menschen zu Lohnarbeitern und darüber Teil des Wirtschaftssystems. Das Geldmedium dient ihnen als reines Tauschmittel, nicht als Instrument der Bereicherung. Daher konnte die bürgerliche Legitimationserzählung von den wundersamen Allokationswirkungen des freien Marktes und den wohltätigen Wirkungen des freien Handels für den Reichtum der Nationen in diesem Erfahrungsspektrum keinen Anker finden. Unter frühkapitalistischen Bedingungen gab es keine Ansatzpunkte für soziale Integration der rasch wachsenden Population industrieller Lohnarbeiter in die bürgerliche Gesellschaft.

Die frühkapitalistischen Verhältnisse mit kurzzeitiger Beschäftigung, minimalen Löhnen, lebensfeindlichen Arbeitsbedingungen demonstrierten vielmehr, dass die zivilisatorischen Errungenschaften der bürgerlichen Gesellschaft, der freie Markt und das ‚methodisch- rationale' Kalkül der Unternehmer, als feindliche Kräfte gegen die – abgesehen von Kriminalität und Auswanderung – für Besitzlose einzig realistische Option lebenslanger Lohnarbeit arbeiteten.

7.3 Der politische Knackpunkt: staatliche Eingriffe in den Arbeitsmarkt

Dem Ziel, vom Verkauf der eigenen Arbeitskraft dauerhaft leben zu können, standen vor allem zwei mit dem freien Arbeitsmarkt direkt zusammenhängende Probleme im Wege: *die Höhe der durchschnittlichen Löhne und der Lohnausfall durch Arbeitslosigkeit, Krankheit und Altersschwäche.*

Der schärfste Analytiker des Frühkapitalismus, Karl Marx, war der Ansicht, dass sie mit marktwirtschaftlichen Mitteln nicht zu lösen seien. Da die Industrialisierung die handwerklichen Qualifikationen entwertet habe, könnten im Prinzip alle Arbeitswilligen, Gelernte wie Ungelernte, Männer, Frauen und Kinder in den Fabriken beschäftigt werden. Sie fungierten als ‚industrielle Reservearmee', die für ein ständiges Überangebot an Arbeitskräften sorge, so dass die Arbeitgeber nur Löhne am Existenzminimum zu zahlen bräuchten. Ebenso entspreche es der Marktlogik, nur voll Arbeitsfähige zu beschäftigen. Alle, die durch Krankheiten geschwächt oder deren Kräfte verbraucht waren, würden deshalb unbarmherzig gefeuert und durch noch unverbrauchte Arbeitskräfte aus dem großen Reservoir der Arbeitssuchenden ersetzt. Hoffnung, dass dieses Reservoir einmal erschöpft sei, gebe es keine, weil der Siegeszug der Industrialisierung die menschliche Arbeitskraft zunehmend durch Maschinen ersetze, so dass die Arbeitslosigkeit immer weiter ansteigen werde (Marx 1972).

Wenn der gesamte Industrialisierungsprozess nach dem Drehbuch der ersten Industrialisierungswelle abgelaufen wäre, dann hätte Marx mit seiner pessimistischen Sicht im Wesentlichen Recht behalten. Denn die Textilindustrie hatte in der Tat weit verbreitete Handwerke zerstört ohne in gleichem Maße Arbeitsplätze in der Industrie zu schaffen. Das lag daran, dass die Textilien nun mit einem Bruchteil menschlicher Arbeit deutlich billiger hergestellt und verkauft werden konnten. Die durch die niedrigen Preise erzeugte zusätzliche Nachfrage nach Textilien konnte den Rationalisierungseffekt also nicht kompensieren. Allerdings zeigte schon die zweite, durch den Eisenbahnbau geprägte Industrialisierungswelle, dass die Industrialisierung auch völlig neue Produkte und damit zusätzliche Nachfrage hervorbringen konnte. Darüber hinaus löste der Eisenbahnbau eine Konjunktur klassischer arbeitsintensiver Gewerbe, insbesondere des Baugewerbes aus. Ebenso wenig konnte die Dequalifizierungsthese, die auf die Textilindustrie zweifellos zutraf, verallgemeinert werden. Schon wichtige Produkte des Eisenbahnzeitalters, beispielsweise Lokomotiven und Wagons, hätten ohne den Einsatz qualifizierter und spezialisierter Arbeitskräfte nicht hergestellt werden können.

Die weitere Industrialisierungsgeschichte zeigte dann, dass die Textilindustrie der Sonderfall und das Eisenbahnzeitalter zumindest bis zum Ende des Kalten Kriegs der Normalfall war. Die Effekte der Industrialisierungs- und Technisierungsgeschichte für den Arbeitsmarkt werden in der ‚Theorie der langen Wellen' (Kondratieff) systematisch beschrieben. Sie läuft darauf hinaus, dass sogenannte Schlüsseltechnologien eine Vielzahl neuer Produkte hervorbringen und damit Wirtschaftswachstum und Arbeitsplätze schaffen. Schlüsseltechnologien sind Erfindungen, deren wirtschaftliche Nutzung zu Schneeballeffekten führt, also unzählige weitere Innovationen nach sich zieht. Allerdings erschöpft sich deren Innovationseffekt irgendwann. Damit verlagert sich der Wettbewerb von den Innovationen hin zu Preisen und Kosten. Dies zwingt die Unternehmen zur Rationalisierung, also zur Vernichtung von Arbeitsplätzen. Der Arbeitsmarkt wird damit für die Arbeitnehmer wieder schwieriger. Erst eine neue Schlüsseltechnologie kann nach diesem Modell dann wieder für bessere Zeiten sorgen (Bornschier 1998).

Aber selbst ein für die Anbieterseite günstiger Arbeitsmarkt reicht noch nicht aus, damit man von Lohnarbeit lebenslang leben kann. Das wird erst dann möglich, wenn in Zeiten unverschuldeter Arbeitslosigkeit (in Folge von Alter, Krankheit, Invalidität usw.) Einkommen aus anderen Quellen als dem Arbeitslohn fließen. Anders als im reichen Bürgertum konnten die Bedürftigen in der Regel nämlich nicht mit Unterstützung durch die Familie rechnen. Da die auf dem freien Markt erzielbaren Löhne zu niedrig waren, um Rücklagen zu bilden, bedeuteten Lohnausfälle durch Krankheit und Arbeitslosigkeit, vor allem aber das Alter, zwangsläufig den nicht nur wirtschaftlichen Ruin. Ein freier Arbeitsmarkt konfrontiert die Arbeiter daher mit dem Risiko zu verelenden und zu verhungern. Aus diesen existenziellen Gründen sind für sie *Eingriffe in das Marktgeschehen, die für ein hinreichendes Einkommen sorgen, überlebensnotwendig.* Deswegen muss die Arbeiterschaft zwangsläufig nicht marktkonforme staatliche Eingriffe in den Arbeitsmarkt fordern.

7.4 Sozialismus und Nationalismus

Wie immer man es dreht und wendet: Konstruktive Antworten auf die ‚soziale Frage' waren im Rahmen einer liberalen, auf ökonomische Zusammenhänge, Tausch, Markt und Arbeitsteilung fokussierten Ordnung nicht zu gewinnen. Im 19. Jahrhundert kamen jedoch zwei neue Strömungen auf, die von einem anderen Blickwinkel aus auf die soziale Frage blicken: der Sozialismus und der Nationalismus.

Auch wenn der *Sozialismus* üblicherweise in politisch greifbarere soziale Bewegungen wie Kommunismus, Anarchismus oder Sozialdemokratie übersetzt wird, kann man zumindest versuchen, einen gemeinsamen Nenner zu finden. Er besteht in einer Kritik an einer in Reiche und Arme aufgespaltenen Gesellschaft, die die Gemeinsamkeiten zwischen den Menschen verdeckt. Wenn man den liberalen Katalog von Freiheits- und Menschenrechten um ein für alle Gesellschaftsmitglieder gleichermaßen geltendes *Recht auf ein auch in materieller Hinsicht menschenwürdiges Dasein* ergänzt, dann beschreibt dies zumindest *den moralischen Ausgangspunkt des sozialistischen Denkens* ziemlich präzise.

Dagegen knüpft der *Nationalismus* an die Fokussierung des bürgerlichen Staates auf die Protektion der *eigenen* Bürger an. Er geht aber über die rein ökonomische Kategorisierung hinaus und fasst die Gesellschaftsmitglieder als eine Sprach*gemeinschaft* auf, deren Mitglieder sich qua Kultur und Mentalität von den Bürgern anderer Nationen unterscheiden. Diese kulturellen Unterschiede sollen propagiert werden, um die *Selbstbehauptung der eigenen Nation im wirtschaftlichen, militärischen, und politischen Wettbewerb* zu erreichen. Auch dem Nationalismus geht es also um Wettbewerb. Anders als bei den Liberalen wird er jedoch nicht als individueller Wettbewerb unter Marktbedingungen aufgefasst, sondern als ein Wettbewerb der Staaten und Nationen um Reichtum und Wohlstand.

Sowohl aus der Brille des Nationalismus wie auch des Sozialismus sind die Lohnarbeiter als vollwertige Bürger anzusehen, auch wenn sie über kein nennenswertes Eigentum verfügen. Aus der Perspektive des Sozialismus muss daher für sie Partei ergriffen und ein auch in materieller Hinsicht menschenwürdiges Dasein für alle gefordert werden. Aus der Sicht des Nationalismus sollten die armen Mitbürger zumindest vor dem Verhungern zuverlässig geschützt werden. Diese Beschreibung deutet nicht nur gravierende Unterschiede, sondern auch eine erhebliche Schnittmenge zwischen diesen beiden Richtungen an. Sie wird noch dadurch ergänzt, dass weder Nationalisten noch Sozialisten Eingriffe in das freie Spiel der Marktkräfte scheuen. *Denn an die Stelle des Glaubens an den freien Markt tritt im Sozialismus der Glaube an die Gleichheit aller Menschen und im Nationalismus der Glaube an die Unterschiede zwischen den Nationen.* Letzteres setzt voraus, dass *innerhalb* jeder Nation die *kulturelle Gleichheit* aller Bürger betont wird: die gemeinsame Sprache und die ‚nationale' Mentalität.

Nationalisten wie Sozialisten stellten die bürgerliche Legitimationserzählung also in wichtigen Punkten in Frage. Die Nationalisten bezweifelten den Vorrang der Wirtschaft gegenüber dem Staat. Sie hielten die Frage der nationalen Selbsterhaltung und der kulturellen Selbstvergewisserung für dringlicher als die nach dem wirtschaftlichen Reichtum. Die Sozialisten teilten nicht den Glauben an die segensreichen Kräfte des freien Marktes. Wo sie nicht zu einem menschenwürdigen Leben für alle führen, müssten sie mit den Mitteln staatlicher Machtausübung korrigiert werden. Sowohl für Nationalisten wie für Sozialisten ist ein die Interessen aller Bürger protegierender Staat konsensfähig.

7.5 Die Forderung nach einem allgemeinen und gleichen Wahlrecht

Als ein erster Schritt zur Integration der Lohnarbeiter in den bürgerlichen Staat wurde die Forderung nach gleichberechtigter politischer Mitwirkung verstanden. Sie läuft auf ein allgemeines und gleiches Wahlrecht hinaus.

Der Kampf um das allgemeine Wahlrecht war zugleich ein praktischer Test, ob der bürgerliche Staat zu einem Staat umgebaut werden kann, der sich für alle seine Bürger einsetzt. Der Schauplatz dieses Tests war zunächst Großbritannien. Dort hatte der Reform Act von 1832 die politische Diskriminierung der Katholiken beendet, aber daran festgehalten, dass nur Wohlhabende wählen dürfen. An dieser politischen Diskriminierung der weniger Wohlhabenden und der Besitzlosen setzte der Protest der Chartisten, einer vom armen Bürgertum und der Arbeiterschaft getragenen Reformbewegung, an. Sie forderten vor allem ein *allgemeines Wahlrecht für Männer ab 21 Jahren* und die *Entlohnung der Abgeordneten*.

Wie schon in Venedig war auch in Großbritannien die Tätigkeit als Abgeordneter ein Ehrenamt. Daher mussten die Mitglieder des Ober- wie des Unterhauses sowohl für den eigenen Unterhalt als auch für die Kosten, die bei der Ausübung ihres Amtes anfielen, selbst aufkommen. Damit war faktisch ausgeschlossen, dass nicht wohlhabende Bürger an der Parlamentsarbeit mitwirken konnten. Es sei denn, sie ließen sich von reichen Mitbürgern kaufen und für deren Interessen einspannen. Daher sollte die Parlamentsarbeit entlohnt werden.

Wenn der bürgerliche Staat es mit der rechtlichen Gleichheit der Bürger ernst meine, so das Kalkül der Chartisten, dann müsse er diese beiden Forderungen als berechtigt anerkennen. Daher wollten sie ihr Anliegen zunächst auch absolut friedlich verfolgen und dem Unterhaus umfangreiche Unterschriftenlisten von Unterstützern vorlegen. In öffentlichen Versammlungen sollten ihre Forderungen darüber hinaus artikuliert und begründet werden. Um dieses Anliegen zu fördern, wurden zahlreiche Vereinigungen ins Leben gerufen wie z.B. 1836 die ‚London Working Men's Association'. Diese Bewegung war sehr erfolgreich, wie ca. 1,3 Millionen Unterschriften dokumentierten, die am 7.5. 1839 dem Parlament übergeben wurden.

Die Reaktionen des Unterhauses waren äußerst schroff. Die Parlamentarier weigerten sich, über diese Petitionen auch nur zu diskutieren und die Listen mit den Unterschriften entgegen zu nehmen. Die friedlichen Versammlungen wurden als ‚Aufruhr' gewertet und von der Polizei, z. T. auch vom Militär, gewaltsam aufgelöst. Das führte zu einer Radikalisierung der Proteste. Neben Massenversammlungen wurden nun auch Streiks initiiert. Dies löste wiederum von Seiten der Herrschenden eine Verhaftungs- und Prozesswelle aus. Bis zum Krisenjahr 1848 gelang es auf diese Weise, die Chartisten gewaltsam aufzulösen.

Die politische Bilanz dieser Auseinandersetzungen war, je nach Standpunkt, verheerend bzw. ernüchternd. Sie bestätigte die Meinung der Radikalen, dass der bürgerliche Staat ein Staat der Herrschenden sei, der deswegen auch nur für deren Interessen eintrete. Dabei wird allerdings, z.B. auch von Karl Marx, nur allzu schnell ausgeblendet, dass gerade der bürgerliche Staat in Großbritannien immer *auch* für allgemeine Interessen eintrat. Das vom Parlament den Monarchen abgetrotzte Common Law schuf für *alle* Bürger Rechtssicherheit und das Recht auf einen fairen Prozess. Auf dieser *demokratischen Grundlage*, das machte die Reaktion auf die Anliegen der Chartisten allerdings unmissverständlich klar, sollten aber nur die Wohlhabenden Einfluss auf die praktische Politik nehmen dürfen. Nicht die rechtliche Gleichheit sondern *materielles Eigentum sollte die Eintrittskarte für politische Beteiligung bleiben*.

Für die 2. Hälfte des 19. Jhs. verlassen wir die Geschichte des britischen Parlamentarismus und begeben uns nach Deutschland, das (wie auch die USA) in dieser Phase zur Industriegesellschaft wurde. Dort hatte sich nach 1849 der preußische Landtag etabliert, der ähnlich wie das britische Parlament aus zwei Kammern, einem Herrenhaus und einem Abgeordnetenhaus bestand. Während die Mitglieder des Herrenhauses vom König ernannt wurden und den Adel repräsentieren sollten, wurden die Parlamentarier des Abgeordnetenhauses von *allen erwachsenen männlichen Bürgern* nach dem sogenannten Dreiklassenwahlrecht gewählt. Es stellt (wie auch das Pluralwahlrecht) eine Art Kompromiss zwischen dem allgemeinen und einem auf Wohlhabende beschränkten Wahlrecht dar.

Der Grundgedanke ist hierbei, dass das Gewicht der Wählerstimme je nach Beitrag zum Steueraufkommen größer oder kleiner sein sollte. Dazu wurden die Steuern der Wähler in jedem Wahlbezirk in eine Rangordnung gebracht. Die Wähler mit dem höchsten Steueraufkommen, die zusammen ein Drittel aller *direkten* Steuern bezahlt hatten, bildeten die erste Abteilung. 1898 waren das im Durchschnitt 3,3 % aller Wähler. Die zweite Abteilung bildeten in demselben Jahr dann 11,4 % unter allen Wählern. Die Hauptmasse der Wähler (85,3 % im Jahre 1898) entfiel auf die dritte Abteilung. Da jede dieser drei Abteilungen gleichviele Wahlmänner bestimmte, die dann jeweils einen Abgeordneten zu wählen hatten, hatten auch hier die Wohlhabenden einen entscheidenden Einfluss auf die Zusammensetzung des Abgeordnetenhauses. In nahezu 10 % der Wahlbezirke bestimmte sogar nur ein einziger reicher Bürger (wie z. B. Alfred Krupp in Essen) 33 % der Wahlmänner.

Dagegen kannte der 1866 gegründete Norddeutsche Bund und dann auch das daraus hervorgegangene Deutsche Reich *ein allgemeines und gleiches Wahlrecht für erwachsende Männer.* Neben den USA (1787 mit Einschränkungen), Frankreich (1848) und der Schweiz (1848) gehörte damit auch Deutschland zu den Pionieren des allgemeinen und gleichen Wahlrechts. Dagegen sperrten sich die klassischen bürgerlichen Staaten, Großbritannien und die Niederlande noch bis 1918 gegen diesen Demokratisierungsschritt.

Das überrascht vor allem deswegen, weil Deutschland/Preußen bis 1919 eine konstitutionelle Monarchie war, bei der sich der preußische König und der Hochadel anders als in Großbritannien keineswegs auf eine zeremonielle Rolle zurückgezogen hatten. Sie wollten vielmehr die Politik weitgehend bestimmen.

Vor allem die Phase bis zur Gründung des Deutschen Reiches wurde durch einen Dauerkonflikt zwischen der vom Monarchen ernannten Regierung und dem von den Liberalen dominierten Parlament geprägt. In diesem Konflikt setzte sich die Regierung Bismarck durch. Sie regierte jahrelang ohne einen vom Parlament genehmigten Haushalt. Nach militärischen Erfolgen bescherte ausgerechnet diese

Regierung den patriotisch bzw. nationalistisch gesinnten Bürgern 1871 den deutschen Nationalstaat, den sie seit 1848 herbeigesehnt hatten. In diesem Jahr waren die großdeutschen Einigungsbestrebungen des in der Frankfurter Paulskirche tagenden ‚revolutionären' Parlaments an Polizei- und Militäraktionen der antidemokratischen deutschen Monarchen gescheitert. Das kleindeutsche Reich von 1871 war ein Produkt der militärischen Siege über Österreich und Frankreich, die unter an Verfassungsbruch grenzender Missachtung des Parlaments errungen wurden. In diesem Präsentkorb des deutschen Nationalstaats von 1871 war auch eine der Grundforderungen der Demokraten des Paulskirchenparlaments mit enthalten, nämlich das allgemeine und gleiche Wahlrecht.

Dieser scheinbar paradoxe Vorgang wirft zunächst einmal eine grundsätzliche Frage auf, die sich dem nachdenklichen Leser vermutlich schon mehrmals gestellt hat: Wenn die Demokratie nicht, wie allenthalben behauptet, untrennbar mit dem bürgerlichen Staat verquickt ist, woher kommt diese Forderung dann? Sie entstammt vermutlich dem Kontext militärischer Selbstbehauptung unter patriarchalen Bedingungen. Die demokratische ‚Urszene' ist also wahrscheinlich eine Versammlung der männlichen Haushaltsvorstände[46] , also aller ‚freien' Mitglieder eines ‚Volkes'. Ein ‚Volk' einsteht, wie man besonders instruktiv der legendären Gründung Roms entnehmen kann (vgl Dumèzil 1996), durch einen Zusammenschluss mehrerer Sippen zu einem ‚politischen Verband' (vgl. Morgan 1877). Das politische Ziel dieses Zusammenschlusses ist immer die Selbstbehauptung gegenüber konkurrierenden ‚Völkern' und Staaten. Unabhängig davon, ob ein ‚Volk' egalitär oder ständisch strukturiert ist, muss zumindest im Kriegsfall zunächst ein Anführer unter mehreren gleichberechtigten Kandidaten gewählt werden. *Dieser Wahlvorgang stiftet zugleich ein Vertrauensverhältnis zwischen Anführer und ‚Gefolgschaft'. Denn die Beteiligung an der Wahl steht dafür, dass alle Beteiligten für ihre gemeinsamen Interessen eintreten, also ggfs. auch kämpfen.*

Nach diesen Regeln können sowohl Aristokratien wie auch Demokratien etabliert werden. Im ersten Fall kommen enger, in zweiten Fall dagegen weiter gefasste Gleichheitskriterien zur Anwendung. Wenn sich also der venezianische Stadtadel die politischen Rechte vorbehalten hat oder das britische Unterhaus noch im 19. Jh. ein allgemeines Wahlrecht entschieden abgelehnt hat, dann lag das daran, dass ‚Ungleiche' minderen Rechts und minderer Ehre sich angemaßt hatten, gleiche politische Mitwirkungsrechte zu fordern. Dieses *aristokratische* Vorurteil hatten die Chartisten völlig unterschätzt.

Vormoderne ‚Demokratien' haben sich typischerweise dann herausgebildet, wenn alle ‚Freien' militärisch benötigt wurden (Kelten, Germanen) und es auf unbedingte Standhaftigkeit aller Kombattanten etwa in der griechischen Phalanx oder auch in der Igel- Formation der Schweizer Pikeniere (vgl. Keegan 1995: 354ff.)

ankam. Daher ist es auch kein Zufall, sondern hat mit dem Kalkül militärischer Selbstbehauptung zu tun, dass der Artikel 20 der Verfassung des Norddeutschen Bundes allen erwachsenen Männern ein allgemeines und gleiches Wahlrecht zugestand und der Artikel 56 ebenfalls für alle erwachsenen Männer eine allgemeine Wehrpflicht ohne Vertretungsmöglichkeit vorsah.

Damit können wir auch eine weitere Frage beantworten, die sich an dieser Stelle ebenfalls aufdrängt: Warum haben ausgerechnet konservative Anhänger der Monarchie und der Aristokratie wie Bismarck, der sogar Mitautor dieser Verfassung war, einem allgemeinen Wahlrecht zugestimmt? Bismarck war zu jener Zeit längst vom ‚reaktionären Scharfmacher' zum Realpolitiker mutiert, dem es ganz im Sinne des Nationalismus um einen militärisch starken und sozial integrierten Staat ging. Der Staat und die militärische Selbstbehauptung wurden dabei als Selbstzweck verstanden. Aber auch aus taktischen Erwägungen erschien es klug, den demokratischen Forderungen nach einem allgemeinen und gleichen Wahlrecht nachzugeben, um so weiter gehenden Bestrebungen den Wind aus den Segeln zu nehmen. Weiterhin sollte ein Beitritt zum Norddeutschen Bund für die Süddeutschen Staaten, in denen die demokratischen Kräfte besonders stark waren, attraktiv sein.

Dabei ist allerdings zu beachten, dass dem Bundesparlament wichtige Rechte vorenthalten wurden: Die Regierung war den Monarchen verantwortlich und konnte nur von ihnen berufen und entlassen werden. Außerdem war der Militäretat der parlamentarischen Zustimmung entzogen. Das Bundesparlament hatte also bei weitem nicht das Gewicht des britischen Parlaments, aber mehr Kompetenzen als etwa das heutige EU-Parlament. Auch aufgrund der beschränkten Befugnisse des Parlaments ging Bismarck davon aus, die so geschaffenen politischen Kräfte kanalisieren und letztlich beherrschen zu können. Die Demokratie sollte also eher eine Formalie bleiben, zugleich aber die eigene Politik in den Augen von Demokraten legitimieren.

Tatsächlich gelang es Bismarck, die Unterstützung der Nationalliberalen zu gewinnen, die bis 1878 die stärkste Partei im Reichstag waren. Sie traten für eine forcierte Industrialisierung Deutschlands ein, das zugleich als starke Nation einen angemessenen Platz in der Welt der National- und Kolonialstaaten einnehmen sollte. Da mit der Reichsgründung ein Industrialisierungsschub einsetzte, der rasch in eine Wirtschaftskrise überging, gewannen nach 1878 zwei Oppositionsparteien stark an Bedeutung, für die eine Bekämpfung des Massenelends durch staatliche Sozialpolitik Vorrang hatte: das Zentrum und die SPD. Das Zentrum war eine Sammelbewegung des politischen Katholizismus, die zunächst in katholisch geprägten Agrargebieten stark war, aber auch zunehmend für die Interessen der katholischen Arbeiter eintrat. Diese auch für die polnische und die französische

Minderheit attraktive Partei stellte bis 1912 die meisten Abgeordneten. Danach wurden die Sozialdemokraten zur stärksten Partei.

7.6 Der Einstieg in den Sozial- und Wohlfahrtsstaat

Während das Zentrum eher defensive Ziele verfolgte und die Autonomie der Regionen und damit auch den Einfluss der katholischen Kirche gegen den deutschen Zentralstaat verteidigte, wollte die SPD mit dem Erfurter Programm von 1891 das allgemeine und gleiche Wahlrecht zur Umgestaltung der Gesellschaft nutzen. Da die Arbeiterschaft zur zahlenmäßig dominierenden Sozialschicht geworden sei, könnten ihre Repräsentanten im Parlament eine Mehrheit gewinnen. Diese sollte auf demokratischem Weg die Vergesellschaftung der Produktionsmittel herbeiführen. Damit erhielt die marxistische Vision einer unvermeidlichen Revolution der Arbeiterklasse eine legale Wendung. Nicht die nackte Gewalt auf der Straße, sondern die Mehrheit der Stimmen und der Sitze im Parlament sollte einen friedlichen Übergang zum Sozialismus bzw. Kommunismus einleiten.

Allerdings war dieses strategische Ziel innerhalb der deutschen Arbeiterbewegung nicht unumstritten. In den Jahrzehnten vor 1890 konkurrierte die marxistische Position mit genossenschaftlichen Ideen. Nach 1890 stand sie in Kontrast zu einer auf kurzfristige Ziele (wie den auf acht Stunden beschränkten Arbeitstag) ausgerichteten Tagespolitik. Die ‚Tagespolitik' wurde jedoch nicht als Teil eines alternativen politischen Programms angesehen, sondern zumindest programmatisch mit dem langfristigen Ziel einer Vergesellschaftung der Produktionsmittel verbunden. Aber diese Interpretation war sachlich nicht überzeugend. Ihr hauptsächlicher Zweck war, die Einheit der Partei zu wahren.

Aus heutiger Sicht kann man dieses damals aus Gründen der ‚Parteiräson' nicht artikulierte Alternativprogramm so formulieren: Die damalige ‚Tagespolitik' sowohl der SPD wie auch der Gewerkschaften zielte darauf, *die Lohnarbeit lebenslang lebbar zu machen*. Dazu mussten die Arbeitszeiten auf ein erträgliches Maß begrenzt und die Arbeitsbedingungen kontrolliert werden. Weiterhin musste der Ertrag aus der Lohnarbeit für alle Arbeiter wenigstens so hoch sein, dass man davon auf einem akzeptablen Niveau leben konnte. Schließlich musste das Grundproblem gelöst werden, dass auch in den Zeiten, wo aufgrund von Krankheit, Arbeitslosigkeit oder Alter nicht gearbeitet werden konnte, ein hinreichendes Einkommen floss.

Ansätze innerhalb der Arbeiterbewegung wie Unterstützungskassen und Konsumvereine und Vereinbarungen mit den Arbeitgebern reichten nicht aus, um dieses Ziel zu realisieren. Man war also auf entsprechende Gesetzesinitiativen des

Staates angewiesen. Sie waren auch ohne eine ‚Machtergreifung' innerhalb des Parlaments realisierbar, da ein derartiges Programm in einer sich zur Demokratie bekennenden Gesellschaft anderen (insbesondere nationalistischen) Parteien und den sie tragenden Sozialschichten und Interessen durchaus zu ‚vermitteln' war.

Wie schon beim allgemeinen Wahlrecht kam Bismarck auch dieser sich abzeichnenden Entwicklung zuvor. Dabei orientierte er sich am französischen Vorbild. In Frankreich hatte das Bürgertum die Arbeiterbewegung bei der blutigen Abrechnung mit der Pariser Commune 1871 zwar buchstäblich enthauptet, aber danach die Arbeiter durch die kostenlose Ausgabe von Staatspapieren zu integrieren versucht. Auch Bismarck verfolgte die Strategie, einerseits die politischen Organisationen der Arbeiterbewegung über ein ‚Sozialistengesetz' zu zerschlagen, andererseits aber „in der großen Masse der Besitzlosen die konservative Gesinnung zu erzeugen, welche das Gefühl der Pensionsberechtigung mit sich bringt" (Zitat Bismarck nach Schmidt 2004: 257). Ihm schwebte eine Reichsversorgungsanstalt vor, die an Besitzlose *steuerfinanzierte* Renten und Sozialleistungen ausgibt (ebd.).

In der Sprache heutiger Sozialpolitiker wäre das ein Beveridge-System gewesen, das angeblich nur für liberale Staaten charakteristisch ist (Stichwort: Beveridge-Modell). Das Parlament modifizierte allerdings Bismarcks Vorlage, so dass schließlich die Finanzierung über den bis heute für das deutsche soziale Sicherungssystem charakteristischen ‚Generationenvertrag' erfolgte. Hierbei werden staatlich organisierte (= Versicherungspflicht für alle Arbeitnehmer) Sozialleistungen paritätisch aus Sozialversicherungsbeiträgen der im Arbeitsleben stehenden Bevölkerung und einem ebenso hohen Arbeitgeberanteil[47] finanziert. Auf dieser Grundlage wurde 1883 ein Gesetz über die Krankenversicherung verabschiedet, auf das dann 1889 dann das zentrale Element, eine Alters- und Invalidenversicherung folgte.

Damit erfolgte ein Einstieg in den Sozial- und Wohlfahrtsstaat. Während der bürgerliche Staat nur die Interessen der Besitzenden verfolgt, *dehnt der Wohlfahrtsstaat seine Protektionsleistungen auf die Besitzlosen aus.* Dabei muss er aber seine *Protektionslogik verändern.* Während der Staat für die Besitzenden geeignete Rahmenbedingungen schafft wie Gewaltmonopol, Marktordung, Straf- und Privatrecht und die Marktposition für die nationalen Akteure durch Privilegierung zu verbessern sucht, erfordert die Protektion der Besitzlosen immer, dass *Geld* direkt an *bedürftige* Personen *umverteilt* wird. Das liegt daran, dass Geld hier als reines Tauschmittel benötigt wird und es um materielle Rationalität geht. Entweder handelt es sich bei den umverteilten Summen um Steuereinnahmen oder um Beiträge aus einer Zwangsversicherung.

Während es bei den Besitzenden von ihrer eigenen Tatkraft und Cleverness abhängt, wie stark sie von den staatlich organisierten Rahmenbedingungen profitieren, entscheidet bei den Besitzlosen immer die *Feststellung der Bedürftigkeit* darüber, ob ihnen Transferleistungen zufließen. Zur Finanzierung dieser Transferleistungen leisten die Besitzenden sowohl in Form von Steuern wie auch von Sozialabgaben der Unternehmen erhebliche Beiträge.

Warum sollten sie das tun? Ein Argument lautet, dass es sich dabei um unvermeidliche Kosten für die politische und soziale Integration der Lohnarbeiter handle. Mit der politischen Integration hatte Bismarck schon 1871 argumentiert: „Das einzige Mittel (gegen die) sozialistische Bewegung (ist), dass man realisiert, was in den sozialistischen Forderungen als berechtigt erscheint und in dem Rahmen der gegenwärtigen Staats- und Gesellschaftsordnung verwirklicht werden kann." (Zitat Bismarck nach Schmidt 2004: 237f.)

Aus der Sicht des Nationalismus ist die soziale Integration wichtig, um im Kriegsfall auf motivierte und körperlich leistungsfähige Lohnarbeiter als Soldaten zurückzugreifen. Daher sind gerade in Preußen von den Musterungsergebnissen starke sozialpolitische Impulse ausgegangen[48]. Aber auch die lebensweltlichen Gemeinsamkeiten der Sprache, Kultur und Mentalität können Formen der solidarischen Unterstützung bedürftiger Mitbürger legitimieren.

Aus der Sicht der Besitzbürger kann mit der durch Sozialleistungen stabilisierten und erhöhten Kaufkraft argumentiert werden. Die durch die Transferleistungen der Sozialpolitik erhöhte Nachfrage nach Gütern und Dienstleistungen schafft Wirtschaftswachstum und spült damit das umverteilte Geld im Laufe der Zeit wieder in die Schatullen der Kaufleute und Warenproduzenten zurück.

Wenn man allerdings von der marktwirtschaftlichen Ideologie ausgeht, bleiben die wohlfahrtsstaatlichen Aktivitäten ein Fremdkörper im bürgerlichen Staat, da Bedürftigkeit den Fluss von Transferleistungen begründet und auslöst. Pointiert formuliert: *Nicht die individuelle Leistung führt zu Einnahmen, sondern ihr genaues Gegenteil, nämlich nichts tun können oder sogar nichts tun zu wollen.* An dieser gedanklichen Klippe ändern auch Regelungen wenig, die dafür sorgen sollen, dass nur *unverschuldeter* Lohnausfall durch Transferleistungen kompensiert wird. Denn jeder Selbständige kennt Situationen, in denen erwartete Einnahmen ohne eigenes Verschulden ausfallen. Renten aus Kapitalanlagen können zumindest auf Leistungen in der Vergangenheit zurückgeführt werden. Renten aus der Rentenversicherung stammen dagegen nur zur Hälfte aus den Beiträgen der Versicherten. Sozialhilfe erfolgt gänzlich leistungsunabhängig.

Aus dem Blickwinkel des Budgets bleiben Sozialausgaben *Ausgaben*, während in die Infrastruktur, also in Interessen der Besitzenden, *investiert* wird oder die Kosten für die Justiz zumindest als *unvermeidliche* Ausgaben gelten. Im Staatshaushalt existieren also ebenfalls beide Verwendungsmodi der Geldmediums nebeneinander: Geld als Tauschmittel/materiale Rationalität und Geld als investiertes Kapital/

formale Rationalität. Auch diese feinen Unterschiede zeigen, dass zumindest aus liberaler Sicht, Sozialpolitik immer eine Art Luxus darstellt.

Eine Brücke zwischen diesen *beiden offenbar ganz unterschiedlichen Protektionslogiken* bilden Staatsausgaben, die in das Bildungssystem fließen. Sie können analog zu den Kosten für Infrastruktur als Investitionen verstanden werden, die Erwerbschancen der Bürger erhöhen (Stichwort: Bildungsökonomie). Zugleich ist eine bessere Bildung ein Schlüssel zur Verbesserung des Zugangs wie auch der Erwerbschancen auf dem Arbeitsmarkt.

Bismarcks Einstieg in den Sozial- und Wohlfahrtsstaat war allerdings noch weit davon entfernt, das sozialdemokratische Programm einer lebenslangen Lebbarkeit der Lohnarbeit tatsächlich einzulösen. Vor allem die zunächst viel zu geringen Altersrenten konnten das Problem der Altersarmut keineswegs aus der Welt schaffen. In Westdeutschland gelang dies erst durch die Sozialreformen von 1957 (Kapitel 10). Sie schufen eine sogenannte dynamische, an die Entwicklung der Löhne und Gehälter gekoppelte Altersrente. Die weitere Reform von 1972 hat das Programm einer lebenslangen Lebbarkeit der Lohnarbeit dann endgültig realisiert. Dabei ist wichtig, dass diese Reformen durch ein Tarifvertragsrecht ergänzt wurden, das den Arbeitnehmern ein Koalitions- und ein Streikrecht, also die Bildung freier Gewerkschaften, einräumte. In Verbindung mit einem lang anhaltenden Wirtschaftswachstum nach dem Zweiten Weltkrieg konnte so eine erhebliche Steigerung der Reallöhne (vgl. Brock 1991: 356f.) erreicht werden, was durch Arbeitszeitverkürzungen und einen wirksamen Abbau von gesundheitsschädlichen Arbeitsbelastungen flankiert wurde.

7.7 Die ‚Knackpunkte' bei einer Integration der Besitzlosen in den bürgerlichen Staat

Diese Entwicklung zum Sozial- Wohlfahrtsstaat vollzog sich mit gewissen Unterschieden (vgl. Esping-Andersen 1990) in allen westlichen Industriegesellschaften Europas, Nordamerikas sowie in Japan, Australien und Neuseeland im Zeitraum bis ca. 1975. Dabei fällt allerdings auf, dass er dort, wo die bürgerliche Gesellschaft und der Liberalismus besonders stark ausgeprägt sind, also insbesondere in England und den USA, zu einer gesellschaftlichen Zerreißprobe wurde und bis heute immer wieder in Frage gestellt wird.

Wieso versuchte das Bürgertum die Entwicklung zum Sozial- und Wohlfahrtsstaat zu blockieren? Das hat vor allem ideologische und politische Gründe. Bei der Kompromissvariante des modernen Wohlfahrtsstaates werden Steuern oder

Abgaben der Arbeitgeber benötigt, also Erträge aus selbständiger Tätigkeit umverteilt, um die Lohnersatzleistungen zu finanzieren. *Vom bürgerlichen Standpunkt aus werden die Lohnarbeiter damit aber zu einer privilegierten Klasse, weil sie dem Diktat des Marktes nicht mehr existenziell unterliegen.* Während Kaufleute und Warenproduzenten auch unverschuldet scheitern können und dieses Geschäftsrisiko schicksalhaft hinnehmen müssen (vgl. v. Hayek 1969), wird für das existenzielle Risiko der Lohnarbeit das Auffangbecken des sozialen Sicherungssystems geschaffen. Zum andern ist der erzielte Lohn kein direktes Produkt der Marktkräfte, sondern er enthält immer auch eine ‚politische' Komponente, da er für die überwiegende Mehrheit der nach Tarif bezahlten Arbeitskräfte zwischen den Tarifvertragsparteien ausgehandelt wurde. Und hierbei bildet das Wechselspiel von Angebot und Nachfrage nur einen Faktor neben der politischen, sozialen und wirtschaftlichen Stärke der Tarifvertragsparteien.

Diese beiden Kröten, politisch motivierte Umverteilung und ein die Risiken der Lohnarbeit auffangendes soziales Sicherungssystem, müssen die Besitzbürger allerdings schlucken, wenn sie die Arbeiterschaft in den bürgerlichen Staat integrieren wollen. Nur so ist *die politische Pazifizierung der Arbeiterschaft* erreichbar, die ‚konservative Gesinnung', die Bismarck zum Einstieg in den Sozialstaat bewogen hatte.

7.8 Fazit Wohlfahrtsstaat

1. Aus der Sicht der Arbeiterbewegung war die Etablierung des Sozial- und Wohlfahrtsstaats die entscheidende Voraussetzung dafür, dass sich die Lohnarbeiter in die moderne Gesellschaft integrieren konnten, also die neuen wirtschaftlichen Grundlagen der Geldwirtschaft und des Konsums von Waren und Dienstleistungen über die gesamte Lebensspanne nutzen konnten.
2. Aus der Sicht des Bürgertums war dieselbe Entwicklung dagegen ein ideologisch schmerzhafter Kompromiss, da er die nach liberalem Denken auf mangelnde Eigeninitiative zurückzuführende Eigentumslosigkeit an Produktionsmitteln mit (zumindest teilweise) leistungsunabhängig finanzierten Transferleistungen *belohnt*, die auch noch in Zeiten der Nichtarbeit fließen sollen.
3. Dagegen ist die Entwicklung zum Wohlfahrtsstaat für Konservative und für Nationalisten durchaus konsensfähig, da eine Nation nur dann stark sein kann, wenn alle Bürger integriert sind. Für Konservative ist klar, dass die Starken in der Pflicht stehen, sich um die Schwachen zu kümmern.

Gesellschaftsmodell der wohlfahrtsstaatlich modifizierten bürgerlichen Gesellschaft

- Zusätzliche Legitimationserzählung: die fürsorgliche und solidarische Gesellschaft (Stichwort: Volksheim)
- Instanz ihrer verbindlichen Interpretation: nationales Parlament
- Gesellschaftliches Organisationszentrum: Der um sozialstaatliche Aufgaben erweiterte Staat.
- Abgrenzung wirtschaftlicher und politischer Leistungen gegen die Lebenswelt: rechtlich fixierte und moralische Grenzen

Die Diktatur der ‚Avantgarde' der Arbeiterklasse – die ‚linke' Alternative

8

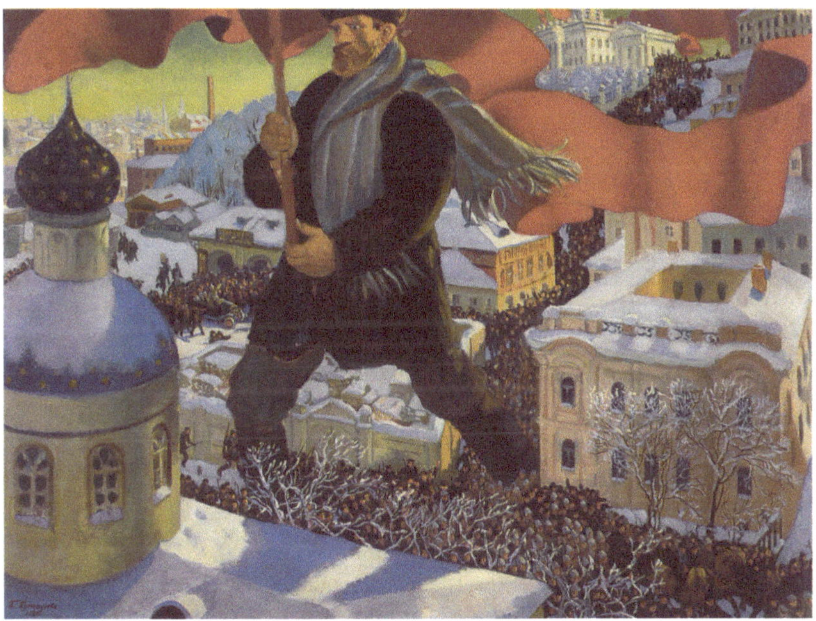

Das Bild von Boris Kustodiev aus dem Jahr 1920 (Tretjakov Galerie Moskau) stilisiert den Bolschewisten, also den Parteigänger Lenins, zum Übermenschen. Es drückt sehr instruktiv den elitären Zug des Leninismus aus.

8.1 Die revolutionäre Alternative zur Integration in den bürgerlichen Staat

Das Ziel, sich in die bürgerliche Gesellschaft zu integrieren, also zu politisch gleichberechtigten Bürgern zu werden, war innerhalb der Arbeiterschaft umstritten. Einerseits wurden die Erfolgsaussichten derartiger Bestrebungen von vielen skeptisch beurteilt, andererseits war die Opposition gegen die bürgerliche Gesellschaft immer lebendig.

Wer unter den Bedingungen *unregelmäßiger* Lohnarbeit überleben wollte, der musste nahezu zwangsläufig mit der Eigentumsordnung und den sie schützenden Vertretern von Recht und Gesetz in Konflikt geraten (vgl. ausführlich: Kuczynski 1982). Auch wer gegen die Welle der Industrialisierung protestierte, indem er sich an der Zerstörung von Maschinen beteiligte, überschritt zwangsläufig die Schwelle zur Kriminalität. Es entsprach daher der eigenen Lebenserfahrung, *dass man nur gegen die herrschende Eigentumsordnung* und gegen die staatlichen Hüter dieser Ordnung, also gegen Polizei und Gesetz, überleben konnte (Kuczynski 1982).

8.2 Die politischen Konzepte der Arbeiterbewegung

In der Arbeiterbewegung, aus der sowohl die Gewerkschaften wie auch sozialdemokratische, sozialistische und kommunistische Parteien hervorgegangen sind, wurden im 19. Jahrhundert vor allem zwei Konzepte diskutiert, die diesen Gegensatz zur herrschenden Eigentumsordnung auf ganz unterschiedlichen Wegen beseitigen sollten. Zunächst standen *genossenschaftliche Überlegungen* und praktische Schritte in diese Richtung im Vordergrund (Owen, Lassalle…). Sie wurden von der Idee getragen, dass viele Schwache durch Zusammenschluss stark werden können. Wer individuell zu arm ist, um selbst Unternehmer zu werden, der kann sich mit anderen Schicksalsgenossen zusammenschließen, um gemeinsam die nötigen Produktionsmittel zu beschaffen. Dieser Gedanke ist in der Arbeiterbewegung lange lebendig geblieben und hat vor allem das Vereinswesen stimuliert: Konsum- und Sparvereine, aber auch Arbeitersport- und Gesangsvereine oder auch die Umzüge zum ersten Mai brachten den *Anspruch zum Ausdruck, durch Zusammenschluss* einen angemessenen Platz in der Industriegesellschaft zu erringen.

Das Konzept der Produktionsgenossenschaften wurde jedoch nur in Einzelfällen praktisch erprobt, weil sich schnell auch Schattenseiten zeigten, die den offensichtlichen Vorteil überwogen, dass man nicht mehr für den Reichtum eines Kapitalisten, sondern auf eigene Rechnung arbeitete. Das gravierendste Manko war, dass eine Genossenschaft auch in die Risiken des Kapitalismus integriert ist und in die Insolvenz gehen kann. Weiterhin wurde erkennbar, dass auch Genossenschaften Gewinne erzielen müssen, um anstehende Investitionen finanzieren zu können.

Daher schob sich die *marxistische Lehre* gegen Ende des 19. Jahrhunderts zunehmend in den Vordergrund. Hierbei handelte es sich um ein theoretisches Konzept, das die Probleme des privaten Eigentums an den Produktionsmitteln grundsätzlich zu lösen versucht. An ihm war äußerst attraktiv, dass es die individuellen Probleme mit der Eigentumsordnung nicht nur für unvermeidlich erklärte, sondern sie gewissermaßen adelte, indem sie geschichtsphilosophisch unterlegt wurden. Bewiesen werden sollte, dass der wirtschaftliche und soziale Fortschritt nur durch die Arbeiterklasse vorangebracht werde. Anders formuliert, gilt die Arbeiterklasse als der entscheidende Fortschrittsfaktor, der in eine gerechtere Zukunft hineinführt, die durch den Kommunismus, also die Vergesellschaftung der Produktionsmittel bestimmt werde. Dadurch werde endlich die Ungerechtigkeit allen bisherigen Fortschritts aus der Welt geschafft: die soziale Spaltung in Arm und Reich, der moralische Skandal von arbeitenden Klassen, die zum Wohle nicht arbeitender Klassen schuften müssen.

Im marxistischen Denken fungiert die Industrialisierung als der entscheidende Wendepunkt. Sie führe nämlich dazu, dass menschliche Handarbeit durch Maschinen und eine ‚künstliche Kraftquelle' ersetzt werde. Daher mache es die Industrialisierung in Zukunft überflüssig, dass Menschen ihr ganzes Leben lang harte körperliche Arbeit leisten müssen. Weil Maschinen und Dampfkraft dem menschlichen Organismus überlegen seien, könnten nun endlich Waren im Überfluss hergestellt werden. Adam Smith und mit ihm die gesamte bürgerliche Gesellschaft lägen also falsch, wenn sie den gesellschaftlichen Reichtum auf die Tatkraft von Unternehmern und auf die globale Arbeitsteilung zurückführten.

Da sie auf der Eigentumsordnung basiere, blockiere die gegenwärtige bürgerliche Gesellschaft in Wahrheit den industriellen Fortschritt. *Das Fortschritts- und Gerechtigkeitspotential der Industrialisierung könne sich daher erst nach der unvermeidlichen proletarischen Revolution widerspruchsfrei entfalten.* Ihr Ziel könne nur die ‚Expropriation der Expropriateure' sein, also die Enteignung allen privaten Eigentums an Produktionsmitteln. Als arbeitende Klasse habe das Proletariat die welthistorische Mission, den Übergang in eine auf Gemeineigentum basierende zunächst sozialistische, später dann kommunistische Gesellschaft zu organisieren.

Nur wenige[49] Arbeiter konnten diese komplizierte Theorie in ihren wesentlichen argumentativen Bausteinen nachvollziehen, die die damals wichtigsten geistigen Strömungen, den französischen Sozialismus, die britische Nationalökonomie und die Philosophie des deutschen Idealismus zu einem in sich geschlossenen Gedankengebäude zusammen fügte. Dennoch war die Botschaft dieser säkularisierten

Eschatologie[50] Balsam für die damalige Arbeiterschaft. So ist es auch wenig verwunderlich, dass das politische Programm der damals wichtigsten Arbeiterpartei, der SPD, ab 1891 (Stichwort: Erfurter Programm) den eigenen Genossen wie auch den politischen Gegnern die Welt marxistisch erklärte.

Dass die damalige Parteiführung in diesen von Karl Kautsky verfassten Ausführungen tatsächlich eine politische Handlungsanweisung sah, darf bezweifelt werden. Als Eduard Bernstein in der sogenannten Revisionismus-Debatte forderte, die SPD solle sich auch in ihrem Programm als demokratisch–sozialistische Reformpartei darstellen und den Marxismus überwinden, antwortet ihm aus dem Parteivorstand Ignaz Auer: „Mein lieber Ede, das, was du verlangst, so etwas sagt man nicht, so etwas tut man!" (Lehnert 1983: 95). Mit anderen Worten: Die marxistische Geschichtsphilosophie ist etwas ganz anderes als die praktische Politik. Auch die gesellschaftliche Bedeutung der Kirchen erschöpft sich ja nicht in religiösen Dogmen. In ähnlicher Weise sollte die Lehre von der unvermeidlichen Weltrevolution zwar den Anhängern der SPD den Glauben vermitteln, auf der Seite des Fortschritts und der gesellschaftlichen Zukunft zu stehen, aber doch bitte keinen Leitfaden für die praktische Politik abgeben.

Zu Beginn des Ersten Weltkriegs zeigte sich dann bei der Bewilligung von Kriegskrediten durch den Reichstag, dass Ignaz Auer zwar für eine Mehrheit aber nicht für alle sozialdemokratischen Abgeordneten gesprochen hatte. Während die Mehrheit zähneknirschend zustimmte, wollte eine Minderheit die Ideale des ‚proletarischen Internationalismus' nicht verraten. Sie spaltete sich als USPD ab. Aus dieser Gruppierung spaltete sich wiederum die KPD (gegründet am 30.12. 1918) ab, die die revolutionären Ziele auch praktisch umsetzten wollte. Sie verfolgte eine politische Linie, die sich an der Geschichtsphilosophie von Karl Marx und an der daran geknüpften politischen Strategie Lenins, also am Marxismus-Leninismus orientierte.

Der russische Revolutionär Wladimir Iljitsch Uljanov, genannt Lenin, hatte aus der sich nicht nur in Deutschland abzeichnenden Integration der Arbeiterschaft in die parlamentarische Demokratie Konsequenzen für eine realistische revolutionäre Strategie gezogen, die sich in der sogenannten Oktoberrevolution in Russland bewährten. Aus ihr ging die Sowjetunion hervor, die rasch zum Zentrum des revolutionären Marxismus und zu einer Alternative zum bürgerlichen Staat wurde.

Der Marxismus-Leninismus unterscheidet sich vom klassischen Marxismus dadurch, dass er den Glauben an eine sich aus den politischen Kämpfen zwangsläufig heraus bildende revolutionäre Arbeiterklasse verloren hat. Gerade die Entwicklung in Deutschland hatte ja demonstriert, dass dies eine politische Fata Morgana war. Zwar war es den Gewerkschaften gelungen, Massenstreiks wie den großen Streik der Bergarbeiter 1895 zu organisieren. Sie führten aber nicht zwangsläufig zu einer weiteren Radikalisierung der Arbeiterschaft. Diese Beispiele aus der politischen Praxis belegten für Lenin eindeutig, dass die Arbeiter in ihren politischen Kämpfen um Lohn und Arbeitszeit nur ein „tradeunionistisches Bewusstsein" (Lenin 1963: 175)[51] entwickeln, das (wie im 7. Kapitel erläutert) über wohlfahrtsstaatliche Programme in eine parlamentarische Demokratie politisch integrierbar ist.

Wenn man, wie Lenin, unter diesen Bedingungen dennoch an der Marxistischen Grundposition einer unvermeidlichen proletarischen Weltrevolution festhält, dann bleibt vermutlich nur die *elitäre Lösung*, eine ‚politische Avantgarde' zu bilden, die sowohl ‚die historischen Gesetzmäßigkeiten' versteht, wie auch in der politischen Praxis die ‚objektiven Interessen' der Arbeiterklasse kompromisslos vertritt – falls erforderlich, auch gegen die real existierenden Arbeiter selbst.

Zu einem solchen Konzept gehört, dass in jedem Fall der für parlamentarische Demokratien typische Machtwechsel abgelehnt werden muss. Ist die Macht einmal ‚erobert', dann kann sie nie wieder an andere politische Gruppierungen abgegeben werden. Bereits diese kurze Skizze verdeutlicht, *dass der Leninismus ein alternatives Gesellschaftsmodell mit Hilfe der ‚Eroberung' der Staatsmacht realisieren möchte.*

Zunächst soll der Staatsapparat die ‚Vergesellschaftung der Produktionsmittel' durchsetzen. Damit soll die Lohnarbeit zur Lebensgrundlage der gesamten Bevölkerung gemacht und dem Besitzbürgertum wie auch den Großgrundbesitzern die bisherige Existenzgrundlage entzogen werden.

Dieser *‚proletarische Staat'* folgt insofern dem Vorbild des bürgerlichen Staates, als er ein Klassenstaat sein soll, dessen herrschende Klasse mit den eigenen zugleich allgemeine Ziele verfolgt. Während sie beim bürgerlichen Staat in der Garantie von allgemeinen Bürger- und Freiheitsrechten bestehen, geht es hier um eine angeblich *herrschaftsfreie Organisation der gesellschaftlichen Produktion zum Wohle aller.* Der proletarische Staat soll vor allem das Wirtschaftssystem auf das Ziel einer zentral geplanten sozialistischen Volkswirtschaft ausrichten. Dabei soll das Geldmedium seine selbständige Bedeutung verlieren und zu einem Anhängsel des Machtmediums werden.

Zum neuen gesellschaftlichen Organisationszentrum steigt die Partei der revolutionären Avantgarde auf, die sich des Staates für ihre Ziele bedient und ihm zugleich die erforderliche Legitimation verleiht. Sie fungiert als verbindliche Auslegungsinstanz der marxistischen Legitimationserzählung. Damit nimmt sie genau die Rolle ein, die die Herrscher in den alten Hochkulturen als Sprachrohr der Götter beanspruchten. Der revolutionäre Staat gebraucht seine Macht dann erfolgreich, wenn der „Aufbau des Sozialismus planmäßig vorangetrieben wird" (so lautete die von allen kommunistischen Parteien verwendete Formel; vgl. z.B. den Beschluss der 2. SED Parteikonferenz vom Juli 1952).

Übersicht: Gesellschaftsmodell des Marxismus-Leninismus

- Legitimationserzählung: der gesetzmäßige Übergang zum Kommunismus; Dogmatisierung der marxistischen Geschichtsphilosophie.
- Instanz zu ihrer verbindlichen Interpretation: Oberste Leitungsinstanz der herrschenden Partei
- Gesellschaftliches Organisationszentrum: herrschende Partei mit dem Staat als Exekutive
- Abgrenzung der wirtschaftlichen und politischen Leistungen gegen die Lebenswelt: unklar, sowohl Formen des privaten Rückzugs wie umgekehrt politisch disponible Abgrenzung

Beim bürgerlichen Staats- und Politikmodell war der Glaube an die Allokationsfunktion des freien Marktes ebenso wenig verhandelbar wie im Marxismus-Leninismus der Glaube an den zwangsläufigen Sieg des Kommunismus. Im Unterscheid zum Marxismus-Leninismus kennt der bürgerliche Staat aber keine Instanz, die diese ideologischen Prämissen in ein verbindliches politisches Programm gießt. Dies ist die immer zeitlich begrenzte Aufgabe der regierenden *Mehrheit* im Parlament (‚Regierungserklärung'). Im Marxismus-Leninismus legt dagegen die Parteiführung das verbindliche Programm fest.

An dieser Stelle hat der Marxismus-Leninismus ein Problem, vor allem weil er sich als besonders fortschrittlich und damit auch als besonders demokratisch versteht. Deswegen muss die politische Unterstützung für das von der Parteiführung beschlossene politische Programm durch möglichst große Teile der Bevölkerung *organisiert* werden. Anders als beim bürgerlichen Staat haben die Wähler ja keinen Einfluss auf die Festlegung des politischen Programms. Sie sollen vielmehr einem von der Parteiführung *vorgegebenen Programm* per Akklamation die *nachträgliche* Zustimmung erteilen. Daher ist die ‚Mobilisierung der Massen' ein wichtiges Politikfeld.

In den Augen der Leninisten lautete die zentrale politische Frage: Wer hat die Macht? Wer gebietet über das staatliche Machtmonopol? An die Macht zu kommen *und sie dann nicht mehr aus den Händen zu geben* war daher die vorrangige strategische wie taktische Aufgabe der revolutionären Partei. Das setzt wiederum voraus, dass die Geschlossenheit der zentralen Leitungsinstanz um jeden Preis gewahrt bleiben muss. Eine entscheidende Frage war daher, wie bei divergierenden Meinungen Entscheidungen gefällt und durchgesetzt werden konnten. *In diesem Fall* sollte nach Lenin das Mehrheitsprinzip angewendet werden[52]. Es blieb aber immer auf die Mitglieder der jeweiligen Organisationsebene beschränkt – *allein sie wurden als politisch gleichberechtigt angesehen*. Da die Organisationsebenen hierarchisch geordnet waren, blieb der Kreis der ‚Entscheider' immer auf die wenigen Mitglieder der obersten Entscheidungsinstanz (Stichwort: Politbüro) beschränkt.

Anders als in der bürgerlichen Demokratie war das Mehrheitsprinzip an das *Verbot der Fraktionsbildung* geknüpft. Darunter ist zu verstehen, dass die Unterlegenen nach der Abstimmung die Mehrheitsposition nicht nur zu tolerieren, sondern auch aktiv zu vertreten hatten (‚die Parteilinie vertreten'). Weiterhin durften sie keinen Versuch unternehmen, sich zusammenzuschließen, um auf eine Revision einer einmal getroffenen Entscheidung hinzuarbeiten.

8.3 Die Oktoberrevolution 1917 und der sowjetische Kommunismus bis 1940

Lenin wollte seine revolutionären Ziele zunächst im zaristischen Russland verwirklichen. Der russische Staat war weit davon entfernt, allen seinen Bürgern demokratische Grundrechte wie Meinungs- und Organisationsfreiheit zuzugestehen. Daher musste das oben skizzierte strategische Konzept um eine konspirative Form der Parteiorganisation ergänzt werden. Aufgrund der im zaristischen Russland üblichen Praxis politischer Verfolgung und Deportation hielt Lenin sie für unumgänglich.

Diese Prinzipien bewährten sich bei der ‚Oktoberrevolution', einem Putsch gegen eine schwache demokratische Regierung, die im Frühjahr 1917 die Monarchie abgelöst hatte, sich aber im Herbst 1917 in einer äußerst schwierigen politischen Lage befand.

Nach dem erfolgreichen Putsch stellte sich sofort die Frage nach der *demokratischen* Legitimation der Putschisten. Wie im vorigen Abschnitt erläutert wurde, konnte sie von der selbsternannten Avantgarde nur als eine rein taktische Frage der Massenmobilisierung verstanden werden, aber keineswegs als Frage nach der Beteiligung der Bevölkerung an der politischen Macht. Das politische Programm stand ja schon fest. Ebenso unumstößlich war, dass seine politische Umsetzung der ‚Avantgarde' vorbehalten war. Wie sollte aber eine Kaderpartei von Berufsrevolutionären den ‚objektiven Interessen' einer kleinen Minderheit der russischen Bevölkerung, der Industriearbeiter, in einem Agrarland zu einem definitiven Durchbruch verhelfen? *Die Lösung bestand darin, den Selbstbestimmungsaspekt der parlamentarischen Demokratie zu überbieten, um ihre Abschaffung legitimieren zu können.*

Lenin plädierte für Formen der direkten Demokratie, für Arbeiter- und Soldatenräte, aber auch für Dorfsowjets, die ihre Angelegenheiten in die eigenen

Hände nehmen sollten. Soldaten sollten ihre Kommandeure selbst bestimmen, die Arbeiter sollten die Organisation der Produktion in die eigenen Hände nehmen und die Bauern, also die große Mehrheit der damaligen Bevölkerung, sollten ihre dörflichen Angelegenheiten direkt regeln. Dazu sollte auch die Verteilung des Großgrundbesitzes unter den Bauern gehören. Neben der sofortigen Beendigung der Beteiligung am Ersten Weltkrieg war die Enteignung des Großgrundbesitzes ein weiterer zentraler Programmpunkt, mit dem die Putschisten die bäuerliche Mehrheit der Bevölkerung hinter sich bringen wollten.

Für die Berufsrevolutionäre hatte diese Form der direkten Demokratie den Vorzug, dass sie zu einer weitgehenden *Dezentralisierung* politischer Entscheidungen führte. Daher waren bei zentralen Parlamenten, die von Repräsentanten dieser Räte gebildet werden sollten, alle Möglichkeiten für eine Manipulation ihrer Zusammensetzung gegeben.

Die wichtigste Sachfrage war, *auf welchem Weg eine forcierte industrielle Modernisierung des Landes erreicht werden sollte.* Dabei erwies sich als entscheidend, welche Rolle das Geldmedium einnehmen und in welcher Weise es an die staatliche Machtausübung angekoppelt werden sollte. Da das oben skizzierte Konzept des Leninismus auf die Eroberung der politischen Macht zugeschnitten war, konnte diese Frage erst im historischen Realexperiment der Industrialisierung der Sowjetunion geklärt werden.

Ihre Industrialisierungsgeschichte lässt sich grob in drei Phasen gliedern: eine erste Phase des revolutionären Optimismus, eine zweite Phase der sogenannten ‚neuen ökonomischen Politik' und schließlich eine dritte Phase der stalinistischen Industrialisierung.

Die *erste Phase des revolutionären Optimismus* wurde durch den Versuch geprägt, in einem einzigen Schritt die kapitalistische Wirtschaftsstruktur überwinden zu wollen und dabei zugleich mehrere Entwicklungsstufen der Industrialisierung zu überspringen. Auf der Grundlage der Kriegswirtschaft, die immer Elemente der zentralen Lenkung der Ressourcenversorgung enthält (Preiser 1963), sollten Märkte und Geld durch eine *proletarische Naturalwirtschaft* ersetzt werden. Damit wurde versucht, Marxens Verständnis der nachkapitalistischen Gesellschaft als einer ‚unmittelbaren Assoziation' der Produzenten direkt zu realisieren, die *ohne das Erfolgsmedium Geld* auskommt. Dies wurde mit einem Elektrifizierungsprogramm verbunden, über das man an die Spitze des industriellen Fortschritts gelangen wollte. Lenins berühmte Definition des Kommunismus als „Sowjetmacht plus Elektrifizierung des ganzen Landes" (Lenin: Werke, Bd.31: 513) illustriert dieses Denken.

Der Übergang zur proletarischen Naturalwirtschaft scheiterte spätestens im Winter 1920, als es vor allem in den Städten zu eklatanten Auflösungserscheinungen kam. Dort konnte die Naturalwirtschaft nicht vorankommen, sodass sich die

Bevölkerung über den Schwarzmarkt ernähren musste. Die großen Betriebe lagen aufgrund von Lieferschwierigkeiten überwiegend still, die Stadtbevölkerung nahm drastisch ab. Das Transportsystem war weitgehend zusammengebrochen. Das Realexperiment hatte also sehr schnell gezeigt, dass eine arbeitsteilige Gesellschaft offenbar ohne das Geldmedium nicht organisiert werden konnte.

Diese desolate Situation erzwang einen ökonomischen Neuanfang, der als *‚neue ökonomische Politik'* bezeichnet wurde. Ihm lag die Überlegung zugrunde, dass letztlich doch ein egoistisches Interesse erforderlich war, um die Menschen zu mehr und zu aufeinander abgestimmten Leistungen zu veranlassen. In dem weiterhin dominierenden bäuerlichen Bereich wurden daher Zwangsabgaben durch eine Naturalsteuer ersetzt, die es den Bauern ermöglichte, Überschüsse zu erzielen und sie auf eigene Rechnung zu vermarkten. Die Verstaatlichung der Kleinbetriebe wurde zurückgenommen, so dass Gewerbetreibende nun wieder auf eigene Rechnung wirtschaften konnten. Bei den mittleren und großen Betrieben wurde das Prinzip der Kostendeckung eingeführt. Die Betriebe mussten also ihre Produktionskosten über Mengen und Preise der erzeugten Güter selbst verdienen. Bei der Entlohnung wurden Unterschiede nach Qualifikation und Leistung eingeführt. Diese Maßnahmen führten dazu, dass 1925 das Vorkriegsniveau wieder erreicht, in einigen Bereichen sogar übertroffen wurde.

Sozialtheoretisch ist an der ‚neuen ökonomischen Politik' interessant, dass hier direkt an die Rolle des Geldmediums im bürgerlichen Kapitalismus angeknüpft wird. Auch in der neuen ökonomischen Politik wird Geld sowohl als Tauschmittel (W-G-W) wie auch investiv verwendet (G-W-G'). Die investive Geldverwendung bleibt jedoch in ihrem Ausmaß begrenzt und wird – anders als im bürgerlichen Kapitalismus – der politischen Macht unterworfen, die immer korrigierend in die Ergebnisse eingreifen kann. *Damit sollte verhindert werden, dass die Erzielung von Profiten zum Selbstzweck wird.* Die neue ökonomische Politik war jedoch an einem entscheidenden Punkt unklar: In welcher Weise sollten Geldmedium und Wirtschaftssystem dem politischen System und der politischen Machtausübung untergeordnet werden?

Diese Frage wurde in den 1920er Jahren unter dem Thema ‚forcierte Industrialisierung der Sowjetunion' diskutiert und entschieden. Denn trotz aller praktischen Erfolge musste die neue ökonomische Politik perspektivisch wie ideologisch solange unbefriedigend bleiben, als Russland immer noch ein Agrarland war, in dem die ideologischen Repräsentanten der Industriemoderne und des Sozialismus, die Arbeiter der Großindustrie, nur eine verschwindende Minderheit ausmachten. In dieser Situation wurden zwei Positionen entwickelt, die schon deswegen interessant sind, weil sie bis heute das Spektrum der Möglichkeiten wirtschaftlicher Entwicklung unter sozialistischen Bedingungen umreißen.

Das eine Konzept, das als Konzept der ,Linken' angesehen wurde, sah eine *politisch gewollte Umleitung der Ressourcen vom primären in den sekundären Sektor* vor. Danach war es erforderlich, dass „der Staat Kapitalakkumulation auf Kosten der Bauernschaft betrieb und produktive Ressourcen aus dem bäuerlich-privaten in den industriell-staatlichen Sektor überführte, indem er die Industriepreise anhob und die Steuerlast, vor allem für die reicheren bäuerlichen Schichten, die ,Kulaken', erhöhte" (Altrichter 2006; 186). *Das ,linke' Konzept sah also eine strikte Unterordnung der Investitionen unter die politische Macht vor.* Preise sollten zu von den Produktionskosten entkoppelten entwicklungspolitischen Preisen werden. Die Lenkungsfunktion von Preisen sollte also direkt politisch instrumentalisiert werden.

Dagegen verlangte die ,rechte' Position mehr individuelle Freiheit, um der Eigeninitiative mehr Raum zu geben. Nach dieser Lesart war Wirtschaftswachstum „nur mit materiellen Anreizen, mit moderaten Industriepreisen und über eine florierende Landwirtschaft zu erreichen. Nur wenn es sich für ihn lohne, werde der Bauer mehr produzieren, seine Produktionsmethoden zu verbessern suchen, landwirtschaftliche Maschinen und Düngemittel nachfragen; dieses Mehrprodukt und die gesteigerte Nachfrage kämen allen, nicht zuletzt der sozialistischen Großindustrie zu Gute, die die Maschinen und Düngemittel herstelle. So stelle der sowjetische Staat, wenn er den Bauern, Kleinproduzenten und selbst der Bourgeoisie mehr Freiheit gewähre, diese objektiv in den Dienst der Staatsindustrie, des Sozialismus" (ebd.; 187f.). Die rechte Position setzt also auf die im bürgerlichen Kapitalismus schon bewährte Eigendynamik investiver Geldverwendung. Gewinnerwartungen sollten Anreize für Initiativen der wirtschaftlichen Akteure schaffen. Vom bürgerlichen Kapitalismus unterscheidet sich dieses System nur durch die verstaatlichten Großbetriebe, so dass keine gigantischen Privatvermögen angehäuft werden können.

Diese, in den 20er Jahren vor allem von Bucharin vertretene Position beschreibt bereits die Rezepte, mit denen Deng Xiaoping über 80 Jahre später die wirtschaftliche Modernisierung Chinas in Gang setzte (Kapitel 16). Wenn man dagegen die linke Position etwas verallgemeinert, dann läuft sie darauf hinaus, erwünschte wirtschaftliche Veränderungen mit politischen Mitteln erreichen zu wollen. ,Politische' Preise sollen helfen, langwierige ökonomische Prozesse abzukürzen. Auch dies ist in der Geschichte des Realsozialismus immer wieder versucht worden. Besonders katastrophale Ergebnisse hatte in China Maos ,großer Sprung nach vorn' (Stichwort: Großer Sprung nach vorn).

Die weitere *wirtschaftliche* Entwicklung der Sowjetunion ist eng mit dem *politischen* Vorgang des Aufstiegs von Stalin zum Diktator verknüpft. Stalin, der beim Tode Lenins (21.01.1924) bereits alle wichtigen Funktionen inne hatte (Mitglied des Zentralkomitees, des Politbüros, des Organisationsbüros sowie Leiter des Sekretariats des Politbüros), führte bis 1927 die ,neue ökonomische Politik' weiter. Er instrumentalisierte die Auffassungsunterschiede zwischen der linken und rechten Position aber dazu, um zunächst alle Vertreter der Linken aus allen wichtigen Gremien zu entfernen (erste ‚Säuberungswelle')[53]. Nachdem die Linke ausgeschaltet war, knüpfte Stalin an deren Positionen an – diese Gedanken waren nun ja gewissermaßen frei verfügbar, weil sie keine personelle Basis mehr in den Parteigremien hatten. Sie wurden nun dazu benutzt, auch die Vertreter der ‚rechten' Positionen aus den Gremien der Macht zu entfernen. Ab 1927 entstand ein eigenständiges, von Stalin geprägtes Modell einer *politisch dirigierten Industrialisierung*. Es überträgt das Prinzip der ‚politischen Säuberung'[54] auf das wirtschaftliche Geschehen.

Mithilfe des Staatsapparates wird nun der Kampf für den Fortschritt in der Form betrieben, dass ‚Schädlinge' und ‚Saboteure' aufzuspüren und entweder zu vernichten oder umzuerziehen sind. Die neue Ära beginnt als ‚Kampf gegen die Getreide hortenden Kulaken', durch den die Rückständigkeit des Dorfes beseitigt werden sollte. Die im Kampf gegen die ‚Schädlinge' und ‚Saboteure' benutzten Einschüchterungseffekte sollten eine *hoch zentralisierte Kommandowirtschaft* durchsetzen. Deren Ziele wurden in Form von Fünfjahresplänen festgelegt. Unter dem Ziel der „Liquidierung des Kulakentums als Klasse" (Stalin in einer Rede am 27.12. 1929; Stalin 1951; Bd.12) wurde der Zusammenschluss der bäuerlichen Höfe zu großen Produktionsgenossenschaften unter Vernichtung des privaten Eigentums an Grund und Boden eingeleitet. „Wer sich sträubte, geriet rasch in den Verdacht zu den ‚kulakischen Elementen' im Dorf zu gehören. Auf sie wartete die Deportation. Zur Unterstützung der lokalen und regionalen Sowjetorgane wurden bewaffnete Arbeiterbrigaden, Abteilungen des Jugendverbandes der Polizei, des Komsomol und Soldaten der roten Armee in die Dörfer geschickt. Sie sorgten dafür, dass die Dorfversammlungen die ‚richtige' Entscheidung trafen ... Sie ‚isolierten' die ‚kulakischen Elemente' und deren ‚Helfershelfer' und wirkten bei ihrer Deportation mit" (Altrichter 2006: 190).

Obwohl die Zwangskollektivierung erneut in eine Hungerkatastrophe einmündete, wurde sie nicht mehr zurück genommen. Ähnlich wie bei den faschistischen Regimen wurde von nun an ein ‚revolutionärer Aktivismus' (vgl. nächstes Kapitel) propagiert, mit dem die ‚Werktätigen' die Fünfjahrespläne realisieren sollten. Wie bei Hitlers städtebaulichen Phantasien dominierte auch in der Sowjetunion ab 1929 der Gigantismus. „So sollte, um einige typische Beispiele zu nennen, am Dnjepr das ‚größte Kraftwerk der Welt' entstehen, in Westsibirien ein ganz neues schwerindustrielles Zentrum aus dem Boden gestampft werden und eine neue 2500 Kilometer lange Eisenbahnstrecke Sibirien mit Turkestan verbinden. Ebenso gigantisch wie die Projekte waren auch die veröffentlichten Erfolgszahlen, die ... von enormen Zuwächsen beim schwerindustriellen Ausstoß, bei Kohle, Stahl und Eisen sowie bei Traktoren, metallurgischem Gerät, Werkzeugmaschinen und Turbinen berichteten. Das war nicht nur Propaganda; denn tatsächlich wurden – im Energiesektor und bei gewissen Investitionsgütern – beeindruckende Produktionszuwächse erzielt … Die Reduktion der ökonomischen Bilanz auf die Erfolge der sowjetischen Großindustrie unterschlug, welche Schäden und Verluste der ‚Kampf gegen die NEP-Profiteure', die Zerschlagung des Handwerks und der privaten Kleinindustrie für die Volkswirtschaft mit sich brachten. Sie blendete erst recht die enormen sozialen Kosten aus, mit denen die schwerindustriellen Erfolge erkauft wurden" (Altrichter 2006: 193)[55].

In diesen Bahnen verlief die weitere wirtschaftliche und politische Entwicklung der Sowjetunion bis zu Stalins Tod im Jahre 1953, wobei allerdings der Überfall von Nazideutschland auf die Sowjetunion 1941 den Anlass für die Propagierung eines *nationalen* Aktivismus lieferte (Stichworte: Proklamation des ‚großen vaterländischen Krieges', Glorifizierung historischer Kriegshelden von Alexander Newski bis zum erfolgreichen Kampf gegen Napoleon). Zur Festigung von Stalins Diktatur wie zur Manifestation des revolutionären Fortschritts wurden immer neue Säuberungswellen losgetreten, die nach dem Parteiapparat auch das Militär erfassten, aber ebenso den „kleinen Mann" treffen konnten. Nach neueren Schätzungen betrug die Zahl der Verhaftungen wegen ‚konterrevolutionärer Tätigkeit' zu Beginn der 30er Jahre jährlich zwischen 250.000 und 350.000. Sie sank dann Mitte der 30er Jahre auf knapp 100.000, um dann auf dem Höhepunkt der ‚großen Säuberungen' 1937/38 auf bis zu 2,5 Millionen pro Jahr anzusteigen. Die Zahl der Exekutionen wird (jährlich) auf 20.000 Anfang der 30er Jahre, gut 1.000 Mitte der 30er Jahre und für 1937/38 sogar auf 680.000 geschätzt (vgl. Altrichter: 199ff.).

Was passierte mit denjenigen, die ‚nur' verhaftet aber nicht exekutiert wurden? Bei einer Strafe von über drei Jahren wurden sie als Zwangsarbeiter eingesetzt. „In den Straf- und Arbeitslagern sollen während der Stalinzeit zwölf Millionen Häftlinge zur gleichen Zeit untergebracht gewesen sein" (ebd.: 202). Auch diese Form der Verbindung zwischen Wirtschaft und Politik weist deutliche Parallelen zum nationalsozialistischen Deutschland auf, wo spätestens ab 1940 die ‚Vernichtung unerwünschter Elemente durch Arbeit' zum festen Repertoire des Systems gehörte. Unterschiede gab es allerdings in der Kategorisierung derer, die aus politischen Gründen der ‚tendenziellen Vernichtung' durch Zwangsarbeit zugeführt wurden.

Aus dieser kurzen Skizze des Stalinismus gilt es nun Rückschlüsse auf das entwickelte Gesellschaftsmodell zu ziehen. Die Darstellung hat sicherlich deutlich gemacht, dass sich vor allem der Gebrauch staatlicher Macht radikal und systematisch verändert hat. Zunächst fällt auf, dass das Projekt der nachgeholten Industrialisierung von einer ökonomischen in eine politische Aufgabe umdefiniert wurde: Es galt nun primär die *politische Rückständigkeit* zu überwinden. Die entschlossenste Form ist dann die Ermordung/Vernichtung durch Arbeit/Zwangsinternierung festgestellter (tatsächlicher oder vermeintlicher) politischer Gegner, aber auch ganzer Bevölkerungsgruppen mit ‚notwendig falschem Bewusstsein' wie der Kulaken.

Damit hatte die Debatte um die forcierte Industrialisierung und um den richtigen Weg zum Sozialismus eine *paradoxe* Antwort gefunden: Entscheidend ist nicht mehr, wie die Unterordnung des Wirtschaftssystems und der Eigenlogiken der Geldverwendung unter das politische Programm genau gehandhabt werden soll, sondern es geht primär um den konsequenten Machtgebrauch für das revolutionäre Ziel! Weil dieses Ziel unverrückbar vorgegeben ist, kann auch die Rationalität der Machtausübung nur an materiellen (Vernichtung politischer Gegner; Brechung politischen Widerstands) und nicht an formellen (wie z. B. wirksame Garantie bürgerlicher Freiheitsrechte) Kriterien gemessen werden. In einer politisch ‚gesäuberten', also nur noch aus Anhängern und Erfüllungsgehilfen zusammen gesetzten Gesellschaft kann dann die politische Zentralinstanz in Form von Fünfjahresplänen dem Wirtschaftssystem vorgeben, was zu produzieren ist und welche Infrastrukturprojekte zu realisieren sind, ohne dass sie mit Widerstand rechnen muss.

Zugleich hat Stalin die Prinzipien des ‚demokratischen Zentralismus' und der ‚revolutionären Avantgarde' auf die Spitze getrieben, indem er aus einem kleinen elitären Entscheidungszentrum politisch gleichberechtigter Funktionäre eine Diktatur gemacht hat, da nur eine Person, nach eigener Einschätzung Stalin selbst, die bei weitem größte Befähigung zum Aufbau des Sozialismus aufwies. Ein gleichberechtigter Zugang anderer zur politischen Macht wäre daher irrational. Die öffentliche Zurschaustellung der einbalsamierten Leiche Lenins sollte dieser Form der Machtausübung ebenso Legitimation verleihen wie eine Unzahl an Lenin- und Stalin-Standbildern und an weiteren politischen Devotionalien.

8.4 Fazit

1. Im Realsozialismus wird am Hauptziel des Marxismus, der ‚Vergesellschaftung' der Produktionsmittel, festgehalten. Die Staatsmacht muss erobert werden, um dieses Ziel durchzusetzen und den Aufbau einer sozialistisch- kommunistischen Gesellschaft zu organisieren.
2. Die bürgerliche Demokratie muss beseitigt werden, weil ein Macht- und Richtungswechsel ausgeschlossen sein soll.
3. Da die Arbeiterschaft nur ein trade-unionistisches Bewusstsein entwickeln könne, muss ihr ‚objektives Klasseninteresse' an einer Vergesellschaftung der Produktionsmittel von der selbsternannten Avantgarde der Arbeiterklasse vertreten werden. Sie allein beansprucht die Kompetenz, den Übergang zum

Sozialismus und zum Kommunismus politisch organisieren zu können. Deswegen bleibt die politische Macht der Parteispitze vorbehalten. Mit den Mitteln von Agitation und Propaganda soll nachtäglich die Akzeptanz der Massen für vorgegebene politische Ziele organisiert werden.

4. Der Marxismus-Leninismus wird zur Staatsideologie.
5. Die entscheidende Frage zum leninistischen Konzept der politischen Avantgarde hat Stalin in voller Schärfe aufgeworfen: Wer genau ist im Besitz der vollen historischen und politischen Wahrheit? Die Antwort kann nur die Tautologie der faktischen Macht liefern: Wer an der Macht ist, der kann auch die Interpretation durchsetzen, dass er im Besitz der historischen und politischen Wahrheit sei. Daher ist der Trend zur Ein-Personen-Herrschaft, also zur Diktatur, die logische Konsequenz von Lenins Parteikonzept.
6. Das hatte auch Konsequenzen für die Organisation des Transformationsprozesses zum Sozialismus und Kommunismus. Auch sie wird zur reinen Machtfrage: Da nur die politische Zentrale, letztlich also nur der Diktator im Besitz der ‚vollen Wahrheit' ist, muss das Wirtschaftssystem voll zentralisiert werden, also auf die Ausführung von Fünfjahresplänen und direkten Befehlen der Zentrale zugeschnitten werden. Jegliche Selbststeuerung des Marktes über das Geldmedium ist auszuschalten, da es die Macht der Zentrale beschneiden würde.

Die Revolution von ‚rechts': der Faschismus

9

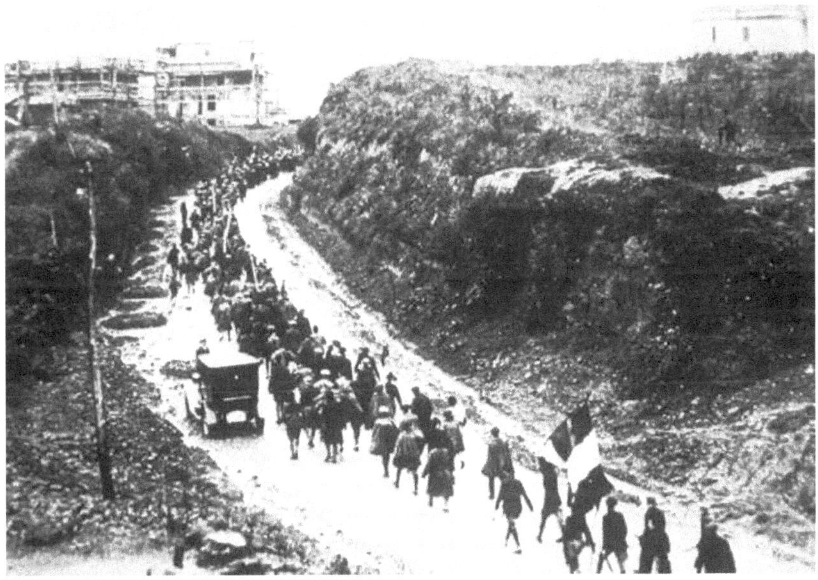

Das Foto zeigt die Parteigänger Mussolinis auf dem Weg nach Rom (28.10.1922), der den Aufstieg des Faschismus einläutete.

9.1 Der aristokratische Geist

Im 19. Jahrhundert waren die klassischen konservativen Parteien antimodernistisch ausgerichtet. Insbesondere wollten sie die Prozesse der Industrialisierung und der Demokratisierung stoppen oder zumindest verlangsamen. In diesem konservativen Meinungsspektrum entwickelte sich jedoch in der ersten Hälfte des 20. Jahrhunderts eine *revolutionäre Rechte*, die diese letztlich aussichtslose Position aufgab und die moderne Gesellschaft aktiv und offensiv gestalten wollte. Die entsprechenden Gruppierungen bezeichneten sich als ‚faschistisch' oder ‚nationalsozialistisch'. Eine Mittelstellung zwischen klassischen Konservativen und der revolutionären Rechten nahmen Grupperungen ein, die für eine *ständestaatliche Ordnung* votierten (vgl. exemplarisch Österreich 1934 bis 1938; Ausgangspunkt: Kornneuburger Eid der Heimwehren von 1930).

Der revolutionäre Gestus darf nicht von der Frage ablenken, ob es ‚einschlägige' Vorläufer und Traditionen gibt, an die der Faschismus anknüpfte. Plausibel scheint mir die These zu sein, dass es neben dem durch den asketischen Protestantismus gebahnten Weg in ein bürgerlich-privatwirtschaftliches Wirtschaftssystem noch einen zweiten, *aristokratischen Weg* in die Moderne gab, an den das Gedankengut der revolutionären Rechten anknüpfen konnte. Während der erstgenannte Weg auf unternehmerischen *Erfolg* im *Wettbewerb* auf freien Märkten abzielte, setzte der aristokratische auf die *Eroberung* von Reichtum und von Wettbewerbsvorteilen. Sein vorrangiges Erfolgsmedium ist die Macht und nicht das Geld.

Der vormoderne Adel hob sich durch das Privileg der Steuerfreiheit, durch umfangreiches Grundeigentum und durch einen körperliche Arbeit meidenden Lebensstil vom ‚gemeinen Volk' ab. Schon die griechische Aristokratie pflegte die ‚Theoria', die von harter körperlicher Arbeit freie Tätigkeit. Die körperliche Arbeit war in allen Feudalgesellschaften dem ‚einfachen Volk' als arbeitender Klasse auferlegt. Das ermöglichte dem Adel die Kultivierung kriegerischer Fähigkeiten. In der Frühmoderne kann man beobachten, *wie sich aus diesem Standesprivileg eine Art Lebensgefühl entwickelte*, das sich über die Standesgrenzen hinweg verbreitete. In ähnlicher Weise wie der Adel auf das ‚gemeine Volk' herab sah und es aufgrund dieser Verachtung auch fast nach Belieben behandelte und ausbeutete, sucht nun ein sich über die Klassengrenze hinaus verbreitendes *aristokratisches Überlegenheitsgefühl* nach Opfern, nach Unterlegenen, nach Ausbeutungsobjekten.

Von diesem aristokratischen Geist war auch der bürgerliche Staat keineswegs frei. Dieses Merkmal erklärt zumindest teilweise, warum Venedig eine Adelsrepublik geblieben ist und sich Großbritannien so lange gegen ein allgemeines Wahlrecht gesperrt hat. In den Handelskompanien und im Kolonialismus steckt ein noch deutlicheres aristokratisches Überlegenheitsgefühl, das das Eigentum an der eigenen Person den ‚Weißen' bzw. den kulturell überlegenden Europäern vorbehielt. Im Modell des bürgerlichen Staates schließlich ist es in der Grundidee enthalten, dass der bürgerliche Staat seine Macht nutzen sollte, um den *eigenen* Bürgern *privilegierte* Erwerbschancen zu verschaffen. Wenn man noch tiefer schürft, dann kann man auch erkennen, dass in der Staatlichkeit einer Gesellschaft bereits die Idee steckt, dass der Staat immer nur seine Bürger begünstigt, während er die Bürger anderer Staaten zu Feinden erklären kann, die es zu schädigen, zu besiegen und zu unterwerfen gilt.

Diese Parteilichkeit hat erst im Zeitalter der Aufklärung ihre Selbstverständlichkeit verloren, als die gesamte Menschheit zur Zielgruppe emanzipatorischer Projekte wurde. Auch die aus dem Denken der Aufklärung entwickelten politischen Emanzipationsprojekte des Liberalismus wie des Marxismus zielten ganz selbstverständlich auf die gesamte Menschheit. *Dieser Universalismus sonderte das aristokratische Element in den existierenden Gesellschaften als rückständig und fortschrittsfeindlich aus.* Schon aus diesem Grunde sind, wie in den Kapiteln 6 und 8 deutlich wurde, sowohl der Liberalismus wie der Marxismus staatskritisch bis staatsfeindlich eingestellt. Während der Liberalismus die Allmacht des Staates nur brechen und ihn in Form des bürgerlichen Staates in eine Art Dienstleistungsagentur verwandeln wollte, sollte er im Kommunismus ganz verschwinden. Im achten Kapitel haben wir allerdings auch gesehen, dass auf dem Wege zu diesem Fernziel der Staat vor allem im Stalinismus zu einem wahren Leviathan wurde, der alle ‚Fortschrittsfeinde' bis hin zur physischen Vernichtung verfolgte. Man kann diese erstaunliche Wiedergeburt des alten vorbürgerlichen Staates letztlich auf Lenins Konzept einer politischen Avantgarde zurückführen, das zutiefst vom aristokratischen Geist geprägt war.

Aber auch der Aufstieg Europas in der frühen Neuzeit wäre ohne dieses aristokratische Element undenkbar gewesen. Es hat vor allem dem spanischen Kolonialismus seinen Stempel aufgedrückt. Bereits während der Reconquista (ca. 791 – 1492), also der Rückeroberung des von den Muslimen beherrschten spanischen Territoriums, ist es zu einem ständeübergreifenden Ressentiment geworden. In der Ära der Kreuzzüge wurde für *alle spanischen Christen* ein *religiöser Eroberungsauftrag* propagiert, wonach sie mit Gottes Hilfe die Ungläubigen von der iberischen Halbinsel zu vertreiben hätten. Tatsächlich wurde dieses kriegerische Projekt nicht nur von der Krone und dem Adel, sondern darüber hinaus von religiösen Orden und dem städtischen Bürgertum gemeinsam getragen (Marboe 2006:123ff.). Damit hatte der aristokratische Geist die traditionellen Standesgrenzen in Richtung Bürgertum überschritten.

Städte, Orden, Adel und Krone organisierten auch die ‚Repoblicacion', also die ‚Wiederbesiedlung' der eroberten Territorien, was die ‚Integration' der dort ansässigen Bevölkerung mit einschloss. Vor allem in der Endphase der Reconquista wurde die muslimische wie auch die jüdische Bevölkerung, trotz vertraglich zugesicherter Toleranz, vor die Wahl gestellt, entweder zum Katholizismus überzutreten oder zu emigrieren bzw. zu sterben. Diejenigen, die sich für den Katholizismus entschieden, wurden als Bürger zweiter Klasse behandelt. Nicht zuletzt unter dem Druck von vor allem gegen Juden gerichteten Pogromen, die im Wesentlichen von der durch Hassprediger aufgestachelten städtischen Unterschicht ausgingen (Marboe: 291), entwickelte sich eine *nun nicht mehr ständisch, sondern rassistisch geprägte Aufspaltung der Bevölkerung,* die von der Inquisition vorangetrieben wurde. Symptomatisch ist, dass deren Strafkatalog bei der Enteignung der Angeklagten begann (Marboe 288ff.)[56]. Von nun an galten nur noch Menschen, in deren Adern weder jüdisches noch muslimisches Blut floss, deren Blut also ‚rein' war („limpieza de sangre": ebd. 298) als vollwertige Christen und Spanier (ebd.). Ihnen stand auch *das Privileg der Bereicherung* zu. Die Spätphase der Reconquista demonstriert, wie aus dem aristokratischen Geist einer kleinen Sozialschicht durch Ausbreitung und Steigerung bis hin zur Hysterie aufgestachelter Massen ein *aristokratisches Ressentiment*, ein nun stark emotionalisiertes Gefühl der Abneigung und der Überlegenheit, werden kann.

Auf dieser Grundlage entwickelte sich dann das spanische Kolonialreich. Auch hier wurde die Linie zwischen den Überlegenen, denen es zustand, sich insbesondere an Gold, Silber und den Produkten einer tropischen Plantagenwirtschaft nach Belieben zu bereichern und den Unterlegenen, deren Schicksal es war, bis zur physischen Erschöpfung in den Minen oder auf den Plantagen zu schuften, nach rassistischen Kriterien gezogen. Die Expansion in Süd- und Mittelamerika wurde im Wesentlichen von Abenteurern getragen, die nach dem legendären Eldorado suchten. Nicht durch unternehmerische Aktivitäten, sondern durch die *kriegerische Aneignung* von Schätzen und die offene Ausbeutung von verachteten Unterlegenen wollten sie reich werden.

An dieses *aristokratische Ressentiment* knüpfen sowohl die ‚konservative Revolution' wie auch die aus ihr hervorgehenden faschistischen bzw. nationalsozialistischen Bewegungen an.

9.2 Das Gesellschaftsbild des Faschismus/ Nationalsozialismus

Anders als die revolutionäre Linke stützt sich die revolutionäre Rechte nicht auf ein einheitliches Gedankengebäude. Deswegen muss hier zunächst die geistige Landschaft dargestellt werden, in der sich die diversen Parteien und politischen

Gruppierungen bewegt haben. In seiner Untersuchung über „die konservative Revolution" arbeitet Sieferle (1995) *fünf programmatische Komplexe heraus, aus denen sich die Legitimationserzählungen dieser Gruppierungen zusammensetzen.* Sie haben sich zumindest in Grundkonturen bereits Ende des 19. Jahrhunderts herausgebildet. Politisch wirksam wurden sie jedoch erst bei der politischen Aufarbeitung der durch die Weltwirtschaftskrise (siehe Kapitel 11) ausgelösten politischen Krise des bürgerlichen Staates.

Während es Karl Marx gelungen war, für die linke Kapitalismuskritik aus den Strömungen des französischen Sozialismus, des deutschen Idealismus und der Nationalökonomie ein in sich geschlossenes Gedankengebäude zu formen, an das Lenin und Stalin dann anknüpften, ist eine vergleichbare Synthese im Bereich der rechten Kapitalismuskritik nie erfolgt. Deswegen bediente sich jede faschistische oder nationalsozialistische ‚Bewegung' nach eigenem Gusto aus diesem kaum vorstrukturierten Angebot. Dabei wurden sehr unterschiedliche ‚Ideologiemixturen' angerührt.

Der völkische Nationalismus

Der völkische Nationalismus verabsolutiert die mit dem Aufbau nationalstaatlicher Bildungssysteme im 19. Jahrhundert aufgekommene Unterscheidung nationaler Bildungstraditionen und nationaler Charaktere (vgl. Gellner 1995). Was aus einer distanzierten soziologischen Analyseperspektive als ein eher künstliches Konstrukt erkennbar wird, geriet in den Augen des völkischen Nationalismus zum historischen Subjekt. Jedes Volk „trägt seinen Maßstab und seine Werte in sich … Gemäß einer solchen radikal-relativistischen Position besteht die ‚Aufgabe' eines Volkes lediglich darin, es selbst zu sein und zu bleiben und dadurch die Totalität der menschlichen Kulturen um eine Facette zu bereichern" (Sieferle 1995: 26). Für den einzelnen gilt, dass die Identifikation mit der ‚eigenen' nationalen Kultur ein zentrales sinnstiftendes Element ist, das gegen ‚volksfremde' Einflüsse verteidigt und abgeschottet werden muss. „Ähnlich wie der Marxist jedes abweichende Argument als Ausdruck eines fremden Klassenstandpunkts wertet … gelten für den völkischen Nationalismus abweichende Positionen … als Ausdruck der Interessen oder Sichtweise eines fremden (im Falle des humanitären Universalismus vor allem des jüdischen) Volkes" (ebd.: 27).

Als einziger der fünf Komplexe ist der völkische Nationalismus antimodernistisch. Gegen die nivellierenden Tendenzen der Moderne muss sowohl das eigene Volkstum mit seinen spezifischen Sitten, Gebräuchen und Werten wie auch die als ‚Scholle' verklärte Heimat des eigenen, bäuerlichen Volkes verteidigt werden. Daraus ergibt sich eine sehr grundsätzliche Technik- und Zivilisationskritik.

Der nationale Sozialismus

> „Der industrielle Kapitalismus hatte, wie marxistische und bürgerliche Ökonomen in ähnlicher Weise konstatierten, gerade in seinem fortgeschrittensten Stadium Tendenzen zur Integration mit dem Staat, zur Organisation und Planung hervorgebracht … Industriekartelle und Monopole, ‚Finanzkapital', staatliche Sozialpolitik, Kartellisierung der Arbeit (Industriegewerkschaften), staatliche Infrastrukturpolitik und ähnliche, besonders in Deutschland weit fortgeschrittene, Tendenzen zeigten, dass die Ära des ‚freien Spiels der Kräfte' zu Ende gehen und von einer Periode der Planung und politischen Integration abgelöst werden würde … Es deutete sich in dieser Sicht eine neuartige Symbiose der folgenden Elemente an: kartellisierte Großindustrie + bürokratischer Staat + organisierte Arbeiterbewegung = sozialistisch organisierte Volksgemeinschaft" (Sieferle 1995; 31f.).

Das Konzept eines nationalen Sozialismus ist eine frühe Version einer Politik des dritten Weges. Vom liberalen Kapitalismus wie von den weiter wirkenden Relikten der Feudalgesellschaft setzte es sich durch das Ziel ab, dass die „überkommenen Klassenprivilegien des Erbkapitalismus" (ebd.) zu Gunsten einer sozial differenzierten Leistungsgesellschaft auf der Grundlage von Privateigentum und Leistungsprinzip überwunden werden sollten. Anders als im Sozialismus sollte d*er Klassenkampf nicht einseitig zu Gunsten der Arbeiterklasse entschieden, sondern durch nationale Versöhnung entschärft und im soziokulturellen Rahmen der Volksgemeinschaft ‚aufgehoben' werden.*

In ökonomischer Hinsicht wurde die Bildung nationaler Wirtschaftsräume angestrebt. Dem lag die These zugrunde, dass das Zeitalter einer auf freiem Warenaustausch beruhenden Weltwirtschaft seinem Ende entgegen gehe. Sie wurde von der 1929 einsetzenden Weltwirtschaftskrise (Kapitel 11) bestätigt. Daher sollte „die Zukunft … von quasi-autarken wirtschaftlichen Großräumen geprägt sein, *die jeweils unter politischer und militärischer Kontrolle einer avancierten Hegemonialmacht stünden.* Aus deutscher Perspektive bedeutete dies, dass neben das britische Empire, das eurasische Russland und den von den USA dominierten amerikanischen Kontinent ein (mittel-) europäischer Wirtschaftsraum treten sollte, dessen Einheit von der Vorherrschaft des Deutschen Reiches garantiert würde" (Sieferle 1995; 31).

In kultureller- und ideologischer Hinsicht war dieses Konzept zunächst nicht festgelegt. Es konnte daher sowohl mit der Ideologie des völkischen Nationalismus verschmolzen oder mit einem oder mehreren der nachfolgend erläuterten Komplexe kombiniert werden.

Der revolutionäre, antiwestliche, Nationalismus

In diesen Komplex gehören nach Sieferle zunächst einmal politische Programme, die den *Aufstieg und die Wiedergewinnung der nationalen Größe* in den Mittelpunkt stellen. Für Deutschland bedeutete das die Revision des Versailler Vertrags, für Italien die Expansion im Mittelmeerraum, für Japan die Beherrschung Ostasiens. Darüber hinaus existierte, ähnlich wie bei den Kommunisten, eine Programmatik des antiimperialistischen Kampfes um die nationale Selbstbestimmung. In wirtschaftlicher Hinsicht sollte daher *weitgehend Autarkie angestrebt und gegen eine Integration in eine angloamerikanisch dominierte Weltwirtschaft Widerstand geleistet werden.* Anders als der revolutionäre Sozialismus verfügte der revolutionäre Nationalismus aber über keine Vision einer internationalen Weltordnung.

Der aktivistisch-vitale Komplex

Unter diese Formel[57] bringt Sieferle jenen kulturellen Aufstand gegen die Routinen des bürgerlichen Lebens, bei dem die *heroische Tat gefeiert und ästhetisch überhöht* wird. Als Unterscheidungsmerkmal gegen die ‚Bürgerlichkeit' wird sie sowohl von der revolutionären Rechten wie der revolutionären Linken hervorgehoben. Der Gefahr der ‚Vermassung' (vgl. le Bon 1912; Ortega y Gasset 1956; Riesman 1958) kann nach dieser Lesart nur durch die je individuelle, entschlossene und heroische Tat begegnet werden. Sie kann sowohl in den Gemetzeln des Ersten Weltkriegs entdeckt werden (z. B. Jünger 2015) wie auch im Dschungel der Großstadt. Gefeiert und glorifiziert wird eine ‚schroffe' und ‚entschiedene' Haltung des Individuums. Sie sei „heroisch, stählern-romantisch, hart, scharf, klar, typenschaffend" (Joseph Goebbels zitiert nach Sieferle ebd.: 38). Aber auch bürgerliche Literaten wie Gottfried Benn feierten antibürgerliche Tugenden wie: Liebe zur Gefahr, Energie und Verwegenheit, Mut, Unerschrockenheit, Rebellion, Laufschritt und Todessprung (ebd.: 37). In sozialer Hinsicht werden der Vermassung Männerbünde[58] entgegen gestellt wie die Wandervogelgruppe, der Stoßtrupp im Krieg, das Freikorps, die Blaupausen für Organisationen wie SA und SS oder die Kampfgruppen im italienischen Faschismus abgaben. Schon diese Beispiele zeigen, dass hier *aristokratische Ideale* wie die Aufopferung im Kampf in die Gegenwart übersetzt wurden.

Daher ist dieser Aktivismus auch keineswegs technikfeindlich. Insbesondere moderne Waffen werden glorifiziert, da sie die entschlossene Tat ermöglichen. Diese Haltung gilt gleichermaßen für die revolutionäre Linke wie für die revolutionäre Rechte. „Majakovskij ruft den roten Matrosen zu: Hört auf mit dem Gequatsche. Still, Redner! Du hast das Wort, Genosse Mauser. Johst lässt den jungen Nationalrevolutionär sagen: Zehn Schritte vom Leib mit dem ganzen Weltanschauungssalat. Hier wird scharf geschossen. Wenn ich Kultur höre, entsichere ich meinen Browning!" (Sieferle ebd.: 39)[59].

Rassismus

Während Marx glaubte, die Geschichte der Menschheit auf eine Geschichte von Klassenkämpfen reduzieren zu können, ist für die revolutionäre Rechte ein biologischer Reduktionismus von zentraler Bedeutung, der die Geschichte der Menschheit auf eine *Geschichte von Rassenkämpfen* zurückführt. Dieser Rassenkampf (vgl. auch Gumplowicz 1883) ist nach Meinung seiner Protagonisten unausweichlich und immer während. Die Menschheit gliedere sich in unterschiedliche Rassen, die im Wesentlichen genetisch verankerte unterschiedliche Qualitäten und Begabungen besitzen. „Die Rassengeschichte bildet gewissermaßen eine *biologische Geheimgeschichte des Volkes*, welche die Rassentheorie aufzuklären und die Rassenpolitik bewusst zu gestalten verspricht" (Sieferle ebd.: 39f.; Hervorh. D.B.).

Erst mit der Industrialisierung, der damit einher gehenden Mobilität und mit der Entwicklung überregionaler Kommunikationsräume, gewinnt die Rassenpolitik ihre ‚Anwendungsfelder'. Sie war allerdings keineswegs ein ausschließliches Produkt der revolutionären Rechten, sondern sie spielte auch im sozialdemokratischen und linken Spektrum eine gewisse Rolle (Sieferle ebd.: 40 sowie Bauman 1992).

Aus der Rassentheorie lassen sich unterschiedliche rassenpolitische Projekte ableiten. Sieferle nennt drei Felder: „Als erstes ist die innere Gesundheit des Volkes durch Eugenik, das heißt durch Ausschluss der biologisch ‚Minderwertigen' von der Fortpflanzung, zu nennen. Hintergrund dieses Programms ist der Gedanke, dass die ‚Sozialhygiene', die zu einer Senkung der Säuglingssterblichkeit geführt hat, (zur Folge hat) …dass jetzt Nachwuchs überlebt, der unter vor-hygienischen Bedingungen gestorben wäre … Ein zweites Ziel ist die Veränderung der Rassenzusammensetzung des Volkes selbst. [Dabei] … kann eine solche Züchtungspolitik auf die Erhöhung des erwünschten Mischungsanteils hinarbeiten. Eng verwandt damit ist das dritte Ziel einer Fernhaltung und Ausschaltung fremder Rassenanteile aus dem Volk, sowie der Isolierung des eigenen Volkes von fremden Rasseneinflüssen" (Sieferle ebd.: 40f.).

Der Antisemitismus des deutschen Nationalsozialismus war überwiegend rassistisch unterlegt. Diesen Gedankengang fasst Sieferle folgendermaßen zusammen: Für ihn „gelten die Juden als ein rassisch spezifisch zusammengesetztes Volk, welches eine hohe biologisch verankerte Kompetenz besitzt und dadurch zu einem sehr gefährlichen Gegner wird. Das Spezifische der Juden gegenüber anderen Völkern liegt in ihrer parasitären Überlebensstrategie. Sie besitzen keinen eigenen Lebensraum, sondern existieren inmitten anderer Völker, ohne sich jedoch in der Regel mit ihnen genetisch zu verbinden. Die Juden als extrem endogame Gruppe achten unter sich selbst auf Reinheit ihrer Rasse, während sie für andere Völker wahllose Vermischung propagieren. Dies wird als Verfolgung eines biologischen Ziels interpretiert, welches dahin geht, die nationale und rassische Identität ihrer

Wirtsvölker soweit *humanitär-universalistisch*[60] aufzuweichen, dass diese die Fähigkeit zur Unterscheidung zwischen sich selbst und den Juden verlieren. Als bloßen ‚Menschen' werden ihnen so Herrschaftspositionen zugänglich, die ihnen als erkennbaren ‚Juden' verschlossen geblieben wären" (Sieferle ebd.: 41).

9.3 Allgemeine Merkmale des faschistischen bzw. nationalsozialistischen Gesellschaftsmodells

Verglichen mit dem von den soziologischen Klassikern gezeichneten Bild der Moderne (vgl. z. B. den Überblick bei Brock 2011) fällt vor allem eine kollektivistische Sichtweise auf. Das historische Subjekt, das den Anforderungen der modernen Zeit gerecht werden und sich in der modernen Welt behaupten muss, ist nicht das moderne Individuum, sondern das ‚Volk' oder die ‚Rasse', die sich in Form des modernen Nationalstaats organisiert. *Diese Kollektive haben*, wie auch die Arbeiterklasse bei der revolutionären Linken, *historische Missionen zu erfüllen*. Daher gelten Kollektivinteressen als politisch schützenswert, während staatlich geschützte Freiheits- und Menschenrechte jedes einzelnen Bürgers zur Disposition gestellt werden können.

Zwar werden im aktivistisch-vitalen Komplex Fragen des modernen Individuums angesprochen. *Inhaltlich wie auch ästhetisch knüpft diese Sichtweise des modernen Individuums jedoch an aristokratische Ideale des entschlossenen und bedingungslosen Kampfes eines Kriegerstandes an. Diese Ideale werden auf die moderne Gesellschaft so übertragen, dass sie als Praxis aller Männer gedacht werden können.* Dabei mutiert die traditionelle Verachtung des Kriegerstandes gegenüber der kontinuierlichen Erwerbsarbeit von Bürgern, Handwerkern und Bauern zu einem Ressentiment gegenüber der ‚Masse' und den Routinen des Alltags.

9.4 Auf der Bühne der Weltpolitik: der italienische Faschismus, der deutsche Nationalsozialismus und der japanische Militärstaat

In diesem Abschnitt werden drei Synthesen aus diesen fünf Komplexen präsentiert, die in der ersten Hälfte des 20. Jahrhunderts weltgeschichtliche Bedeutung erlangten. Dagegen wird auf eine Darstellung einzelner Entwicklungen, sowie auf eine detaillierte Beschreibung der zugehörigen Gesellschaftssysteme verzichtet.

Der japanische Militärstaat

Üblicherweise werden Darstellungen des Faschismus und des Nationalsozialismus auf Europa konzentriert. Dabei wird übersehen, dass die Entwicklung in Japan weitgehende Ähnlichkeit zum faschistischen Italien und nationalsozialistischen Deutschland aufwies. Dies zeigt sich nicht zuletzt daran, dass der Zuschnitt der japanischen Gesellschaft in den 1930er Jahren durch die fünf ideologischen Komplexe der konservativen Revolution erläutert werden kann.

Der *völkische Komplex* wird in Japan mit dem *rassistischen* verbunden. Dabei verliert er nicht nur seine antimodernistische Tendenz, sondern mutiert darüber hinaus zu einem zentralen Legitimations- und Integrationsinstrument für die japanische Expansionspolitik der 1930er und 1940er Jahre. Hierbei wird das eher für die alten Hochkulturen charakteristische Konzept eines vergöttlichten Herrschers (Kapitel 2, Abschnitt 6) mit der rassistischen Doktrin verbunden, wonach angeblich alle Japaner von einem gemeinsamen Vorfahren abstammten. Dies erkläre genetisch bedingte Besonderheiten der Japaner und begründe eine absolute ‚Rassereinheit'. Bemerkenswert ist, dass diese historisch abwegige These auch noch in den 1980er und 1990er Jahren in Japan Konjunktur hatte und als Erklärung der damaligen wirtschaftlichen Erfolge Japans herangezogen wurde (vgl. Coulmas 1993).

Aspekte eines *nationalen Sozialismus*, der den Klassengegensatz durch eine nationale Volksgemeinschaft zu überwinden sucht, existierten in Japan bereits seit der Meiji-Restauration (1868). Dagegen spielt der Komplex eines *revolutionären Nationalismus* erst im Japan der 1930er Jahre eine zentrale Rolle. Obwohl Japan zu den Siegermächten gehörte, ging es hierbei um eine Revision der Ergebnisse des Ersten Weltkriegs. Die Westmächte, insbesondere die USA und Großbritannien, hatten Japans Interessen, zu einer regionalen Hegemonialmacht zu werden, enge Grenzen gesetzt. Als Ende der 1920er Jahre die Weltwirtschaftskrise die japanische Wirtschaft besonders schwer traf, übernahm das auf kriegerische Eroberungen programmierte japanische Militär die politische Macht. Dieser Prozess beginnt im September 1931, als das japanische Militär die Mandschurei besetzt und deren Loslösung von China betreibt. Im Mai 1932 übernimmt es nach einem Putsch die politische Macht und beginnt 1933 mit der Eroberung Chinas (Stichwort: Angriff auf Shanghai).

Nach der Niederlage der europäischen Kolonialmächte 1940 gegen Hitlerdeutschland (Frankreich, Niederlande, Großbritannien) richtet sich die japanische Expansion auch zunehmend auf deren Kolonialgebiete in Südostasien (Indochina, Burma, Indonesien sowie die von den USA kontrollierten Philippinen). Hierbei tritt Japan als Unterstützer der einheimischen Befreiungsbewegungen gegen den europäischen Kolonialismus auf, ohne jedoch in den besetzten Gebieten mehr als Marionettenregierungen zuzulassen. Die These vom Selbstbestimmungsrecht aller

Völker entspräche zwar dem Konzept eines revolutionären Nationalismus. Diese Konsequenz wird jedoch durch das Element des Rassismus gebrochen. Ganz ähnlich wie im deutschen Nationalsozialismus konnte es daher auch für das japanische Regime keine gleichberechtigten politischen Beziehungen zwischen Völkern von unterschiedlicher ‚biologischer Wertigkeit' geben.

Hinsichtlich des Komplexes des *Aktivismus* gilt für Japan, dass vor allem kriegerische Tugenden propagiert und gefeiert werden, die in den Dienst der Nation gestellt werden müssen. Sie werden insbesondere in den militärischen Auseinandersetzungen mit der amerikanischen Armee bis hin zu den sogenannten Kamikazeeinsätzen praktiziert.

Der italienische Faschismus

Der italienische Faschismus gilt als Blaupause für alle Regimes, die auf die ‚konservative Revolution' zurückgehen. Dies hat vor allem chronologische Gründe, da mit der Berufung Mussolinis zum Regierungschef Italiens bereits im Oktober 1922, also deutlich vor der Weltwirtschaftskrise, das erste faschistische Regime errichtet wurde. Dennoch wird Italien schon deswegen als ein spezifischer Fall behandelt, weil beim italienischen Faschismus zwei der fünf von Sieferle genannten Komplexe, das völkische Element wie auch rassentheoretische Überlegungen, kaum eine Rolle gespielt haben.

Zentrale Bedeutung hatte dagegen der *Aktivismus*. Der Italienische Faschismus scheint zunächst einmal als das Werk von Benito Mussolini, also einer einzigen Person zu sein. Bis 1915 war Mussolini ein wichtiger Nachwuchspolitiker und ein Agitator der italienischen Sozialisten. Danach wurde er zu einem glühenden Verfechter eines Kriegseintritts von Italien, den er mit nationalistischen Argumenten (territoriale Expansion; Machtgewinn) propagierte. Dies führte zum Parteiausschluss[61]. Mussolini betrieb seine Kriegsagitation nicht nur mit Worten, sondern auch mit *Praktiken der Einschüchterung* wichtiger Friedensaktivisten. In diesem Zusammenhang bildete er *Kampfbünde*, bei denen erstmals das Wort Fasci auftaucht (Fasci d'azione revolucionaria/Bünde der revolutionären Aktion). *Eine faschistische Partei gründete Mussolini dann nach den Ersten Weltkrieg, als in einer wirtschaftlich und politisch schwierigen Lage linke Revolutionäre versuchten, mit Streiks, Fabrik- und Landbesetzungen russischen Vorbildern nachzueifern.* Diese Aktivitäten sollten seine Kampfbünde unterbinden und so das bürgerliche Eigentum, vor allem Fabriken und Grundbesitz, schützen. Für diese Leistungen wurden sie von den besitzenden Klassen finanziert. Die zunächst dezentral agierenden Gruppen fasste Mussolini als ‚italienische Kampfbünde' zusammen.

Mussolinis faschistische Partei konnte sich aber nicht nur auf diese Kampfbünde stützen, sondern sie hatte auch intellektuelle Unterstützer. Sie kamen aus dem

Umkreis des Futurismus, einer ästhetisch-künstlerischen Doktrin, die sich die Modernisierung durch die Zerstörung des Bestehenden auf ihre Fahnen geheftet hatte. Mussolini selbst verband mit der Parteigründung zunächst keine ideologischen Ziele: „Ich hatte damals keine Doktrin im Sinn … meine persönliche Doktrin war selbst zu dieser Zeit noch immer eine reine Doktrin des Aktivismus" (Mussolini 1933).

Aus pragmatischen Gründen verständigt sich Mussolini nicht nur mit den besitzenden Klassen, sondern auch mit der Kirche und der Monarchie, sodass seine faschistische Partei bald Teil des bürgerlichen Lagers wird, von dem sie sich nur durch ihren Aktivismus unterscheidet. Seine Partei will keine Interessen bestimmter sozialer Gruppen politisch vertreten. Sie soll vielmehr als ein nichtstaatliches politisches *Machtinstrument* dienen. „Wir haben eine Partei zu gründen, die so sicher und diszipliniert gegliedert ist, dass sie im Notfall auch zu einem Heer werden kann, das auf dem Boden der Gewalt manövrierbar ist, sei es zum Angriff oder zur Verteidigung" (Mussolini zitiert nach Niedhart 2006: 230).

Vor diesem Hintergrund war es zumindest naheliegend, dass sich die Aktivisten der Partei eine eigene Uniform zulegten und zu Mitteln der Einschüchterung politischer Gegner bis hin zum politischen Mord griffen. Da sie aufgrund dieser Methoden die einzige Partei waren, die eine Machtübernahme der radikalen Linken verhindern konnte, wurden die Faschisten in Italien sehr schnell regierungsfähig. Nach einem spektakulären Marsch der ‚Schwarzhemden' nach Rom wurde Mussolini zum Ministerpräsidenten einer ‚bürgerlichen' Regierung ernannt.

Erst zwei Jahre nach seiner Ernennung zum Regierungschef, also ab 1924, leitete er die Verwandlung Italiens in eine Ein-Parteien- und eine Ein-Personen-Diktatur ein. Der Anlass war ein politischer Mord, bei dem Mussolini in den Verdacht der Mitwisserschaft geriet. Aus dieser Lage befreite er sich, indem er reihenweise politische Gegner verhaften ließ und so die Opposition mundtot machte. Eine faschistische ‚Ordnung' auf dem politischen Feld wurde bereits 1926 erreicht, als nach einem Attentat die Oppositionsparteien verboten wurden, sodass nur noch Parteigänger Mussolinis gewählt werden konnten. Darüber hinaus wurden die Befugnisse des Regierungschefs ausgeweitet und die Regierung von der Zustimmung des Parlaments unabhängig gemacht[62].

Der Komplex einer Überwindung der Interessengegensätze von Kapital und Arbeit durch einen *nationalen Sozialismus* kommt vor allem in dem Gesetz über die kollektiven Arbeitsbeziehungen aus dem Jahre 1926 zum Ausdruck. Dieses Gesetz beseitigte die Tarifautonomie und sah branchenspezifische Berufsverbände vor, die Arbeitgeber wie Arbeitnehmer einer Branche umfassten[63]. Dass diese Berufsverbände auch in politischer Hinsicht als eine grundlegende soziale Struktur angesehen wurden, zeigt das Wahlgesetz von 1928. Es sah Einheitslisten vor, auf denen Kandidaten platziert wurden, die vom faschistischen Großrat aus den

Vorschlägen der Berufsverbände ausgewählt wurden. Der Wähler konnte diese Einheitslisten nur insgesamt annehmen oder ablehnen. Der faschistische Großrat war ein oberstes Parteiorgan, das zu einem Staatsorgan gemacht wurde, sodass *Staat und Partei auf ganz ähnliche Weise miteinander verschmolzen wurden wie in der Sowjetunion.*

Zu einem Konzept des nationalen Sozialismus gehören aber auch Formen der Wirtschaftslenkung. Durch gezielte Produktionssteigerungen, Senkung der Produktionskosten, Intensivierung der Landwirtschaft, Zollerhöhungen, sowie durch Eingliederung gefährdeter Unternehmen in staatliche Holding-Gesellschaften (vgl. Der große Ploetz: 1019) konnten die Auswirkungen der Weltwirtschaftskrise auf Italien erfolgreich bekämpft werden (ebd.).

Zum Komplex des *revolutionären Nationalismus* zählt, dass auch das faschistische Italien soldatische Tugenden und deren Pflege in Kampfbünden propagierte und für das eigene Land einen Großmachtstatus angestrebte. Von der Anerkennung der Befreiungsbewegungen in anderen Ländern war auch Italien weit entfernt, obwohl es weitgehend ohne eine rassistische Ideologie auskam. Auch im italienischen Einflussbereich ist es zu Marionettenregierungen gekommen.

Der deutsche Nationalsozialismus

Der deutsche Nationalsozialismus weist zahlreiche Parallelen zum italienischen Faschismus auf. Er unterscheidet sich von ihm jedoch durch zwei zusätzliche Komponenten, den *völkischen Komplex* und den *Rassismus.* Hitlers rassistisches Ziel war, die europäischen Juden physisch zu vernichten.

Wie bereits erwähnt wurde, ist der *völkische Komplex* das einzige Element im Denken der konservativen Revolution, das der industriellen Modernisierung kritisch und pessimistisch gegenübersteht. Dieser antimoderne Komplex begründete vor allem die Kriegsziele Nazideutschlands. Hitlers hauptsächliches Kriegsziel war die Eroberung von ‚Lebensraum' im Osten. Dabei ging es um die Okkupation landwirtschaftlich fruchtbarer Böden (v. a. in der Ukraine). In ‚Mein Kampf' erfährt der Leser, dass die Nationalsozialisten dort weiter machen würden, wo Deutschland vor 600 Jahren aufgehört habe, nämlich bei der Eroberung von ‚Lebensraum' im Osten (Hitler 1930: 742).

Auch wenn sich die sogenannte deutsche Ostkolonisation im Mittelalter grundlegend von der nationalsozialistischen Eroberungspolitik unterschied, existiert zwischen beiden Komplexen doch ein innerer Zusammenhang. Er besteht im Übervölkerungsproblem von Agrargesellschaften. Wenn auf einem als gegeben unterstellten Territorium nur wenige Bauern Landwirtschaft betreiben, dann können sie sich die landwirtschaftlich fruchtbarsten und ertragreichsten Böden aussuchen. Bei steigender bäuerlicher Bevölkerung müssen dann immer unfruchtbarere Böden

‚unter den Pflug genommen werden', wobei das Verhältnis zwischen Arbeitsaufwand und Arbeitsertrag immer ungünstiger wird (die sogenannte Malthus Krise; vgl. Winkler 1996). Sobald alle auch nur einiger Maßen landwirtschaftlich nutzbaren Böden bewirtschaftet werden, nimmt das Übervölkerungsproblem dramatische Züge an. Entweder müssen die „Überzähligen" sich eine Existenz außerhalb der Landwirtschaft suchen oder aber sie müssen auswandern.

Auf diese Weise ist sowohl die sogenannte deutsche Ostkolonisation wie auch die Besiedlung der USA, Australiens, Kanadas und Neuseelands durch Europäer zustande gekommen. In den Augen von Volkstums-Politikern, Nationalisten und Rassisten hatten diese Vorgänge vor allem den Fehler, dass sie dem ‚deutschen Volkstum' wichtige Kräfte und Potenziale entzogen haben. Hitlers Hauptkriegsziel ergab sich also aus einer *Rationalisierung* eines *vormodernen* agrargesellschaftlichen Expansionsdenkens.

Dies wurde in politischen Details, wie der Südtirolfrage, besonders deutlich, wo Hitler mit dem faschistischen Italien einen Vertrag zur Umsiedlung der südtiroler Bauern abschloss. Dabei ging es ihm weniger um Bündnispflege als um eine rationalisierte Volkstumspolitik. Nach Hitler war es ein unheilvoller Irrtum der Germanenstämme gewesen, nach Süden zu drängen, weil dort vergleichsweise weniger hochwertige landwirtschaftliche Nutzfläche zu erobern war als im Osten. Deswegen sollten die südtiroler Bauern in Zukunft keine schwer zu bearbeitenden Gebirgsflächen mehr beackern, sondern den neuen ‚Lebensraum' im Osten.

Diese Umsiedlungspolitik setzte bereits in Kriegszeiten ein; insbesondere im sogenannten „Warthegau", einem annektierten polnischen Gebiet. Hitler war also kein romantischer Verfechter der Volkstumsideologie, sondern er betrieb eine auch mit den Mitteln des Rassismus rationalisierte völkische Expansionspolitik.

In Verbindung mit dem nationalen Sozialismus spielte der ‚völkische Komplex' auch innenpolitisch eine erhebliche Rolle. Ähnlich wie in Italien wurden neue berufsständische Organisationen entwickelt, die den Klassengegensatz überwinden sollten. In der ‚deutschen Arbeitsfront' (Mai 1933) waren Arbeiter, Angestellte und Unternehmer zusammengefasst (1936 circa 20 Millionen Mitglieder). Neben der ‚Reichskulturkammer', einer berufsständischen Organisation aller im kulturellen Raum Tätigen (September 1933), wurden alle in der Landwirtschaft Tätigen im ‚Reichsnährstand' zusammengefasst. Das „Reichserbhofgesetz" (September 1933) bestimmte, dass alle Bauernhöfe in der Größe zwischen sieben und 125 Hektar im Erbfall ungeteilt auf den ältesten Sohn übergehen. Weiterhin wurde bestimmt, dass diese „Erbhöfe" unveräußerlich und unbelastbar sein sollten. Damit wird die Landwirtschaft de facto gegen Marktprozesse abgeschottet.

Die Verbindung von völkischem und rassistischem Denken mit dem Aktivismus wird vor allem auf ästhetischem Gebiet sichtbar. Die Verfolgung der sogenannten ‚entarteten Kunst' und die öffentlichkeitswirksame Inszenierung einer der germanischen Herrenrasse adäquaten Kunst zielte auf die Heroisierung arischer Kämpfer und Arbeiter sowie der ihre ‚Scholle' bearbeitenden Bauern und Bäuerinnen. Ähnlich wie auch der Stalinismus konnte der Nationalsozialismus der Kunst nicht die Autonomie eines eigenständigen Funktionssystems zugestehen. In beiden Diktaturen wurde die Kunst für die Darstellung einer normativ stark aufgeladenen ‚Realität' instrumentalisiert.

Aus dem völkischen Nationalismus wie dem nationalen Sozialismus erklärt sich, dass die Kollektivsubjekte vor den Individuen geschützt werden müssen. Bereits zu Beginn der nationalsozialistischen Herrschaft (ab 30. 1. 1933) werden in der Verordnung „Zum Schutz von Volk und Staat" wichtige Grundrechte bis zum Ende der NS-Diktatur außer Kraft gesetzt. Der entscheidende Kollektivbegriff im Nationalsozialismus ist nicht wie im Realsozialismus ‚die Arbeiterklasse' sondern ‚das Volk'.

„Du bist nichts, dein Volk ist alles". Diese von den Nationalsozialisten verbreitete Propagandaformel[64] bringt den Sachverhalt auf den Punkt. Wenn der Tod von Menschen für das Überleben des Volkes oder für seine Zukunft nach dem Kalkül des charismatischen Führers von Nutzen sein mochte, dann gab es gegenüber solchen „Opfern" weder rechtlich-institutionelle noch moralische Bremsen.

Daher konnte eine *Umsetzung rassistischen Denkens in praktische Politik* ohne moralische Skrupel in Angriff genommen werden und zwar sowohl im Sinne des Schutzes vor ‚Vermischung' wie auch zur Steigerung des ‚biologischen Wertes' des eigenen Volkes durch die Vernichtung von Geisteskranken (Euthanasiegesetz vom Oktober 1939) oder durch Züchtungspraktiken (Stichwort: ‚Lebensborn'). Der biologische Wert eines Volkes konnte aber nicht nur ideologisch behauptet werden. Er musste sich immer auch in der Praxis erweisen. Diesen Praxistest sollte der Weltkrieg liefern, wobei aber nicht übersehen werden darf, dass die Kategorie Krieg für Hitler universelle Bedeutung hatte. Für ihn war Krieg das „allernatürlichste, allertäglichste. Krieg ist immer, Krieg ist überall. Es gibt keinen Beginn, es gibt keinen Friedensschluss. Krieg ist Leben, Krieg ist jedes Ringen, Krieg ist Urzustand" (Adolf Hitler; zitiert nach Niedhart 2006: 238).

Aber noch in einer anderen Hinsicht ging der Nationalsozialismus wesentlich über den italienischen Faschismus hinaus. Sein Konzept der Volksgemeinschaft erschöpfte sich nicht nur in unzähligen Organisationen, die die Gesellschaft funktional gliedern sollten. *Die Volksgemeinschaft wurde im Nationalsozialismus auch als ein kollektives Modernisierungsprojekt* verstanden. So sollte beispielsweise der ‚Volksempfänger' alle ‚Volksgenossen' in die Lage versetzen, die Reden ‚des Führers' am Radio zu verfolgen. Der ‚Volkswagen' sollte den ‚deutschen Volksgenossen' die Teilhabe an der Motorisierung und der Mobilität ermöglichen. Zu den Hinterlassenschaften des Nationalsozialismus zählt auch ein gigantischer vier Kilometer langer, mehrstöckiger Gebäudekomplex am Ostseestrand, der die ‚Volksgenossen' zu Tausenden auch im Urlaub vereinen sollte (Stichwort: KdF-Seebad Rügen).

9.5 Gesellschaft und Staat im Faschismus/ Nationalsozialismus

Die faschistischen ‚Bewegungen' unterschieden sich von bürgerlichen Parteien schon dadurch, dass sie, ähnlich wie Lenin, die politische Macht definitiv erobern und die parlamentarische Demokratie zerstören wollen. Auch ihnen ist eine für den Machtwechsel und für konkurrierende politische Programme offen gehaltene staatliche Machtausübung suspekt, die auf die Protektion wirtschaftlicher Interessen der Bürger ausgerichtet ist. Denn das Individuum gilt als eine zu vernachlässigende Größe. Lediglich als Bestandteil kollektiver Subjekte zählt es, um deren Fitness es eigentlich gehe. Diese werden völkisch und/oder nationalstaatlich gedacht[65]. Sie konkurrieren mit anderen Völkern bzw. Rassen um Lebenschancen und Ressourcen. Deswegen muss staatlicher Machtgebrauch politisch wie militärisch darauf abzielen, die Interessen des eigenen Volkes und der eigenen Nation auf Kosten anderer Völker bzw. Nationen durchzusetzen. Expansionsziele, Aufrüstungsprogramme sowie die Planung und Durchführung von Kriegen charakterisieren dieses Verständnis ebenso wie die nationalsozialistischen Programme zur ‚Reinhaltung' der ‚germanischen Rasse'.

Durch ihren aggressiven Charakter unterscheiden sich diese Regimes auch deutlich vom Realsozialismus, der (wie auch der bürgerliche Kapitalismus) staatliche Macht vor allem zur Erhöhung der wirtschaftlichen Prosperität innerhalb der gegebenen Grenzen einsetzte.

Der Gebrauch des Machtmediums nach innen weist Parallelen wie Unterschiede zum Realsozialismus auf. Eine wichtige Gemeinsamkeit besteht sicherlich im unbedingten Willen, die eigene Machtposition zu sichern und jegliche politische Opposition mit allen Mitteln auszuschalten. Der wichtigste Unterschied liegt darin, dass faschistische Regimes den Klassenkampf nicht durch eine ‚Diktatur des Proletariats' entscheiden, sondern ihn durch Formen berufsständischer Organisation und Integration überwinden wollen: Arbeitsteilung und funktionale Differenzierung sollen in Form einer sozialen Arbeitsteilung die Sozialstruktur direkt prägen.

Innerhalb eines solchen, sowohl durch *machtpolitische Expansionsziele* wie auch durch *innergesellschaftliche Integrationsziele* gesteckten Rahmens wird der Privatwirtschaft und damit auch der investiven Verwendung von Geld zur Erzielung von privaten Profiten eine wichtige Bedeutung eingeräumt. Im Unterschied zum bürgerlichen Kapitalismus kommt es aber keineswegs zu einem von wirtschaftlichen Interessen geprägten Zusammenspiel zwischen staatlicher Machtausübung und privater Geldverwendung. Vielmehr haben die staatlicher Machtinteressen Vorrang. Das zeigte sich z.B. im nationalsozialistischen Deutschland sowohl in der Arisierungspolitik wie auch in einer Industriepolitik, die dort direkte Eingriffe (insbesondere Fusionen wie IG Farben) in die Unternehmensstruktur vornahm, wo es für die Verfolgung von Integrations-, Rüstungs- oder Kriegszielen geboten erschien. Charakteristisch ist weiterhin die Ausrichtung der Wirtschaftssysteme auf Autarkie. Sie hat unmittelbar mit dem Ziel zu tun, Kriege zu führen und perspektivisch mit der Unterordnung der Privatwirtschaft unter den staatlichen Machtgebrauch. Kriege können nur dann erfolgreich geführt werden, wenn das Wirtschaftssystem sowohl die Rüstungsproduktion wie auch die Versorgung der Bevölkerung dauerhaft sicherstellen kann, obwohl kriegsbedingt der Import bestimmter Güter nicht mehr möglich ist. Wirtschaftliche Autarkie folgt aber auch einem generellen politischen Modell, das anknüpfend an den Kolonialismus die Welt in wenige Herrschaftsbereiche aufteilen will.

Grundlegende Merkmale des faschistischen Gesellschaftsmodells:

- Legitimationserzählung: Gesellschaftliche Leistungen werden erbracht, damit sich Kollektivsubjekte reproduzieren können. Sie sind entweder kulturell- politsicher Natur (Volk, Nationalstaat) oder biologische Einheiten (Rasse, Volk).
- Instanz ihrer verbindlichen Interpretation: ein per Akklamation oder auf anderem Wege autorisierter ‚Führer'.
- Gesellschaftliches Organisationszentrum: die als Partei oder anders organisierte ‚Gefolgschaft' des Führers, die sich des Staates bedienen.
- Abgrenzung wirtschaftlicher und politischer Leistungen gegen die Lebenswelt: letztendlich politischen Zwecken unterworfen und dementsprechend variabel.

9.6 Fazit

1. Als politischer Faktor ist der Faschismus ein Produkt der Krise und der existenziellen Gefährdung der Privatwirtschaft und des Besitzbürgertums. Seine Stunde kommt, sobald der bürgerliche Staat als zu schwach erscheint, um Fabriken und Grundbesitz gegen linke Revolutionäre zu verteidigen (Italien) bzw. die

Wirtschaft in der Krise wieder in Gang zu bringen (Deutschland; Japan) oder die mit Expansionszielen verknüpfte nationale Selbstbehauptung gegenüber konkurrierenden Staaten zu erreichen (Deutschland; Japan, Italien). Da faschistische Regimes keine Hemmungen haben, Gewalt innerhalb der Gesellschaft wie auch nach außen anzuwenden, erscheinen sie als die konsequenteren Vertreter bürgerlicher und nationaler Interessen.

2. In der Weltwirtschaftskrise konnte der Faschismus nur in jenen Staaten nicht Fuß fassen, in denen die Verbindung zwischen Bürgertum und dem bürgerlichen Staat seit langem bestand und kulturell tief verwurzelt war (Großbritannien, Niederlande, USA, Frankreich). In den anderen Staaten haben zumindest Teile des Bürgertums *den eigenen Herrschaftsanspruch aufgegeben* und sich in den Schutz von faschistischen Diktaturen begeben. Diese haben zwar ihre wirtschaftlichen Interessen vertreten aber zugleich die zivilisatorischen Errungenschaften des bürgerlichen Staates, Bürger- und Menschenrechte sowie das Recht auf einen fairen Prozess als lästige Hindernisse des eigenen Gewaltgebrauchs beiseite geräumt.
3. Auch der Faschismus muss den staatlichen Macht- und Gewaltgebrauch ideologisch legitimieren können. Dabei wird auf unterschiedliche Strömungen zurückgegriffen, die sich als Teil einer konservativen Revolution verstehen lassen. Ähnlich wie Marx versuchen auch die Ideologen des Faschismus aus unterschiedlichen Strömungen in sich stimmige Gedankengebäude zu errichten. Deren Fluchtpunkt ist jedoch nicht mehr eine weltliche Heilsgeschichte von der Aufhebung der Ausbeutungs- und Herrschaftsbeziehungen sondern der Gedanke der *kollektiven Selbstbehauptung von Volk und Staat unter Konkurrenzbedingungen.*

Dritter Teil

Der heisse und der kalte Krieg zwischen den Gesellschaftssystemen: 1929-1991

10 Der Ausscheidungskampf der Gesellschaftsmodelle und seine Vorgeschichte

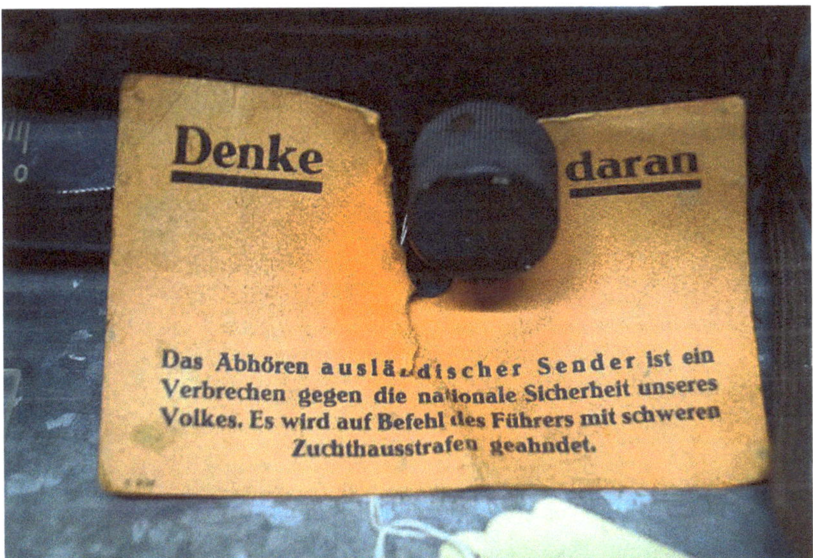

Der Ausscheidungskampf zwischen den Gesellschaftssystemen war vor allem eine Propagandaschlacht um die Köpfe, bei der im Faschismus wie auch im Realsozialismus Meinungsvielfalt mit allen Mitteln unterbunden werden sollte. Deshalb war unter der NS-Diktatur im Zweiten Weltkrieg das Abhören ausländischer Sender ein Straftatbestand. 1941 erhielten die Blockwarte die Weisung, alle Wohnungen aufzusuchen und an den Rundfunkempfängern den hier abgebildeten Zettel anzubringen.

Dieser Teil behandelt drei historische Ereignisse von herausragender Bedeutung: die Weltwirtschaftskrise, den Zweiten Weltkrieg und den Kalten Krieg.

Im vorangegangenen Teil haben wir drei konkurrierende Gesellschaftsmodelle kennen gelernt. In der Weltwirtschaftskrise kommt es erstmals zur großen Konfrontation zwischen diesen Gesellschaftsmodellen, die nun auch von einer Mehrheit der Bevölkerung als Alternativangebote angesehen werden. Bis zur Weltwirtschaftskrise dominierte unter den Industriestaaten dagegen das Modell der bürgerlichen Gesellschaft, das allerdings bereits um einige wohlfahrtsstaatliche Elemente (vor allem allgemeines und gleiches Wahlrecht) ergänzt worden war.

Zumindest in diesem einleitenden Abschnitt soll aber auch das Vorspiel zu dem in der Weltwirtschaftskrise einsetzenden Ausscheidungskampf zwischen den Gesellschaftsmodellen erwähnt werden. Es beginnt im Revolutionsjahr 1848 mit dem kommunistischen Manifest, das die zuvor nur von einigen sozialistischen Schriftstellern durchgespielten Möglichkeiten einer solidarischen Gesellschaft ohne die Gräben des privaten Eigentums in ein politisches Programm gießt, das die Zukunftsvision einer kommunistischen Weltgesellschaft tatsächlich realisieren möchte. Die große proletarische Weltrevolution bleibt dennoch ein intellektuelles Hirngespinst. Sie bekommt erst in der Endphase des Ersten Weltkriegs eine Chance, als die deutsche Regierung Lenin nach Russland einschleust, um den Kriegsgegner weiter zu schwächen. Tatsächlich gelingt es ihm, die Macht in Russland zu übernehmen und sie gegen vom Westen unterstützte Gegenrevolutionäre zu verteidigen. Bis 1929 konzentriert sich die revolutionäre Linke zunehmend auf dieses sowjetische Realexperiment. Die Devise war: Bevor die bürgerliche Gesellschaft herausgefordert werden kann, soll erst die Sowjetunion aufgebaut werden.

Insofern kam die große Krise des Kapitalismus für die linken Revolutionäre zum falschen Zeitpunkt. Auch deswegen wurde sie zur Bühne faschistischer ‚Führer' und ihrer Bürgerkriegsarmeen. Der bürgerliche Staat aber überlebte die große Depression nur, weil er sich als wandlungsfähig erwies und über den ideologischen Schatten des freien Marktes zu springen vermochte.

Im Mittelpunkt dieses dritten Teils steht daher die Wandlungsfähigkeit der bürgerlichen Gesellschaft und des bürgerlichen Staates. Sie beginnt im ‚New Deal', als der bürgerlich- liberale Staat lernt, aktiv in das Marktgeschehen einzugreifen. Sie setzt sich fort im zweiten Weltkrieg, als die Vision eines friedlichen Welthandels von Roosevelt zum ideologischen Kriegsziel der Alliierten gemacht wird, und sie manifestiert sich schließlich in den sozialen Sicherungssystemen des Wohlfahrtsstaates. Gepaart mit Zuwächsen bei den Reallöhnen realisieren sie endlich die sozialdemokratische Forderung, dass man über Lohnarbeit auskömmlich und lebenslang leben können sollte. Auf diese Weise wurde ein Kompromiss zwischen

Bürgertum und Sozialdemokratie erreicht, der das Gesellschaftsmodell erfolgreich durch die Bewährungsprobe des Kalten Kriegs gebracht hat.

Dieser Kompromiss wird in der Ära des Kalten Kriegs ebenso wie auch der Realsozialismus sowjetischer Prägung zu einem *Real*modell. Das ist die zweite epochale Veränderung, die in diesem Teil nachgezeichnet wird. Zuvor haben Weltanschauungen immer nur einzelne Staaten geprägt, in denen sie politisch führend wurden. Auf diese Weise haben sich die USA eine liberale Verfassung gegeben, während die Sowjetunion vom Marxismus geprägt wurde.

Nach dem zweiten Weltkrieg geht diese Autonomie der Staaten allmählich verloren. Im sowjetischen Einflussbereich sind Staaten entstanden, die von westlichen Beobachtern durchaus treffend als Satellitenstaaten bezeichnet wurden. Damit wurde hervorgehoben, dass ihnen ein wichtiges Merkmal ‚echter' Staaten fehle: die eigenstaatliche Souveränität, die Fähigkeit politisch selbständig zu manövrieren. Ähnlich Himmelskörpern, die um einen Planeten kreisen, müssten sie dem Kurs der Moskauer Zentrale folgen. Aber damit nicht genug: Ihre Struktur folgte im Wesentlichen dem ‚Bauplan' des großen sozialistischen Bruderstaates. Aber auch auf westlicher Seite zeigten sich vergleichbare Tendenzen. Weder Japan noch Westdeutschland waren völlig frei bei der Wahl ihres politischen Systems und der Konzipierung ihrer Verfassung. Aber es gab keine direkte Blaupause, also keinen Zwang, etwa die USA zu kopieren. Man musste nur bestimmten Grundüberzeugungen folgen, in der heutigen Politikersprache ‚gemeinsamen Werten'[66]. In diesem Sinne gibt es eine ‚westliche Wertegemeinschaft', die in Form einer westlichen Staatengemeinschaft die Realität prägt. In der Ära des Kalten Kriegs waren also auch die westlichen Staaten, abgesehen von den USA, nicht völlig frei in ihrem politischen Kurs. Anders als im sowjetischen Machtbereich (DDR 1953; Ungarn 1956; Prag 1968) mussten innerhalb der westlichen Staatengemeinschaft allerdings die Grenzen politischer Eigenständigkeit nie ausgetestet[67] werden, weil das westliche Gesellschaftsmodell von den Menschen zunehmend akzeptiert wurde.

11 Der Ausscheidungskampf zwischen den drei Gesellschaftsmodellen 1929 bis 1945: Weltwirtschaftskrise und Zweiter Weltkrieg

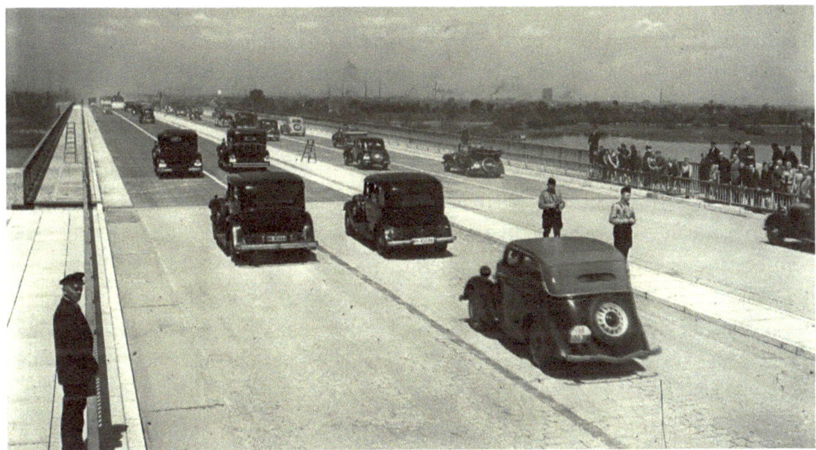

Infrastrukturmaßnahmen wie der Bau von Autobahnen und Staudämmen sollten die durch die Weltwirtschaftskrise verursachte Massenarbeitslosigkeit abbauen. Beim Bau der Reichsautobahnen wurden maximal 120 000 Arbeitskräfte (1936) beschäftigt.

11.1 Die Weltwirtschaftskrise und ihre Vorläufer

Vor der Industrialisierung brachten nicht nur Kriege und Epidemien, sondern auch stetig wiederkehrende Hungerkrisen Not und Elend über die Menschen. Braudel (1985: 70) schätzt sie auf etwa zehn pro Jahrhundert. Sie gingen auf regionale Missernten zurück, die noch nicht durch Importe aufgefangen werden konnten, weil der Transport großer Mengen von Grundnahrungsmitteln auf dem Landweg zu schwierig und zu teuer war.

Im fortschrittlichen 19. Jahrhundert wurden nicht nur Wege gefunden, Epidemien wirkungsvoll zu bekämpfen. Auch die vorindustriellen Hungerkrisen wurden Mitte des 19. Jahrhunderts durch die neu entstandenen Eisenbahnnetze überwunden. Anders als die Pest und andere Epidemien verschwanden sie jedoch nicht einfach. An ihre Stelle traten vielmehr *neuartige Wirtschaftskrisen. Während die vorindustriellen Hungerkrisen* – die letzten in Europa ereigneten sich 1815-17 und 1846-48 – *schicksalhafte Krisen des Mangels waren, werden moderne Wirtschaftskrisen durch einen Überfluss an Waren ausgelöst, die auf eine gesättigte Nachfrage treffen.*

Die erste neue Krise dieser Art ereignete sich bereits 1857, als nach Beendigung des Krim-Krieges russisches Getreide auf die mitteleuropäischen Märkte drängte, auf denen sich in den Jahren zuvor Exporte aus Nordamerika etabliert hatten. Die einbrechenden Exporte trafen vor allem die amerikanischen Farmer und damit die gesamte Volkswirtschaft der USA schwer. Noch gravierender waren allerdings die Auswirkungen der sogenannten Gründerzeitkrise nach 1871. Nach dem deutsch-französischen Krieg von 1870/71 musste Frankreich horrende Kriegskosten an das Deutsche Reich bezahlen. Dieses Geld floss sehr schnell in die deutsche Volkswirtschaft und führte dort zu Spekulationsblasen auf dem Immobilienmarkt und in der Industrie. Als diese Blasen platzten, geriet nicht nur das Deutsche Reich in eine mehr als 10 Jahre andauernde Wirtschaftskrise. Auch viele weitere Volkswirtschaften, die mit der deutschen Wirtschaft über Handelsbeziehungen eng verflochten waren, wurden ‚angesteckt'.

Eine ebenso lang andauernde, in ihren Effekten aber noch weitaus gravierendere Krise ereignete sich im 20. Jahrhundert. Ursächlich ging sie auf durch starke Produktivitätsfortschritte ausgelöste Überproduktion in der Landwirtschaft (vor allem bei Getreide) und in der Industrie der USA (Konsumgüter) zurück. Ausgelöst wurde sie durch einen Kurssturz an der New Yorker Börse. Er setzte eine Abwärtsspirale in Gang, an deren Ende die im Dow Jones Index gebündelten Aktien der größten amerikanischen Unternehmen 90 % ihres Börsenwertes verloren hatten. Der erste Kurssturz ereignete sich am Donnerstag, den 24. 10. 1929. Wegen der Zeitverschiebung ist er als ‚Schwarzer Freitag' in das kollektive Gedächtnis der

Europäer eingegangen. Neben Nordamerika war Mitteleuropa besonders stark von dieser ersten Weltwirtschaftskrise betroffen[68].

Das hing in erster Linie mit den Folgen des Ersten Weltkriegs zusammen. Die Siegermächte Frankreich und Großbritannien mussten hohe Kriegskredite an die USA zurückzahlen. Diese Zahlungen sollten aus Reparationsleistungen des besiegten Deutschen Reichs finanziert werden. Diese Reparationsleistungen konnte die deutsche Volkswirtschaft aber erst abtragen, nachdem die USA ihr mit Investitionen und Krediten unter die Arme gegriffen hatten. Die Wirtschaftskrise brachte nun dieses Kartenhaus zum Einstürzen, weil die amerikanischen Banken ihr Geld aus Europa abziehen mussten, um die Krise überleben zu können.

Die Weltwirtschaftskrise markiert eine gesellschaftspolitische Zäsur. Während noch die Gründerzeitkrise nur von Staaten bewältigt werden musste, die alle mehr oder weniger ausgeprägt dem Modell des bürgerlichen Staates folgten und ernsthafte gesellschaftliche Alternativen noch nicht verfügbar waren, können die Menschen nun zwischen unterschiedlichen ‚Gesellschaftsordnungen' vergleichen. Auf dem Höhepunkt der Krise 1933 gab es neben den dominierenden bürgerlichen Staaten das faschistische Italien und die sozialistisch-kommunistische Sowjetunion, die von dieser Krise nicht tangiert wurde. In einem der am stärksten betroffenen Staaten, dem Deutschen Reich, etablierte sich ein faschistisches Regime, das von der Krise sogar profitierte und auf eine Revision der Weltordnung mit kriegerischen Mitteln zusteuerte. Genau diese Konstellation machte einen Leistungswettbewerb, aber eben auch einen Überlebenskampf zwischen diesen drei unterschiedlichen Gesellschaftsordnungen unausweichlich.

11.2 Die Bewältigung der Weltwirtschaftskrise

Ein Belastungstest für Demokratie und Marktwirtschaft

Die Weltwirtschaftskrise stellte vor allem das westliche Gesellschaftsmodell vor große Probleme. In Staaten ohne grundsätzliche Zustimmung der Bevölkerungsmehrheit zur Demokratie, wie beispielsweise in der Weimarer Republik, schwand das Vertrauen in die Selbstheilungskräfte des marktwirtschaftlichen Systems und in den Parlamentarismus. Diese Stimmungen nützten zwar auch der extremen Linken, vor allem aber führten sie zu lawinenartigen Stimmengewinnen faschistischer und nationalsozialistischer Gruppierungen. So wurde in der Weimarer Republik die NSDAP 1930 erstmals zu einer relevanten politischen Kraft. Bereits zwei Jahre später, im Juli 1932, wurde sie auf dem Höhepunkt der Wirtschaftskrise zur stärksten Partei. Ähnliche Entwicklungen vollzogen sich in vielen europäischen

Staaten ohne ausgeprägte demokratische Tradition. Dagegen war in den Staaten mit einer solchen Tradition der Zulauf zur extremen Rechten begrenzt. In den USA wie auch in Großbritannien blieb das traditionelle Parteiengefüge erhalten. Dort konnten rechtsextreme Positionen keine nennenswerte Resonanz gewinnen.

Die politischen Anstrengungen der revolutionären Linken waren über die Dritte Internationale ganz auf den Aufbau des Sozialismus in der Sowjetunion ausgerichtet. Daher spielte sie in den internationalen Konflikten der 30er Jahre eine passive Rolle. Dagegen spitzte sich die Konfrontation zwischen den beiden anderen Gesellschaftsmodellen zu. Die Weltwirtschaftskrise gab dem faschistischen bzw. nationalsozialistischen Gesellschaftsmodell erstmals die Chance, sich in immer mehr Staaten durchzusetzen, mit diktatorischen Mitteln im Inneren die Massenarbeitslosigkeit abzubauen, und außenpolitisch eine aggressive Politik der territorialen Expansionen zu betreiben. Wie insbesondere Deutschland und Japan in den 30er Jahren zeigten, konnte durch eine Militarisierung der Gesellschaft, durch Programme der Aufrüstung und Kriegsvorbereitung, aber auch durch territoriale Expansion die Arbeitslosigkeit abgebaut werden. Beide Staaten strebten die Beherrschung ihres territorialen Umfelds an, um es auch wirtschaftlich auszubeuten. Der Erfolg im Inneren hing direkt mit der aggressiven Politik nach außen zusammen.

Das nationalsozialistische Deutschland in der Weltwirtschaftskrise: Arisierung, Vorkehrungen für den geplanten ‚großen Krieg' und rasche wirtschaftliche Erholung

In welcher Weise veränderte das nationalsozialistische Gesellschaftsmodell den gesellschaftlichen und wirtschaftlichen Modernisierungspfad Deutschlands? Welche Auswirkungen hatte die nur für den Nationalsozialismus charakteristische Verbindung von rückwärtsgewandtem völkischem Denken mit Rassismus auf die wirtschaftliche Modernisierung Deutschlands?

Zunächst einmal kann man festhalten, dass der primäre landwirtschaftliche Sektor schon durch das Erbhofgesetz eine Sonderstellung jenseits der Marktbedingungen einnahm. Für alle Wirtschaftssektoren galt nicht erst seit der Reichspogromnacht von 1938, sondern bereits ab 1934, als der gezielte Boykott jüdischer Unternehmen organisiert wurde, eine rücksichtslose Arisierungspolitik. Dies führte dazu, dass Deutschland sehr viele erfolgreiche Unternehmer, Wissenschaftler und Intellektuelle verlor. In den Kriegsjahren mutierte das politische Leitbild einer arisierten Wirtschaft zu einer Art Sklavenhalterwirtschaft[69]. Denn es mussten vor allem die zur Wehrmacht eingezogenen Männer ersetzt werden.

Bei den anderen Kriegsparteien, insbesondere in Großbritannien, wurde dieses Problem (wie in Deutschland im ersten Weltkrieg) dagegen durch zunehmende Frauenerwerbstätigkeit gelöst. Dieser Weg war für Hitler jedoch aus ideologischen

Gründen tabu. Die ‚Bestimmung' der deutschen Frau war es, Mutter und Hausfrau zu sein. Daher wurden immer mehr ‚Fremdarbeiter' aus den besetzten Gebieten rekrutiert sowie Kriegsgefangene und sogar KZ-Häftlinge in immer stärkerem Maße in der deutschen Wirtschaft eingesetzt. „Im Sommer 1944 war gut jeder vierte Beschäftigte (26,5 %) in Deutschland ein Fremd- oder Zwangsarbeiter. Die deutsche Landwirtschaft wurde fast zur Hälfte von ihnen aufrechterhalten (46,4 %). Weitere Schwerpunkte des Ausländereinsatzes waren neben dem Bergbau (33,7 %), die Metallindustrie (30 %), die chemische Industrie (28,4 %) sowie das Baugewerbe (32,3 %) und die Verkehrsbetriebe (26 %)" (Ruck 2006; 110). Zu keinem früheren oder späteren Zeitpunkt wies die deutsche Wirtschaft einen höheren Anteil an ausländischen Beschäftigten auf als in der Endphase des Nationalsozialismus! De facto hatte also die Rassenideologie dazu geführt, dass Deutschland viele hochqualifizierte Arbeitskräfte verloren hatte und gezwungen war, Massen sogenannter Untermenschen, das waren in den Augen der Nationalsozialisten vor allem Polen und Russen, überwiegend mit weniger qualifizierter Arbeit zu beschäftigen[70].

An dieser Stelle soll noch eine weitere Komponente der Kriegsvorbereitungspolitik erwähnt werden: die Versorgung der Zivilbevölkerung sowie sozialpolitische Maßnahmen. Zur Kriegsvorbereitungspolitik gehörte es auch, dass Vorkehrungen getroffen wurden, damit sich die Hungerwinter aus dem Ersten Weltkrieg (1916-18) nicht mehr wiederholen sollten. Vor allem durch enorme Lebensmittellieferungen aus den von deutschen Truppen besetzten Gebieten gelang es bis zum Winter 1944/45, die Ernährung der Zivilbevölkerung zu sichern (Ruck 2006; 117f.). Weiterhin „erhielten die Familien einberufener Soldaten eine großzügig bemessene Unterhaltshilfe in Höhe von 75 Prozent des bisherigen Familieneinkommens. Die Folge war zum einen eine Welle von Kriegsheiraten und ein nachfolgender Babyboom, zum anderen ein merklicher Rückgang der weiblichen Erwerbsarbeit" (ebd.; 116). Dies war durchaus sozialpolitisch gewollt; der Rückgang der Frauenerwerbstätigkeit wurde durch Kriegsgefangene und Zwangsarbeiter kompensiert (siehe oben).

Bei der Bewältigung der von der Weltwirtschaftskrise hervorgerufenen Probleme, insbesondere der Massenarbeitslosigkeit, waren die Nationalsozialisten erfolgreicher als beispielsweise die USA unter Roosevelt. Das überrascht insofern, als in beiden Ländern der wirtschaftliche Neuaufbau mit denselben Mitteln betrieben wurde. Die Wirtschaft sollte vor allem durch Infrastrukturprojekte mit hohen Beschäftigungseffekten wieder in Gang kommen. Zugleich sollte so die Massenarbeitslosigkeit gesenkt werden. Für Deutschland gilt, dass die bereits zuvor eingeleitete staatliche Beschäftigungspolitik ab 1933 nur konsequenter und in größerem Ausmaß fortgesetzt wurde. Während die Roosevelt-Administration insbesondere bei der Sozialgesetzgebung viele juristische Niederlagen einstecken musste, konnte die NS-Regierung ohne die in einer parlamentarischen Demokratie üblichen Einschränkungen operieren. Das ermöglichte auch eine immense Staatsverschuldung. Da die Nationalsozialisten von Anfang an auf einen Weltkrieg zusteuerten, konnten sie, anders als die USA, ohne jeden Vorbehalt alle Möglichkeiten der Kreditfinanzierung nutzen. Hinzu kam (ab 1934/35) ein gezielter Ausbau der Rüstungsindustrie. Vor diesem Hintergrund wird erklärlich, dass eine 1932 zwischen fünf und sechs Million schwankende Massenarbeitslosigkeit bis zum Kriegsausbruch vollständig abgebaut werden konnte. Die Beschäftigtenzahl in der Industrie stieg von circa 8 Millionen 1932 auf mehr als 16 Millionen 1939 (Der große Ploetz; 887)!

Üblicherweise werden die wirtschaftlichen Erfolge des deutschen Nationalsozialismus mit seiner Kriegsvorbereitungspolitik erklärt, die eben durch den Ausbau der Rüstungsproduktion zur Vollbeschäftigung geführt habe. Dieses Bild ist sicherlich zutreffend, aber es ist auch ergänzungsbedürftig. Unter diesem Gesichtspunkt sind die nachfolgend zitierten Ausführungen von Werner Abelshauser interessant, der im Rahmen einer deutschen Wirtschaftsgeschichte der Nachkriegszeit zunächst eine Bilanz der Ausgangssituation 1945 zieht. „Tatsächlich war im Mai 1945 die Substanz des industriellen Anlagevermögens jedoch keineswegs entscheidend getroffen. Bezogen auf das Vorkriegsjahr 1936 war das Brutto-Anlagevermögen der Industrie sogar noch um rund 20 Prozent angewachsen … Diese auf den ersten Blick überraschende Bilanz hat im Wesentlichen zwei Gründe. Das Jahrzehnt zwischen dem Ende der Weltwirtschaftskrise und dem Beginn der strategischen Luftkriegsoffensive der alliierten Bomberverbände war eine Zeit beispielloser Investitionstätigkeit. Von Anfang 1935 bis Ende 1942 beschleunigte sich das Wachstum des Brutto-Anlagevermögens von Jahr zu Jahr stärker … Die relativ günstige mengenmäßige Bilanz des industriellen Anlagevermögens im Jahre 1945 lässt sich in qualitativer Hinsicht noch ergänzen. Der Gütegrad, d. h. die Relation von Netto-Anlagevermögen zum Brutto-Anlagevermögen, erreichte am Ende des Zweiten Weltkriegs seinen höchsten Stand seit dem Ersten Weltkrieg … Dies ist angesichts des Investitionsbooms in den Jahren der Rüstungskonjunktur nicht weiter erstaunlich. Aus denselben Gründen war auch der Altersaufbau des Brutto-Anlagevermögens der westdeutschen Industrie 1945 erheblich günstiger als in den 30er Jahren. Die deutsche Wirtschaft ging also mit einem – angesichts extrem niedriger Produktionszahlen – bemerkenswert großen und modernen Kapitalstock in die Nachkriegszeit" (Abelshauser 1983; 20ff.).

Die Vereinigten Staaten in der Weltwirtschaftskrise und der New Deal

Während das britische Empire auf internationalen Wirtschaftsbeziehungen beruhte, die zumindest teilweise durch Kolonialgebiete gegen den internationalen Wettbewerb politisch abgeschottet waren, hatten sich die Vereinigten Staaten gegen den Kolonialismus und für den freien Welthandel entschieden. Diese Entscheidung erklärt sich aus ihrer politischen Geschichte. Die Vereinigten Staaten haben ihre politische Selbstständigkeit gegen die Kolonialmacht Großbritannien erringen müssen. Die Entkolonialisierung Mittel- und Südamerikas im 19. Jh. ist nur wegen des amerikanischen Schutzes gelungen (Stichwort: Monroe Doktrin). Diese politische Geschichte hat auch verhindert, dass Ansätze in Richtung Kolonialmacht (Philippinen, Puerto Rico) weiter verfolgt wurden. Zum anderen bot die flächenmäßige Ausdehnung der Vereinigten Staaten und ab Ende des 19. Jahrhunderts auch die hohe Bevölkerungszahl der amerikanischen Wirtschaft einen ausgedehnten Binnenmarkt. Nach dem Ersten Weltkrieg waren die Vereinigten Staaten zur führenden Wirtschaftsmacht geworden, die sich vor allem in Europa in Form von Krediten wie Unternehmensbeteiligungen stark engagiert hatte.

Aufgrund dieser internationalen Verflechtung der amerikanischen Wirtschaft wuchs sich das Platzen einer Spekulationsblase an der New Yorker Börse (der sogenannte ‚Schwarze Freitag'; 1929) zu einer weltweiten Wirtschaftskrise aus. In den USA kam es zu einem besonders tiefen Einbruch der Wirtschaftsleistung[71] wie der Beschäftigung. Auf dem Tiefpunkt 1932 wurde nur noch etwas über 60 Prozent des Beschäftigungsvolumens von 1929 erreicht. In Europa insgesamt waren die Einbrüche geringer. Sie werden hier auf 20 Prozent geschätzt. 1932 werden dort also ca. 80 % der Werte von 1929 erreicht (vgl. Der große Ploetz 745). In Mitteleuropa (Deutsches Reich, Polen, Tschechoslowakei) erreichten sie allerdings fast dasselbe Ausmaß wie in den USA.

Der Verlauf der Krise zeigte vor allem, dass die Selbstheilungskräfte des Marktes offenbar nicht funktionierten. Nach dem neoklassischen Modell[72] wäre nämlich zu erwarten gewesen, dass die Krise den Unternehmen verstärkt Anreize für neue Investitionen gibt, denn sinkende Löhne und niedrige Zinsen lassen ja eine höhere Rendite erwarten. Zusätzliche Investitionen steigern wiederum Einkommen und Konsum, so dass nun ein erneutes Gleichgewicht zwischen Nachfrage und Angebot erreicht werden kann. Dieser Mechanismus hat in der Weltwirtschaftskrise ganz offensichtlich nicht gegriffen. Unter den zahlreichen Erklärungsversuchen für das Versagen dieser markwirtschaftlichen Selbstheilungskräfte in der Weltwirtschaftskrise scheinen mir zwei besonders einleuchtend zu sein.

Ein Erklärungsversuch stammt von Keynes. Er argumentierte gegen das neoklassische Modell, dass bei *starken* Einbrüchen und einer *stark* rückläufigen Konsumnachfrage eine *Abwärtsspirale* in Gang gesetzt wird, die nur noch durch äußere Impulse gestoppt und umgekehrt werden kann. Denn allein sinkende Kosten könnten die Unternehmen nicht zu Investitionen veranlassen, solange sie von einer weiteren wirtschaftlichen Talfahrt ausgehen müssen. Daher muss in dieser Situation der Staat für eine Trendwende sorgen. Er soll in der Krise die Nachfrage durch kreditfinanzierte staatliche Konsumausgaben so weit stabilisieren, dass die Unternehmen wieder investieren, *weil sie an eine wirtschaftliche Erholung glauben*.

Während faschistische Regimes schon durch ihre Aufrüstungsprogramme zusätzliche Nachfrage schufen, ist eine staatliche Intervention für einen bürgerlich-demokratischen Staat, vor allem, wenn er wie in den USA durch ein liberales Staatsverständnis geprägt ist, eine ideologische Kröte. Darüber hinaus haben wir bereits gesehen, dass der bürgerliche Staat zwar mit Hilfe des Machtmediums (vgl. Kapitel 5) möglichst günstige Rahmenbedingen für die Wirtschaftsakteure schaffen soll, sich aber aus dem wirtschaftlichen Geschehen selbst heraushält, schon um die Erwerbschancen der privaten Akteure nicht zu schmälern.

Eine zweite Erklärung konfrontiert das neoklassische Modell einer Wettbewerbswirtschaft mit der Industrialisierungsgeschichte. Hierbei wird deutlich, dass es vor allem vor- und frühindustrielle Bedingungen relativ gut beschreibt, wo die Produzenten in Absatzkrisen über haus- und landwirtschaftliche Arbeit für ihren direkten Lebensunterhalt sorgen konnten. *Sie traten erst dann wieder als Anbieter von Waren auf, wenn sich die Aussichten auf Profite besserten* (Piore/Sabel 1989: 88f.). In einer durch große Konzerne und industrielle Massenproduktion geprägten Wirtschaft, wie sie die USA in der Weltwirtschaftskrise aufwiesen, waren die Verhältnisse jedoch völlig anders. Unter den Bedingungen der industriellen Massenproduktion konnten große Gewinnmargen immer nur bei einem *hohen Auslastungsgrad der Produktionskapazitäten* erreicht werden.

Da sich die Massenproduktion vor allem auf langlebige Konsumgüter (z. B. Autos) konzentrierte, konnten hohe Profite somit nur erzielt werden, wenn die Konsumnachfrage kontinuierlich hoch war und keine Überkapazitäten existierten. Daher war es Teil der „Strategie, nur für die sichere Nachfrage zu produzieren und die unsicheren Zuwächse durch Nebenverträge an kleinere Hersteller abzugeben… Investitionen wurden am ehesten dann zurückgestellt, wenn der Kapazitätsüberhang extrem war; wenn die expansive Strategie der Kostensenkung durch technologische Innovation vorübergehend blockiert war; und wenn das einzig verfügbare Mittel, wieder in die Gewinnzone zu gelangen … in drakonischen Senkungen der Input-Preise bestand – unter denen die Löhne natürlich einen großen Anteil ausmachten… Eine solche Reaktion scheint die Länge und Schwere der Great Depression zu erklären… Der Rückgang der Investitionen senkte die Einkommen noch weiter, wodurch der Konsum noch einmal zurückging und die Investitionsneigung noch einmal abnahm." (Ebd.: 90ff.)

Die Schnittmenge zwischen der generellen Argumentation von Keynes und der historischen Analyse von Piore und Sabel ist eindeutig: Zumindest unter den damaligen Bedingungen konnte die amerikanische Wirtschaft ohne Systemveränderungen in Richtung Sozial- und Wohlfahrtsstaat sowie ohne höhere Staatsausgaben und höhere Staatsschulden nicht wieder auf die Beine kommen. Dabei spielen vor allem folgende vier Aspekte eine zentrale Rolle.

1. In der Phase 1930- 1941 *wächst der Anteil der Staatsausgaben* am Bruttosozialprodukt der USA deutlich von gerade 3 % 1930 bis auf über 9 % 1940, da der Staat vor allem durch Infrastrukturprojekte zur Entwicklung strukturschwacher Gebiete, durch den Bau von Staudämmen und bei der Stabilisierung der Landwirtschaft mit Investitionen wie staatlichen Konsumausgaben als Wirtschaftsakteur aktiv wird. Die größte Infrastrukturmaßnahme im 19. Jh., der Aufbau des Eisenbahnnetzes, war dagegen von der Privatwirtschaft geschaffen und finanziert worden. Der Staat hatte dieses Projekt nur koordinierend und normierend begleitet. Mit dieser liberalen Tradition brach nun die Roosevelt Administration, um die Wirtschaft wieder in Gang zu bringen.

Auch bei der Sanierung der Landwirtschaft, deren Überproduktion einen erheblichen Anteil an den wirtschaftlichen Problemen hatte, brach die Roosevelt Administration mit liberalen Traditionen und griff direkt in das Verhältnis von Angebot und Nachfrage ein. Das Ziel war eine langfristige Anpassung zwischen Angebot und Nachfrage. Mit dem ‚Agricultural Adjustment Act' (AAA) wurde ein System von Produktionskontrollen, de facto von Produktionsbegrenzungen und Vorratswirtschaft etabliert, um die Erzeugerpreise so weit anzuheben, dass die Bauern wieder davon leben konnten. „Obwohl der oberste Gerichtshof 1936 den AAA für verfassungswidrig erklärte, wurde er sehr schnell in seiner ursprünglichen Gestalt wiederhergestellt, und so war es auch in der Folge möglich, Preisschwankungen landwirtschaftlicher Erzeugnisse" (Piore/Sabel 1989: 106) einzudämmen.

2. Einen wesentlich markanteren Bruch mit dem wirtschaftsliberalen amerikanischen Staatsverständnis bedeutete die *Sozialgesetzgebung* der 30er Jahre. Zum Kernbereich des amerikanischen Selbstverständnisses gehört der ‚american dream', also der Glaube daran, dass sich jeder Staatsbürger durch Fleiß, Tüchtigkeit und Erfindungsgabe selbst eine zumindest hinreichende Lebensgrundlage schaffen kann. Unter den Bedingungen einer Agrargesellschaft, die eine *open frontier* aufwies, so dass jeder Siedler unbesiedeltes Land roden und unter den Pflug nehmen konnte, war das eine durchaus realistische Devise. Mit der Industrialisierung und vor allem unter den Bedingungen der Großkonzerne und der Massenproduktion war aber die Bevölkerungsmehrheit in Städten konzentriert, also von der landwirtschaftlichen Selbstversorgung abgeschnitten und auf kontinuierliche Erwerbseinkommen aus abhängiger Beschäftigung angewiesen. Für diese neue Mehrheit konnte der ‚american dream' nur bedeuten, dass sie eine faire Chance bekommen, um vom Verkauf ihrer Arbeitskraft zu leben.

Wie sollte das aber bei anhaltender Massenarbeitslosigkeit gehen? Nach neoklassischer Argumentation kann zusätzliche Beschäftigung nur durch ein Sinken der Löhne aufgebaut werden, da Massenarbeitslosigkeit ja eine zu geringe Nachfrage nach Arbeitskräften signalisiert. Wie auf jedem Wettbewerbsmarkt müssen daher die Anbieter so lange den Preis senken, bis die Nachfrage wieder ansteigt. Wie wir bereits gesehen haben, blendet dieses Modell jedoch den Zusammenhang zwischen Arbeits- und Konsumgütermarkt aus. Bei relativ hohen Löhnen spielen die Lohnarbeiter zugleich eine wichtige Rolle als Konsumenten. Sinkende Löhne signalisierten daher für die Unternehmen immer auch sinkenden Absatz. In langandauernden Krisen sinkt daher selbst bei niedrigeren Löhnen die Nachfrage nach Arbeitskräften weiter.

Ebenso wenig wurde das neoklassische Modell den realen Lebensbedingungen der städtischen Arbeiterschaft gerecht. Da sie von der landwirtschaftlichen Selbstversorgung abgeschnitten waren, konnten sie ja nur soweit mit dem Lohn heruntergehen, dass er noch ein für das Überleben hinreichendes Konsumniveau erlaubt. Auch auf dieser Seite des Arbeitsmarktes fehlte also die im Modell unterstellte Elastizität. Sie wäre nur dann gegeben, wenn die Anbieter von Arbeitskraft noch die Alternative hätten, als Selbstversorger zu überleben, also ihr Arbeitsvermögen ggfs. selbst zu nutzen.

Wohlfahrtsprogramme, die Einführung von Mindestlöhnen und soziale Sicherungssysteme sind daher eine ebenso naheliegende wie unverzichtbare Maßnahme. Da diese Gruppe keine Chance hat, ihre Arbeitskraft selbst zu verwerten (der ökonomische Kern der sozialen Frage), muss ein zum Überleben hinreichender Geldzufluss organisiert werden entweder nach dem Versicherungsprinzip oder aber als soziale Unterstützungsmaßnahme. Ökonomisch ist das deswegen sinnvoll, weil so Kaufkraft generiert wird, die die Nachfrage nach Produkten steigert und damit auch die Nachfrage nach Arbeitskräften stimuliert.

Andererseits sind derartige Maßnahmen vom liberalen Standpunkt aus immer ideologisch anstößig, weil sie ja Nichtstun tolerieren und sogar bezahlen und Arbeitsaktivität als Kern der Selbstachtung (Adam Smith) ausblenden. Deshalb waren alle Anstrengungen der Roosevelt Administration in diese Richtung politisch höchst umstritten. Einige Gesetze wurden auch vom obersten Gerichtshof gestoppt. Sie bleiben in den USA bis heute umstritten wie die Tea Party Bewegung und der Wahlkampf um die Präsidentschaft 2012 erneut gezeigt haben.

Möglicherweise noch wichtiger waren Maßnahmen, die die gewerkschaftliche Organisation der Arbeitnehmer ermöglichten bzw. erleichterten. Hier setzte erstmals der 1935 beschlossene Wagner Act national verbindliche Standards. Er sah die Einrichtung eines aus drei Mitgliedern bestehenden Schiedsgerichtes (National Labor Relations Board; NLRB) vor, dass (a) die freie Bildung von Gewerkschaften schützte, (b) freie Wahlen und Mehrheitsentscheidungen vorsah, um zu entscheiden, welche Gewerkschaft die Interessen der Beschäftigten vertreten sollte, (c) kollektive Tarifverhandlungen ermöglichen und (d) gewerkschaftlich organisierte Arbeitnehmer vor Diskriminierung durch den Arbeitgeber schützen sollte.

3. *Krieg* bedeutet für den bürgerlichen Kapitalismus den Ausnahmefall, da er die Balance zwischen Privatwirtschaft und Staat außer Kraft setzt. Im Kriegsfall wird die Produktion nicht mehr vom Markt gesteuert sondern zumindest teilweise vom Staat, der kriegswichtige Produktionsziele vorgibt, die sowohl auf dem Feld der Rüstungsproduktion liegen wie auch die Grundversorgung der Bevölkerung sicher stellen sollen. Da die USA nicht nur das eigene Militär sondern auch ihre Alliierten in großem Umfang mit Rüstungsgütern versorgten, *konnten mit dem Eintritt in den zweiten Weltkrieg die industriellen Produktionskapazitäten erstmals seit der Weltwirtschaftskrise wieder voll ausgelastet werden.* Der Wert der amerikanischen Rüstungsgüter erreichte 1943 37,5 Milliarden Dollar, was nahezu der Summe der von Großbritannien, der Sowjetunion und Deutschland produzierten Rüstungsgüter entsprach (Der große Plötz: 763).

Zugleich hatte der Kriegseintritt der USA eine *drastische Wende auf dem Arbeitsmarkt* zur Folge, da viele junge Männer zum Militär eingezogen wurden (Mannschaftsstärke des US- Heeres 1941: 1,46 Mio; 1945: 8,266 Mio; ebd.) und auf der anderen Seite die Nachfrage nach Arbeitskräften sprunghaft anstieg. Die Lücken im Arbeitskräfteangebot wurden durch eine stark ansteigende Frauenerwerbstätigkeit geschlossen. Da die Rüstungsgüter vom Staat gekauft wurden, führte der Weltkrieg ökonomisch zu einer starken Ausweitung der staatlichen Nachfrage, die über Kredite finanziert wurde (Anteil der Staatsausgaben am BSP: 1940 = 9,6 %; 1945 = 29,6 %; Piore/Sabel 1989: 103).

4. Ein System der „Makroregulierung" nennen Piore/Sabel die Effekte einer Formel, die erstmals 1948 in einer Vereinbarung zwischen General Motors und der Industriegewerkschaft UAW schriftlich fixiert wurde. Danach sollten kontinuierliche Lohnerhöhungen quasi automatisch erfolgen. Ihre Höhe orientierte sich an der nationalen Steigerungsrate der Arbeitsproduktivität und am Preisanstieg. Nach diesem Muster wurden in allen wichtigen Branchen ähnliche Vereinbarungen getroffen, so dass bis in die 1970er Jahre hinein ein Mechanismus der kontrollierten Lohn- und damit auch Kaufkraftanpassung an die Industrieproduktion praktiziert wurde. Die Unternehmen wollten mit dieser Vereinbarung vor allem Arbeitskämpfe vermeiden und die Nachkriegskonjunktur voll ausnutzen. Die Gewerkschaften konnten durch diese Vereinbarung die Arbeitnehmer am wirtschaftlichen Wachstum beteiligen, ohne die Risiken von Arbeitskämpfen eingehen zu müssen.

Ein beunruhigendes Fazit

Wenn man *nur* die Frage der Wiederbelebung der Wirtschaft und des Abbaus der Massenarbeitslosigkeit in den Mittelpunkt stellt, dann hat der ‚Westen' diese erste Runde im Ausscheidungskampf der Systeme deutlich, aber nicht entscheidend verloren. In der Sprache des Boxens: Er wurde angezählt, ist aber nicht KO gegangen.

Für den Realsozialismus sprach, dass er von der Weltwirtschaftskrise erst gar nicht betroffen wurde. Für den Faschismus sprach, dass er die drei wirksamsten Rezepte – nämlich (a) Aufrüstung und Krieg, (b) Ankurbelung der Wirtschaft durch hohe Staatsausgaben und (c) über den Staat organisierter Interessenausgleich – programmatisch vertreten und mit aller Konsequenz praktisch umgesetzt hat. Der ‚Westen', der für das Problem der Bewältigung der Weltwirtschaftskrise fast auf die USA reduziert werden kann, hat sie durch eine teilweise Abkehr vom liberalen Modell und durch die Entwicklung sozial- und wohlfahrtsstaatlicher Elemente gerade so überlebt. Erst mit der Rüstungsproduktion und dem Eintritt in den Zweiten Weltkrieg wurde ‚Vollbeschäftigung' erreicht.

Erst wenn man die *zivilisatorischen Kosten für die Überwindung der Weltwirtschaftskrise* einblendet, verändert sich diese erste Bilanz drastisch. Denn der Faschismus war nur um den Preis eines Weltkriegs mit einer erschreckenden Bilanz von Tod und Zerstörung wirtschaftlich erfolgreich. Weiterhin wurde in beiden konkurrierenden Systemen die Rechtssicherheit sowie wichtige Menschen- und Freiheitsrechte kassiert. Politisch Andersdenkenden drohten Konzentrations- und Arbeitslager. Schließlich bedeutete die Überwindung des Klassengegensatzes im Stalinismus, dass ‚die Partei' Löhne und Arbeitsbedingungen festlegte. Auch in den faschistischen Regimes wurden unabhängige Gewerkschaften zerschlagen. Das Beispiel NS-Deutschland zeigt, dass der Abbau der Massenarbeitslosigkeit nicht zu höheren Reallöhnen (vgl. Wiegand 1981) und besseren Arbeitsbedingungen geführt hat. Dagegen wurden in den USA die unabhängigen Gewerkschaften gestärkt und die Arbeitnehmer profitierten in Form höherer Reallöhne und besseren Arbeitsbedingungen von der wirtschaftlichen Erholung. Um unter den Bedingungen der industriellen Massenproduktion die für die Renditeziele der Unternehmen unverzichtbare kontinuierlich hohe Auslastung der Produktionskapazitäten zu erreichen, war auch hier eine enge Abstimmung zwischen den Interessen von Kapital und Arbeit unausweichlich. Sie folgte aber nicht dem faschistischen Modell der ‚Gleichschaltung' sondern dem *politischen Modell* des bürgerlichen Staates, bei dem auf der Grundlage unterschiedlicher Interessen von allen Beteiligten getragene Entscheidungen ausgehandelt werden.

11.3 Der Zweite Weltkrieg

Nach der Weltwirtschaftskrise entsteht eine in Einflusszonen fragmentierte Weltordnung – Weltpolitische Zielsetzungen zu Beginn des Zweiten Weltkriegs

Letztlich strebten alle drei Gesellschaftsmodelle nach weltweiter Dominanz – das aber aus unterschiedlichen Gründen und mit unterschiedlichen Strategien. Das realsozialistische Gesellschaftsmodell setzte gesellschaftlichen Fortschritt mit der Abschaffung des Kapitalismus gleich. Sein Ziel war erreicht, wenn der Kapitalismus, d. h. das Privateigentum an den Produktionsmitteln, weltweit beseitigt war. Spätestens mit dem Aufkommen des Faschismus hatte sich jedoch die Strategie durchgesetzt, zunächst den Sozialismus in einem Land, der Sowjetunion, voranzutreiben. Das lief auf Autarkie in wirtschaftlicher wie in politischer Hinsicht hinaus, da sowohl wirtschaftliche Abhängigkeiten wie kriegerische Auseinandersetzungen diesen Weg nur gefährdet hätten.

Das faschistische Gesellschaftsmodell war auf das jeweils eigene Volk bzw. die jeweils eigene Nation fokussiert – insofern war die Weltordnung von geringem Interesse. Da aber zumindest in Italien, Japan und Deutschland eine territoriale Expansion angestrebt wurde, für die auch Kriege als geeignetes Mittel erschienen, war eine gewaltsame Veränderung der Weltordnung vor allem für den deutschen und den japanischen Faschismus unausweichlich. Nach dem Erreichen der territorialen Ziele konnte man sich ein relativ friedliches Zusammenleben in einer in autonome Einflusszonen zerfallenen Welt vorstellen. In dieser Welt hätten auch andere Gesellschaftsmodelle einen Platz, wenn sie sich als militärisch überlebensfähig erwiesen hatten.

Auch für das Gesellschaftsmodell des bürgerlichen Kapitalismus müssen wir zwischen perspektivischen Zielen und dem politisch- instrumentellen Bezug auf die Weltordnung unterscheiden. Seit Adam Smith gilt für dieses Gesellschaftsmodell explizit, dass eine wohlhabendere Welt möglich ist, wenn der Welthandel, also der friedliche Austausch von Gütern und Dienstleistungen durch private Produzenten möglichst wenig von staatlichen Restriktionen behindert wird. De facto hatten sich jedoch unterschiedliche Wege zu diesem globalen Ziel herauskristallisiert. Die klassischen europäischen Industriemächte, England, Frankreich, Belgien, die Niederlande, vor dem Ersten Weltkrieg auch Deutschland, waren Kolonialmächte. Die nationale Wirtschaft hatte hier also immer zwei Optionen. Neben dem freien Welthandel konnte man auch zu privilegierten Bedingungen auf Ressourcen des Kolonialgebiets zurückgreifen beziehungsweise dorthin unter staatlicher Protektion (Stichwort: Schutzzölle) exportieren.

Ausschließlich auf den freien Welthandel setzten nur die USA. Deren Wirtschaftsakteure hatten sich jedoch während der Weltwirtschaftskrise aus Europa zurückgezogen. Infolge der Krise war der Welthandel weitgehend zum Erliegen gekommen. Mit diesen Fakten hatten sich die sogenannten Isolationisten arrangiert, die im Senat wie im Repräsentantenhaus über eine Mehrheit verfügten. Sie wollten die USA und darüber hinaus den amerikanischen Kontinent aus den weltpolitischen Turbulenzen unter allen Umständen heraushalten und im eigenen Land die Wirtschaft wieder zum Laufen bringen. Das lief, wie beim Faschismus und beim Stalinismus, auf eine in Einflusszonen aufgeteilte Welt hinaus.

Auf der operativen Ebene praktischer Politik hatten sich also sowohl die Repräsentanten des bürgerlich kapitalistischen Gesellschaftsmodells wie des Realsozialismus aus unterschiedlichen Gründen mit einer Fragmentierung der Welt in Einflusszonen abgefunden, obwohl sie perspektivisch eine einheitliche Weltordnung anstrebten. Dagegen wollten die Repräsentanten des faschistischen Gesellschaftsmodells eine fragmentierte Welt. Die bestehenden Verhältnisse wollten sie jedoch mit allen Mitteln zu ihren Gunsten verändern.

Freie Welt und freier Welthandel: Franklin D. Roosevelt

Es ist wie bei Asterix. Hatten sich alle mit einer fragmentierten Welt abgefunden? Nein. *Ein* führender amerikanischer Politiker hielt auch auf der operativen Ebene an der liberalen Vision eines freien Welthandels fest: Der amerikanische Präsident Franklin D. Roosevelt[73]. Innenpolitisch hatte er so weitgehend wie kein anderer amerikanischer Präsident vor oder nach ihm mit liberalen Konzepten gebrochen (siehe oben). Außenpolitisch knüpfte er dagegen an die Vorstellungen seines Vorgängers und politischen Lehrmeisters Woodrow Wilson an, der schon nach dem Ersten Weltkrieg vergeblich für einen politischen Rahmen für den freien Welthandel gekämpft hatte. Roosevelt hatte früh erkannt, dass die Expansionsziele Deutschlands und Japans früher oder später zu einem großen Krieg führen würden. Wenn er schon unvermeidlich sein würde, dann sollte er wenigstens zur Durchsetzung einer neuen, auf Frieden und freien Welthandel fokussierten Weltordnung genutzt werden.

Nach der Niederlage der Alliierten in Frankreich (Juni 1940) konnte Roosevelt das bedrohte Großbritannien nur vorsichtig wirtschaftlich unterstützen, da die Isolationisten sogar jeder indirekten Kriegsbeteiligung etwa durch Waffenlieferungen strikte Riegel vorgeschoben hatten. Daher kam seine Stunde erst nach dem Überfall der japanischen Flotte auf Pearl Harbour am 7. 12. 1941 und der anschließenden Kriegserklärung. Zuvor schon hatte er am 4. Januar 1941 öffentlich verkündet, dass die USA *weltweit* für vier Freiheiten eintreten würden:

1. die Freiheit der Rede und die freie Meinungsäußerung;
2. die Religionsfreiheit;
3. die Freiheit von Not und
4. die Freiheit von Furcht.

Die Freiheit von Not bedeutete, „gesehen vom Standpunkt der Welt, *wirtschaftliche Verständigung*, die für jede Nation ein friedliches gesundes Leben gewährleistet". Freiheit von Furcht lief auf Frieden und „*weltweite Abrüstung*, so gründlich und so weitgehend, dass kein Volk mehr in der Lage sein wird, seine Nachbarn anzugreifen" hinaus (zitiert nach: Wikipedia; Stichwort Roosevelt; 27.09.2010; Hervorhebungen D.B.).

Für Roosevelt war klar, dass dieses *Konzept einer freien Welt* letztlich mit den Mitteln militärischer Gewalt gegen rivalisierende Ordnungen durchgesetzt werden muss. „Diese Welt steht in tiefstem Gegensatz zu der sogenannten Ordnung der Tyrannei, welche die Diktatoren im Krachen der Bomben zu errichten suchen" (ebd.).

Dieses Programm wurde in Form der sogenannten *Atlantik-Charta*, die acht konkreter formulierte Eckpunkte umfasste, zum Programm der Alliierten im Kampf gegen die faschistischen Diktaturen Japans, Deutschlands und Italiens. Allerdings machten Roosevelts Hauptverbündete, Churchill und Stalin darauf aufmerksam, dass es auf die eigenen Machtbereiche, also auf das britische Empire und die Sowjetunion, nur sehr begrenzt Anwendung finden könne. Dass sich Roosevelt 1941 mit seinen programmatischen Vorstellungen überhaupt durchsetzen konnte, hing sicherlich in hohem Maße mit der überragenden Stellung der USA im alliierten Kriegsbündnis zusammen.

Zum Verständnis dieser vier Punkte ist noch anzumerken, dass es zu den Merkmalen des klassischen liberalen Denkens gehört, sehr allgemeine Axiome oder gar vermeintliche Naturgesetze mit sehr handfesten wirtschaftlichen Interessen zu verbinden. Die Brüchigkeit solcher Verbindungen wird immer dann offenkundig, wenn sich die konkrete politische Interessenlage mit den allgemeinen Maximen nicht mehr in Übereinstimmung bringen lässt. Hinter Roosevelts vier Punkten steckte die Interessenlage der damals mit Abstand leistungsfähigsten Volkswirtschaft der Welt, die von einer Auflösung kolonialer oder auch faschistischer Interessenssphären am meisten profitieren würde. Auch jede Liberalisierung des Welthandels, das heißt der Abbau von Schutzzöllen und anderen Restriktionen würde dieser Volkswirtschaft am meisten nützen und das heißt vor allem, aus dem Blickwinkel der wirtschaftlichen Probleme der großen Depression: Arbeitsplätze schaffen und absichern[74].

Großbritannien und die Politik des Appeasement

Für die britische Außenpolitik der 20er und 30er Jahre galt die Losung des ‚Appeasement'. Angesichts der immensen Probleme, die der Erste Weltkrieg nicht nur bei den Besiegten, sondern auch bei den Siegermächten hinterlassen hatte (Rückzahlung hoher Kriegskredite an die USA; Arbeitslosigkeit; schwache wirtschaftliche Entwicklung) wollte Großbritannien zumindest in Europa den Frieden auch um den Preis einer Revision der von französischen Sicherheitsinteressen geprägten europäischen Nachkriegsordnung erhalten. Sie wurde von den führenden Politikern Großbritanniens als auf längere Sicht unhaltbar angesehen. Deswegen wurden auch Hitlers erste Expansionsschritte (Remilitarisierung des Rheinlands 1935; der ‚Anschluss' Österreichs 1938 und die Abtretung der sudetendeutschen Gebiete der Tschechoslowakei 1938) als realistische Korrekturen der Nachkriegsordnung hingenommen. Mit dem sogenannten ‚Münchner Abkommen' von 1938 (zwischen England, Frankreich, Italien, Nazideutschland) war aus britischer Sicht diese Revision der Nachkriegsordnung vollzogen worden, die auch mit dem Recht auf nationale Selbstbestimmung vereinbar war.

Dass Letzteres für Hitler aber nur taktische Bedeutung hatte, wurde Ende 1938 mit der Annexion der ‚Resttschechei' (als sogenanntes Reichsprotektorat Böhmen und Mähren) offenkundig. Dies führte sofort zu einer grundlegenden Neuausrichtung der britischen Außenpolitik[75]. Ende März 1939 gab Großbritannien eine Garantieerklärung für Polen ab. Der Überfall auf Polen am 1.9. 1939 wurde daher umgehend mit der Kriegserklärung (3.9. 1939) beantwortet.

11.4 Die militärische Niederlage der faschistischen/nationalsozialistischen Staaten im zweiten Weltkrieg

Kriegsausbruch

Während die Historiker bis heute Dispute über die Frage ausfechten, welche Macht wie viel Schuld am Ausbruch des Ersten Weltkriegs auf sich geladen habe, ist die Frage der Kriegsschuld am Zweiten Weltkrieg klar zu beantworten. Der Diktator von ‚Großdeutschland' wollte die ‚Schmach von Versailles' in einem Zweiten Weltkrieg tilgen und rächen. Mit dem Überfall auf Polen hat er in Europa den Weltkrieg ausgelöst. Allerdings hat die Sowjetunion in Form des sogenannten Hitler-Stalin-Paktes am konkreten Kriegsbeginn mitgewirkt. Er sah u. a. sowjetische Nahrungsmittellieferungen und die Aufteilung Polens zwischen den beiden Mächten vor.

Bis heute wird der Beginn des zweiten Weltkriegs auf den 1.9. 1939 datiert, an dem der Angriff auf Polen einsetzte. Dabei sollte aber nicht übersehen werden, dass der große Krieg zuvor bereits in Asien mit dem Überfall japanischer Truppen auf Shanghai (7.7. 1937) ausgebrochen war. Bereits seit dem 18. 9. 1931 begann mit der Besetzung der Mandschurei ein immer wieder von Waffenstillstand unterbrochener Prozess der Eroberung Chinas durch japanische Truppen. Mit dem Überfall auf Shanghai ist er zu einem ununterbrochenen Eroberungskrieg eskaliert. Dieser Vorgang wird vielfach als zweiter chinesisch-japanischer Krieg bezeichnet und erst nach der Kriegserklärung der USA (8. 12. 1941) als Teil des Zweiten Weltkriegs angesehen. Plausibler erscheint es allerdings, den Überfall auf Shanghai als Beginn des Zweiten Weltkriegs anzusehen, weil hier erstmals ein faschistisches Regime von der Phase der politisch flankierten Annexion zur bedingungslosen militärischen Auseinandersetzung übergegangen ist.

Auch Italiens Diktator Mussolini hat für eine durchaus folgenreiche Ausweitung des europäischen Schlachtfelds gesorgt. Während Hitlers Kriegsziele im Westen (‚Demütigung' Frankreichs) und Osten (Kolonialisierung Polens und der Ukraine) Europas lagen, strebte der italienische Diktator nach kolonialer Expansion in Form der Eroberung Äthiopiens wie nach einer Ausdehnung Italiens ins östliche Mittelmeer. Als nach einer Niederlage der italienischen Truppen der deutsche Diktator militärisch zu Hilfe kommen musste, wurden auch Griechenland und Nordafrika zu Schlachtfeldern des Zweiten Weltkriegs.

Schlachtfelder

Damit sind bereits weitgehend die Gebiete beschrieben, in denen der Zweite Weltkrieg ausgefochten wurde. Auch sie ergaben sich ausschließlich aus den imperialen Zielen der faschistischen Regimes und aus deren kriegstaktischen Überlegungen. In Europa konnten nur Schweden, die Schweiz, Portugal und Spanien ihre Neutralität wahren. In Asien wollte das japanische Militär nicht nur China, sondern auch ganz Südostasien erobern und den östlichen Pazifik militärisch kontrollieren. Daher wurden auch Thailand, Franz. Indochina, die Philippinen, Indonesien, Malaysia, Singapur erobert bzw. besetzt. Im Südosten kam die japanische Expansion erst im britischen Burma zum Stehen, im Süden in Neuguinea und an den Grenzen Australiens. Im Osten wurde der Krieg mit dem Überfall auf Pearl Harbour bis nach Hawaii getragen.

Bündnisse

Sowohl der Kriegseintritt der USA wie auch die siegreiche Allianz zwischen den nicht vom Faschismus besiegten westlichen Demokratien (USA, Großbritannien) und der Sowjetunion wurde als Zweckbündnis durch die kriegerische Aggression der faschistischen Regimes gewissermaßen herbeigebombt. Japans Überfall auf Pearl Harbour zwang die USA in einen Krieg gegen Japan. Nazideutschland erklärte den USA den Krieg und erzwang durch den Überfall auf die Sowjetunion das Bündnis zwischen der Sowjetunion und den Westmächten.

11.5 Ergebnis: Der Faschismus scheidet aus dem Wettbewerb der Gesellschaftssysteme aus

Die faschistischen bzw. nationalsozialistischen Regimes sind aus der Krise des westlichen Kapitalismus, insbesondere der Weltwirtschaftskrise hervorgegangen. An ihrem hemmungslosen Expansionsdrang mussten sie scheitern. Mit der militärischen Niederlage im Zweiten Weltkrieg sind sie zur weltpolitischen Bedeutungslosigkeit geschrumpft. Nur die faschistischen Regimes auf der iberischen Halbinsel konnten das Kriegsende überleben, weil sie keine Expansionsziele mit kriegerischen Mitteln verfolgten, sondern allein restaurativ ausgerichtet waren. Sie wollten ‚nur' die Reste des Kolonialreichs retten und den Machtanspruch der Arbeiterbewegung brechen.

Der Kalte Krieg. Der Ausscheidungskampf zwischen westlichem Kapitalismus und sowjetischem Realsozialismus: 1945 bis 1991

12

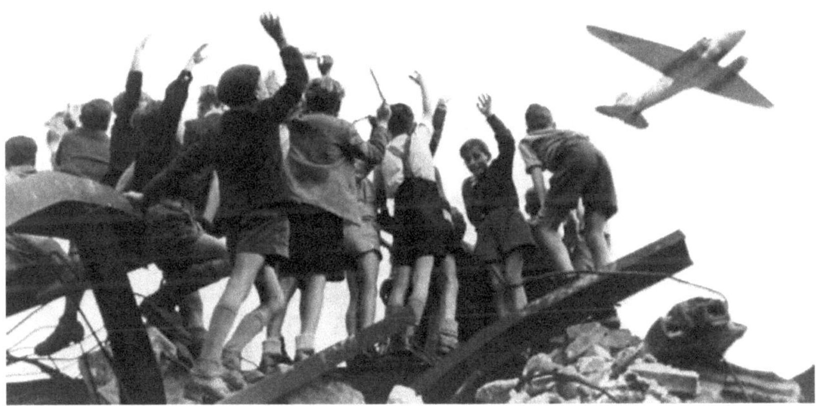

Die Berliner Luftbrücke war ein wichtiges Symbol für den Durchhaltewillen des Westens im Kalten Krieg. Das Foto zeigt einen von Kindern bejubelten ‚Rosinenbomber'.

12.1 Die Ergebnisse des Zweiten Weltkriegs

Auf dem europäischen Kriegsschauplatz endete der Zweite Weltkrieg am 8.5. 1945 mit der bedingungslosen Kapitulation der deutschen Wehrmacht. Nach der Niederlage verlor Deutschland nicht nur die von Hitler annektierten bzw. eroberten Territorien, sondern auch alle Gebiete östlich von Oder und Neiße an Polen bzw. die Sowjetunion. Das restliche Territorium wurde ebenso wie auch Österreich (bis 1955) von vier alliierten Mächten (USA, Sowjetunion, Großbritannien, Frankreich) besetzt und gemeinsam verwaltet. 1949 entstanden auf deutschem Territorium ein ‚westlicher' (ab 23. 5. 1949 Bundesrepublik Deutschland) und ein ‚realsozialistischer' (ab 7. 10. 49 Deutsche Demokratische Republik) Teilstaat. Berlin stand bis zur Deutsch-deutschen Vereinigung (3. 10. 1990) unter alliierter Verwaltung.

In Asien endete der Zweite Weltkrieg am 2.9. 1945 mit der Kapitulation Japans. Japan verlor sein Kolonialreich einschließlich Korea und Taiwan und musste die Kurilen-Inseln sowie den Südteil Sachalins an die Sowjetunion abtreten. Das restliche Territorium wurde von den USA besetzt (bis zum 28.4. 1952).

Soweit die grundlegenden Fakten. In diesem Kapitel wird nun dargestellt, wie aus der Kriegsallianz der westlichen Gesellschaften mit der Sowjetunion eine offene Gegnerschaft im Ringen um die Weltherrschaft wurde. Dabei ist es wichtig, zunächst die Ausgangssituation zu verstehen. Das gemeinsame Interesse aller Beteiligten richtete sich auf einen schnellen Wiederaufbau. Damit waren bei den USA, den Kolonialmächten England und Frankreich sowie bei der Sowjetunion jedoch ganz unterschiedliche Hoffnungen, Wünsche und Bestrebungen verknüpft.

12.2 Interessenunterschiede beim Wiederaufbau

Die USA: Freie Welt und stabiles Wachstum der heimischen Volkswirtschaft

Die beim Kriegseintritt der USA für die Nachkriegsordnung formulierten Ziele sind weder als rein humanitäre Zielsetzungen noch als ein rein ideologisches Programm zur Durchsetzung des westlichen Gesellschaftsmodells zu verstehen. Zugleich drückte sich in ihnen auch das ganz handfeste innenpolitische Problem aus, wie die im Zweiten Weltkrieg erreichte Vollbeschäftigung für die nun kommende Friedenszeit aufrecht erhalten werden könne.

Erst mit dem zunächst materiellen, dann auch militärischen Engagement der USA im Zweiten Weltkrieg wurden Vollbeschäftigung sowie eine volle Auslastung der Produktionskapazitäten der amerikanischen Wirtschaft erreicht. Ähnlich wie die Vereinigten Staaten durch die Beteiligung am Ersten Weltkrieg zur weltgrößten Volkswirtschaft wurden, so bewirkte auch die Beteiligung am Zweiten eine ökonomische Vorherrschaft der USA. Dieser Widerspruch zwischen einer auf internationalen Frieden ausgerichteten Politik – die Forderung nach weltweiter Abrüstung war schließlich eine der vier Kernforderungen Roosevelts für eine Nachkriegsordnung – und einer scheinbar nur durch Aufrüstung voll ausgelasteten Privatwirtschaft sollte nach Kriegsende durch die Rückkehr zu einem freien Welthandel gelöst werden. Er sollte der amerikanischen Wirtschaft die Möglichkeit geben, sich am anstehenden Wiederaufbau Europas und Ostasiens in großem Umfang zu beteiligen.

Unhaltbare Kolonien: Großbritannien und Frankreich

Großbritannien war zwar als Siegermacht aus dem Zweiten Weltkrieg hervorgegangen und musste nur vergleichsweise geringe Zerstörungen durch deutsche Luftangriffe hinnehmen, gehörte aber insoweit auch zu den Verlierern, weil sich nach den Ereignissen des Zweiten Weltkriegs das britische Empire nicht mehr halten ließ. Anders als Frankreich, das seinen umfangreichen Kolonialbesitz erst nach verlustreichen Kriegen in Indochina und Algerien in die Unabhängigkeit entließ, vollzog Großbritannien die Auflösung des Empire weitgehend ohne militärische Konflikte. Das Kernland des Empire, Indien, wurde bereits 1948 unabhängig. Die britische Politik strebte die Umwandlung des Empire in einen Commonwealth of Nations an, einen Verbund selbstständiger Staaten, der die wirtschaftliche und politische Bedeutung des Empire jedoch nie ersetzen konnte.

Das Interesse der Sowjetunion an einer politischen Konsolidierung des eigenen Machtbereichs

Das Interesse der Sowjetunion unter Stalin bestand vorrangig darin, die von der roten Armee eroberten Territorien durch die Etablierung kommunistisch dominierter Marionettenregierungen dauerhaft an die Sowjetunion zu binden und so einen *durch das Gesellschaftsmodell des ‚realen Sozialismus' geprägten Machtblock* zu errichten.

12.3 Von der Kooperation zur Konfrontation: Der ‚Kalte Krieg' beginnt

Der Übergang vom Bündnis zwischen dem bürgerlichen Kapitalismus und dem sowjetischen Realsozialismus zu einer lang anhaltenden Phase des ‚Kalten Kriegs' zwischen zwei konkurrierenden Gesellschaftssystemen wurde durch Ereignisse auf beiden ehemaligen Kriegsschauplätzen vorangetrieben.

Auf dem ehemaligen ostasiatischen Kriegsschauplatz China standen sich nach dem Sieg über Japan die von den USA unterstützte nationalchinesische Regierung der Kuomintang und die von der Sowjetunion unterstützte Armee Mao Tse-Dongs gegenüber. Obwohl die Sowjetunion wie auch die USA zu Verhandlungen und auf Verständigung drängten, kam es zu einer militärischen Auseinandersetzung, bei der die Kommunisten wohl auch deswegen die Oberhand behielten, weil sie auf die Sympathie großer Teile der Bevölkerung bauen konnten. *Dieses Ergebnis ist ohne die Beteiligung der beiden Großmächte zustande gekommen. Es veränderte die Kräfteverhältnisse in Asien grundlegend.*

Anders waren die Ausgangsbedingungen in Europa, weil sich sowohl in Deutschland wie auch in Österreich die Siegermächte als Besatzungsmächte direkt engagiert hatten und hier die Besatzungszonen der Amerikaner und Briten direkt an sowjetisch besetzte Zonen grenzten. Zudem war vorgesehen, die Grundlagen der Besatzungspolitik sowie eines späteren Friedensvertrags gemeinsam abzustimmen. Der Übergang von der Kooperation zur Konfrontation erfolgte allmählich, nahm aber 1947/1948 immer deutlichere Konturen an.

Die Gründe für den Beginn des ‚Kalten Kriegs' sind vielschichtig. Einmal spielten Interessengegensätze bei der Verwaltung der deutschen Besatzungszonen eine Rolle. Während die Sowjetunion und zunächst auch Frankreich den eigenen Wiederaufbau durch deutsche Reparationsleistungen (insbesondere Demontage von Industriebetrieben) vorantreiben wollten, strebten die USA und Großbritannien vor allem aus pragmatischen Gründen ein möglichst schnelles In-Gang-kommen der deutschen Volkswirtschaft an. Um Kosten zu sparen, sollen sich die Deutschen möglichst rasch selbst versorgen können. Daher wurden die Reparationsleistungen aus der britischen und amerikanischen Zone nach kurzer Zeit eingestellt.

Ein weiterer politischer Grund war, dass in den Staaten des sowjetisch beherrschten Europa Regierungen ohne demokratische Legitimation etabliert wurden, bei denen die Kommunisten federführend waren. Für diese Entwicklung benutzte erstmals Churchill die Metapher vom ‚Eisernen Vorhang'[76], der an den Grenzen des sowjetischen Machtbereichs gegenüber dem freien Europa heruntergegangen sei.

Darüber hinaus kam es zu Bürgerkriegen und Sezessionsbestrebungen in Gebieten, die an die sowjetische Einflusssphäre angrenzen, ihr aber nicht zugehörten.

Symptomatisch ist hier einmal der Versuch gewesen, die Provinz Aserbaidschan vom Iran abzuspalten, zum anderen der griechische Bürgerkrieg (1946 bis 1949). Während der deutschen Besetzung Griechenlands hatte sich sowohl eine kommunistische wie auch eine republikanische Widerstandsorganisation entwickelt, die nach dem Zweiten Weltkrieg um die politische Vorherrschaft kämpften. Beide Parteien wurden durch Waffenlieferungen von der jeweiligen Seite unterstützt. Als Großbritannien seine Hilfe einstellte, erklärte der amerikanische Präsident Truman öffentlich die Bereitschaft der USA, Griechenland und jedem anderen Mittelmeerstaat jede gewünschte Hilfe bei der Abwehr kommunistischer Bestrebungen zur Machtübernahme zu geben (sogenannte Truman-Doktrin; März 1947). George Marshall, der im Januar 1947 das Amt des amerikanischen Außenministers übernahm, formulierte erstmals das Ziel, eine ‚Politik der Eindämmung' gegenüber der Sowjetunion zu betreiben.

Ohne hier weiter in die Einzelheiten zu gehen, lässt sich feststellen, dass Interessenunterschiede, eine ganze Reihe von Entwicklungen und Ereignissen, aber auch personelle Veränderungen an der Spitze der amerikanischen Politik zu einem Übergang von einer Phase der Kooperation in eine Phase der Konfrontation führten, die gut 40 Jahre lang die internationale Politik bestimmte. Sie unterschied sich von der Konkurrenz der drei Gesellschaftssysteme bis 1945 einmal dadurch, dass es nie zu einer direkten militärischen Konfrontation zwischen den Hegemonialmächten kam. Auf der anderen Seite umfasste die nicht-militärische Konfrontation viel mehr Ebenen. Sie prägte die Weltpolitik wesentlich eindeutiger als die Konkurrenz der drei Gesellschaftssysteme vor dem Zweiten Weltkrieg. Im Wesentlichen konzentrierte sich der Ost-West-Gegensatz auf folgende vier Felder:

Erstens auf das Wettrüsten. Anders als nach dem Ersten Weltkrieg kam es zu keiner allgemeinen Abrüstung, sondern zu einem Wettrüsten zwischen beiden Machtblöcken, bei dem neben den sogenannten konventionellen Waffen vor allem Massenvernichtungswaffen (Stichwort ABC-Waffen) eine zentrale Bedeutung gewannen. Diese Massenvernichtungswaffen steigerten einerseits das militärische Droh- und Gewaltpotenzial. Sie signalisierten aber andererseits auch, dass mit Massenvernichtungswaffen geführte Kriege zu einer Vernichtung der gesamten Menschheit führen können, also nur noch Verlierer kennen. Vermutlich hat das unkalkulierbar gewordene Risiko eines ‚Großen Krieges' wesentlich dazu beigetragen, dass auch dramatisch zugespitzte Konfrontationen (insbesondere: Berlin-Blockade 1948; Kuba-Krise 1962) mit den Mitteln der Politik beigelegt werden konnten. Ein Begleitelement des Wettrüstens war der technologische Konkurrenzkampf, der auch über Projekte von direkter militärischer Bedeutung hinaus ging und am spektakulärsten auf dem Gebiet der Erkundung des Weltraums stattfand.

Zweitens spielte sich der Kalte Krieg als *Kampf um Einflusszonen* ab. Er eskalierte über die klassischen Regionen Europa und Ostasien hinaus und erstreckte sich schließlich auf den gesamten Globus. Die Einteilung der Welt in eine erste westliche, eine zweite realsozialistische und eine dritte ‚blockfreie' Welt wurde daher bis 1991 zu einer politischen Grundkategorie.

Der Kampf um Einflusszonen war relativ direkt mit einer *dritten* Ebene der Systemauseinandersetzung verknüpft, die sich als *wirtschaftliche Blockbildung* beschreiben lässt. Hierbei ging es darum, die wirtschaftlichen Handlungsspielräume der jeweils anderen Seite dadurch einzuengen, dass wirtschaftliche Ressourcen wie Absatzgebiete dem Einfluss des ideologischen Gegners entzogen wurden. Während in der Phase des Kolonialismus dieser Aspekt eine direkte Folge der politischen Beherrschung eines Territoriums war, ging es nun darum, politisch selbständige Volkswirtschaften entweder in das westliche System eines freien Welthandels oder in den Wirtschaftsblock der RGW-Staaten einzubinden.

Die *vierte* Ebene erwies sich als die letztlich entscheidende. Sie bestand im *Kampf um die Zustimmung der Menschen zum ideologischen Programm*. Hierbei ist allerdings zu beachten, dass beide Systeme in unterschiedlicher Weise von dieser Zustimmung anhängig waren. Der westliche Kapitalismus musste zumindest verhindern, dass kommunistische Parteien in einer westlichen parlamentarischen Demokratie auf demokratischem Wege eine Mehrheit der Stimmen erreichen. Ein solches kommunistisch regiertes Land könnte einen Systemwechsel beschließen und wäre daran nur noch mit Mitteln wie einem Militärputsch oder durch eine militärische Intervention zu hindern. Derartige Interventionen wären jedoch systemwidrig, weil sie weder mit der parlamentarischen Demokratie noch mit dem Selbstbestimmungsrecht der Völker in Einklang gebracht werden können. Gefährlich wäre es bereits, wenn eine kommunistische Partei in einem Land zur stärksten Partei würde und den Versuch startete, nach dem Modell einer Volksfrontregierung den Systemwechsel zu starten. Dagegen sind kleinere kommunistische Parteien im Rahmen einer parlamentarischen Demokratie solange tolerierbar, wie sie entweder Oppositionsparteien bleiben oder aber als Juniorpartner in einer Regierungskoalition nur einen begrenzten Einfluss ausüben können.

Für den realsozialistischen Machtblock bestand kein vergleichbares politisches Risiko, da freie Wahlen abgeschafft und Einheitsparteien gebildet worden waren, innerhalb derer fundamentale ideologische Abweichungen ausgeschlossen waren. In gewisser Weise waren die realsozialistischen Länder jedoch in noch stärkerer Weise von der Zustimmung der Bevölkerung abhängig. Da sie weder eine institutionelle Trennung zwischen Wirtschaft und Politik kannten noch eine Lenkung wirtschaftlicher Prozesse durch Geld und Marktmechanismen zuließen, war der

Aufbau des Sozialismus immer ein *politisches* Programm (vgl. Kapitel 8), *das letztlich auf die Zustimmung aller Bürger angewiesen war.*

Dieser Aspekt wurde durch den Stalinismus drastisch verschärft, der den Erfolg des realen Sozialismus als eine vorrangig machtpolitische Frage umdefiniert hatte: Der unausweichliche Sieg des Sozialismus konnte nur durch oppositionelle Gruppen im Innern gefährdet werden. Deswegen kam es vorrangig darauf an, Saboteure und Gegner zu ‚enttarnen' und unschädlich zu machen. Daher wurden politische ‚Abweichungen' in der Regel härter sanktioniert als mangelnde berufliche Leistungsbereitschaft, die zudem vielfach politisch umgedeutet wurde (‚Sabotage').

Unter diesen Bedingungen traten *Probleme innerer Emigration* auf, wie sie vor der Durchsetzung der Religionsfreiheit an der Tageordnung waren[77]. Diese Probleme handelte sich der Realsozialismus mit dem Anspruch ein, dass der ‚Aufbau des Sozialismus' die Herzensangelegenheit aller Staatsbürger zu sein habe.

Vor diesem Hintergrund überrascht es kaum, dass der ‚Kalte Krieg' vor allem ein Propagandakrieg war. Verbreitungsmedien, zunächst vor allem das Radio, konnten den Eisernen Vorhang in beide Richtungen durchdringen und die Köpfe der Menschen auf der jeweils anderen Seite erreichen. Viele politische Vorschläge gegenüber dem gegnerischen System sollten vor allem propagandistische Vorteile erbringen, die jeweils andere Seite also ‚spalten' oder schwächen. Im jeweils eigenen Machtbereich galt es dagegen, die Bürger von der ‚Überlegenheit' des ‚eigenen' Gesellschaftssystems zu überzeugen.

Die vier Hauptkampffelder im kalten Krieg

1. Wettrüsten und technologischer Wettbewerb
2. Der Kampf um Einflusszonen
3. Wirtschaftliche Blockbildung
4. Der Kampf um die Zustimmung zum ideologischen Programm

12.4 Der Prozess der Transnationalisierung beginnt als ‚Blockbildung'

Nach dem Niedergehen des Eisernen Vorhangs schien das westliche Gesellschaftsmodell in Europa akut gefährdet zu sein, während umgekehrt die politische Stabilität des Realsozialismus sowohl durch die sowjetische Militärpräsenz wie durch die Abschaffung demokratischer Alternativen gesichert erschien. Nicht zuletzt aufgrund der Erfahrungen mit der Weltwirtschaftskrise schien der Kapitalismus auch in den Augen vieler westlicher Intellektueller keine Zukunft mehr zu haben[78].

Da die USA nicht nur aus politischen und ideologischen, sondern auch aus wirtschaftlichen Gründen (siehe oben) stark daran interessiert waren, dass die Länder diesseits des Eisernen Vorhangs Demokratie und Marktwirtschaft aufbauen würden, entschlossen sie sich, den wirtschaftlichen und gesellschaftlichen Wiederaufbau Europas finanziell zu unterstützen (Hilfen aus dem sogenannten Marshall-Plan; private Spenden und Aktivitäten; Investitionen amerikanischer Unternehmen).

Da die Staaten des sowjetischen Machtbereichs diese Hilfen ablehnen mussten, fehlte ihnen eine vergleichbare Anschubfinanzierung. Unter diesen Bedingungen erwies sich der westliche Kapitalismus als deutlich leistungsfähiger beim Wiederaufbau des zerstörten Europa. Wenn man die Propagandaliteratur und die bildlichen Darstellungen (insbesondere die sogenannte ‚Wochenschau', die in Kinos als Vorprogramm gezeigt wurde), im geteilten Deutschland Revue passieren lässt, dann konnte vor allem die westliche Seite mit faktischen Erfolgen punkten, während die östliche Seite stärker mit abstrakten Programmen und der Gewissheit vom unausbleiblichen Sieg des Sozialismus operierte.

Unter diesen wirtschaftlichen Rahmenbedingungen erreichten die mehr oder weniger ‚moskauhörigen' großen kommunistischen Parteien Italiens und Frankreichs keine Wahlergebnisse, die die Frage eines Systemwechsels auf die politische Tagesordnung setzten. In Westdeutschland war die KPD 1956 verboten worden. Nachfolgeorganisationen wie die DFU (Deutsche Friedensunion; im Volksmund ‚die Freunde Ulbrichts') hatten nie eine Chance, die Fünf-Prozent-Hürde zu überspringen. Dies hing einmal damit zusammen, dass die westdeutsche Bevölkerung aufgrund verwandtschaftlicher Bindungen, einer gemeinsamen Sprache und bis 1961 bestehender Besuchsmöglichkeiten die unterschiedlichen Aufbauerfolge beider Systeme direkt vergleichen konnte. Zum anderen aber hatte die Berlinblockade das politische Klima in Westdeutschland entscheidend geprägt. Nachdem im Sommer 1948 die Westsektoren Berlins von allen Straßen- und Wasserverbindungen sowie von allen Versorgungsleistungen aus dem sowjetisch besetzten Umland abgeschnitten worden waren, gelang es den Alliierten, die Stadt fast ein Jahr lang ausschließlich aus der Luft zu versorgen (Stichwort: Berliner Luftbrücke). Aus den alliierten Besatzungsmächten wurden so in den Augen der Bevölkerung Schutzmächte vor der sowjetischen Gefahr.

Auch in den weiteren Staaten des westlichen Einflussbereichs (Benelux-Staaten, Großbritannien, Irland, skandinavische Länder) konnten kommunistische Parteien oder Organisationen keinen größeren Einfluss gewinnen. Auf der iberischen Halbinsel hatten dagegen faschistische Diktaturen den Zweiten Weltkrieg überlebt, weil sie sich nicht am Kriegsgeschehen beteiligt hatten. Allein in Griechenland wurde der Versuch einer kommunistischen Machtübernahme, der mit militärischen Mitteln unternommen wurde, durch eine Unterstützung der ‚bürgerlichen Kräfte‘ militärisch abgewehrt.

Eine der zentralen politischen Fragen im Europa der 1950er Jahre war, ob es an der Nahtstelle zwischen beiden Machtblöcken zu einer neutralen Pufferzone kommen sollte oder ob beide Machtblöcke direkt aneinander grenzen würden. Mit dem österreichischen Staatsvertrag von 1955 wurde erstmals das Modell eines Pufferstaats vereinbart. Österreich gewann seine politische Souveränität wieder und musste sich im Gegenzug zur politischen Neutralität zwischen den Blöcken verpflichten. Unter diesen Bedingungen konnte sich in Österreich das westliche Gesellschaftsmodell entwickeln. Im politisch wie wirtschaftlich wichtigeren Deutschland ist es dagegen zu einer Teilung gekommen, die auf der einen Seite eine volle Integration der DDR in das RGW-Staatensystem ermöglichte und auf der anderen Seite die sogenannte Westintegration der aus den drei übrigen Besatzungszonen gebildeten Bundesrepublik nach sich zog.

In der westdeutschen Gesellschaft blieb diese Westintegration lange umstritten, weil sie auf absehbare Zeit mit einem Verzicht auf die Wiedervereinigung verbunden war. Ob es von Seiten der Siegermächte in den 50er Jahren die Perspektive eines neutralen wiedervereinigten Deutschlands gegeben hat, ist bis heute umstritten. Bei der deutschen Wiedervereinigung im Jahre 1990 ist allerdings sichtbar geworden, dass es auch noch Jahrzehnte später ganz offensichtlich starke Bedenken gegen ein solches Projekt seitens der unmittelbaren Nachbarn gab.

Auf dem ehemaligen asiatischen Kriegsschauplatz war das westliche Gesellschaftsmodell noch stärker in die Defensive geraten, nachdem die chinesischen Kommunisten unter Mao Tse-Dong die westlich orientierte Kuomintang vom chinesischen Festland auf die Insel Taiwan vertrieben hatten. Das besiegte Japan war ausschließlich amerikanisches Besatzungsgebiet. Darüber hinaus gehörten die unabhängig gewordenen südostasiatischen Staaten Philippinen, Indonesien, Malaysia, Singapur zum westlichen Einflussbereich. An den Grenzen des kommunistisch gewordenen China, in Korea wie in Vietnam, war es ähnlich wie im besetzten Deutschland zur Teilung zwischen einem kommunistischen und einem westlich beeinflussten Teilstaat gekommen.

Sieht man einmal von Japan ab, dann ist es in den anderen westlich beherrschten Ländern Ostasiens weder in den 50er noch in den 60er Jahren zum Aufbau bürgerlicher Zivilgesellschaften gekommen, die demokratische Strukturen hätten mit Leben erfüllen können. Auch deswegen konzentrierte sich die Auseinandersetzung zwischen den Systemen auf den militärischen Bereich. Sowohl in Korea wie in Vietnam wurden Stellvertreterkriege ausgefochten, bei denen sich in Korea 1953 die USA wie auch China direkt engagierten. Während es in Korea zu einem militärischen Patt mit anschließender Teilung entlang der Waffenstillstandslinie kam, ging Vietnam für den Westen verloren. Im Vietnamkrieg Ende der 60er bis Mitte der 70er Jahre konnte auch ein großes amerikanisches Truppenaufgebot die Niederlage Südvietnams nicht verhindern.

Nach der damals von der US-Administration vertretenen ‚Domino-Theorie' wäre zu befürchten gewesen, dass die Niederlage in Vietnam der weiteren kommunistischen Landnahme Tür und Tor öffnen würde. Dies war aber keineswegs der Fall. Vielmehr kam die kommunistische Expansion nach dem Fall des ‚Dominosteins' Südvietnam zum Stillstand, weil sowohl die wirtschaftliche Entwicklung wie auch die Entwicklung einer bürgerlich- privatwirtschaftlich geprägten Zivilgesellschaft an den Rändern des kommunistischen Expansionsbereichs plötzlich voran kamen (siehe Kapitel 15).

Für die gering entwickelten Regionen Schwarzafrikas blieb das westliche Gesellschaftsmodell unattraktiv, weil unerreichbar. Dagegen war der mit dem Begriff einer revolutionären Avantgarde hantierende Kommunismus für viele nationale Befreiungsbewegungen in der Dritten Welt wesentlich attraktiver. Dennoch waren einem Siegeszug des Kommunismus aus zwei Gründen enge Grenzen gesetzt. Einmal waren die Möglichkeiten der finanziellen Unterstützung durch den westlichen Kapitalismus erheblich größer und zum anderen konnten kommunistische Befreiungsbewegungen immer durch die finanzielle und militärische Unterstützung konkurrierender Bewegungen bekämpft werden. Diese Möglichkeiten führten dazu, dass die Position der Blockfreiheit, also des vorsichtigen Lavierens zwischen beiden Lagern für die meisten Länder der südlichen Hemisphäre attraktiver war als die Zugehörigkeit zu einem der beiden Blöcke.

12.5 Der westeuropäische Binnenmarkt entsteht als ein transnationales Projekt

In institutioneller Hinsicht konnte der zum westlichen Kapitalismus gehörende Teil Europas durch überstaatliche Zusammenschlüsse (Montanunion, Initiative zu einer europäischen Verteidigungsgemeinschaft, Europarat), die letztlich auf den übergreifenden Ordnungsrahmen der EU hinaus liefen, entscheidend stabilisiert werden. Auf diesem Wege konnten endlich nationale Interessengegensätze, traditionelle Feindschaften zwischen Nationalstaaten und vor allem die politischen und sozialen Verwerfungen des Zweiten Weltkriegs vergleichsweise rasch und erfolgreich aufgearbeitet werden. In diesem Zusammenhang gelang sowohl das politisch-moralische Projekt einer Aussöhnung zwischen Deutschland und Frankreich, wie auch die ‚Westintegration' des westdeutschen Teilstaats.

Für das Überleben und den Erfolg der westlichen Staaten im Kalten Krieg waren die verbindlicheren Formen der zwischenstaatlichen Kooperation vor allem auf wirtschaftlichem Gebiet von zentraler Bedeutung. Auf der Grundlage gemeinsamer politischer Eckpunkte, insbesondere Demokratie, Rechtsstaatlichkeit, Garantie der Privatwirtschaft, wurden Gemeinschaften westlich orientierter Staaten gebildet. In militärischer Hinsicht organisierten sie sich in der NATO, in wirtschaftlicher und kultureller Hinsicht dagegen in der OECD. Diese Staatengemeinschaften repräsentierten von nun an ‚den Westen'.

Noch engere Formen der zwischenstaatlichen Kooperation wurden im ‚westlichen' Teil Europas entwickelt. Um die Wirtschaft in den europäischen ‚Frontstaaten' des Kalten Kriegs möglichst schnell auf ein hohes Leistungsniveau zu bringen und die europäischen Staaten möglichst fest in das politische Lager des Westens einzubinden, erwies es sich als nützlich, einen gemeinsamen europäischen Wirtschaftsraum zu etablieren. Dieses Projekt begann mit der ‚Montanunion'. Daraus erwuchs das politische Projekt der zunächst auf Westeuropa beschränkten europäischen Einigung – aus der EWG (Europäische Wirtschaftsgemeinschaft; Stichwort: europäischer Binnenmarkt) wurde durch den Vertrag von Maastricht (7.2. 1992) die EU (Europäische Union).

Den ersten Schritt zur EU bildete die „Europäische Gemeinschaft für Kohle und Stahl", die sogenannte Montanunion. Mitglieder waren die Benelux-Staaten, Frankreich, Deutschland und Italien. Mit der Montanunion wurde eine ‚Vergemeinschaftung' der staatlichen Kontrolle über die kriegswichtige und für den Wiederaufbau als entscheidend angesehenen Kohle- und Stahlerzeugung erreicht. Dazu muss man wissen, dass die Kontrolle über diese Industriebereiche seit 1870 ein zentraler Konfliktpunkt zwischen Deutschland und Frankreich war: 1871 und 1940 musste Frankreich einen Teil des lothringischen Industriegebiets an Deutschland abtreten. Umgekehrt wurde das Saargebiet 1918 und 1945 von Deutschland an Frankreich abgetreten, 1920 besetzte Frankreich zudem das Ruhrgebiet. Nach dem zweiten Weltkrieg wurde das Ruhrgebiet dagegen von der internationalen Ruhrbehörde und der britischen Besatzungsmacht kontrolliert. Auf Vorschlag des französischen Außenministers wurde eine ‚Hohe Behörde' gegründet, der die Mitgliedsstaaten staatliche Kontrollrechte über die Montanindustrie übertrugen. Sie war „die erste supranationale Organisation überhaupt; anfangs wurde ihr supranationaler Charakter (dt. Fassung „überstaatlicher" Charakter) ausdrücklich in Artikel 9 des EGKS-Vertrags vom 18. April 1951 erwähnt" (Wikipedia: europäische Gemeinschaft für Kohle und Stahl; Abruf 29.8. 2016).

Nachdem eine Europäische Verteidigungsgemeinschaft (Stichwort EVG) 1954 von der französischen Nationalversammlung abgelehnt worden war, konzentrierte sich das transnationale europäische Projekt auf das Gebiet der Wirtschaft. Hier wurden im März 1957 mit den Verträgen über eine gemeinsame Forschung zur industriellen Nutzung der Kernenergie (Euratom) und vor allem über eine Europäische Wirtschaftsgemeinschaft (EWG) Durchbrüche erzielt. Beide Verträge wurden von denselben sechs Staaten unterzeichnet, die bereits die Montanunion vereinbart hatten.

Mit dem EWG-Vertrag wurde ein gemeinsamer europäischer Binnenmarkt geschaffen – einerseits durch Liberalisierung, andererseits durch Vergemeinschaftung der Wirtschaftspolitik. Die Kernpunkte der Liberalisierung waren die Abschaffung von mengenmäßigen Beschränkungen beim Im- und Export, die Abschaffung von Zollschranken mit dem Ziel einheitlicher Sätze sowie ein freier Dienstleistungs-, Personen-, und Kapitalverkehr. Die Kernpunkte bei der Abtretung einzelstaatlicher Kontrollrechte waren die Verständigung auf das Ziel einer gemeinsamen Handelspolitik gegenüber Drittstaaten und die Schaffung europäischer Institutionen. Hierzu gehören: die europäische Kommission (Exekutive), der Ministerrat (Entscheidungsfindung zwischen den beteiligten Regierungen und Rechtssetzung), das europäische Parlament (eher beratende Funktion), der europäische Gerichtshof und der europäische Rechnungshof. Seit dem 1.1. 1973 ist die EWG ausschließlich für die handelspolitischen Beziehungen zu Drittstaaten und zu internationalen Organisationen zuständig. Durch Beitritte erweiterte sie sich auf nahezu alle westlichen Staaten Europas. Beigetreten sind 1973 Großbritannien, Dänemark und Irland, 1981 Griechenland, 1986 Portugal und Spanien, so dass bis 1991 neben der ‚neutralen' Schweiz nur Norwegen kein Mitglied der EWG wurde.

Der nächste Schritt auf dem Wege der europäischen Transnationalisierung erfolgte mit dem Vertag von Maastricht 1992. Da er in engem Zusammenhang mit der Implosion des Realsozialismus und der deutsch-deutschen Vereinigung steht, wird er im vierten Teil behandelt (siehe Kapitel 17).

Zusammenschlüsse zu Staatengemeinschaften implizierten ganz zwangsläufig Vereinbarungen, die die Souveränität der Mitgliedsstaaten beschränken. Je verbindlicher und je umfassender der Zusammenschluss desto weitgehender der Souveränitätsverzicht. Er geht in zwei Richtungen. Einmal wird Souveränität auf neu geschaffene ‚überstaatliche' Einrichtungen direkt übertragen. Zum anderen engen zwischenstaatliche Vereinbarungen die Entscheidungs- und Handlungsfreiheit der Vertragspartner ein.

In der Ära des ‚Kalten Kriegs' wurden diese staatlichen Souveränitätsverluste kaum thematisiert. Denn die Ost-West-Konfrontation erforderte seitens der westlichen Staaten möglichst weitgehend aufeinander abgestimmte Reaktionen. Wichtig war es, die Kräfte zu bündeln. Unter diesen Vorzeichen galten die Zusammenschlüsse zu Nato und OECD sowie die noch wesentlich weitergehende Integration durch die EWG in Westeuropa gleichermaßen als ‚fortschrittlich' wie als unvermeidlich. Für die neu geschaffene BRD boten diese Zusammenschlüsse zudem die Möglichkeit von der Besatzungszone zu einem gleichberechtigten Partner aufzusteigen.

12.6 Rückwirkungen der Systemkonkurrenz auf die beiden Gesellschaftsmodelle

Realsozialismus

Die Sowjetunion unter Stalin kannte den Vorrang der Industrialisierung und der Rüstungsproduktion vor der Konsumgüterproduktion. Diese Ausrichtung wurde zunächst auf die sowjetisch beherrschten Staaten Osteuropas übertragen. Aufgrund der Systemkonkurrenz ließ sich jedoch insbesondere an der Nahtstelle des Eisernen Vorhangs, also in der DDR, in Ungarn und in der Tschechoslowakei, keine Politik durchhalten, die zwar hohe individuelle Leistungen forderte, sie aber nicht durch Verbesserungen bei Konsum und Lebensstandard honorierte. Symptomatisch für entsprechende Korrekturversuche ist die Wirtschaftspolitik in der DDR unter Erich Honecker gewesen.

Da die Industriekombinate nicht darauf ausgerichtet waren, ein breit gefächertes und flexibel auf die Nachfrage abgestimmtes Angebot an Konsumgütern zu produzieren, zogen die Versuche, die Konsumgüterproduktion zu intensivieren, die Verschwendung wichtiger Ressourcen in ineffizienten Produktionsprozessen nach sich. Zudem mussten viele Produkte auf dem Weltmarkt gegen Devisen erworben werden, deren Gegenfinanzierung durch Exportgüter immer aufwendiger wurde. Die gesteigerte Konsumgüterproduktion verschlang also erhebliche wirtschaftliche Ressourcen, die nun nicht mehr für die Modernisierung der Betriebe verfügbar waren. Die Folgen dieser Kurskorrektur waren eine zunehmende Verschuldung der RGW-Staaten im Westen und ein wachsender Modernisierungsrückstand der Industrie.

Obwohl in der Nach-Stalin-Ära eine auf wirtschaftliche Autarkie des sozialistischen Lagers zielende Politik der Arbeitsteilung zwischen den RGW-Mitgliedsstaaten zunehmend praktiziert wurde, stieg dennoch die Abhängigkeit von Importen aus dem nichtsozialistischen Ausland insbesondere im Bereich der Hochtechnologie wie auch bei Konsumgütern.

Diese Probleme wurden im Laufe der 80er Jahre durch die immer breitere Anwendung der Mikroelektronik im Westen noch weiter verschärft. Im Westen erlaubte sie die Auflösung eines relativ starren und auf standardisierte Produkte abgestellten Systems der Massenproduktion durch eine immer dezentralere und flexiblere Qualitätsproduktion (vgl. Priore/Sabel 1989).

Da die politisch wie ökonomisch (Stichwort: Kombinate) zentralisierte sozialistische Kommandowirtschaft immer schon Probleme hatte, hoch komplexe wirtschaftliche Verflechtungen zwischen Betrieben zu organisieren, führte dieser Quantensprung wirtschaftlicher Komplexitätszunahme die schwerfällige Kombinatsstruktur der sozialistischen Wirtschaft in ein doppeltes Dilemma. Einmal musste man auf dem Weltmarkt mit den neuen westlichen Qualitätsprodukten konkurrieren und zum anderen erwiesen sich sowohl die Produktion eigener Chips wie auch die Umstellung auf elektronisch gesteuerte Fertigung als eine eindeutige Überforderung. Das Missverhältnis zwischen Aufwand und Ertrag bei der DDR-eigenen Chipproduktion war hier symptomatisch (Salomon 2003; Staritz 1996: 319f.). *Der im westlichen Kapitalismus mit der elektronischen Revolution einhergehende Umbau der Produktionsstruktur in Richtung auf Netzwerkstrukturen* (vgl. Castells 2003) *und teilautonome Spezialisten-Teams war für eine staatlich gelenkte Planwirtschaft weder nachzuahmen noch durch andere Strukturen gleichwertig zu ersetzen.*

Die wirtschaftlichen Modernisierungsprobleme der RWG-Staaten wurden durch die globalen politischen Geländegewinne des Realsozialismus paradoxerweise sogar noch verschärft. In den 70er und frühen 80er Jahren mussten in dieses zunächst auf Europa konzentrierte System des RGW Wirtschaftsbeziehungen zu ‚sozialistischen Bruderländern' aus drei Kontinenten eingefügt werden: Neben der wenig problematischen Mongolei waren dies auch Kuba, Angola, Vietnam, zeitweise Laos und Äthiopien. Über die militärische Unterstützung ideologisch kompatibler Befreiungsbewegungen war es gelungen, das Gesellschaftsmodell auch über die Südhalbkugel zu verbreiten (Angola, Äthiopien). Andere Bruderländer wie Vietnam und auch Laos, hatten einen mörderischen Krieg überstanden und bedurften ebenso der wirtschaftlichen Unterstützung. Der ökonomische Preis dieser politischen Erfolge war, dass auf diesem Wege weitere Ressourcen abflossen, die das wirtschaftliche Modernisierungspotenzial zusätzlich schwächten.

Dieser schleichende wirtschaftliche Erosionsprozess wurde spätestens im Oktober 1975 offenkundig, als das RGW-Exekutivkomitee in Moskau über wachsende wirtschaftliche Schwierigkeiten, ein verlangsamtes Wirtschaftswachstum und das Zahlungsdefizit im Westhandel, beriet. Diese Probleme wurden noch durch Preissteigerungen für Rohstoffe, insbesondere für Öl und Gas, verschärft. Die steigenden Energiepreise stürzten zwar auch die westliche Wirtschaft in eine Krise, aber die RGW-Staaten waren noch härter betroffen und konnten sich aus dieser Krise nicht mehr herausarbeiten.

Westlicher Kapitalismus

Wenn man die Rückwirkungen der Systemkonkurrenz auf das Modell des westlichen Kapitalismus betrachtet, fällt die Bilanz wesentlich positiver aus. Vor dem Zweiten Weltkrieg konnte dieses Gesellschaftsmodell die Weltwirtschaftskrise nur teilweise überwinden und ging daher mit einem hohen Sockel an Massenarbeitslosigkeit in den Zweiten Weltkrieg, der dort erst durch die Rüstungsproduktion abgebaut werden konnte. Nun bewirkte der Kalte Krieg, dass es zu keiner Abrüstung kam, sondern umgekehrt zu einer militärischen Hochrüstung sowie zu einem permanenten Wettrüsten auf dem Gebiet der Massenvernichtungswaffen. Da zudem der Wiederaufbau für erhebliche Nachfrage sorgte, durchlief das westliche Gesellschaftsmodell eine lang anhaltende Phase der Vollbeschäftigung. In den ersten 20 Jahren nach dem Ende des Ersten Weltkriegs schien der kapitalistische Krisenzyklus (vgl. Lutz 1989) überwunden zu sein.

Auch ein anderes Krebsübel des westlichen Kapitalismus, die extreme Ungleichverteilung der Einkommen und Vermögen, schien der Vergangenheit anzugehören. Nichts belastete das Image des Kapitalismus stärker wie die immer wieder durch Beispiele bestätigte These, dass er die Reichen reicher und die Armen ärmer mache. Im Zeitalter des Keynesianismus und der industriellen Massenproduktion wurde das hohe wirtschaftliche Wachstum ganz wesentlich vom privaten Massenkonsum getragen. In den ersten Jahrzehnten nach dem Zweiten Weltkrieg kam es in nahezu allen westlichen Industrieländern zu einem starken Anstieg der Realeinkommen gerade auch in der Mittelschicht. „In der Entstehung einer wirklichen ‚vermögenden Mittelschicht' … besteht der maßgebliche Strukturwandel der Verteilung von Reichtümern in den Industrieländern des 20. Jahrhunderts" (Piketty 2014: 342). Piketty erfasst sie als diejenigen 40 % der Bevölkerung (ebd.: 343), die auf die reichsten 10 % folgen. Der mit Abstand größte Schritt zu diesem Strukturwandel erfolgte in den beiden Jahrzehnten nach dem Zweiten Weltkrieg.

Besonders spektakulär waren diese Prozesse in Japan und Deutschland, wo sich die Realeinkommen bis 1979 verdreifachten beziehungsweise vervierfachten (vgl. für Deutschland Brock 1991: 357; für Japan Coulmas 1993: 121). Die Ungleichheitsstruktur der westlichen Gesellschaften mutierte von der Einkommenspyramide zur Zwiebelform, also zu einem Verteilungsmuster, bei dem Einkommen am häufigsten waren, die der gesellschaftlichen Mitte oder der unteren Mitte zugerechnet werden konnten (Keckel u.a. 1972). Nichts verkörperte die wachsende Attraktivität des westlichen Kapitalismus stärker als eine Gesellschaftsstruktur, die durch starke Mittelschichten, also durch eine Bevölkerungsmehrheit charakterisiert war, die einer gut bezahlten Arbeit nachging und sich ‚etwas leisten' konnte. Konsum, Lebensstandard, Vollbeschäftigung, gute Bezahlung waren schlagende Argumente gegenüber vollmundigen Propagandaformeln, die nur allzu offenkundig nicht in einen entsprechenden Alltag der Menschen übersetzt werden konnten.

Ebenso wesentlich war aber, dass der in den 30er und 40er Jahren begonnene Einstieg in den Sozial-und Wohlfahrtsstaat nun vor allem in Europa entschlossen weiter geführt wurde. Auch wenn man mit Esping-Andersen (1990) unterschiedliche wohlfahrtsstaatliche Regimes unterscheiden kann, stimmten sie bis in die 1960er Jahre doch darin überein, dass für die Zeiten unverschuldeter Nichtarbeit in Form einer Renten-, Kranken-, Unfall- und Arbeitslosenversicherung vorgesorgt wurde. Für solche Nicht-Arbeitszeiten wurden Transferleistungen organisiert, die zumindest in etwa den durch Erwerbstätigkeit erreichten Lebensstandard fortschrieben. Auch in dieser Hinsicht erwies sich der westliche Kapitalismus gegenüber dem Sozialismus als konkurrenzfähig, der mit dem Privateigentum auch das Risiko der Arbeitslosigkeit abgeschafft und durch eine Arbeitspflicht ersetzt hatte.

Im Realsozialismus wurde nicht nur soziale Sicherheit sondern auch eine allen zugängliche materielle Grundsicherung durch Subventionierung der Grundnahrungsmittel in Verbindung mit niedrigen Mieten und einer Nivellierung der Einkommensunterschiede erreicht. Dagegen blieben im westlichen Gesellschaftsmodell stärker ausgeprägte Leistungs- und Marktabhängigkeiten erhalten, obwohl auch hier ein materielles Mindestniveau (etwa in Form der westdeutschen Sozialhilfesätze) staatlich garantiert wurde.

Parsons hat den wohlfahrtsstaatlichen Umbau des westlichen Kapitalismus unter das Stichwort der Chancengleichheit gebracht. Seine These war, dass moderne Gesellschaften ein Mehr an Gleichheit für alle Bürger schaffen müssten und dies nur in Form von Chancengleichheit erfolgen könne (Parsons 1972: 146). Dieser Begriff erfasst aber nur den Enttraditionalisierungsaspekt der gesellschaftlichen Chancenverteilung, also den Abbau von Standesprivilegien (welcher Art auch immer). In diesem Sinne ist jede Lotterie eine Veranstaltung, die auf Chancengleichheit gegründet ist. Chancengleichheit ist hergestellt, wenn jeder Lose erwerben kann, die denselben Preis kosten und alle die gleiche Siegchance haben. Dabei spielt es keine Rolle, ob die Chance auf einen Hauptgewinn wie beim staatlichen Lotto extrem gering oder ob sie ziemlich hoch ist. Daher ist der Begriff der Chancengleichheit allein nicht aussagekräftig, um den Zugang zu Lebenschancen in Gesellschaften zu beschreiben, die ihn von Bildung und von Erwerbsarbeit abhängig gemacht haben.

Neben der Chancengleichheit ist daher für das reale ‚Spiel' des Zugangs zu Lebenschancen entscheidend, wie das zahlenmäßige Verhältnis von ‚Nieten' zu unterdurchschnittlichen, durchschnittlichen und überdurchschnittlichen bis hin zu Spitzenpositionen real aussieht. Die bereits dargestellten Veränderungen der Ungleichheitsstruktur in Richtung auf eine Zwiebelform zeigen an, dass anders als in früheren Phasen des Kapitalismus die Zahl der absolut unattraktiven Positionen abgenommen hatte, während vor allem die Positionen in der gesellschaftlichen Mitte stark zugenommen hatten.

Wir können an dieser Stelle die Hypothese formulieren, *dass die gegenüber der Zwischenkriegszeit enorm verbesserte Chancenstruktur vor allem zwei Ursachen hatte. Sie hing einmal mit dem Aufstieg der Großunternehmen mit industrieller Massenproduktion zusammen, die einen hohen Anteil an gut bezahlter Arbeit aufwiesen. Zum anderen war sie aber auch ein Produkt der Systemkonkurrenz zwischen westlichem Kapitalismus und Realsozialismus.* Denn sie hat die Wirtschaftsakteure gezwungen, unternehmerische Entscheidungen immer auch auf ihre Konsequenzen für den Lebensstandard der Bevölkerung hin zu überprüfen, um das privatwirtschaftliche System perspektivisch zu sichern.

12.7 Wirtschaftsblöcke und Welthandel – die globale Wirtschaftsordnung während des Kalten Kriegs

Die Systemkonkurrenz hat aber nicht nur starke soziale Rückwirkungen auf den westlichen Kapitalismus gehabt, sondern sie hat auch die Expansionsmöglichkeiten des marktwirtschaftlichen Systems stark eingeschränkt. An die Stelle von Roosevelts Vision einer freien Welt mit freiem Welthandel war eine de facto halbierte oder sogar in drei Segmente zerfallene Weltwirtschaft getreten. Wirklich freie Märkte für Rohstoffe, Energie, landwirtschaftliche Produkte, Industriegüter und Dienstleistungen gab es nur im Bereich jener Länder, die Mitglied der OECD und der Welthandelsorganisation geworden waren. Zwischen diesen Ländern konnten sich immer engere wirtschaftliche Verflechtungen in dem Maße entwickeln wie Handelshemmnisse sowie die Subventionierung der einheimischen Produkte abgebaut wurden.

Eine Ausnahme bildeten allein die landwirtschaftlichen Produkte. Hier sollten staatliche Exportsubventionen das Problem der Überproduktion, das schon eine der strukturellen Ursachen der Weltwirtschaftskrise war, entschärfen. Durch Preis- und Absatzgarantien versuchten insbesondere die Vereinigten Staaten und die Mitgliedsländer der EU den aufgrund der starken Produktivitätssteigerungen unvermeidlichen Abbau von Beschäftigung im primären Sektor zeitlich zu strecken. Auf diese Weise sollten allzu starke soziale Verwerfungen vermieden werden.

Dieser ‚freien Welt' im engeren Sinne standen sowohl der Block der RGW-Staaten wie auch die ‚blockfreien' Entwicklungsländer gegenüber. Letztere bildeten allerdings keinen politisch und wirtschaftlich durchstrukturierten Block, sondern sie einte nur das Interesse an wirtschaftlicher Entwicklung und eine starke staatliche Regulierung der Ein- und Ausfuhr.

Diese drei Blöcke waren nicht absolut hermetisch voneinander abgeschottet, sondern betrieben auch blockübergreifend Handel. Allerdings wurde der Welthandel insgesamt eindeutig von den OECD-Staaten bestimmt. Zur Illustration werden hier die Anteile am Weltexport für das Jahr 1991 angegeben (Der große Ploetz 1998: 1336), also für das Jahr, in dem sich die Sowjetunion auflöste. In diesem Jahr *betrug der Anteil der westlichen Industriestaaten am Weltexport knapp 72 Prozent.* Er spielte sich überwiegend zwischen den westlichen Industriestaaten ab (zwei Drittel). Ein Fünftel wurde in die Entwicklungsländer exportiert. Letztere erreichten einen Anteil am Welthandel von gut 23 Prozent, wobei hier der Export in die westlichen Industrieländer dominierte (60 Prozent). Der Handel der Entwicklungsländer untereinander erreichte einen Anteil von 37 Prozent. Die Exporte beider Blöcke in die RGW-Staaten bleiben dagegen minimal. Dennoch waren 1991 die westlichen Industrieländer für die RGW-Staaten zum Haupthandelspartner geworden, während der interne Handel nur gut ein Drittel des Exports ausmachte und der Export in die Entwicklungsländer bei knapp 24 Prozent lag. Der *Anteil der RGW-Staaten am gesamten Weltexport betrug gerade einmal fünf Prozent*!

Obwohl der westliche Kapitalismus eine dominierende Stellung im Welthandel gewonnen hatte, waren bis 1990 zwei Restriktionen deutlich fühlbar. Die eine bestand darin, dass die Anlagemöglichkeiten für westliches Kapital jenseits der OECD-Welt deutlich beschränkt waren. Zumindest in den meisten Entwicklungsländern gab es entweder staatliche Restriktionen oder aber eine unzureichende Infrastruktur. Die RGW-Staaten schieden aus politischen Gründen aus.

Die zweite Restriktion hatte mit der Rohstoff- und Energieversorgung zu tun. In dem Maße, wie vor allem die Wirtschaft der westlichen Staaten wuchs, stieg der Bedarf an Rohstoff- und Energieimporten aus Ländern außerhalb der OECD-Staaten. Auf der anderen Seite war unter den Entwicklungsländern die Überzeugung gereift, dass sie nur dann genügend Ressourcen für die eigene Entwicklung gewinnen können, wenn es gelang, sich als Rohstoff- und Energieexporteur zu organisieren und zwischenstaatliche Kartelle zu bilden. Auf dieser Grundlage wurden ab Mitte der 1960er Jahre im Rahmen der Vereinten Nationen zwischenstaatliche Verhandlungen zur Verbesserung der Einnahmesituation der Rohstoffexporteure geführt (UNCTAD: United Nations Conference on Trade and Development).

Viel wichtiger war aber, dass sich die großen Erdölförderländer zu einem Kartell zusammenschlossen, mit dem Ziel, feste und steigende Preise für den Export von Rohöl zu erzielen. Mit dem allmählichen Rückgang der Ölförderung der Vereinigten Staaten war die Abhängigkeit der westlichen Welt von Öllieferungen immer stärker gewachsen. Ab Februar 1971 gelang es dem Kartell der Erdöl exportierenden Staaten (OPEC), den Preis für Rohöl immer weiter anzuheben. Damit wurde erstmals der Jahrhunderte alte Trend umgekehrt, wonach sich beim Handel von Industrieprodukten gegen Rohstoffe und Grundnahrungsmittel die Terms of Trade, also die Austauschrelationen zwischen beiden Produktarten, immer weiter zu Gunsten der Industrieprodukte verschieben. Die Trendumkehr ausschließlich für Rohöl führte nun in den 70er Jahren dazu, dass sehr viel Kapital aus den Industriestaaten in wenige Entwicklungsländer abfloss (Saudi-Arabien, Vereinigte Arabische Emirate, Iran, Irak, Libyen, Nigeria, Venezuela).

Weiterhin kam es seit den 1960er Jahren zu Kräfteverschiebungen innerhalb der Länder des westlichen Kapitalismus. Während die USA in den 1950er Jahren völlig unumstritten sowohl politische Vormacht wie auch die größte und stabilste Volkswirtschaft der Welt waren, begann das wirtschaftliche Fundament für die politische Vormachtstellung der USA in den 60er Jahren schwächer zu werden.

Die enormen Kosten des Vietnamkrieges wurden zunehmend durch eine Ausweitung der Geldmenge und einen negativen Saldo in der Zahlungsbilanz finanziert. Dies war möglich, weil der Dollar seit dem Abkommen von Bretton Woods 1944 als Leitwährung fungierte, zu der alle anderen Währungen feste Wechselkurse hatten. Dieser Leitwährungsstatus war mit dem Versprechen verknüpft, dass Dollarguthaben ausländischer Zentralbanken gegen Gold im Verhältnis von 35 Dollar zu einer Feinunze Gold eingetauscht werden können. Dieses Versprechen war aber nur solange zu halten, als die amerikanische Zahlungsbilanz längerfristig zumindest ausgeglichen werden konnte. Sobald der Saldo der amerikanischen Zahlungsbilanz dauerhaft negativ wurde, erhöhten sich zwangsläufig die Dollarreserven der Zentralbanken jener Länder, die im Verhältnis zu den USA einen Zahlungsbilanzüberschuss erwirtschaften konnten. *Dies brachte im Laufe der 60er Jahre die in Bretton Woods beschlossenen Grundlagen des weltweiten Zahlungsverkehrs zum Einsturz.* Sowohl das System fester Wechselkurse wie auch die Golddeckung mussten aufgegeben werden.

Von nun an wurde die politisch-militärische Stärke der Vereinigten Staaten auf einen schwachen Dollar, eine dauerhaft negative Zahlungsbilanz und auf eine negative Leistungsbilanz gestützt. In dieser Form beteiligten sich von nun an die Handelspartner am gigantischen Rüstungsetat der USA und an der Finanzierung ihres Energiebedarfs. Insbesondere gegenüber dem japanischen Yen und der Deutschen Mark ging der Wert des Dollars (aber auch des britischen Pfunds) kontinuierlich zurück. Dies bedeutete einmal, dass die amerikanische Volkswirtschaft buchmäßig an Wert verlor, während die japanische, die deutsche aber auch weitere Volkswirtschaften Wertzuwächse zu verzeichnen hatten. Obwohl solche Abwertungsprozesse die Konkurrenzfähigkeit der amerikanischen Exportwirtschaft verbesserten, konnte sie ihre frühere Dominanz nicht wiedergewinnen und wurde sowohl von den Exporterfolgen der japanischen wie der deutschen Wirtschaft übertroffen (offizielle Freigabe des Dollarkurses am 12. März 1973).

12.8 Neue Impulse für den bürgerlichen Kapitalismus

Die 70er und 80er Jahre waren auch für die kapitalistische Wirtschaft keine einfache Zeit. Dennoch gelang in dieser Phase eine Erneuerung ihrer wirtschaftlichen Grundlagen. Während die 50er und 60er Jahre von keynesianistischem Denken (zu Keynes vgl. Kapitel 9) geprägt waren, erfolgte in den 70er Jahren ein wirtschaftlicher Paradigmenwechsel zur sogenannten angebotsorientierten Ökonomie (wichtigster Vertreter: Milton Friedman). Während der Keynesianismus darauf fokussiert war, den kapitalistischen Krisenzyklus durch eine mit Hilfe staatlicher Wirtschaftspolitik betriebene Verstetigung der Nachfrage zu lösen, geht es der angebotsorientierten Ökonomie vorrangig um die Vitalisierung der Marktmechanismen, also um die Konkurrenz der Anbieter über Preis und Innovation. Nach dieser Doktrin kann nur über eine angebotsorientierte Wirtschaftspolitik die wirtschaftliche Dynamik wiederbelebt werden (Friedman 1971; Kalmbach 1973).

Dieser Paradigmenwechsel antwortete direkt auf immer niedrigere Wachstumsraten der OECD-Länder. Nicht mehr das Vermeiden von Krisen war zum Hauptproblem geworden, sondern die Wiedergewinnung wirtschaftlicher Dynamik. Antworten auf dieses Problem gab der Liberalismus, dessen Denken nun wiederbelebt wurde. Denn der Preis, der für eine keynesianistische Wirtschaftspolitik in Verbindung mit institutionalisierter Lohnanpassung (vgl. Kapitel 11; System der Makroregulierung) zu entrichten war, bestand darin, dass die Allokationsfunktion der Märkte teilweise außer Kraft gesetzt worden war. Aber genau sie verbürgte ja aus der Sicht der klassischen wie der neoklassischen Schule der Nationalökonomie eine allgemeine Steigerung des Wohlstands. Die kontinuierlich sinkenden Wachstumsraten waren überzeugende Argumente für diese Sichtweise. Für den Staat bedeutete diese paradigmatische Wende, dass er seine Aktivitäten wieder darauf konzentrieren müsse, der privaten Initiative mehr Raum zu geben. Dies konnte einmal durch den Abbau bürokratischer Hemmnisse erfolgen (Deregulierung). Weitere Schlüsselelemente waren eine Politik der Steuersenkung, um die Investitionsneigung zu erhöhen und der Privatisierung von Staatsbetrieben, um der privaten Wirtschaft weitere Geschäftsfelder zu öffnen, aber auch, um Leistungen billiger und effizienter anbieten zu können.

Eine derartige *neoliberale Wirtschaftspolitik* haben insbesondere Margaret Thatcher (britische Premierministerin von 1979 bis 1990) und Ronald Reagan (US-Präsident von 1981 bis 1989) verfolgt. Beide setzten vor allem eine Deregulierung der Finanzmärkte durch, was de facto dazu führte, dass der Takt der Weltwirtschaft von nun an von den drei großen Börsenplätzen in London, Tokyo und New York bestimmt wurde. Insbesondere in Großbritannien entstand eine florierende ‚Finanzindustrie', die einen wesentlichen Beitrag zur wirtschaftlichen

Sanierung des Landes leistete. Hierzu trug aber auch eine Brechung der Macht der Gewerkschaften bei (insbesondere Resultat des Bergarbeiterstreiks 1984/85), die in Großbritannien die technologische Modernisierung der Wirtschaft de facto behindert hatte. Hinzu kam ein rigoroses Privatisierungsprogramm, das auch vor einer Privatisierung der Bahnlinien und der Wasserversorgung nicht zurückschreckte.

Zu den Instrumentarien der neoliberalen Wirtschaftspolitik gehörte auch der Versuch, die Staatseinnahmen durch gezielte Steuersenkung zu erhöhen. Dieses Ziel verfolgte insbesondere die Reagan-Administration, was zur Ironisierung als ‚Reaganomics' führte. Die Grundidee war, dass Steuersenkungen bei Unternehmen aber auch bei den Beziehern hoher Einkommen zu stärkerer Investitionstätigkeit führen würden. Deren Folge wiederum wären neue Jobs und die Belebung der gesamten Wirtschaft, sodass unter dem Strich und auf längere Sicht auch die Staatseinnahmen profitieren würden.

Mit einer solchen Steuersenkungspolitik für Unternehmen und für Reiche war ein *sozialpolitischer Tabubruch* verbunden, der die bisherigen Grundlagen des Steuersystems auf den Kopf stellte. Aus keynesianistischer Sicht war nämlich eine *progressive Einkommenssteuer*, also die überproportional hohe Besteuerung der Reichen und die geringe Besteuerung der ärmeren Bevölkerung nicht nur sozialpolitisch sondern auch wirtschaftspolitisch geboten, da sie den Konsum stimulierte. Da die Sparquote in der Regel mit zunehmendem Einkommen steigt, geben vermögendere Haushalte einen geringeren Teil ihres Einkommens für den Konsum aus. Für eine angebotsorientierte Ökonomie haben dagegen genau umgekehrt die sozialen Schichten zentrale Bedeutung, die große Teile ihres Einkommens nicht konsumieren müssen, sondern *investieren können*.

Um eine Politik der Steuersenkung für Reiche aber auch sozialpolitisch vertreten zu können, wurde die sogenannte ‚trickle-down-These' entwickelt und propagiert. Sie besagt, dass der wachsende Reichtum Weniger zu einer Belebung der gesamten Wirtschaft führe, von der dann auch die Ärmeren in Form von zusätzlichen Jobs und von zusätzlichem Einkommen profitieren. *Der wachsende Reichtum der Wenigen werde langsam bis an das untere Ende der Gesellschaftspyramide durchsickern.* Die vorliegenden empirischen Ergebnisse stimmen allerdings skeptisch. So urteilte der Nobelpreisträger Paul Krugmann: „Wir warten seit 30 Jahren auf diesen Trickle-down-Effekt – vergeblich" (Manager-Magazin; 26.5.2008).

Schwerer fällt dagegen eine Antwort auf die Frage, ob sich die Staatsfinanzierung auf diesem Wege verbessern lässt. Die Erfahrungen in den USA sprechen zunächst gegen eine solche These, da die Staatsverschuldung in der Ära Reagan von 0,93 Billionen auf gigantische 2,6 Billionen Dollar angestiegen ist, sich also deutlich mehr als verdoppelt hat. Dies hängt aber auch damit zusammen, dass in der Reagan-Ära die Staatsausgaben drastisch erhöht wurden, weil Reagan eine neue Phase des Wettrüstens einleiten wollte und deswegen den Verteidigungsetat immens anhob. Die Verbindung zwischen Steuersenkung und Privatisierung hat dagegen in Großbritannien die Grundlagen der Staatsfinanzierung deutlich verbessert[79], da sie hier mit einem Rückzug des Staates (Privatisierungspolitik) aus vielen Aufgabenbereichen und einer strikten Haushaltsdisziplin verknüpft wurde.

12.9 Die Implosion des Realsozialismus

Implosion ist eine treffende Metapher für die Art und Weise, wie sich der Realsozialismus sowjetischer Prägung aus der Weltgeschichte verabschiedet hat.

Während bei einer Explosion der Innendruck eines Körpers stärker ist als der Außendruck, verhält es sich bei einer Implosion genau umgekehrt. Hier wird ein Körper von außen eingedrückt, wobei allerdings die Trümmer sich nur zunächst im Mittelpunkt des Körpers konzentrieren, um dann explosionsartig in die Umgebung des Körpers zu fliegen. Die Ursache einer Implosion ist immer „der Verlust der Stabilität des Gefäßes, die den Druckunterschied tragen soll" (Wikipedia; Artikel Implosion; 07.10.2010). Auf den Realsozialismus übersetzt, geht es um den Zerfall der Systemgrenze zwischen dem Realsozialismus und der übrigen Welt. Er wird dadurch herbeigeführt, dass der Realsozialismus von außen erdrückt wird. Tatsächlich nahm im Laufe der 80er Jahre der Außendruck auf den Realsozialismus auf mehreren Feldern zugleich zu.

Als *erstes* ist das *Feld des Wettrüstens* zwischen den Blöcken zu nennen. Nachdem in den 60er Jahren ein ‚Gleichgewicht des Schreckens' erreicht worden war, das vor allem in gigantischen Ansammlungen von Massenvernichtungswaffen bestand, hätte das Wettrüsten auch abebben können, da mehr als die militärische Kapazität zur Vernichtung der gesamten Welt keinen Sinn machen würde. Den Weg in immer weitere Aufrüstungsspiralen ebnete aber der Gedanke, dass Kriegführung unter diesen Bedingungen nur durch eine Miniaturisierung der Atomwaffen wieder möglich sein werde. Da westliche Strategen ein militärisches Übergewicht der Warschauer-Pakt-Staaten bei einem europäischen Krieg mit konventionellen Waffen fürchteten, wurde die Entwicklung sogenannter taktischer Atomwaffen vorangetrieben, die jeweils nur vergleichsweise kleine Gebiete atomar verseuchen würden.

Dies war aber nur ein erster gedanklicher Ansatzpunkt, der dem Rüstungswettlauf jedoch eine neue Dynamik verlieh. Ähnlich wie im industriellen Bereich, wo Massen- durch Qualitätsproduktion abgelöst wurde, sollte auch im militärischen Bereich die Zielgenauigkeit, Treffsicherheit, Lenk- und Steuerbarkeit von Zerstörungswaffen optimiert werden. Das Ergebnis dieses Trends konnte der Fernsehzuschauer dann im ersten Irakkrieg (1990) verfolgen, als Videos der US-Armee sogenannte Präzisionsschläge durch Marschflugkörper und andere Lenkwaffen vorführten.

Man kann den Beginn dieser neuen Wettrüstungsspirale wohl auf den Amtsantritt von Ronald Reagan 1981 datieren, der nicht nur rhetorisch die Vernichtung des Kommunismus propagierte, sondern durch Steigerung der Militärausgaben, insbesondere für die Entwicklung neuer Waffensysteme, die USA in die Lage zu versetzen suchte, Kriege auch aktiv führen zu können. Neue Waffensysteme, die eine bis dato unerreichbare Zielgenauigkeit aufwiesen sowie mit Mehrfachsprengköpfen ausgerüstete Raketen, machten den atomaren Erst- und Enthauptungsschlag denkbar. Ein Abwehrsystem für Interkontinentalraketen sollte darüber hinaus den amerikanischen Kontinent vor einem atomaren Zweitschlag bewahren. Auch die Sowjetunion entwickelte neue Waffensysteme, um die Möglichkeiten eines atomaren Erstschlags durch Mehrfachsprengköpfe, wachsende Zielgenauigkeit und Miniaturisierung zu erhöhen.

Den Hintergrund für diese neue Aufrüstungsspirale bildeten die zwischen den beiden Großmächten abgeschlossenen Rüstungskontrollverträge (Salt 1 1972; Salt 2 1979), die Obergrenzen für atomar bestückte Langstreckenraketen vorsahen und auf diese Weise ein Gleichgewicht festlegen sollten. Der Anlass für diese Abkommen war, dass die Sowjetunion in den 60er Jahren ihren Rückstand auf diesem Gebiet aufgeholt und ein ähnlich großes atomares Potenzial angesammelt hatte wie die USA.

Die neuen Entwicklungen ereigneten sich auf dem Gebiet der von den Salt-Abkommen nicht erfassten Mittelstreckenraketen und betrafen damit vor allem das durch den Eisernen Vorhang geteilte Europa. Ohne dass an dieser Stelle die politische Geschichte der frühen 80er Jahre (Stichworte: Modernisierung der sowjetischen Mittelstreckenraketen durch sogenannte SS-20-Systeme mit mobilen Abschusseinrichtungen und Mehrfachsprengköpfen; NATO-Doppelbeschluss; Stationierung von Pershing-II-Raketen und Marschflugkörpern im westlichen Teil Europas) nacherzählt werden muss, kann eine gewisse Unterlegenheit der sowjetischen Systeme im Hinblick auf Zielgenauigkeit und deswegen auch im Miniaturisierungsgrad festgehalten werden.

Aber auch in wirtschaftlicher Hinsicht nahm in den 80er Jahren der Außendruck auf den Realsozialismus zu. Der ökonomischen Belebung des westlichen Kapitalismus durch eine Stimulierung unternehmerischer und technischer Innovationen im Rahmen einer angebotsorientierten Wirtschaftspolitik konnte eine zentralistisch orientierte und politisch dirigierte Wirtschaft wenig entgegen setzen. Da die RGW-Staaten wesentlich stärker unter der schwachen Weltwirtschaft litten als der westliche Kapitalismus und der Rückstand bei neuen technologischen Entwicklungen, die auf der neuen Schlüsseltechnologie der Mikroelektronik beruhten, immer fühlbarer wurde, konnte sich kein autarkes Wirtschaftssystem des Realsozialismus entwickeln. Vielmehr nahm die Abhängigkeit von Importen vor allem im Bereich der Hochtechnologie sogar permanent zu. Aber auch Grundnahrungsmittel und andere landwirtschaftliche Produkte mussten immer häufiger und in immer größerem Umfang importiert und mit Devisen bezahlt werden. Um diese Devisen erwirtschaften zu können, mussten immer mehr Güter, Energie und Rohstoffe exportiert werden.

Aufgrund des zunehmenden technologischen Rückstands und einer inflexiblen Arbeitsorganisation banden die Exporte immer mehr Ressourcen. Dass 1991 der Handel mit den OECD-Staaten den internen Austausch der RGW-Staaten bei weitem übertraf wirft ein Schlaglicht auf diese Entwicklung. Abnehmende Wettbewerbsfähigkeit auf dem Gebiet der Qualitätsproduktion führte zum Export von billigen Massengütern. Durch Ausfuhrbeschränkungen strategisch wichtiger Produkte wie Speicherchips seitens der NATO-Staaten wurden diese Probleme noch weiter verschärft.

Auch wenn die Breschnew-Ära[80] eine Ära der politischen Stabilität war, *nahmen die Reibungen und der ‚Außendruck' auch auf dem politischen Feld zu.* Der Einmarsch sowjetischer Truppen in Afghanistan (1979) beendete eine Ära relativer Entspannung gegenüber dem Westen und führte die sowjetische Armee in einen aussichtslosen Abnützungskrieg. Wesentlicher war, dass sich die Kontrolle über die mittel- und osteuropäischen Staaten des eigenen Machtblocks offenbar nur durch Waffengewalt dauerhaft sicherstellen ließ. Die militärische Niederschlagung des „Prager Frühlings" 1968 und die danach verkündete sogenannte Breschnew-Doktrin, wonach die staatliche Souveränität der Staaten des eigenen Machtbereiches eingeschränkt sei, kamen einem ideologischen Offenbarungseid gleich. Offenbar war es auch nach Jahrzehnten nicht gelungen, ‚oppositionelle Kräfte' auszuschalten und die Menschen von der Überlegenheit und der Alternativlosigkeit des Sozialismus zu überzeugen. In Polen war der Einfluss der katholischen Kirche nach wie vor ungebrochen. In Ungarn, der Tschechoslowakei und der DDR nahm das Verlangen nach Bürger- und Menschenrechten, nach kleinen Freiheiten der individuellen Entfaltung, nach ökonomischer Dezentralisierung und dem Abbau von Missständen durch politische Alternativen zu.

Mit der *Schlussakte der KSZE-Konferenz von Helsinki* (01.08.1975) *war für derartige Aktivitäten eine politische Grundlage entstanden.* Dort hatten die Staaten des realen Sozialismus sich auf das Prinzip verpflichtet, die Menschenrechte und Grundfreiheiten zu achten, einschließlich der Gedanken-, Gewissens-, Religions- und Überzeugungsfreiheit (Prinzipienkatalog Punkt 7). Darüber hinaus hatten sie im sogenannten Korb III Grundsätzen der Zusammenarbeit im humanitären Bereich, der Erleichterung sozialer Kontakte sowie des Informationsaustauschs über die Blockgrenzen hinweg zugestimmt.

Auf diese Verabredungen konnten sich Bürgerbewegungen wie die ‚Charta 77' (CSSR) oder das ‚Neue Forum' (DDR) berufen, die erste Schritte in Richtung auf die Entwicklung einer nicht mehr für das kommunistische Programm funktionalisierten Zivilgesellschaft unternommen haben.

Das Gesellschaftsmodell des realen Sozialismus war also im Laufe der 80er Jahre auf allen Ebenen *zunehmend unter von außen kommenden Modernisierungsdruck geraten: in technologischer Hinsicht, in militärischer und wirtschaftlicher Hinsicht und nicht zuletzt in sozialer und politischer Hinsicht*. Das ideologische Selbstverständnis des Realsozialismus, nämlich voll und ganz auf der Seite des Fortschritts zu stehen und eine gegenüber dem westlichen Kapitalismus wesentlich fortschrittlichere Gesellschaftsform zu repräsentieren, dramatisierte nur noch den immer offenkundiger werdenden *Modernisierungsrückstand*. In einer zunehmend durch die Massenmedien und ihre Bilder geprägten Welt dokumentierten Funktionäre vom Schlage eines Erich Honecker, flankiert von den Greisen des Politbüros und Zentralkomitees, auf eine äußerst nachhaltige Art und Weise, wie weit Fortschrittprogrammatik und Realität auseinander klafften. Ähnlich wie im Märchen von des Kaisers neuen Kleidern wirkten ihre Verlautbarungen schließlich nur noch als hohle Phrasen und Sprechblasen, die mit der Wirklichkeit nichts mehr zu tun hatten.

Von der bürgerlichen Gesellschaft zum westlichen Gesellschaftsmodell – ein soziologisches Fazit

13

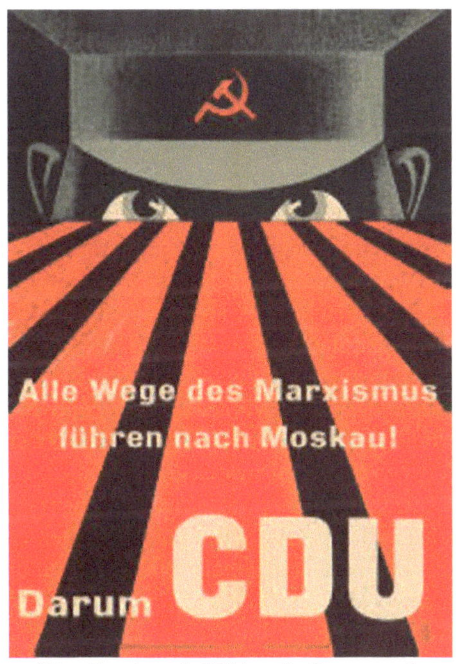

Copyright: Unbekannt. Diese Datei wurde Wikimedia Commons freundlicherweise von der Konrad-Adenauer-Stiftung im Rahmen eines Kooperationsprojektes zur Verfügung gestellt.

Für die alltagskulturelle Durchsetzung des westlichen Gesellschaftsmodells hatte das Feindbild einer die gesamte Bevölkerung bedrohenden aggressiven Sowjetunion entscheidende Bedeutung. Das Foto zeigt ein Wahlplakat der CDU aus dem Jahr 1953, das diese Ängste direkt anspricht. Die CDU konnte mit dieser Kampagne einen Erdrutschsieg einfahren und ihren Stimmenanteil um über 14% steigern.

13.1 Das westliche Gesellschaftsmodell

Das wichtigste Ergebnis dieser sechs Jahrzehnte der Konkurrenz zwischen unterschiedlichen Konzepten zur Organisation der Gesellschaft (genauer: des gesellschaftlichen Leistungsbereichs) über Staat und Politik ist, dass ein westliches Gesellschaftsmodell entstanden ist. Das ist wörtlich zu verstehen: Es haben sich allmählich immer konkretere Vorstellungen darüber herausgebildet, welche Merkmale letztlich das westliche Gesellschaftsmodell ausmachen. Das auf diese Weise gebildete Modell kann sowohl als Maßstab an beliebige staatlich organisierte Gesellschaften angelegt werden wie auch als Bauplan zum gesellschaftlichen Umbau benutzt werden. Insofern ist das westliche Gesellschaftsmodell kein rein theoretisches Modell, dass sich beispielsweise Sozialwissenschaftler ausgedacht haben, um eine komplexe Realität durch gezielte Vereinfachung verständlicher zu machen. Es ist vielmehr zu einem Real-Modell geworden, einer Art Bauplan für ganz reale, staatlich organisierte Gesellschaften. Daher wird von nun an der Begriff Gesellschaftsmodell in re-konstruktiver Absicht benutzt werden: Ein realer Konstruktionsvorgang soll nachkonstruiert werden.

Bis zur Weltwirtschaftskrise existierten nur bürgerliche Gesellschaften und bürgerliche Staaten, in denen eben das Bürgertum an die Macht gekommen war und die Institutionen nach seinen Interessen geformt hatte. Beobachter und Analytiker (wie z. B. der Autor im sechsten Kapitel) konnten und können Gemeinsamkeiten zwischen diesen bürgerlichen Staaten herausarbeiten, also analytische Gesellschaftsmodelle erarbeiten. Sie haben aber bis zur Weltwirtschaftskrise eher akademische als praktisch politische Bedeutung gewinnen können. Politische Bedeutung hatten damals dagegen Weltanschauungen, die aber auf höchst unterschiedliche Weise die Gesellschaftspolitik in den einzelnen Staaten geprägt haben. Trotz institutioneller und ideologischer Gemeinsamkeiten, wurden auch zwischen den bürgerlichen Staaten eher die nationalen und angeblich mentalitätsbedingten Unterschiede betont und oftmals durch die Etablierung nationaler Bildungstraditionen überhaupt erst produziert (vgl. Gellner 1995).

In der Ära des Kalten Kriegs zeichnet sich ein starker Bedeutungsverlust der Weltanschauungen zugunsten des Ost-West-Gegensatzes ab. Die realen Gesellschaftsmodelle forderten von den Bürgern nur noch, ‚auf der richtigen Seite zu stehen'. Mit der Weltwirtschaftskrise und noch ausgeprägter dann im Zweiten Weltkrieg und im Kalten Krieg kommen *Gefühle der Verbundenheit* zwischen den Menschen in ideologisch ähnlich geprägten Staaten/Nationen auf.

Das westliche Gesellschaftsmodell ist aber kein einfacher Wurmfortsatz des bürgerlichen Staates. Der Ausscheidungskampf der Gesellschaftssysteme war nur durch tiefgreifende Lernprozesse zu gewinnen, die auch die ideologischen Wurzeln der bürgerlichen Gesellschaft tangierten.

13.2 Der in die Wirtschaft intervenierende Staat – ein ideologischer Tabubruch wird überlebensnotwendig

In der Weltwirtschaftskrise mussten die Verfechter des westlichen Kapitalismus lernen, dass die Privatwirtschaft offenbar nur mit wohlfahrtsstaatlichen und mit Infrastrukturprojekten wieder in Gang gebracht werden konnte. Einer der damaligen Starökonomen, Lord Keynes, hatte den Staat dazu autorisiert. Nach seiner Auffassung gab es tiefgreifende Krisen, in denen der Marktmechanismus versagte. Er bedurfte äußerer Impulse, um ihn wieder in Richtung auf ein Gleichgewicht mit Vollbeschäftigung zu bewegen. Den entscheidenden Impuls sollte der Staat durch eine antizyklische Ausgabenpolitik geben. In der Weltwirtschaftskrise sollte er also Schulden machen und durch Ausgaben insbesondere für die Infrastruktur und für Wohlfahrtsprogramme dafür sorgen, dass die relevanten Wirtschaftsakteure wieder positive Zukunftserwartungen aufbauen und investieren (Keynes 1936). Auf diesem Wege könne allmählich wieder ein sich selbst tragender Aufschwung entstehen. Tatsächlich bestätigte Franklin D. Roosevelts Politik des ‚New Deal' diese Auffassung. Die am schwersten von der Krise getroffene Volkswirtschaft der USA kam mit diesen Methoden bis zum Beginn des Zweiten Weltkriegs ganz allmählich wieder auf die Beine.

Der sogenannte Keynesianismus ist bis heute ein rotes Tuch für die Ideologen des freien Marktes geblieben. Das ist kein Wunder, denn in der Tat soll der bürgerlich-liberale Staat ja aus der für ihn vorgesehenen Rolle (Kapitel 6) ausbrechen und gezielt in den freien Markt intervenieren. Wird damit nicht der ideologische Anker der bürgerlichen Gesellschaft, der Glaube an den freien Markt und seine überlegene Allokationsfunktion beschädigt? Schwingt der Staat sich damit nicht zum Vormund des Wirtschaftssystems auf? Nach der liberalen Lehre sollte er ihm ja nur dienen. Schon diese Fragen bestätigen, dass sich zumindest gravierende Bruchlinien im liberalen Modell eines den Interessen der Privatwirtschaft untergeordneten Staates auftaten. Auch die zentrale These von Keynes, dass der Marktmechanismus unter bestimmten Bedingungen versagen könne, beschädigte sowohl das freiwillige Unterordnungsverhältnis der Bürger unter das schicksalhafte Walten des freien Marktes sowie seine Stilisierung zu einem unübertroffenen Bereicherungsmechanismus. Der freie Markt wird von Keynes als ein zwar nützlicher, in seiner Effektivität jedoch limitierter Mechanismus ‚entzaubert', der aus höherer wirtschaftspolitischer Warte der permanenten Beobachtung und Kontrolle bedarf.

Die Weltwirtschaftskrise ließ sich also nur durch eine Entzauberung der quasi religiösen Eigenschaften (siehe Kapitel 6) des freien Marktes bewältigen!

13.3 Vom ‚egoistischen' zum transnationale Verpflichtungen eingehenden Staat

Aber es gilt noch eine zweite Bruchlinie zwischen bürgerlichem Staat und westlichem Gesellschaftsmodell zu registrieren. Sie wurde bislang entweder übersehen oder als bloße Kriegspropaganda unterschätzt. Erst heute wird sie in ihrer ganzen Tragweite erkennbar. Sie ist noch enger mit dem Namen Franklin D. Roosevelt verbunden als der New Deal. Es geht um das *Konzept einer ‚freien Welt'*, deren Wiederherstellung Roosevelt beim Eintritt der USA in den Zweiten Weltkrieg zum offiziellen Kriegsziel erklärte. Nur zähneknirschend und unter Vorbehalten wurde es von den anderen alliierten Mächten mitgetragen.

Dieses Konzept war ein Ergebnis innenpolitscher Kontroversen in den USA um die Kriegsbeteiligung. Die in beiden Kammern dominierenden Isolationisten waren strikt dagegen, sich in die militärischen Konflikte in Europa und Asien einzumischen. Sie verfolgten das klassische Konzept des bürgerlichen Staates, der ausschließlich die vor allem wirtschaftlichen Interessen der *eigenen* Bürger schützen soll. Wenn sich im Ausland faschistische Diktaturen durchsetzten, dann sei das zwar nicht gut, aber man müsse sich eben damit arrangieren. Dem setzte eine von Roosevelt geführte Minderheit letztlich ein Empathie-Argument entgegen. Ihr Credo war: Wir können nicht tatenlos zusehen, wenn Mitmenschen getötet oder ihrer Freiheit beraubt werden, mit denen wir die Religion und vor allem die Werte der bürgerlichen Zivilgesellschaft und individuelle Freiheits- und Menschenrechte teilen. Es unterteilt die Staaten dieser Welt in gutwillige befreundete Nationen und böswillige Feinde, deren Vernichtung zu betreiben ist.

Der japanische Überfall auf Pearl Harbour und die Kriegserklärungen Japans und Nazi-Deutschlands an die USA setzten diesen Debatten ein jähes Ende. Es war fast selbstverständlich, dass in dieser Situation die Kriegsziele nur aus den Argumenten der Anti-Isolationisten gewonnen werden konnten.

Wir wissen schon aus dem sechsten Kapitel um den untrennbaren Zusammenhang zwischen bürgerlichen Freiheits- und Menschenrechten und der Privatwirtschaft. Nur wer über seine Person frei verfügen kann, der kann auch auf eigene Rechnung wirtschaften. An diesem inneren Zusammenhang zwischen Freiheits- und Menschenrechten und einer privaten Wirtschaft ließen auch die in der Atlantik-Charta formulierten offiziellen Kriegsziele der Alliierten keinen Zweifel (siehe oben.). Hier werden erstmals *Eckpunkte eines ‚westlichen Gesellschaftsmodells' formuliert und mit dem Anspruch auf weltweite Verbreitung verknüpft.*

Das historisch Neue ist, dass ‚westliche' Staaten erstmals ihre politischen und militärischen Machtmittel *für die Verbreitung des westlichen Gesellschaftsmodells* über das eigene Territorium hinaus einsetzten. Zuvor hatten sie im Ausland nur die primär wirtschaftlichen Interessen ihrer *eigenen* Bürger verfolgt. Das galt gerade auch für den Kolonialismus (vgl. den Abschnitt 6.8). Jetzt geht es um den militärischen Schutz tatsächlicher oder vermeintlicher (das muss hier nicht entschieden werden) Werte von Nicht- Staatsangehörigen.

Nun zielen ja Kriege meist darauf ab, dass bestehende territoriale Grenzen zwischen Staaten verändert werden sollen – ‚fremde' Bürger sollen zu ‚eigenen' Staatsbürgern werden – aber genau darum ging es zumindest den USA im Zweiten Weltkrieg gerade nicht. Vielmehr sollten *soziale Standards verbreitet* werden, *die der Weltwirtschaft*, wenn sie denn nach dem Weltkrieg wieder in Gang kam, *ein gemeinsames soziales Fundament* geben konnten.

Nach dem Zweiten Weltkrieg wurde Roosevelts transnationales Konzept einer ‚freien Welt' auf zwei Ebenen umgesetzt. Einmal auf der Ebene der Weltgemeinschaft und zum anderen auf der Ebene der westlichen Staatengemeinschaft.

Um einen politischen Rahmen für die Verständigung zwischen den Staaten zur Vermeidung von kriegerischen Konflikten und zur Förderung der friedlichen Austauschs zu gewinnen, wurden die Vereinten Nationen ins Leben gerufen. In ihr sollten alle international anerkannten Staaten eine gemeinsame Plattform für das Projekt einer friedlicheren und besseren (insbesondere Bekämpfung von Epidemien, Unterernährung, Analphabetismus) Welt bilden. In wirtschaftlicher Hinsicht sollten Vereinbarungen über ein Weltwährungssystem den freien Welthandel wieder in Gang bringen. Daneben sollten vor allem die sogenannten Entwicklungsländer durch eine Weltbank und einen Internationalen Währungsfond von der Staatengemeinschaft unterstützt werden.

Wichtig für das weitere Schicksal des Westens ist, dass zur Realisierung solcher gemeinsamen Werte oder Interessen in jedem Fall *Staatengemeinschaften* gebildet werden müssen, an die der einzelne Staat Souveränität abtritt. Denn nur so können transnationale Standards garantiert werden. Damit wird aber die historisch gewachsene Aufgabenstellung nicht nur des bürgerlichen Staates sondern der Staaten generell in einem entscheidenden Punkt verändert. Jeder transnational engagierte Staat vertritt von nun an nicht mehr ausschließlich die Interessen der eigenen Bürger, sondern er agiert zusätzlich als Teil einer Staatengemeinschaft, die transnational existierende Werte und Ordnungsvorstellungen vertritt. Es kommt auf diese Weise ganz real zur *Bildung einer überstaatlichen Sphäre, die von Gesellschaftsmodellen geformt wird.* Sie macht den einzelnen westlichen Staat zu einem Segment einer transnationalen Ordnung, in der sich auch eine transnationale westliche Zivilgesellschaft herausbilden kann.

Wenn wir diese beiden Veränderungen mit dem im sechsten Kapitel dargestellten Modell des bürgerlichen Staates vergleichen, dann wird eine *weitgehende Transformation* erkennbar, die offenbar von den wirtschaftlichen und politischen Krisen der 1930er bis 1950er Jahre erzwungen wurde. Einerseits gewinnt der Staat als keynesianischer Marktinterventionsstaat Macht über seine Bürger und gegenüber dem Marktmechanismus zurück, die der klassische bürgerliche Staat schon aus ideologischen Gründen abgetreten hatte. Andererseits gibt er Souveränität und Gestaltungsmacht an eine überstaatliche Sphäre ab, in der sich ein westliches Gesellschaftsmodell in einem realpolitischen und realsoziologischen Sinne zu formieren beginnt. Diese Veränderungen gehen an die ideologischen wie praktischen Wurzeln des bürgerlichen Staates.

Die neuen wirtschaftspolitischen und wohlfahrtsstaatlichen Aufgaben beschädigen den ideologischen Anker des Wohlstand schaffenden freien Marktes, so dass die ideologische Legitimationsgrundlage, vor allem aber die Kriterien, an denen die Rationalität staatlicher Machtausübung beurteilt werden kann, zu verschwimmen drohen. Dagegen strapazieren die zwischenstaatlichen Aufgaben die konkrete politische Legitimation der ‚westlichen' Staaten. Denn es ist mit den klassischen demokratischen Mitteln nicht zu entscheiden, wie für ein transnationales westliches Gesellschaftsmodell im Rahmen einer Staatengemeinschaft Politik gemacht und staatliche Macht ausgeübt bzw. Souveränität abgetreten werden soll.

Plakativer formuliert: Keynesianismus und Marktintervention erfordern einen gegenüber der Wirtschaft und den Bürgern *mächtigeren Nationalstaat*, der kaum noch mit dem Modell des bürgerlichen Staates in Einklang gebracht werden kann. Dagegen verlangt die internationale Durchsetzung des westlichen Gesellschaftsmodells *einen nationale Souveränität abtretenden Staat.* Er ist nicht mehr nur den Interessen der eigenen Bürger verpflichtet, sondern übernimmt Verantwortung für das westliche Gesellschaftsmodell insgesamt und für alle ihm zurechenbaren Bürger.

Die Kooperation zwischen den westlichen Staaten zum Erhalt und zur Durchsetzung des gemeinsamen Gesellschaftsmodells wurde in der Ära des Kalten Kriegs überlebenswichtig. Das Freund-Feind-Verhältnis zwischen den westlichen Staaten und den Staaten des sowjetischen Einflussbereichs zwang beide Seiten dazu, alles zu tun, um ‚das eigene Lager' zu stärken. Deswegen galten Verträge wie der NATO-Vertrag, die europäischen Verträge usw., in denen die westlichen Staaten Souveränität an gemeinsame Strukturen abtraten, als wichtige Bündelung der Kräfte der ‚freien Welt'. Kritische Fragen nach der demokratischen Kontrolle in den gemeinsamen

Strukturen oder nach der Souveränität der Einzelstaaten wurden von dem im Mittelpunkt stehenden Ost-West-Gegensatz in das politische Abseits geschoben.

13.4 Die Entwicklung zum Wohlfahrtsstaat und die Integration der Arbeiterschaft und der Angestellten in das westliche Gesellschaftsmodell

In der Ära des ‚Kalten Kriegs' (1947-1989) ging es in Westeuropa zunächst in erster Linie um das Überleben ‚der freien Welt', also des westlichen Gesellschaftsmodells. Hierzu war es unabdingbar, die Mehrheit der Wähler davon zu überzeugen, dass es sich in den westlichen Demokratien wesentlich besser leben lässt als im ‚Paradies der Werktätigen' unter dem Diktat kommunistischer Parteien. Da die Bevölkerung zu immer größeren Teilen auf Lohnarbeit angewiesen war, kam es vorrangig darauf an, Lohnarbeit zu einem Modell für das ganze Leben zu machen (Kapitel 7). Dieses genuin sozialdemokratische Programm mussten auch die bürgerlichen Parteien schon aus Gründen des Machterhalts tolerieren und ein Stück weit auch aktiv vertreten.

13.5 Die wachsende Staatsquote

Zusätzlich zu den Erfordernissen des Rüstungswettlaufs führten drei soziale Großprojekte – die Etablierung leistungsfähiger sozialer Sicherungssysteme, die Expansion des Bildungs- und Wissenschaftssystems sowie der Ausbau des Gesundheitssystems – dazu, dass die im Zweiten Weltkrieg enorm angewachsene Staatsquote in der Ära des ‚Kalten Kriegs' nicht wieder sank, sondern noch weiter anstieg. In den USA beispielsweise stieg sie von gerade 3 % zu Beginn der Weltwirtschaftskrise auf über 9,6 % vor dem Kriegseintritt (1940). Am Ende des zweiten Weltkriegs war sie auf 29,5 % gewachsen. 1990 lag sie dann bei gut 37 % (Quelle: BMF Monatsbericht 9/2012).

13.6 Eine weitgehende Transformation der westlichen Gesellschaften ohne große politische Auseinandersetzungen und Krisen – wie war das möglich?

Wer sich heute mit den zeitgeschichtlichen Dokumenten dieser sechs Jahrzehnte befasst, reibt sich angesichts dieser wirklich drastischen Transformation der bürgerlichen Gesellschaft zum westlichen Gesellschaftsmodell verwundert die Augen. Wie war so etwas ohne selbstzerstörerische politische Debatten, endlose Generalstreiks, Bürgerkriege und andere Austragungsformen eines tiefen sozialen Konflikts möglich?

Zwei Antworten zeichnen sich ab, die zumindest eine Teilerklärung liefern. Einmal wurde diese Transformation durch den schleichenden und nahezu lautlosen wirtschaftlichen Niedergang der bisher politisch dominierenden Schicht der Besitzbürger erleichtert. Erst die von Thomas Piketty jüngst veröffentlichten Zahlen (Piketty 2014) haben diesen Vorgang empirisch greifbar gemacht. Die beiden Weltkriege, die Weltwirtschaftskrise und der Verlust der Kapitalanlagen in den Kolonien haben die Lebensform des von seinem Kapital lebenden Rentiers praktisch beerdigt und dadurch zumindest die Transformation erleichtert. Die Zahl der eindeutig und existenziell betroffenen Verlierer der staatlicher Umverteilung und Umorientierung war relativ gering und sie war wirtschaftlich relativ schwach.

Die zweite Erklärung hat sich wie ein roter Faden durch das zwölfte Kapitel gezogen. *In der Ära des Kalten Kriegs dominierte der Ost- West-Gegensatz alles andere.* Daher war alles, was die Selbstbehauptung des Westens stärkte, per se zu begrüßen und nicht kritisch zu hinterfragen. Das *Feindbild* der menschenverachtenden kommunistischen Diktatur und ihres Anspruchs auf Weltherrschaft erleichterte zweifellos die hier konstatierte Transformation.

Übersicht: Grundzüge des westlichen Gesellschaftsmodells

1. Das westliche Gesellschaftsmodell weist zwei gleichberechtigte, aber nicht miteinander kompatible Legitimationserzählungen auf: die der bürgerlichen Gesellschaft (Wirtschaft, Wohlstand, freier Markt) und des sozialdemokratischen Wohlfahrtsstates (staatliche Protektion lebenslanger auskömmlicher Lohnarbeit). Daher fungierten der Glaube an die Überlegenheit des westlichen Gesellschaftsmodells und der Ost-West-Gegensatz gewissermaßen als ideologischer Ersatz für eine einheitliche Legitimationserzählung.
2. Auch im westlichen Gesellschaftsmodell bildet der Staat das gesellschaftliche Organisationszentrum. Gegenüber dem bürgerlichen Staat haben die Staatsaufgaben (Stichwort: Sozialstaat) eminent zugenommen, was sich auch am Anteil des Staates am Bruttosozialprodukt und an der ebenso stark gewachsenen Steuerlast erkennen lässt.
3. Das Profil des westlichen Gesellschaftsmodells wird auch durch die Ausdifferenzierung und das Wachstum von Funktionssystemen geprägt. Zu nennen sind vor allem Bildung, Gesundheit und Wissenschaft. Sie werden überwiegend aus dem Staatshaushalt und aus Zwangsversicherungen und nur zu einem relativ geringen Anteil über den Markt finanziert.

Vierter Teil

Der vermeintliche Siegeszug des westlichen Gesellschaftsmodells

Der Preis des Sieges 14

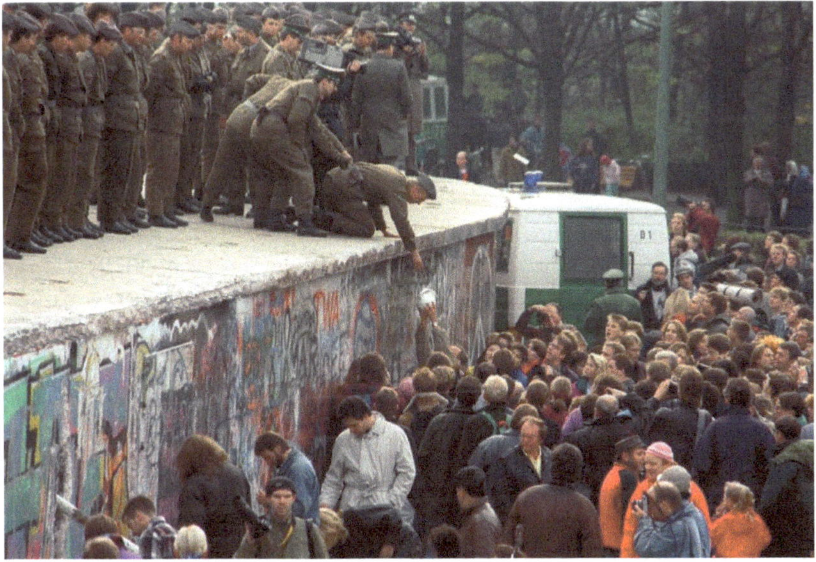

Das Symbol für den Sieg des Westens in Kalten Krieg wird wohl für immer der Fall der Berliner Mauer sein. Das Foto zeigt erste freundliche Kontakte zwischen DDR-Grenzschützern und der Westberliner Bevölkerung.

Die Bilder vom Fall der Berliner Mauer werden wohl immer für das Ende des ‚Kalten Kriegs' stehen. Auch heutigen Betrachtern vermitteln sie noch einen Eindruck von der Euphorie und der Aufbruchsstimmung, die die Überwindung dieses Symbols des Kalten Krieges zunächst bei den Berlinern und dann in der ganzen westlichen Welt ausgelöst hat.

Vor allem aber war die Berliner Mauer ein Symbol für das politische Scheitern des Realsozialismus. Nur weil es diesem Gesellschaftssystem nicht gelungen war, die für Ordnungssozialität generell unerlässliche kulturelle Bindung an das herrschende System zu organisieren, ist sie errichtet worden. Auf diese Weise sollte die „Abstimmung mit den Füßen" (Lenin) gestoppt werden.

Nach dem Fall der Berliner Mauer (1989), spätestens aber nach der Selbstauflösung der Sowjetunion und des Warschauer Paktes im Jahre 1991 machte in westlichen Thinktanks die Parole die Runde, dass ‚der Westen' den ‚Kalten Krieg' gegen den Realsozialismus gewonnen habe. Einer ungehinderten Expansion der westlichen Unternehmen und Finanziers in die ‚zweite Welt' des Realsozialismus und die ‚dritte Welt' der blockfreien Staaten stünde nun nichts mehr im Wege. Die westlichen Staaten selbst könnten nun in den Genuss einer ‚Friedensdividende' kommen. In diesem vierten Teil wird zu erklären versucht, warum für den Westen keine rosigen Zeiten angebrochen sind.

Das fünfzehnte Kapitel behandelt die westliche Expansion nach 1991. Dabei zeigt sich, dass die Geländegewinne des westlichen Gesellschaftsmodells eher spärlich waren. Nur eine auf relativ wenige Minimalbedingungen (‚Minimalmodell') gestützte wirtschaftliche Expansion fand statt (‚Globalisierung'). Gerade an dieser Form der Expansion aber entzündeten sich antiwestliche Gegenbewegungen, die im sechszehnten Kapitel behandelt werden. Im siebzehnten Kapitel geht es dann um interne Widersprüche und Probleme des westlichen Gesellschaftsmodells, die teilweise ein Produkt der westlichen Expansion sind, deren Wurzeln aber weit in die Ära des Kalten Kriegs hineinreichen. Damals spielten sie aber keine Rolle, weil der Ost- West-Gegensatz die inneren Probleme übertünchte. Das zeigt, dass der Sieg im kalten Krieg einen überraschenden Preis hatte. Mit der Implosion des Realsozialismus ist den westlichen Staaten nämlich das Feindbild eines menschenfeindlichen Kommunismus abhanden gekommen, das ‚den Westen' bislang zusammen gehalten hatte. Auch der nach 9/11 ausgerufene internationale Krieg gegen den Terrorismus konnte dieses Integrationsdefizit nicht einmal ansatzweise schließen.

Wieso hatte der Wegfall des Feindbildes eine so gravierende Bedeutung? Dazu muss man zunächst die Bedeutung von Feindbildern in staatlich organisierten Gesellschaften verstehen. Bei ihnen wird die Unterscheidung zwischen Freunden und Feinden aus der lebensweltlichen Sphäre übernommen, in den Bereich der Ordnungssozialität transferiert, und dort zum Code für die Zurechnung von

Personen zu Staaten und Gesellschaftsmodellen gemacht. Ohne einen solchen entpersonalisierten, also von konkreten persönlichen Eigenschaften abgelösten, Freund-Feind-Code könnten Kriege nicht geführt werden. Er bildet daher die soziale Grundlage für jeden Krieg zwischen Staaten[81].

In der Ära des Kalten Kriegs wurde dieser Code konserviert. Aus dem Blickwinkel des Analytikers ersetzte der Freund-Feind- Code die fehlende gemeinsame Legitimationserzählung. In den Augen der Gesellschaftsmitglieder verdrängte er weitgehend die weltanschaulichen Lager und überlagerte den Nationalismus. Beides hatte im 18., 19. und frühen 20. Jahrhunderts eine wichtige Rolle gespielt, obwohl die Welterklärungen des Liberalismus wie des Marxismus von der großen Mehrheit immer nur sehr rudimentär nachvollzogen werden konnten.

Das einfache Freund–Feind–Schema hatte gegenüber den ‚Weltanschauungen', aber auch allen weiteren Legitimationserzählungen, den Vorteil, dass es mit dem individuellen Erleben direkt verkoppelt werden konnte. Im heißen Krieg war jeder Kombattant aktiv am Überlebenskampf des ‚eigenen' Gesellschaftsmodells beteiligt. Aber auch im Kalten Krieg wirkte man als Erwerbstätiger bzw. Unternehmer aktiv am Erfolg mit. Man konnte als Konsument die Früchte der Fortschrittlichkeit des eigenen Modells ernten und sie als politischer Beobachter konstatieren. Im ‚Westen' konnte man bei der eigenen Lebensführung erfahren, was das Eigentum an der eigenen Person, was Rechtsstaat, Freiheits- und Menschenrechte konkret bedeuten. Im ‚Osten' konnte man sich auf vielfältige Weise als Kämpfer für den Sozialismus engagieren.

Bei dieser Veralltäglichung des Ost-West-Gegensatzes hatte der Realsozialismus aus zwei Gründen die weitaus schlechteren Karten. Einmal demonstrierten die bis zur Implosion anhaltenden Versorgungsengpässe permanent, dass sich der Arbeitseinsatz für den Sozialismus zumindest unmittelbar weniger auszahlte als die Arbeit für ‚kapitalistische Ausbeuter'. Zum anderen konnte das Modell des ‚Kämpfers für den Sozialismus' nicht dauerhaft Probleme bei der eigenen Lebensführung übertünchen, die neben der Versorgungslage auch mit der Kassierung individueller Freiheits- und Menschenrechte zu tun hatten. Während die Versorgungsengpässe signalisierten, dass man in einem weniger effektiven Wirtschaftssystem arbeitete, nährten die mit einem System permanenter Bespitzelung garnierten Einschränkungen der individuellen Wahl- und Bewegungsfreiheit politische Zweifel daran, dass man auf der richtigen Seite steht.

Wenn wir nun die politische Geschichte der letzten 25 Jahre bilanzieren, dann geht es nicht zuletzt um die Frage, ob das westliche Gesellschaftsmodell eine tragende und konsensfähige ideologische Grundlage gefunden hat, die den Wegfall des Ost-West- Gegensatzes kompensieren konnte.

Die westliche Expansion 15

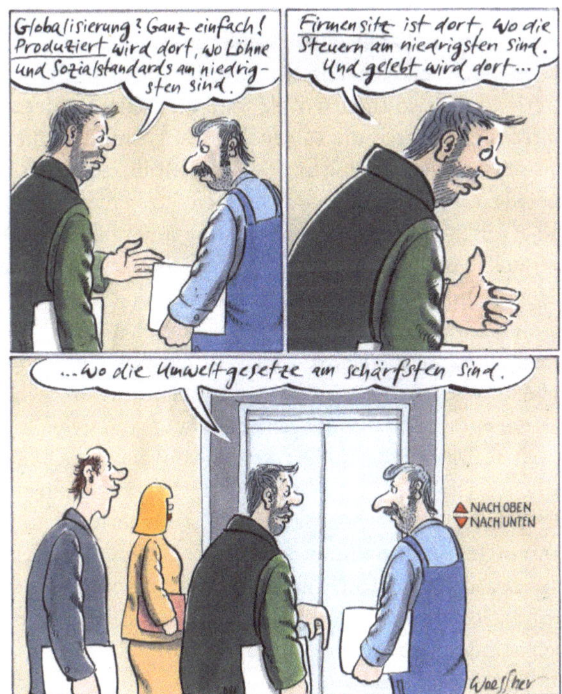

Copyright: Freimut Woessner

Diese Karikatur zeigt höchst anschaulich: Wer ein zu spezifisches Nutzenkalkül praktiziert, der verliert nur allzu leicht die größeren Zusammenhänge aus den Augen. Das ist auch das Problem der als wirtschaftliche Globalisierung praktizierten westlichen Expansion.

15.1 Zwei Muster der Verwestlichung

Die Selbstauflösung des Realsozialismus bot der westlichen Privatwirtschaft ganz unmittelbar die Möglichkeit, von nun an unternehmerische Chancen auf der ganzen Welt wahrzunehmen. Schon zuvor war weltweit Handel betrieben worden, der mit den RGW-Staaten vielleicht mühsamer aber durchaus möglich und lukrativ war. Was war nun anders?

Hinzu kam vor allem der Zugang zum Kapitalmarkt, also die Möglichkeit zu investieren und außerhalb der westlichen Staatengemeinschaft Waren produzieren zu lassen. Wenn man von der neuen Globalisierung spricht, dann können damit nur diese geschäftlichen Möglichkeiten gemeint sein. Große ‚westliche' Unternehmen konnten nun zu tendenziell globalen Unternehmensnetzwerken werden. Sie vermarkten nicht nur ihre Waren global, sondern sie produzieren sie auch global. Vielleicht werden auch Teile der Forschung und Produktentwicklung an neue Standorte außerhalb der ‚westlichen Welt' verlagert. Diese unternehmerischen Chancen sind technisch durch die Mikroelektronik und das Internet möglich geworden, politisch dagegen durch den Zerfall des Realsozialismus.

Im Unterschied zu reinen Handelsbeziehungen setzen diese zusätzlichen Möglichkeiten eine etwas weiter gehende Anpassung an Standards des westlichen Gesellschaftsmodells voraus. Zumindest müssen die Rechte internationaler Investoren und Unternehmen auf Gewinnerzielung und auf den freien Transfer von Gewinnen von den jeweiligen Machthabern anerkannt werden. Darüber hinaus sollte die Spitze autoritärer Staaten bzw. Diktaturen kooperationsbereit sein und den ausländischen Investoren ein Mindestmaß an staatlicher Protektion gewähren. Dabei geht es in erster Linie um Schutz vor Enteignung, um freien Kapitalverkehr, um Rechtssicherheit. Das muss flankiert werden von einem auch faktisch durchgesetzten staatlichen Gewaltmonopol und einem effektiven polizeilichen Schutz vor Kriminalität und räuberischen Banden. Das wiederum setzt voraus, dass politische Spannungen und Konflikte etwa zwischen unterschiedlichen Ethnien oder Religionsgemeinschaften nicht existieren oder keine wesentliche Rolle spielen. Die Verkehrsinfrastruktur und die Versorgung mit Wasser Energie und Internet sollten gewissen Mindeststandards genügen.

Eine derartige Expansion des Westens beschränkt sich auf die Ausweitung eines privat- und marktwirtschaftlichen Wirtschaftsraums. Sie steht in der Tradition der Handelskompanien und des Kolonialismus (Kapitel 6), die gewissermaßen in einer Softversion fortgeführt wird, weil sie ohne *direkte* Eingriffe in die Staatlichkeit der transnationalen Standorte auskommt.

Wenn man aus Gründen der Vereinfachung an dieser Stelle *analytische* Modelle benutzt, dann kann man diese Variante westlicher Expansion als *Minimalmodell* bezeichnen. Ihm wird der andere Extremfall einer umfassenden Übernahme des westlichen Gesellschaftsmodells gegenüber gestellt. Er wird im weiteren Text als *Maximalmodell westlicher Expansion* bezeichnet. Hier erfolgt eine umfassende Verwestlichung auf der ideologischen Grundlage des liberalen Eigentumsbegriffs: also Bürger- und Menschenrechte plus Demokratie plus Markt-/Privatwirtschaft. Die politische Botschaft einer derartigen westlichen Expansion ist: Alle Menschen sollen an der freiheitlichen Gesellschaft teilhaben. Da dieses Modell den ideologisch inkompatiblen Wohlfahrtsstaat nicht enthält, würde seine Realisierung, ebenso wie auch das Minimalmodell, zwar die soziale Frage exportieren, aber ihre sozialdemokratische Lösung ausblenden. Aufgrund dieser Verkürzung auf das bürgerlich-liberale Erbe exportiert die Verwestlichung zwangsläufig die ‚soziale Frage' (vgl. Kapitel 7).

Die wohlfahrtsstaatliche Komponente und die Erzählung des fürsorglichen Sozialstaats werden vor allem deswegen ausgeblendet, weil sie als je nationales Arrangement gelten. Das ideologische Janusgesicht des Westens zeigt hier eine weitere Facette. Es wird nämlich nur aus der Binnenperspektive, also für die Bürger westlicher Staaten sichtbar. Die Außenansicht zeigt dagegen nur die bürgerliche Seite und die liberale Legitimationserzählung.

15.2 Wirtschaftliche und soziale Folgen des Minimalmodells westlicher Globalisierung

Nehmen wir nun einfachheitshalber das Minimalmodell für den globale Handel und globalen Kapitalverkehr an. Nur innerhalb des Westens existiert dann der volle liberale Eigentumsbegriff, also Menschen- und Bürgerrechte, Demokratie und Marktwirtschaft. Welche Rückwirkungen hätte eine westliche Expansion, die weitgehend dem Minimalmodell folgt, für die betroffenen nichtwestlichen Staaten?

Eine Öffnung der Märkte für ausländische Anbieter und Investoren ermöglicht es nichtwestlichen Staaten, am Standortwettbewerb teilzunehmen. Dabei können sie nur dann in Form zusätzlicher Steuereinnahmen und eines höheren Wachstums der nationalen Volkswirtschaft gewinnen, wenn sie etwas Lukratives anzubieten haben. In den 1990 er Jahren war das in der Regel ein Kontrastprogramm zu den Standorten in den reichen und saturierten westlichen Staaten: gegen Null tendierende Steuersätze plus wenig Bürokratie in Verbindung mit niedrigen ökologischen und sozialen Standards, niedrigen Löhnen, keine Gewerkschaften und die Aussicht auf hohe Wachstumsraten auf den nationalen Märkten. Wenn dann noch ein großes und diszipliniertes Arbeitskräftepotential und eine Infrastruktur vorhanden waren, die sowohl unternehmerische Aktivitäten als auch deren Anbindung an den internationalen Handel ermöglichte, und zudem das staatliche Gewaltmonopol durchgesetzt war, dann konnte für beide Seiten, für die Staaten/nationalen Volkswirtschaften wie auch die internationalen Wirtschaftsakteure eine Win-win-Situation entstehen.

Das traf zunächst vor allem auf Staaten in Südostasien zu, zunächst auf die relativ kleinen Volkswirtschaften von Südkorea, Taiwan, Hongkong, Singapur, mit Abstrichen auch auf Thailand und Malaysia. Nach der Jahrtausendwende wurde vor allem die Öffnung der gigantischen chinesischen Volkswirtschaft für westliche Investoren, aber auch Vietnams und partiell Indonesien und Bangladesch, zu einem wichtigen Geschäftsfeld. Hinzu kamen noch Regionen in Indien. In Europa ging es vor allem um die ehemals sowjetisch beherrschten Volkswirtschaften Mittel- und Osteuropas. In Afrika wurden nur Südafrika, ansatzweise Kenia, und in Lateinamerika nur Brasilien zu wichtigen Zielstaaten für westliche Investoren.

Diese doch eher begrenzte Expansion demonstriert, dass bei einem attraktiven Standort sehr Vieles zusammen kommen musste. d. h. im Umkehrschluss: Ganz häufig ist eine Politik der Marktöffnung auf wenig Resonanz gestoßen, weil der Standort eben nicht attraktiv genug war. Ein anderes perspektivisches Problem ergibt sich für den Erfolgsfall. Dann entsteht eine wachsende Population von Arbeitnehmern, die zunehmend marktabhängig werden, weil sie sich aus agrarisch-großfamiliären Kontexten heraus begeben. Sie streben dann, wie ihre ‚westlichen Kollegen' vor einhundert oder einhundertfünfzig Jahren, lebenslange Lohnarbeit an, die einen einigermaßen auskömmlichen Lebensstandard ermöglichen soll. Wenn die internationalen Investoren ihre ‚Rationalitätsstandards' unverändert beibehalten, dann müssten sie diesen Standort spätestens jetzt wieder verlassen, weil er gewissermaßen ‚verbrannt' ist und seine Standortvorteile verloren hat. Dabei lassen sie aber ein soziales Problemfeld, gewissermaßen den „sozialen Müll" (Bauman), zurück. Da die Verhältnisse sich nicht mehr zurückdrehen lassen, können sie von den Betroffenen nur selbst gelöst werden und mit hoher Wahrscheinlichkeit nur durch Rückgriff auf das antiwestliche Arsenal (siehe hierzu das nächste Kapitel).

Für die Wachstumsphase in den attraktiven Standorten muss zumindest noch ein drittes Problem beachtet werden. Das Problem der Gleichbehandlung nationaler und internationaler Wettbewerber. Eine Politik der Marktöffnung impliziert, dass die nichtwestlichen Staaten sich in wirtschaftspolitischer Hinsicht ‚verwestlichen'. Das hat zur Folge, dass sie, zumindest offiziell, den nationalen Wirtschaftsakteuren die bevorzugte Protektion (im weiteren PgS-Beziehung = Protektion gegen Steuern) aufkündigen müssen.

Dabei muss allerdings beachtet werden, dass eine solche *abstrakte* PgS-Beziehung zwischen den Bürgern und dem Staat nur dort auch real existiert, wo Bestechung ein Nischendasein führt. Dagegen wird sie dort, wo Bestechung die Regel ist, personalisiert. Jemand bezahlt für eine konkrete Protektionsleistung eines konkreten staatlichen Funktionsträgers und erhält für ein konkretes Anliegen eine bevorzugte Behandlung.

15.3 Das Maximalmodell der Verwestlichung

Die andere Möglichkeit westlicher Expansion wäre die volle Durchsetzung des bürgerlichen Eigentumsbegriffs. Eigentum beginnt also beim Eigentum an der eigenen Person, zieht einen Katalog an Bürger- und Menschenrechten nach sich und erstreckt sich dann auch auf materielles Eigentum bis hin zum privaten Eigentum an Kapital. Da zu dem Katalog an Bürger- und Menschenrechten zumindest im ausgehenden 20. Jh. und im 21. Jh. fast zwangsläufig auch ein allgemeines und gleiches Wahlrecht gehört, läuft dieses Modell schlicht auf eine Expansion der um den Sozialstaat reduzierten westlichen Staatengemeinschaft hinaus. Menschenrechte, Demokratie und Marktwirtschaft weisen sich als Paket aus.

Dieses Maximalmodell hat nach 1991 keine größere Rolle gespielt, weil die westlichen Regierungen und die sie beratenden ‚Experten' allgemein erwarteten, dass es sich im Laufe der Zeit quasi von selbst einstellen werde. Diese Erwartung ist nur in Südkorea und mit Einschränkungen auch in Taiwan eingetroffen, ansonsten aber inzwischen wohl von der Realität hinreichend dementiert worden. Auch schon vor 25 Jahren hätte erkannt werden können, dass nur die wenigen Einheimischen, die den westlichen Kapitalismus übernehmen und damit an einer investiven Geldverwendung interessiert sind, für ihre Geschäfte Rechtssicherheit und staatliche Protektion benötigen. Notfalls findet diese Minderheit auch andere Wege, etwa Praktiken der Bestechung oder des Aufbaus von Verwandtschaftsbeziehungen, um dies zu erreichen. *Dagegen kann die große Mehrheit der Bevölkerung zumindest längerfristig nur durch die zusätzliche Entwicklung zum auch im Maximalmodell nicht enthaltenen Wohlfahrtsstaat von einem Gesellschaftsmodell westlicher Prägung profitieren.*

Heute, knapp zehn Jahre nach der Lehman-Pleite, wäre eine Vergrößerung der Gemeinschaft der westlichen Staaten schon angesichts immer stärker werdender antiwestlicher Strömungen sicherlich hochwillkommen. Deshalb ist an dieser Stelle eine kleine historische Rückblende auf die Phase nach dem Zweiten Weltkrieg nützlich. Damals versuchten die Siegermächte ihre Gesellschaftsmodelle in vollem Umfang direkt zu verbreiten.

Ideologisch korrekt kann die Implementierung des Maximalmodells wohl nur als ‚Befreiung' interpretiert werden. Denn im liberalen Denken werden sowohl dem Marktmechanismus wie auch der Individualisierung naturgesetzliche Qualität zugeschrieben. So argumentiert beispielsweise die Verfassung der USA mit der menschlichen Natur, wenn sie jedem das Recht zuspricht, seine eigenen Lebensziele zu verfolgen (siehe Kapitel 6). Der Marktmechanismus ist wiederholt mit der Nahrungskonkurrenz zwischen Tierarten identifiziert worden (klassisch: Townsend 1786/1971). Die Ausbreitung des Maximalmodells würde also nur Naturgesetzen zur Anerkennung verhelfen, gegen deren Imperative zuvor verstoßen wurde. Widerstand gegen eine solche Befreiung wäre daher kaum zu erwarten. Er stünde auf den schwachen Füßen von antimodernen Verlierern und sollte nicht von längerer Dauer sein.

Schon ein kurzer Blick auf Deutschland und Japan lässt allerdings deutlich werden, dass eine solche liberale Interpretation illusionär ist. Um das zu zeigen, greife ich auf die berühmte Rede Richard v. Weizsäckers zum 40. Jahrestag der deutschen Kapitulation im Zweiten Weltkrieg zurück. Das bietet sich schon deshalb an, weil Weizsäcker ihn als Jahrestag der *Befreiung* interpretierte. „Der 8. Mai war ein Tag der Befreiung. Er hat uns alle befreit von dem menschenverachtenden System der nationalsozialistischen Gewaltherrschaft" (zit. Nach www.zeit.de/reden/die historische Rede 200 118 hr weizsaecker).

Allerdings hat selbst die Befreiung von der nationalsozialistischen Gewaltherrschaft keineswegs einen selbstevidenten freien Markt ans Tageslicht gebracht, nach dem sich die Befreiten lange vergeblich gesehnt hätten. Das anzunehmen wäre politisch wie soziologisch naiv, weil (anders als der Realsozialismus) die zuvor gelebte nationalsozialistische Ordnung die Menschen sozialisiert und geprägt hatte. Ordnungssozialität kennt bedauerlicherweise keine Unterscheidung zwischen richtigen und falschen sondern nur zwischen ‚geglaubten' und ‚nicht geglaubten' Ordnungen. Die bedingungslose militärische Kapitulation des nationalsozialistischen Regimes erlaubte den ‚westlichen' wie den ‚östlichen' Besatzern vielmehr, ihr Gesellschaftssystem ohne nennenswerten Widerstand zu institutionalisieren und darauf zu setzen, dass es von den Besiegten nicht nur hingenommen, sondern ganz allmählich mit Leben erfüllt und zu einem selbstverständlichen Rahmen wird, der an die Stelle des Faschismus tritt. *Erst aus der zeitlichen Distanz* kann sich das implementierte politische System dann als ‚humaner', ‚lebbarer', als in dieser oder jener Hinsicht vorteilhafter erweisen.

Unter Rückgriff auf das Alte Testament hat v. Weizsäcker die hierfür erforderliche Zeitspanne auf 40 Jahre veranschlagt. In die heutige Zeit übertragen, bedeutet das, dass nach dieser Zeitspanne alle, die an der vorangegangenen Ära aktiv beteiligt gewesen waren, entweder verstorben sind oder sich zumindest im Ruhestand befinden.

Wenn man das mal so stehen lässt, dann folgt daraus einmal, dass die direkt in die neuen Rahmenbedingungen einsozialisierte Generation erst allmählich ein Übergewicht gewinnen kann. In dem Maße, wie das gelingt, kann das Maximalmodell einen festen alltagskulturellen Anker gewinnen. Zu diesem Prozess für Westdeutschland nur einige Momentaufnahmen:

- Auf die Frage, wann es Deutschland am besten gegangen sei, wählten 1951 42 % die Antwort „1933-1939". 1959, also 14 Jahre nach Ende des Zweiten Weltkriegs dagegen nur noch 18 %. Dagegen nahm das Votum für die Gegenwart, also die Bundesrepublik von 2 % auf 42 % zu (Noelle/Neumann 1965: 231)[82]
- Die sogenannte Studentenrevolte 1968 – 23 Jahre nach Kriegsende – wird allgemein als Kulturrevolution gegen die nationalsozialistische Verstrickung der Elterngeneration und als Parteinahme für das Recht auf individuelle Selbstentfaltung interpretiert (z. B. Gilcher-Holthey 2008; Spernol 2008; Wetterau 2017).
- Helmut Klages hat entlang der Unterscheidung zwischen Pflicht- und Akzeptanzwerten auf der einen und Selbstverwirklichungswerten auf der anderen Seite Veränderungen in den von den Deutschen präferierten Werten untersucht. Dabei hat sich gezeigt, dass in der Nachkriegszeit die Bedeutung der Selbstverwirklichungswerte zugenommen hat. Dieser Prozess ist Anfang der 1990er Jahre, also ca. 45 Jahre nach Ende des Zweiten Weltkriegs, zu einem gewissen Abschluss gekommen. Seitdem hat sich eine Synthese beider Wertegruppen stabilisiert (Müller 2012).

Sie sprechen für diese 40-Jahre-These. Merkwürdigerweise blendet v. Weizsäcker die Verteidigung durch die westlichen Schutzmächte gegen das weitgehend abgelehnte Modell des Realsozialismus aus, die für die Bevölkerung wahrnehmbar mit der Berliner Luftbrücke 1947/48 erfolgt ist. Der Antikommunismus hat gerade auch die alten in den Nationalsozialismus involvierten Eliten motiviert, den Westdeutschen Staat in den 1950er und 1960er Jahren relativ loyal mitzutragen.

Wenn man mit derselben Perspektive auf die DDR blickt, dann findet man hier Indikatoren für eine nicht hinreichend gelungene Implementation des ‚Realsozialismus'. Gerade die jüngere Generation, die zur Trägerschicht der neuen Gesellschaft werden sollte, hat bereits wenige Jahre nach der Staatsgründung in Scharen die DDR verlassen. Jedenfalls setzte die Abwanderung vor allem junger Menschen (über 50 % waren unter 25) mit überdurchschnittlicher Ausbildung in den frühen 1950er Jahren ein. Die DDR verlor in diesem Jahrzehnt 1/3 ihrer Akademiker (Geißler 2006: 64). Mit den Füßen gegen das Regime haben 1949-61 2,7 Mio; nach dem Mauerbau 1962-88 noch einmal 625 000; in der Endphase 1988/89 dann 880 000 Menschen abgestimmt. Insgesamt hat also jeder Vierte die DDR verlassen[83].

Ein weiterer Indikator ist die nach dem Zusammenbruch der DDR diagnostizierte weit verbreitete ‚innere Emigration' der Zurückgebliebenen (z. B. Heydemann 2002).

Sowohl die gelungene ‚Westintegration' der BRD wie auch die misslungene Implementation des Realsozialismus in der DDR waren historische Realexperimente, die unter Rahmenbedingungen stattfanden, die eine friedliche Expansion des Westens nach 1991 nicht wiederholen konnte[84]. Die bedingungslose Kapitulation mit anschließender Besatzung gab den Alliierten alle Möglichkeiten, das jeweilige Gesellschaftsmodell zu implementieren und die Wiedergewinnung staatlicher Souveränität an das politische und soziale ‚Wohlverhalten' zu knüpfen.

Daher lohnt ein Blick auf ähnlich gelagerte Fälle. Auch Korea hat nach dem Zweiten Weltkrieg die Befreiung von einer Gewaltherrschaft erlebt, die zugleich eine japanische Fremdherrschaft mit kolonialistischen Zügen war. Wie Deutschland wurde auch Korea zwischen den Gesellschaftsmodellen in einen kommunistischen Norden und einen kapitalistischen Süden geteilt. Anders als in Deutschland und Japan haben die Siegermächte das Land allerdings nicht besetzt und das politische System usurpiert. Im Korea-Krieg (1950-1953) wurde Südkorea mit Hilfe massiver militärischer Unterstützung durch die USA gegen einen kommunistischen Invasionsversuch verteidigt. Heute ist Südkorea das vielleicht am stärksten ‚verwestlichte' Land in Asien, wenn man die Verfolgung individueller Lebensziele als Indikator für ein gelebtes Eigentum an der eigenen Person ansieht. Wie auch in Westdeutschland hat die gelungene Verwestlichung sehr viel mit der Ablehnung des Kommunismus und der Verteidigung durch die Westmächte, hier die USA, zu tun (Maull/Maull 2004; Cumings 2005). Zu Nordkorea kann man aufgrund der Abschottung und totalitären Überwachung der Bevölkerung keine auch nur halbwegs gesicherten Aussagen machen.

Dagegen verlief die ‚Befreiungsgeschichte' Vietnams völlig anders. Sie begann 1941 mit der Gründung einer marxistisch-leninistisch orientierten Befreiungsbewegung, die von Ho Chi Minh in einen Guerillakrieg gegen die japanische Besetzung der zuvor französischen Kolonie geführt wurde. Als nach dem Zweiten Weltkrieg Frankreich dann versuchte, seine Kolonialherrschaft wieder zu restaurieren, gelang es dieser Befreiungsbewegung, sich vor allem im Norden zu etablieren und die französischen Truppen bei Dien Bien Phu zu besiegen. Danach kam es zur Teilung des Landes in ein kommunistisches Nordvietnam und ein ‚westliches', von nun an von den USA gestütztes Südvietnam (1954). In der Folge gelang es weder der südvietnamesischen Regierung noch den USA Legitimität zu gewinnen. In den Augen der Bevölkerung wurde die politische Herrschaft in Saigon von einer weitgehend korrupten Elite ausgeübt und die USA als Nachfolger der französischen Kolonialmacht angesehen.

Das Thema der antikolonialen Befreiung hat also die Konkurrenz der Gesellschaftssysteme überlagert und sie in diesem Fall zu Gunsten des Realsozialismus entschieden. Für die Vietnamesen, die das Joch des Kolonialismus abschütteln wollten, gab es nur die Möglichkeit, mit der Befreiung die marxistisch-leninistische Ideologie zu übernehmen.

Dieser knappe Blick auf die drei nach dem Zweiten Weltkrieg geteilten Länder zeigt, dass der Westen sich dort erfolgreich etablieren konnte, wo er das Image einer politischen Schutzmacht nationaler Selbstbestimmung gegen eine potentielle kommunistische Invasion gewinnen konnte. Dagegen war das konkurrierende Gesellschaftsmodell dort erfolgreich, wo es als allein glaubwürdige nationale Befreiungsbewegung auftreten konnte. *In allen drei Ländern haben sich die Menschen also weniger für ein bestimmtes Gesellschaftsmodell entschieden, sondern vor allem für nationale Selbstbehauptung.* Damit war eine Unterscheidung zwischen Freunden und Feinden verbunden, an die die Gesellschaftsmodelle andocken konnten.

Vor diesem Hintergrund ist es interessant, auf zwei neuere Fälle zu blicken, in denen ‚der Westen' als militärischer Sieger und politischer Befreier aufgetreten ist. Dennoch ist er in beiden Fällen gescheitert.

In Afghanistan haben die USA zunächst Befreiungsbewegungen gegen die sowjetische Besatzung unterstützt, ohne dass es dabei um die Etablierung des westlichen Gesellschaftsmodells ging. Ziel war die ‚Eindämmung des sowjetischen Machtbereichs'. Jahre später wurde dann unter dem Vorzeichen des weltweiten Kampfes gegen den Terrorismus die Macht der Taliban gebrochen und eine prowestliche Zentralregierung etabliert. Damit wurde eine vorsichtige westliche Modernisierung verknüpft (insbesondere Grundrechte für Frauen wie Recht auf Bildung und Recht auf Ablehnung des Tschador und weiterer Verschleierungsgebote). Das politische System Afghanistans ruht jedoch immer noch auf vormodernen Wurzeln. Ähnlich wie in mittelalterlichen Feudalgesellschaften ist es in hohem Maße dezentralisiert, wobei weniger das Grundeigentum sondern vielmehr die patriarchalische Stammesorganisation eine zentrale Rolle spielt. Die Regierungskunst der Zentralregierung bestand und besteht bis heute darin, ein hinreichendes Maß an Gefolgschaft der Stammesverbände gegenüber der Zentralregierung zu organisieren. In Europa (und auch in Japan) sind derartige Strukturen durch das Eindringen des Geldmediums vor allem in den militärischen Bereich bereits im ausgehenden Mittelalter zerstört worden (vgl. Kapitel 6 sowie Brock 2011: 251ff.). Das ist in Afghanistan – noch – nicht geschehen.

Im Irak ist der Westen zwei Mal als militärischer Befreier aufgetreten. Im ersten Irakkrieg hat er sich darauf beschränkt, die militärische Okkupation von Kuwait zu beenden. Im zweiten Irakkrieg wurde dann durch die USA und Großbritannien mit vorgeschobenen außenpolitischen Argumenten (angebliche Massenvernichtungswaffen) eine Befreiung vom Gewaltregime Saddam Husseins initiiert. Ironischerweise wurde hier die Rolle eines glaubwürdigen Befreiers bereits nach dem ersten Irakkrieg durch das politische Augenmaß der Sieger verspielt. Da nur die völkerrechtswidrige Besetzung Kuwaits beendet werden sollte, wurde der auf die militärische Niederlage folgende Vernichtungsfeldzug Saddams gegen die innerirakische Opposition von den Siegermächten toleriert.

Anders als in Afghanistan weist das politische System des Irak keine ausgeprägt feudalen Züge auf. Die auch hier existierenden Stammes- und Sippenstrukturen wurden ebenso wie die ethnisch-religiöse Vielfalt des Landes durch die Herrschaft Saddam Husseins und der irakischen Baath-Partei überlagert. Sie stütze sich auf die Loyalität der Führungsschicht der sunnitischen Minderheit im geographischen Zentrum des Landes. Dagegen wurden sowohl die Schiiten im Süden wie auch die im Nordosten siedelnden Kurden als wenig loyal und als potentielle Gegner und Saboteure angesehen. Diese politische Dreiteilung des Landes ist eine Folge der politischen Geschichte des Irak. Sie lässt sich weder auf ausschließlich religiöse noch auf ausschließlich ethnische Kategorien reduzieren.

Die Kurden sind überwiegend Sunniten, eine Minderheit gehört aber auch unterschiedlichen Varianten der Schia an. Einige sind auch Jesiden. Hier ließe sich also eher eine ethnische Differenz aufmachen, wobei allerdings die ethnische Heterogenität der Sunniten beachtet werden muss. Dagegen besteht zu den im Süden lebenden Schiiten eine religiöse Differenz.

Nach dem Sturz Saddam Husseins ist es der militärischen Siegermacht USA nicht gelungen, diese Aufspaltung in politische Lager zu überwinden. Freie und geheime Wahlen haben nur zu einer Umkehrung der Machtverhältnisse geführt. Den zahlenmäßig dominierenden Schiiten hat sie die meisten Sitze im Parlament beschert, was mit Unterstützung der kurdischen ‚Fraktion' zu einer stabilen Mehrheit ausreichte. De Facto hat das zu einer schiitisch dominierten Zentralregierung geführt, deren militärische Macht auf einer von Schiiten dominierten und durch schiitische Milizen unterstützten Armee beruht. Gegen das Zugeständnis einer weitgehenden Autonomie der kurdischen Gebiete wird sie von den Kurden gestützt. Dagegen wird sie von den Sunniten nicht ohne Grund als eine potentielle Bedrohung wahrgenommen.

Anders als in Deutschland, Vietnam oder Korea spielte sowohl in Afghanistan wie auch im Irak die Semantik nationaler Selbstbehauptung keine zentrale Rolle. Dazu waren in beiden Ländern die inneren Gräben viel zu tief.

Was lässt sich aus diesen unterschiedlichen Fällen militärisch vom Westen besiegter Regimes für die Chance lernen, ein westliches Gesellschaftsmodell durchzusetzen? Das Konzept einer westlich-liberalen Gesellschaft hat nur dann Chancen auf Verbreitung und Durchsetzung, wenn es an die in der politischen Öffentlichkeit dominierenden Themen und Probleme *anknüpfen* kann. Diese Anknüpfung sollte zudem unter den positiven Vorzeichen eines wichtigen Beitrags zur Lösung politischer Probleme erfolgen können. Das wird aus einer modernisierungstheoretischen Perspektive nur allzu leicht übersehen oder unterschätzt.

Positive politische Anknüpfungspunkte für das westliche Gesellschaftsmodell gab es offensichtlich nur in den drei Fällen Deutschland, Japan und Korea. In Deutschland wie in Japan gab es so etwas wie eine ‚Stunde Null'. Jedenfalls hat hier die militärische Niederlage auch die ‚politische Architektur' einstürzen lassen. In den Jahren nach der Niederlage hielten sich die alten Eliten politisch zurück bzw. sie kooperierten mit den Besatzungsmächten. Das neue beherrschende Thema des wirtschaftlichen Wiederaufbaus bot hinreichende positive Anknüpfungspunkte. In Korea traten die USA als einzig wirksame Schutzmacht gegen die kommunistische Bedrohung auf. Diese Thematik spielte auch in Westdeutschland eine wichtige Rolle. In allen anderen Fällen fehlten diese positiven Anknüpfungspunkte.

Erweitert hat sich die westliche Staatengemeinschaft nach 1991 nur in Europa in Form der EU-Osterweiterung. Für die Aufnahme in die EU müssen bestimmte Kriterien erfüllt werden. Sie sollen sicherstellen, dass nur Länder Mitglied werden, die die wichtigsten Standards westlicher Demokratien aufweisen können.

Die politischen Kriterien sind: institutionelle Stabilität, demokratische und rechtsstaatliche Ordnung, Menschenrechte, Achtung und Schutz von Minderheiten. In wirtschaftlicher Hinsicht muss eine funktionsfähige Marktwirtschaft existieren, die in der Lage ist, dem Wettbewerbsdruck des EU-Binnenmarktes standzuhalten. Darüber hinaus müssen sogenannte Acquis-Kriterien erfüllt werden. Dabei geht es um die volle Übernahme des EU-Rechts und des gemeinschaftlichen Besitzstands. Die Aufnahme selbst ist kein punktueller Vorgang. Vielmehr steht der Abschluss eines rechtsverbindlichen Beitrittsabkommens erst am Ende eines längeren Monitoring-Prozesses, während dem die Kandidaten von der EU monierte Defizite beseitigen. Diese Prozesse werden aktiv begleitet (Stichworte: ‚Kritischer Dialog'; ‚Integrationshilfen'). Von den früheren RGW-Staaten sind auf diesem Wege beigetreten: Polen, Ungarn, Tschechien, die Slowakei, Litauen, Lettland, Estland, Rumänien, Bulgarien. Unter den Nachfolgestaaten Jugoslawiens sind Slowenien und Kroatien Mitglieder der EU geworden (Stand November 2016).

Diese Kriterien sind sicherlich wichtig, aber sie können keine Auskunft darüber geben, ob sich in diesen Staaten der soziale Kern westlicher Staaten, eine die politischen Institutionen tragende und mit Leben erfüllende Zivilgesellschaft, bereits so weit entwickelt hat, dass die Entwicklung zur westlichen Demokratie unumkehrbar geworden ist. Wo die Gegner zu zahlreich und die vom westlichen Gesellschaftsmodell Überzeugten zu wenig oder zu passiv sind, kann sich unter einer demokratischen Fassade jederzeit ein autoritär-faschistisches Gesellschaftsmodell breit machen. In allen diesen Beitrittsstaaten ist diese Frage noch nicht definitiv entschieden. Derzeit stehen sich in den meisten dieser Staaten ein pro- und ein antiwestliches Lager gegenüber. Aber zumindest der demokratische Lackmusstest, nämlich ein gewaltfreier Machtwechsel, scheint – noch – überall zu funktionieren.

Wenn wir uns an Weizsäckers 40-Jahre-Regel orientieren, dann werden erst die nächsten Jahrzehnte zeigen, ob die neuen EU-Mitgliedsstaaten zu westlichen Staaten werden oder nicht. Das wird aber nur gelingen, wenn auch ein tragfähiges wirtschaftliches (Stichwort Arbeitsplätze) und soziales (Stichwort soziale Sicherungssysteme) Fundament gelegt werden kann.

15.4 Fazit

Der Westen hat den Sieg im Kalten Krieg überwiegend zur *wirtschaftlichen* Expansion genutzt. Ausgebreitet haben sich also vor allem der westliche Kapitalismus und staatliche Protektionsleistungen, die bereits den bürgerlichen Staat charakterisiert haben. Dagegen ist das zweite ideologische Element, der Wohlfahrtsstaat, eine rein nationale Angelegenheit geblieben. Eine einheitliche und von der überwiegenden Mehrheit der Bürger der westlichen Staatengemeinschaft geglaubte und vertretene westliche Legitimationserzählung, die an die Stelle des Ost-West-Gegensatzes treten könnte, ist nicht erkennbar. Vielmehr driften die beiden ideologischen Komponenten auseinander: Der allerdings auf die wirtschaftliche Komponente reduzierte bürgerliche Komplex hat sich transnationalisiert, der wohlfahrtstaatliche bleibt dagegen national. Das bedeutet unter anderem auch, dass jener Westen, der auf andere Kulturen trifft, ganz anders aussieht, als aus der Binnenperspektive der Bürger westlicher Staaten!

Gegenwind – Antiwestliche Strömungen und antiwestliche Gesellschaftsmodelle

16

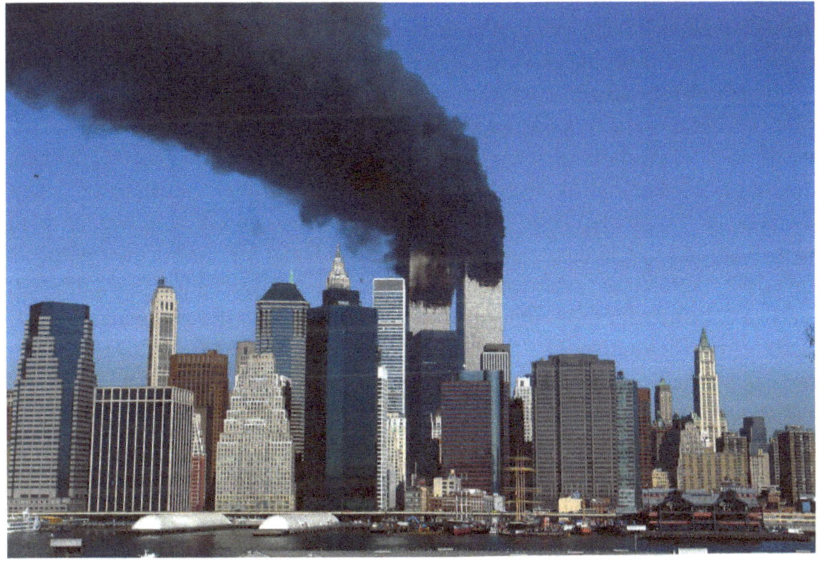

Copyright: Henny Ray Abrams / AFP

Am 11. September 2001 griffen islamische Terroristen Symbole amerikanischer Macht mit gekaperten Passagierflugzeugen an. Das Foto zeigt die getroffenen Zwillingstürme in New York. Weitere Ziele waren das Pentagon und vermutlich auch das Weiße Haus, also der Amtsitz der amerikanischen Präsidenten.

16.1 Drei unterschiedliche Muster

Dieses Kapitel beginnt mit einem Sonderfall. Während ansonsten antiwestliche Strömungen als ein Resultat der westlichen Expansion angesehen werden können, versucht China seinerseits den westlichen Kapitalismus zu instrumentalisieren (Abschnitt 13.1). Er soll das Land so weit entwickeln, dass ein Übergang zum Sozialismus und dann zum Kommunismus eine realistische Chance hat. Damit wurden Lehren aus dem Scheitern des Realsozialismus sowjetischer Prägung und aus eigenen Fehlschlägen gezogen. Ob China den westlichen Kapitalismus tatsächlich instrumentalisieren kann oder ob umgekehrt die KP Chinas zum Instrument der westlich-kapitalistischen Expansion wird, kann heute noch nicht abschließend beantwortet werden. Es könnte aber sein, dass der Ausgang des chinesischen Experiments entscheidende Bedeutung für die Zukunft des westlichen Gesellschaftsmodells haben wird.

Eine gewissermaßen vorprogrammierte Irritation bei der westlichen Expansion geht von der *dienenden Rolle des westlichen Staates gegenüber Bürgern und Wirtschaft* aus. Sie kollidiert nicht nur generell mit der Tradition staatlicher Herrschaft, die immer ein bedingungsloses Unterwerfungsverhältnis der Staatsbürger unter die Staatsgewalt vorsah. Wie am Extrembeispiel Russland gezeigt werden wird (Abschnitt 16.3), verlangt bereits die Öffnung nationaler Märkte für internationale Investoren autoritären oder traditionellen Regimes Zugeständnisse ab, die dem eigenen Selbstverständnis autoritärer Herrscher und/oder der nationalen Staatstradition zuwider laufen. Das führt zu Gegenreaktionen, die typischerweise dem faschistischen Gegenmodell (Kapitel 9) zu neuer Bedeutung verhelfen.

Aber nicht nur der westliche Staat sondern auch *der westliche Individualismus* sorgt für enorme Irritationen. Sobald die westliche Expansion auch das Modell individualisierter Lebensführung jenseits von Verwandtschafts- und Stammesloyalitäten, aber auch jenseits patriarchaler Bevormundung, propagiert und es gar zu einer realen Möglichkeit für Viele werden lässt, wird der Kampf gegen die Verwestlichung des Alltaglebens für die Hüter der Tradition zur Überlebensfrage. Wo sich die Bewahrung tradierter Lebensformen auf Weltreligionen, insbesondere auf den Islam, berufen kann, können die Instrumente der religiösen Selbstbehauptung eingesetzt und notfalls auch zu Instrumenten eines religiös bemäntelten militanten Kulturkampfes werden. Deswegen konzentriert sich der dritte Abschnitt auf den militanten Islam, der mit dem Mittel des internationalen Terrorismus auf die Zentren der westlichen Gesellschaften zielt.

16.2 Der Ritt des chinesischen Staatssozialismus auf dem kapitalistischen Drachen

Der Realsozialismus ist 1991 nicht wirklich beerdigt worden

Mit der Selbstauflösung der Sowjetunion verschwand der Realsozialismus zwar aus Europa, aber nicht gänzlich von der Weltkarte. In der Karibik hielt Kuba auch danach und ohne die Hilfslieferungen der RGW-Staaten am Sozialismus fest. In Asien überlebten drei Staaten: Vietnam, Nordkorea und China. Zu einer Herausforderung für das westliche Gesellschaftsmodell kann aber nur der chinesische Weg werden, den in etwa auch Vietnam geht. Beide Länder gehören zu den rasch wachsenden Volkswirtschaften Südostasiens, wobei China einfach aufgrund seiner Größe herausragt und deswegen auch in diesem Abschnitt behandelt werden wird. Dagegen hat sich Nordkorea zu einer steinzeitsozialistischen Erbdiktatur entwickelt, die alle Probleme einer abgeschotteten Zentralverwaltungswirtschaft tradiert mit der Folge von Hungersnöten und chronischen Versorgungsengpässen der Bevölkerung. Kuba gibt dagegen langsam dem Druck der Fakten nach und öffnet sich gezwungenermaßen dem Westen, ohne dass dabei ein Konzept erkennbar wird.

Unter Mao hatte China hatte das Problem der wirtschaftlichen Modernisierung durch relativ dilettantische politische Kampagnen zu lösen versucht. Ende der 1950er Jahre sollte mit der Kampagne ‚ein großer Schritt nach vorn' die fehlende Schwerindustrie durch dezentrale Aktivitäten der landwirtschaftlichen Produktionsgenossenschaften aus dem Boden gestampft werden. Da dies zu Lasten der Landwirtschaft ging und das fehlende know how durch politischen Willen ersetzt werden sollte, war ein wirtschaftliches Desaster mit Hungersnöten, denen Millionen Menschen zum Opfer fielen, die unausweichliche Folge. In stalinistischem Geist konnten die politisch Verantwortlichen die Ursache nur im immer noch falschen Bewusstsein der Bevölkerung ausmachen, konkret im immer noch weiter wirkenden Konfuzianismus. Dieses ‚konterrevolutionäre' Erbe sollte dann in der ‚großen Kulturrevolution' endgültig getilgt werden. Sie hatte ein noch größeres Desaster zur Folge und forderte einen hohen Blutzoll von der chinesischen ‚Intelligenz', also unter den Menschen mit überdurchschnittlicher Bildung.

Nach diesen Fehlschlägen hätte wohl niemand darauf gewettet, dass ausgerechnet China zu einem ernsthaften Rivalen des Westens wird. Nach dem Tode Maos gelang der chinesischen KP jedoch eine realistische Wende, die auf eine Modernisierung des Landes durch wirtschaftliche Öffnung gegenüber dem westlichen Kapitalismus setzte. Sie ist eng mit einem Namen verbunden.

Deng Xiaoping

Die Öffnung Chinas für den westlichen Kapitalismus ist kein Produkt westlicher Expansion, sondern sie wurde von dem nach dem Tode Maos führenden Funktionär der chinesischen KP gezielt herbeigeführt. Mit der moralischen Autorität eines der letzten Überlebenden des ‚langen Marschs' ausgestattet, hat Deng Xiaoping die Übernahme kapitalistischer Methoden propagiert, um die chinesische Wirtschaft leistungsfähiger zu machen. Denn nur so konnten nach seiner Überzeugung drei Ziele zugleich erreicht werden. Zum einen sollte Chinas Wirtschaft effizienter und leistungsfähiger werden. Auf dieser Grundlage könnte dann zweitens Chinas Großmachtstatus gefestigt werden. Drittens sollte die Bevölkerung erstmals seit der Abschaffung der Monarchie in Form eines deutlich besseren Lebensstandards am gesellschaftlichen Fortschritt teilhaben.

Trotz zweimaliger Degradierung hatte Deng mit taktischem Geschick, Anpassungsfähigkeit und Zähigkeit alle Wendungen in der Politik des großen Vorsitzenden einigermaßen schadlos überstanden. Er war sicherlich ein Funktionär alter Schule, der selbst politische Säuberungen durchgeführt hatte und es gewohnt war, die gerade gültige Parteilinie auch gegen die eigene Überzeugung zu vertreten. In seiner Jugend war er u. a. an der Parteischule in Moskau ausgebildet worden. Prägend für seine Politik der Öffnung zum westlichen Kapitalismus waren eine realistische Analyse der Fehlschläge des ‚großen Sprungs nach vorn' und möglicherweise die auch persönlich demütigenden Erfahrungen in der Phase der Kulturrevolution. Deng kannte auch das in der Sowjetunion von Stalin abgewürgte Projekt der ‚neuen ökonomischen Politik', das eine Phase des wirtschaftlichen Aufschwungs beschert hatte (Kapitel 8). Das Erfolgsrezept war damals, marktwirtschaftliche Strukturen und ein Eigeninteresse am wirtschaftlichen Erfolg zuzulassen, aber am Prinzip einer durch die kommunistische Partei gelenkten Wirtschaft festzuhalten. Diese Lenkung sollte sich aber aus dem betrieblichen Alltag heraushalten und über allgemeine Rahmenbedingungen sowie über die Abschöpfung und Umverteilung der Gewinne der großen Staatsunternehmen erfolgen.

An dieses Vorbild knüpfte Deng an. Wie in der Sowjetunion in den 1920er Jahren sollten marktwirtschaftliche Elemente die Entwicklung der Produktivkräfte voranbringen und so erst die Grundlage für den Aufbau des Sozialismus und dann des Kommunismus schaffen. Allerdings musste er dabei in Rechnung stellen, dass es innerhalb der chinesischen KP keine Entstalinisierung gegeben und Mao bis zu seinem Tod als unumschränkter Diktator stalinistischer Prägung geherrscht hatte. Mao unterschied sich von Stalin dadurch, dass er nie den Terror als Selbstzweck institutionalisierte, sondern eher dem Ideal einer ‚linken' Erziehungsdiktatur anhing. Sie war durchaus auch mit der konfuzianischen Tradition vereinbar, die u. a. ein

Kaisertum propagiert hatte, das sowohl durch das persönliche Vorbild wie durch unermüdliche Regierungsarbeit das Volk erziehen sollte (vgl. Seitz 2006: 51ff.).

Diese Ausgangslage zwang Deng zur vorsichtigen Dosierung seiner Reformen. Deshalb setzte er zunächst bei der Landwirtschaft an. Obwohl immer noch die Mehrheit der chinesischen Bevölkerung dort arbeitete, spielte sie im Denken der Funktionäre nur eine untergeordnete Rolle. Sie waren entsprechend der marxistisch-leninistischen Tradition an der Industrieproduktion und der Industrialisierung interessiert. Deng führte also Ende der 1970er Jahre zunächst Reformen in der Landwirtschaft durch. Das Ziel war, dass die Bauern eigenverantwortlich und auf eigene Rechnung wirtschaften sollten. Sie waren zunächst sehr vorsichtig dosiert und gaben den Produktionsgenossenschaften nur das Recht, alles, was über das Plansoll hinaus produziert wurde, auf dem freien Markt zu verkaufen. Später wurde dann Land an Bauern verpachtet, die es auf eigene Rechnung bewirtschaften sollten. Dazu muss man wissen, dass die chinesische Landwirtschaft nach sowjetischem Vorbild kollektiviert worden war und die Bauern in sogenannten Volkskommunen beschäftigt waren, die bestimmte Planziele erfüllen mussten. Diese Reformen waren sehr erfolgreich. Sie führten zu deutlichen Produktionssteigerungen und verbesserten die Versorgung der Bevölkerung erheblich.

Weiterhin wurden, ebenfalls Ende der 1970er Jahre, vier Sonderwirtschaftszonen eingerichtet. Sie lagen in Südostchina, in der Nähe der kolonialen Enklaven Hongkong und Macau und umfassten relativ schwach entwickelte Gebiete. Hier sollten Staatsbetriebe auf eigene Rechnung wirtschaften können und auf diese Weise auch einfacher an moderne westliche Maschinen, an Industrieanlagen und an westliches Know How kommen. Diese Importe sollten durch den Export von Industrieprodukten finanziert werden. Man liegt vermutlich richtig, wenn man vermutet, dass diese nur minimale Öffnung des industriellen Sektors nicht mit mangelndem Reformeifer Dengs zu erklären ist, sondern mit der Rücksicht auf die noch weitgehend reformunwilligen Parteikader. Sie sollten durch handfeste wirtschaftliche Erfolge in den Sonderwirtschaftszonen überzeugt werden. Als sich diese tatsächlich einstellten, wurde das System der Sonderwirtschaftszonen relativ schnell auf nahezu die gesamte Küstenregion ausgeweitet.

Erst ab 1986 gelangen im sekundären Sektor Wirtschaftsreformen in größerem Umfang. Sie sahen die Privatisierung von Staatsbetrieben und eine Preisreform vor. Beide Elemente bedingten einander. Um marktwirtschaftliche Strukturen zu schaffen, war die Abschaffung der staatlich festgesetzten Preise unausweichlich, die sich weniger an den Produktionskosten als an politischen Kriterien orientierten. Wie auch in den RGW-Staaten waren Grundnahrungsmittel und alles, was einen minimalen Bedarf an Kleidung, Wohnen etc. abdeckte, billig, Luxusgüter dagegen teuer. Die Preise waren oft weit entfernt von den realen Produktionskosten. Daher musste durch eine gleichzeitige Privatisierung von Staatsbetrieben erreicht werden, dass wesentlich effizienter und kostengünstiger produziert werden konnte, damit die Preise nicht explodierten. Dennoch hatte die marktwirtschaftliche Öffnung eine hohe Inflation zur Folge, die bis Ende der 1980er Jahre anhielt.

Das andere politische Problem bei der marktwirtschaftlichen Öffnung war, dass die in den Betrieben tätigen Parteikader anderweitig beschäftigt werden mussten. Dazu muss man wissen, dass auch in China die Betriebe von der kommunistischen Partei bis in alle Details politisch kontrolliert wurden. Wahrscheinlich wäre dieser Kraftakt ohne die voran gegangenen Erfolge in den Sonderwirtschaftszonen gar nicht realisierbar gewesen. Jedenfalls wurden so die Voraussetzungen für die Privatisierung von Staatsbetrieben geschaffen.

Was schwebte Deng vor? Das wird erkennbar, wenn man auf die drei Ziele blickt, die im September 1982 auf dem 12. Parteitag beschlossen wurden: *Erstens Aufbau eines Sozialismus chinesischer Prägung.* Was das genau bedeuten soll, wird im Laufe dieses Abschnitts noch schrittweise zu klären sein. Mit der Formel wird zu verstehen gegeben, dass die Öffnung in Richtung marktwirtschaftlicher Strukturen nicht mit einer Aufgabe der Parteiideologie verbunden ist. Das ist der große Unterschied zur Sowjetunion 1991. Wichtig ist aber auch, dass von Sozialismus und nicht von Kommunismus die Rede ist. Dazu muss man wissen, dass im Sozialismus, der als Vorstufe zum Kommunismus gilt (Kapitel 8), Leistungsgerechtigkeit existiert. Wer mehr leistet, der soll auch mehr bekommen. Erst im Kommunismus, in dem alle Waren im Überfluss verfügbar sind, wird auch diese Quelle sozialer Ungleichheit entbehrlich.

Zweitens wurde ein letztlich *nationales Projekt* beschlossen: Ziel sei die Wiedervereinigung mit Taiwan und Widerstand gegen die Hegemoniebestrebungen der Supermächte. Damit war damals neben den USA auch die Sowjetunion gemeint. *Drittens* solle ein wirtschaftlicher Aufbau betrieben werden, um im Jahr 2000 ein *Pro-Kopf-Einkommen von 1000* Dollar zu erreichen.

Zu diesem dritten Punkt sollte man Dengs „Drei Schritte Theorie" kennen. Die für kommunistische Parteien übliche Formel, dass ein möglichst schneller Übergang zum Kommunismus erreicht werden solle, wurde von Deng durch konkrete Entwicklungsziele ersetzt, die sich am Lebensstandard nicht mehr einer fernen Zukunft, sondern der gegenwärtigen Bevölkerung orientierten. Der erste Schritt sah bis 1990 die Beseitigung der Ernährungs- und Kleidungsprobleme vor. In einem zweiten Schritt sollte bis zum Jahr 2000 eine Verdopplung des BIP erreicht werden, was der Bevölkerung einen bescheidenen Wohlstand bescheren würde. Der dritte bis 2050 dauernde Schritt sollte China dann den Anschluss an die gemäßigt entwickelten Länder bringen[85]. *Erst mit diesem dritten Schritt werden für Deng die ökonomischen Voraussetzungen für den Aufbau des Sozialismus in China geschaffen.*

Während die Parteiführung sich in den 1970er Jahren schon am Ende der sozialistischen Phase wähnte, hat Deng – durchaus unter Rückbesinnung auf den orthodoxen Marxismus – die politische Uhr zurückgedreht. Danach *befindet sich China bis ca. 2050 noch in der Periode der sozialistischen Warenwirtschaft, in der erst einmal die wirtschaftlichen Voraussetzungen für den Aufbau des Sozialismus geschaffen werden sollen.* Das trägt dem Umstand Rechnung, dass die Kommunisten 1949 in einem Agrarland mit wenigen städtischen Enklaven die Macht übernommen hatten und nicht, wie von Marx immer unterstellt, in einer vom Kapitalismus entwickelten Industriegesellschaft.

Jedenfalls übt die mit diesem dritten Ziel erreichte Festlegung auf konkrete Wachstumsziele einen Druck auf die Leerformel vom Sozialismus chinesischer Prägung aus. Denn es muss sich dabei in jedem Fall um ein Modell handeln, das erhebliches wirtschaftliches Wachstum generiert. Wenn dies gelingt, kann dann auch das zweite nationale Ziel auf einem soliden wirtschaftlichen Fundament verfolgt werden.

Anders als Mao Zedong hat Deng seine politische Nachfolge höchst erfolgreich geregelt. Da er sich mit zunehmendem Alter schrittweise aus der praktischen Politik zurückgezogen aber bis zu seinem Tod als moralische Autorität immer noch erheblichen Einfluss ausgeübt hat, gelang es ihm, Jiang Zemin als Nachfolger zu etablieren. Als dessen späteren Nachfolger empfahl er Hu Jintao, der 2002 dann tatsächlich die Partei- und Staatsführung übernahm.

Das chinesische Gesellschaftsmodell, das Deng für die Phase der sozialistischen Warenwirtschaft vorschwebte, lässt sich vielleicht als eine Art ‚Modernisierungsdiktatur' charakterisieren, die sowohl an die entsprechenden Traditionen des Marxismus-Leninismus wie auch des Konfuzianismus anknüpft. Das Volk profitiert in der Münze eines wachsenden Lebensstandards, aber es muss sich aus der Politik heraus halten, die von einer weisen Führung kommunistischer Parteifunktionäre bestimmt wird. „Historische Erfahrungen haben gezeigt, dass unsere politische Macht nur mit Diktatur zu konsolidieren ist. Eigentlich sollten wir unser Volk Demokratie genießen lassen. *Um aber unseren Feinden überlegen zu sein, müssen wir Diktatur praktizieren – die demokratische Diktatur des Volkes*" (zitiert nach: Der Spiegel; Nr. 14; 1992: 178 f.; Hervorhebung D.B.) Diese „demokratische Diktatur des Volkes" soll auf unabsehbare Zeit von der chinesischen KP ausgeübt werden.

Die Grundzüge des chinesischen Reformsozialismus

Deng hat die Grundlagen des chinesischen Reformsozialismus gelegt, die bis heute die Konturen des chinesischen Gesellschaftsmodells prägen. China setzt der westlichen Expansion einerseits klare Grenzen. Die chinesische Führung akzeptiert nicht einmal das Minimalmodell westlicher Expansion. Sie öffnet den für westliche Unternehmen unheimlich attraktiven chinesischen Binnenmarkt immer nur dort und insoweit, wie das mit Blick auf die eigenen Entwicklungsziele nützlich erscheint. Das darf nie übersehen werden, wenn man konstatiert, dass China inzwischen zur Werkbank der Welt geworden sei und in dieser Eigenschaft Großbritannien (1780-1870), die USA, Deutschland (beide 1880-bis 1970) und Japan (1970-1990) abgelöst hat. Diese Entwicklung war im chinesischen Interesse, weil man nur auf diese Weise den Anschluss an westliche Produktionsstandards und an die westliche Technologieentwicklung gewinnen und in großem Umfang Beschäftigung in unter Weltmarktstandards profitablen Unternehmen schaffen konnte. Nur weil diese Entwicklung innerhalb zweier Jahrzehnte geschafft wurde, konnten Dengs ehrgeizige Entwicklungsziele bislang realisiert werden.

Diese Strategie konnte nur deshalb erfolgreich sein, weil sie ebenso den westlichen Unternehmen geholfen hat, die eigenen Profit- und Wachstumsziele zu erreichen. Deswegen haben sie sich politischen Vorgaben unterworfen, die das Ziel hatten, die Kontrolle über die chinesische Wirtschaft und die großen chinesischen Unternehmen nie in ausländische Hände übergehen zu lassen. Auch chinesische Privatunternehmer konnten und können zwar unendlich reich werden, aber sie haben äußerst geringe Chancen, sich der politischen Kontrolle zu entziehen, solange sie in China agieren.

Wenn man als Kontrast das Maximalmodell westlicher Expansion unterlegt, dann wird deutlich, dass aus Sicht der Parteiführung weder der bürgerliche Eigentumsbegriff noch das Modell des bürgerlichen Staates in China eine Chance haben sollen.

Die soziologische Pointe des bürgerlichen Eigentumsbegriffs ist ja, dass er beim Eigentum an der eigenen Person beginnt, deren Souveränität ihre Grenzen in der Rechtsordnung und im freien Markt hat. Das ist eine sowohl aus dem Blickwinkel des Konfuzianismus wie auch des Marxismus-Leninismus unsinnige Konstruktion, da es immer andere gebe, die besser wissen, was Ego mit seinem Leben anstellen soll. *Deswegen muss Ego seinen Willen möglichst freiwillig diesen Autoritäten unterordnen.* Sie befinden sich zunächst in der Familie (Vater, großer Bruder etc.), dann aber auch im weiteren sozialen Umfeld bis hin zum konfuzianisch gebildeten Kaiser bzw. zur kommunistischen Partei- und Staatsführung. Deren überlegener Wille kann über Erziehung und Propaganda zur Geltung gebracht werden. Im Zweifelsfalle muss die Staatsgewalt Ego davon abhalten, etwas Unerwünschtes zu tun. Auch ein Rechtsstaat westlicher Prägung ist aus dieser Sicht wenig sachdienlich, denn er zielt ja darauf ab, einen Raum für freie individuelle Entscheidungen und biographische Ziele zu schaffen. Bürgerliches Recht greift ja immer nur dort, wo konkrete Rechtsnormen verletzt werden.

Der bürgerliche Staat, der eine dienende Rolle gegenüber dem freien Markt und der Wirtschaft, aber auch gegenüber den freien Individuen einnimmt, denen er Bürger- und Menschenrechte garantiert, kann aus dieser Sicht keine weise Konstruktion sein. Dadurch hat er ja einen Großteil der Verantwortung für die gesellschaftliche Entwicklung an das Walten des freien Marktes abgegeben. Entsprechend der marxistisch-leninistischen Tradition trägt dagegen der von der kommunistischen Partei gelenkte Staatsapparat die gesamte Verantwortung für die gesellschaftliche und die wirtschaftliche Entwicklung.

Sozialistische Marktwirtschaft zwischen Realsozialismus und Wohlfahrtsstaat

Bei diesem Einordnungsversuch wird China zunächst mit den RGW-Staaten aus der Ära des ‚Kalten Kriegs' (vgl. Teil C) verglichen. Ein wichtiger Grund für die Implosion des Realsozialismus war ja, dass die eigenen Waren aufgrund nicht wettbewerbsfähiger Produktionsbedingungen auf dem Weltmarkt kaum Chancen hatten, so dass sie im Welthandel nur eine marginale Rolle spielen konnten. Anders als China vermieden die RGW-Staaten die Anerkennung marktwirtschaftlicher Strukturen. Sie scheiterten deswegen am Problem der wirtschaftlichen Modernisierung.

Von den RGW-Staaten unterscheidet sich China dadurch, dass es sich dem westlichen Kapitalismus auf der einzelbetrieblichen Ebene geöffnet hat, während die RGW-Staaten an den zu wenig flexiblen Kombinatsstrukturen sowie am Dogma der Verstaatlichung festgehalten haben. Daher war China in der Lage, relativ schnell vor allem in den arbeitsintensiven Segmenten weltmarkttaugliche Produkte zu exportieren. Im weiteren Verlauf der wirtschaftlichen Modernisierung konnte die Produktpalette dann erheblich ausgeweitet werden.

Wenn wir nun China mit den westlichen Staaten vergleichen, dann unterstellen wir nicht, dass die westlichen Staaten ausschließlich dem bürgerlich-liberalen Gesellschaftsmodell folgen. Wir wissen nämlich bereits, dass sie die soziale Frage nur über die Entwicklung des Wohlfahrtsstaates lösen konnten (Kapitel 7), ohne den ein Sieg im Kalten Krieg undenkbar gewesen wäre (Kapitel 12 und 14). Sie haben den dafür erforderlichen Spagat zwischen der bürgerlich-liberalen Ordnung und dem sozialdemokratischen Wohlfahrtsstaat in der Gegenwart so organisiert, dass der wohlfahrtsstaatliche Komplex in den Kompetenzbereich jedes einzelnen Staates fällt, während die bürgerlich- liberale Ordnung transnationalisiert, tendenziell globalisiert wurde.

Aus der Perspektive eines einzelnen Staates der westlichen Staatengemeinschaft gesehen bedeutet das, dass man seinen in internationalen Verträgen fixierten Verpflichtungen nachkommen und den Weltmarkt als einen freien Markt zu akzeptieren hat, der globale Wohlfahrt produziert, an der jeder Standort/Staat aber in unterschiedlicher Weise partizipiert. Innerhalb der durch das nationale Bruttoinlandsprodukt und das nationale Steueraufkommen definierten Möglichkeiten sind die Einzelstaaten dann frei, die negativen Folgen des freien Marktes über soziale Sicherungssysteme und über andere Formen der Umverteilung von Einkommen und Vermögen der eigenen Bürger zu korrigieren.

Daraus folgt für die internationalen Beziehungen, *dass nicht-westliche Länder immer nur mit der transnationalisierten bürgerlich-liberalen Ordnung konfrontiert werden* (erster Punkt). Sobald sie sich mit der Sozialstruktur westlicher Staaten beschäftigen, erkennen sie, dass auch die westlichen Staaten gezwungen sind, die Ergebnisse des freien Marktes zu korrigieren. Das bleibt aber in den internationalen Verhandlungen zumindest von der Programmatik her immer ausgeblendet, da es sich um eine einzelstaatliche Aufgabe handelt.

Zweitens können wir nichtwestliche Gesellschaftsmodelle darauf hin analysieren, in *welchem Umfang sie den freien Markt anerkennen*. Dabei wird der westliche Kompromiss zwischen der Anerkennung freier Märkte und einer beschränkten Korrektur ihrer Verteilungsergebnisse über den nationalen Sozial- und Wohlfahrtsstaat als Vergleichsmaßstab verwendet.

Hier wird es zunächst um diesen zweiten Aspekt gehen, der erste spielt dagegen bei Chinas gegenwärtigen Konflikten mit den westlichen Staaten eine wesentliche Rolle. Sie werden am Ende dieses Abschnitts behandelt.

Chinas Öffnung zum Westen und zur Marktwirtschaft sollte die Wirtschaft modernisieren ohne den gesellschaftlichen Führungsanspruch der kommunistischen Partei in Frage zu stellen. Ein Kompromiss wie in den westlichen Ländern, bei dem die marktwirtschaftliche Selbstregulation am längeren Hebel sitzt als der staatliche Ordnungsanspruch, war von vornherein nicht beabsichtigt. Ähnlich wie bei der Neuen Ökonomischen Politik in der Sowjetunion (vgl. Kapitel 8) sollen marktwirtschaftliche Strukturen der Verschwendung von Ressourcen entgegenwirken, ein realistisches Preisgefüge schaffen und ein Eigeninteresse der Werktätigen an ihrer beruflichen Leistung wecken. Darüber hinaus können in China Privatunternehmer Gewinne in erheblichem Umfang akkumulieren, was zu einem hohen Maß an sozialer Ungleichheit geführt hat (Stichwort: der Gini-Koeffizient liegt über 0,4). Dennoch hat die Partei- und Staatsführung nie darauf verzichtet, in Form von Fünfjahresplänen der Wirtschaft konkrete Entwicklungsziele vorzugeben und über die verstaatlichten Banken bis in die einzelnen Betriebe hineinzuregieren.

Zu diesem Kontrollanspruch steht im Widerspruch, dass die Modernisierung der Wirtschaft durch Exporte finanziert werden soll. Sie haben auf Dauer aber nur eine Chance, wenn sie in den von den transnationalen Institutionen des Westens organisierten und dominierten Welthandel integriert werden. Für die Finanzierung seiner Modernisierung muss China daher die ideologischen Prinzipien eines freien Welthandels anerkennen.

Anders als die westlichen Staaten verfügt China weder eine unabhängige Zentralbank noch über ein privatwirtschaftlich organisiertes Bankensystem. Auch der Wechselkurs des RMB (= Renminbi) wird staatlich festgelegt. Nur innerhalb einer festgesetzten Bandbreite können Marktprozesse wirksam werden. Das ermöglicht es dem politischen System nicht nur, der Wirtschaft Rahmenbedingungen zu setzten, sondern auch die Kreditfinanzierung der einzelnen Unternehmen direkt zu kontrollieren. Während sich ein privatwirtschaftliches Bankensystem zumindest vom Prinzip her[86] an der wirtschaftlichen Bonität von Unternehmen orientieren muss, können hier politisch-strategische Kriterien aber auch Korruption und politische Vetternwirtschaft sehr viel direkter eine Rolle spielen. Daher ist die Chance gering, dass Unternehmen mit schlechter wirtschaftlicher Perspektive in Konkurs gehen, weil sie deswegen keine Kredite mehr bekommen. Der Markt gibt zwar Signale, sie können aber überhört werden.

Auch westliche Staaten können den internationalen Wettbewerbsdruck mit protektionistischen Mitteln abfedern, um die sozialen Folgen solcher wirtschaftlichen Anpassungsprozesse abzumildern (typische Felder: Arbeitsmarkt, Agrarmarkt/Landwirtschaft und Stahlindustrie). Die Protektion der eigenen Bevölkerung gegen den Weltmarkt und die transnationalen Wirtschaftsakteure ist aber nur in engen Grenzen möglich, die durch internationale Verträge gezogen wurden.

Aufgrund seiner Größe und des immensen Nachholbedarfs verfügt China jedoch über besonders attraktive Märkte. Deren Lockpotential für internationale Investoren sowie für große und mittlere ausländische Unternehmen hat es der politischen Führung bisher ermöglicht, die volle politische Kontrolle über westliche Investitionen in China zu behalten, auch wenn mit dem Beitritt Chinas zur WTO (November 2001) die Regeln für ausländische Investoren liberalisiert wurden.

Während zuvor nur Joint Ventures mit chinesischen Staatsunternehmen möglich waren, können seitdem sogar Unternehmen gegründet werden, die vollständig in ausländischem Besitz sind. Allerdings müssen Sie einen Beitrag zur Entwicklung der chinesischen Wirtschaft leisten und, sofern Produkte für den chinesischen Markt bestimmt sind, fortschrittliche Technologie verwenden. Sie benötigen also eine politische Erlaubnis. Ebenfalls sind seit 2002 Beteiligungen an chinesischen Privatunternehmen möglich. Wenn sie in Form von Aktien erfolgt, dann können aber nur sogenannte B-Aktien erworben werden, bei denen die Anteilseigner zwar am Gewinn, aber nicht an der Leitung des Unternehmens (kein Stimmrecht) partizipieren. Ansonsten nehmen solche Beteiligungen die Form eines Joint- Ventures an.

Schon in Japan während der 1980er und 1990er Jahre wurde der Marktzugang westlicher Unternehmen trotz voller Liberalisierung durch Normierungen und einen Wust an Bürokratie erheblich erschwert. Diese Instrumente spielen auch in China eine Rolle. Für ausländische Unternehmen, die sich in China engagieren wollen, ist das sogenannte Guanxi-System sicherlich ein zusätzliches kulturelles Hindernis. Unter Guanxi wird ein Netzwerk persönlicher Kontakte verstanden, das intensiv gepflegt werden muss und von den Beteiligten vor allem zur Herstellung von Kontakten und zur wechselseitigen Unterstützung wirtschaftlicher und persönlicher Interessen genutzt werden kann. Es ist aber weniger zielorientiert als eine ‚Seilschaft' und weniger instrumentell orientiert als direkte Korruption (zu Guanxi vgl. Gold u. a. 2002).

Die chinesische Wirtschaft setzt sich aus Staatsbetrieben und Privatunternehmen zusammen. Große Staatsbetriebe in strategisch wichtigen Branchen werden von der Zentralregierung geführt. Daneben verfügen aber auch die Provinzregierungen über eigene Staatsunternehmen. Vor allem in Branchen von geringer strategischer Bedeutung, insbesondere im Bereich der Konsumgüter, haben sich seit 1992 Privatunternehmen entwickelt. Da ihre Profite im Durchschnitt über denen der Staatsunternehmen liegen, wächst ihre Bedeutung rasant. Man schätzt heute den Anteil der Privatunternehmen am chinesischen Bruttosozialprodukt auf ca. 70 %.

Interessant ist, dass für den Erfolg der *privaten* Unternehmen offenbar gute Beziehungen zu den Mächtigen unabdingbar sind. Das ist eine sicherlich unerfreuliche Pointe des Anspruchs auf politische Regulierung der Wirtschaft. Noch problematischer ist, dass unter den besonders erfolgreichen Unternehmern die Kinder der höheren Parteikader in der Mehrheit sind. Deswegen wurde auch der Begriff des „Kader-Kapitalismus" (Sebastian Heilmann) geprägt. „Von den 3220 Chinesen mit einem Privateinkommen von mindestens 100 Millionen Yuan sind 2932 Kinder der höheren Parteikader. In den fünf Wirtschaftszweigen Finanzen, Außenhandel, Landerschließung, Großkonstruktionen und Wertpapiere halten Kinder der höheren Kader 85-90 % der Schlüsselpositionen" (Holz 2007).

Schon aufgrund des niedrigen Lohnniveaus, der langen Arbeitszeiten und niedriger Standards im Arbeiterschutz setzten die chinesischen Produkte zunächst ausländische Standorte unter Wettbewerbsdruck. Erst in dem Maße, wie auch in China die Arbeitskosten steigen und das Land in das Segment komplexerer Technologie vordringt, macht es mit dem Grundproblem des internationalen Wettbewerbs Bekanntschaft. Es besteht darin, dass die begrenzte Weltnachfrage Überkapazitäten signalisiert, die abgebaut werden müssen, damit die Privatwirtschaft wieder rentabel wirtschaften kann. Solche Anpassungsprozesse an den Markt können zwar durch nationalstaatliche Hilfen abgefedert werden, aber letztlich müssen sie nach dem Kriterium betrieblicher Rentabilität exekutiert werden. Wenn beispielsweise weltweit Überkapazitäten bei Stahl existieren, dann müssen zumindest auf mittlere Sicht die am wenigsten rentablen Werke dicht gemacht werden. Damit bei solchen schmerzhaften Anpassungsprozessen marktwirtschaftliche Kriterien zur Geltung kommen können, muss die einzelstaatliche Protektion in engen und international normierten Grenzen bleiben. Das ist ich China (noch?) nicht der Fall.

Derzeit genießt China in der WTO noch einen Sonderstatus. Es ist zwar Mitglied, aber ohne den Status einer Marktwirtschaft. Aus westlicher Sicht ist die WTO-Mitgliedschaft Chinas im Vorgriff auf weitere marktwirtschaftliche Reformen erfolgt, die die chinesischen Unternehmen vergleichbaren Rahmenbedingungen unterwerfen würden. Solange dies nicht erfolgt ist, sind die anderen Staaten berechtigt, Importzölle zu erheben, die die ‚Wettbewerbsverzerrung' korrigieren sollen (sogenannte Anti-Dumping-Zölle). Vermutlich sind beide Seiten davon ausgegangen, dass sich die Anpassung an das Minimalmodell westlicher Expansion mit einem ausreichenden Maß an politischem Pragmatismus bewerkstelligen lässt. Ob das tatsächlich gelingen kann, ist aber durchaus fraglich. Es geht hier gewissermaßen um die Quadratur des Kreises. Wie soll die chinesische Partei- und Staatsführung eine ihren Anforderungen entsprechende Kontrolle über die Wirtschaft behalten, wenn ihre Betriebe unter mit westlichen Unternehmen vergleichbaren Bedingungen wirtschaften und ihr Erfolg oder Misserfolg vom freien Markt festgestellt wird? Vergleichbarkeit bedeutet nämlich zweifellos, dass Regulierungskompetenz auf den freien Markt übertragen wird, auch wenn damit die Gefahr verbunden ist, dass unrentable Unternehmen dicht gemacht werden müssen. Diese Gefahr wird umso realer, je mehr sich China seinem Entwicklungsziel annähert, so dass, zumindest für arbeitsintensive Produktion, andere Standorte in Asien für westliche Unternehmen bereits attraktiver geworden sind.

Aus der chinesischen Perspektive spielen bei dieser Frage ideologische wie pragmatische Aspekte eine Rolle. Wie soll die Einparteienherrschaft der chinesischen KP legitimiert werden, wenn das Fernziel einer sozialistischen Gesellschaft durch immer weitere Privatisierungsschritte (etwa Privatisierung des Bankensystems) nebulöser wird? Zum anderen erfolgt in China der Strukturwandel von der Agrargesellschaft zur Industrie- und Dienstleistungsgesellschaft in einem rasanten Tempo. Diesen Strukturwandel haben die westlichen Gesellschaften durch Agrarsubventionen und Flächenstilllegungsprogramme jenseits der reinen marktwirtschaftlichen Lehre soweit verlangsamt, dass die sozialen Verwerfungen bewältigt werden konnten. Dabei hat ihnen geholfen, dass Industrieprodukte in einer erst punktuell industrialisierten Welt noch gefragte Exportgüter waren, die unter vorteilhaften *terms of trade* gegen Rohstoffe und landwirtschaftliche Produkte getauscht werden konnten. Unter diesen Bedingungen wuchsen in den westlichen Ländern die Arbeitsplätze im sekundären Sektor rasant an und konnten über lange Zeiträume hinweg die Zuwanderer aus der Landwirtschaft aufnehmen.

Diese privilegierten Bedingungen existieren für die nachholende Modernisierung in China nicht mehr.

Wird China zu einem Problem für den Westen?

Man kann zunächst einmal wirtschaftliche Optionen Chinas erkennen, die den Anspruch des westlichen Minimalmodells auf globale Verwirklichung torpedieren könnten. Zum anderen könnten innenpolitische Probleme Chinas zu erheblichen außenpolitischen Spannungen bis hin zur militärischen Auseinandersetzung führen.

Vor einiger Zeit hat die chinesische Führung die sogenannte ‚Seidenstraßeninitiative' entwickelt. Wie schon der Begriff suggeriert, soll die historische Seidenstraße, die eine Quelle des internationalen Handels und der wirtschaftlichen Prosperität gewesen war, wieder zum Leben erweckt werden. Gedacht ist dabei neben einer Landverbindung zwischen Ostasien und Europa auch an den Seeweg um Afrika herum, der ja einst die historische Seidenstraße zur wirtschaftlichen Bedeutungslosigkeit verurteilt hat.

Interessant an dieser Idee ist zunächst, welche Staaten/Regionen sie ausschließt. Neben dem amerikanischen Doppelkontinent sind das Australien und Japan. Mit anderen Worten, mit einem Teil der westlichen Staatengemeinschaft soll der Handel intensiviert werden, mit einem anderen nicht. Wenn man dabei noch im Hinterkopf behält, dass China in einigen Jahren die USA als größte nationale Volkswirtschaft der Welt ablösen wird, dann läuft der Vorschlag wohl darauf hinaus, dass China an seinen historischen Status als ‚Reich der Mitte' anknüpfen und zum Zentrumsstaat einer Eurasien und Afrika umfassenden Handelszone werden möchte. Vielleicht könnte der Handel dann wieder traditionell zwischen ‚befreundeten Regierungen' abgewickelt werden? Diese Variante würde nicht nur China, sondern auch viele nichtwestliche Staaten vom Liberalisierungsdruck des Minimalmodells westlicher Expansion befreien.

Es ist für einen außen stehenden Beobachter nicht einzuschätzen, ob es sich bei der Seidenstraßeninitiative nur um einen Versuchsballon handelt, der der westlichen Staatengemeinschaft signalisieren soll, dass China durchaus über Alternativen zu einer WTO- Vollmitgliedschaft verfügt. Aber das ist auch nicht wichtig, denn bei einem Scheitern der Verhandlungen um Chinas zukünftigen WTO-Status, kann auch aus einer zunächst nur taktischen Variante schnell eine reale Option werden.

Die andere offene Frage ist, wie China mit den innergesellschaftlichen Spannungen umgehen wird, die sich infolge der Marktöffnung für den westlichen Kapitalismus aufgebaut haben. Von der neuen ökonomischen Politik unterscheidet sich die chinesische ‚sozialistische Marktwirtschaft' ja vor allem dadurch, dass in China die Anhäufung großer Privatvermögen zugelassen wurde. Wenn man zudem in Rechnung stellt, dass die schneller wachsende Privatwirtschaft ca. 70 %, die Staatsbetriebe nur noch 30 % des BIP erwirtschaften, dann wähnt man sich im Wirtschaftssystem eines westlichen Staats, in dem radikale Sozialisten eine Teilverstaatlichung und eine begrenzte Wirtschaftslenkung durchgesetzt haben.

In einer solchen Wirtschaft werden zwar die klassischen Probleme der Planwirtschaft vermieden, aber nicht die von Marxisten dem Kapitalismus zugeschriebenen Probleme, insbesondere der kapitalistische Krisenzyklus und das Problem des tendenziellen Falls der Profitrate. Auch wenn in China bislang erst der küstennahe Osten entwickelt wurde und große Teile der Bevölkerung einen großen Nachholbedarf an Gütern des täglichen Bedarfs haben, könnte das inzwischen erreichte hohe Maß an sozialer Ungleichheit zu einem Auseinanderdriften zwischen den hohen Produktionskapazitäten und der vergleichsweise niedrigen Kaufkraft der Bevölkerung führen, das auch durch Exportüberschüsse nicht dauerhaft ausgeglichen werden kann. Das ist genau das Problem des kapitalistischen Krisenzyklus.

Ob die inzwischen niedrigeren Wachstumsraten und die Auslastungsprobleme zumindest in Teilen der chinesischen Industrie bereits so zu interpretieren sind, müssen Wirtschaftsfachleute entscheiden. Evident ist allerdings, dass ein derart hohes Maß an sozialer Ungleichheit längerfristig nicht ohne Folgen für die Massennachfrage bleiben kann.

Weiterhin ist die Führungsschicht nicht so geschlossen, wie sie sich darstellt. Als Beobachter von außen kann man nur deutliche Parallelen zur Familienherrschaft in Venedig erkennen. Auch in China wird über die Familienzugehörigkeit eine direkte Verbindung zwischen politischer und wirtschaftlicher Entscheidungsmacht geknüpft. Während es bei den im Großen Rat vertretenen 490 venezianischen Familien so war, dass in jeder Generation ein Familienmitglied die Familieninteressen im Großen Rat vertrat, während ein anderes die Geschäfte führte, scheint sich in China diese Verbindung vor allem zwischen den Generationen zu bilden. Während der Vater ein führender Parteifunktionär ist, wird sein Sohn bzw. seine Tochter oder sein Schwiegersohn bzw. seine Schwiegertochter wirtschaftlich erfolgreich. Ebenso können auch seine Cousins, Vettern oder Onkel wichtige Positionen in der Wirtschaft einnehmen (http://www.spiegel.de/politik/ausland/panama-papers-ueber-china-verwandte-von-politbuero-involviert-a-1085896.html). Auch wenn es anders als in Venedig nicht zu einer expliziten sozialen Schließung der Mitgliedschaft in den politischen Entscheidungsorganen kommt, *scheint die sozialistische Marktwirtschaft in China von einer begrenzten Anzahl von Familien organisiert und bestimmt zu werden. Das führt zu zahlreichen Widersprüchen, die kaum auflösbar sein dürften.*

Ein unmittelbarer Widerspruch besteht zwischen den Organisationsproblemen einer Privatwirtschaft und der leninistischen Parteistruktur. Der venezianische Parlamentarismus war darauf zugeschnitten, nicht nur das Problem der Dominanz einer Familie über die anderen zu vermeiden, sondern auch die wirtschaftlichen Interessenunterschiede zwischen den herrschenden Familien politisch zu moderieren und zu schlichten, um immer wieder zu einer für alle herrschenden Familien profitablen politischen Ausrichtung des Staates zu kommen. *Solche Aushandlungs- und Schlichtungsmechanismen sind einer in der leninistischen Tradition stehenden kommunistischen Partei jedoch völlig fremd.* Sie ist (vgl. Kap 8) ja auf die geschlossene Durchsetzung einer bindenden politischen Entscheidung ausgerichtet, deren wirtschaftliche Konsequenzen die führenden Funktionäre gar nicht spalten können, solange sie sich auf Volkseigentum beziehen. In China werden von diesen politischen Entscheidungen dagegen, ähnlich wie in Venedig, privatwirtschaftliche Interessen der führenden Familien tangiert. Aufgrund des politischen Lenkungsanspruchs kann politische Protektion sogar ganz gezielt hergestellt oder verweigert werden. Daher ist die Gefahr groß, dass politische Entscheidungen einem Teil der führenden Familien wirtschaftlich nützen, während sie anderen führenden Familien nicht nützen oder sogar schaden. Das untergräbt zwangsläufig die Geschlossenheit der Kommunistischen Partei.

Man kann nur vermuten, dass renitente Spitzenfunktionäre entfernt werden, indem sie als korrupt ‚entlarvt' werden. Da Korruption allgegenwärtig zu sein scheint, kann dieser Weg fast immer beschritten werden. Da auf diese Weise aber eine Familie nur politisch und zumindest nicht unmittelbar ökonomisch entmachtet wird, ist eine juristische Sonderbehandlung ratsam. In der Tat gibt es Anzeichen dafür, dass in solchen Fällen keine Todesstrafe verhängt wird, sondern die ‚Delinquenten' in speziellen Luxushaftanstalten verwahrt werden. Aber das ist natürlich nur ein ungenügender Ersatz für eine republikanische Struktur des politischen Systems, die es gestatten würde, Interessenunterschiede politisch zu moderieren.

Der grundsätzlichere perspektivische Widerspruch hat mit der politischen Herrschaft der chinesischen KP zu tun. Etwas polemisch formuliert stellt sich die Frage, ob eine herrschende Klasse die Interessen der beherrschten Klasse vertreten kann.

Gerade weil die Politik einer sozialistischen Marktwirtschaft zur nachholenden Modernisierung des Landes durchaus nachvollziehbar ist, darf man die Augen für mögliche Verstrickungen der Akteure nicht verschließen. Wenn die These zutrifft, dass die Kinder der führenden Funktionäre die Privatwirtschaft des Landes lenken, dann ist aus marxistischer Sicht eine herrschende Klasse von politisch und wirtschaftlich führenden Familien entstanden. Dennoch hat die chinesische KP das Fernziel einer kommunistischen Gesellschaft nicht aufgegeben. Es gibt m. E. auch keinen Anlass an dieser Entschlossenheit zu zweifeln. Wenn die KP also tatsächlich durch die Privatisierung nicht korrumpiert worden ist, dann muss sie die Paradoxie irgendwie bewältigen, zugleich die Interessen der Kapitalisten wie der Lohnarbeiter zu vertreten.

Dieses Paradox existierte im Realsozialismus sowjetischer Prägung nur in stark abgeschwächter Form. Auch hier musste die KP sowohl die Interessen der Unternehmen wie der Arbeitnehmer vertreten. Da es sich bei den Unternehmen ausnahmslos um Volkseigentum handelte, musste allerdings nur der Widerspruch zwischen den langfristigen Interessen der Werktätigen an einem Aufbau des Kapitalstocks und den kurzfristigen Konsuminteressen politisch bewältigt werden. In China ist dagegen das Privateigentum an Produktionsmitteln eingeführt worden. Das macht diesen Widerspruch wesentlich explosiver! Aus marxistischer Sicht geht es hier immer um einen Antagonismus, der zu einer unüberwindbaren sozialen und politischen Spaltung zwischen herrschender und beherrschter Klasse führt.

Die Gretchenfrage lautet daher schlicht, ob eine herrschende Klasse sich selbst enteignen kann.

Wenn es China trotz dieser Widersprüche gelingen sollte, weiterhin Wirtschaftswachstum im mittleren oder höheren einstelligen Bereich zu erzielen und auch den Westen des Landes zügig zu modernisieren, dann könnte das von Deng für 2050 gesetzte Ziel zu einer Gesellschaft mittleren Wohlstands zu werden, bereits zehn oder zwanzig Jahre früher erreicht werden. Dann stünde die Transformation in eine sozialistische Volkswirtschaft an. Kann sie unter der Führung der KP gelingen, wenn die politische Führung auch 2030 von den die Privatwirtschaft beherrschenden Familien ausgeübt wird? Dann könnte der Fall eintreten, dass die herrschende Klasse zugleich „die politische Avantgarde der Arbeiterklasse" (Lenin; vgl. Kapitel 7) repräsentiert. Das sollte dann dazu führen, dass sich die „Expropriateure" (Marx 1972: 791) auf ganz andere Weise als bei Marx vorgesehen selbst „expropriieren" (ebd.) müssten.

Das wäre dann ein Sieg konfuzianischer Selbstdisziplin über die westliche Soziologie, die darauf wettet, dass eine zur ökonomisch herrschenden Klasse gewordene Parteielite bis zu diesem Zeitpunkt ihren revolutionären Anspruch entweder längst aufgegeben hat oder dessen Umsetzung bis zum Sankt Nimmerleinstag verschieben wird. Es steht also ein interessantes Realexperiment an!

Eine marxistisch geprägte Soziologie würde darüber hinaus allerdings auch vermuten, dass bis zu diesem Zeitpunkt die Verlierer der kapitalistischen Modernisierung längst wirksame Organisationsformen für ihren Klassenkampf gefunden haben werden, die das engmaschige Netz an politischer Kontrolle unterlaufen. Aber das führt in den Bereich politischer Spekulation, an der ich mich nicht beteiligen möchte.

Diese kurze Skizze sollte ausreichen, um zu erkennen, dass sich in China jede Menge innenpolitischer Sprengstoff zusammenbraut. Regimes in dieser Lage tendieren in der Regel dazu, die Aufmerksamkeit mit den Mitteln des Nationalismus auf ‚feindliche' Staaten oder Gesellschaftssysteme und auf die Verteidigung nationaler Interessen zu lenken.

Für eine Politik, die außenpolitische Spannungen schüren möchte, um von inneren Konflikten abzulenken, gibt es derzeit eine Reihe von Anknüpfungspunkten. Umstritten zwischen China und seinen Nachbarländern sind eine Reihe von Atollen, Riffs und Inseln. Noch brisanter ist der Anspruch auf Taiwan. Unter dem Druck innerer Spannungen könnte die Parteiführung jederzeit beschließen, dass die Hoffnungen auf eine friedliche Lösung nicht mehr realistisch sind und nur eine militärische Besetzung der Insel zur Wiedervereinigung führt. Wie würde dann die westliche Hegemonialmacht USA reagieren?

16.3 Die faschistische Karte und die demonstrative Betonung des souveränen Nationalstaats: Russland unter Putin

Man kann sicherlich versuchen, das gegenwärtige Russland über den Aufstieg Putins und eines ihn umgebenden Netzwerks zu verstehen und dabei das Bild eines völlig korrupten Landes zeichnen, in dem sich Wenige schamlos bereichern (so etwa Dawisha 2014). Dieses mit zahllosen Fakten untermauerte Bild muss aber zumindest in drei Punkten ergänzt und in seiner Perspektive korrigiert werden, damit man Russlands gegenwärtige Rolle als Gegenmacht verstehen kann, die die westliche Expansion einzudämmen versucht. Ich möchte diese drei Punkte zunächst als Fragen formulieren.

1. Man kann das Bild einer korrupten Autokratie sicherlich von vielen Diktaturen in Afrika, Lateinamerika und auch in Asien zeichnen, die mit dem Westen kooperieren und globalen Wirtschaftsakteuren die heimischen Märkte öffnen. *Wieso aber hat Russland unter Putin die politische Kooperation mit der westlichen Staatengemeinschaft weitgehend eingestellt?*
2. Korruption ist eine Gefahr für das Konzept eines transnationalen Wirtschaftsraums, in dem nur ökonomische Standortfaktoren zählen sollen. Deshalb ist die internationale Bekämpfung der Korruption aus westlicher Sicht ein wichtiges politisches Ziel. Dabei wird aber nur allzu leicht übersehen, dass Korruption eine Strategie zur Organisation und Reproduktion staatlicher Macht sein kann, die zugleich aber die Entwicklung freier Märkte torpediert. *Welche Rolle spielt Korruption in starken Staaten, die nicht dem westlichen Modell eines dem Wirtschaftssystem dienenden Staates folgen?*
3. Russland unter Putin knüpft erkennbar nicht nur an nationalistische, sondern auch an faschistische Traditionen (vgl. Kapitel 9) an, um den russischen Staat

zu legitimieren. *Welche Komponenten der faschistischen Ideologie spielen eine Rolle? Warum wirken gerade diese ideologischen Fragmente in die Sozialstruktur westlicher Gesellschaften hinein?*

Von der Kooperation zur Konfrontation

Wladimir Putin bestimmt seit dem Jahr 2000 die Geschicke Russlands, ohne dass er das Hauptkriterium eines Diktators erfüllt. Anders als klassische Diktatoren stellt er sich formal freien Wahlen und akzeptiert die Verfassung. Er wurde im Jahr 2000 gewählter Präsident Russlands und vier Jahre später im Amt bestätigt. Da die Verfassung keine weitere Verlängerung erlaubt, wurde er danach Premier unter dem von ihm tolerierten Präsidenten Medwedev. Seit 2012 ist er wieder Präsident. Russland ist weder eine lupenreine Diktatur noch eine lupenreine Demokratie, denn alle Wahlen ab 2003 waren zumindest nicht fair, da Putin alle kritischen Medien beseitigt hat. Er steht einer Quasi-Staatspartei (‚vereintes Russland') vor, die konkurrierende Parteien nur bis zu einer roten Linie duldet. Sie wird durch direkte Regimekritik markiert. Regimekritische Medien wurden ausnahmslos zerschlagen, deren Finanziers inhaftiert und enteignet (Beispiel Chodorkowsky). Regimekritische Journalisten werden mundtot gemacht bis hin zum politischen Mord (Beispiel: Anna Politkovskaja). Aber auch hierbei wird der Schein der Rechtsstaatlichkeit gewahrt: Chodorkowsky wurde von einem Gericht verurteilt, auch wenn der Prozess eine Farce war. Nach den Mördern von Politkovskaja wurde gefahndet usw. Auch steht der Test aus, ob das Regime einen echten Machtwechsel akzeptieren würde.

Wenn man nun jenseits westlicher Werte und Kriterien beschreiben möchte, was Putin geschaffen hat, dann kann man zunächst festhalten, dass er eine *spezifisch russische Staatstradition wiederbelebt* hat: den autoritären Staat, der gleichermaßen Russlands nationale Selbstbehauptung ermöglicht, wie seinen Status als international respektierte Großmacht hervorgebracht und aufrechterhalten hat. Er wird – durchaus der altägyptischen und mesopotamischen Tradition (Kapitel 2) folgend – durch herausragende Herrscher repräsentiert. In dieser Traditionslinie, die mit dem ersten Zaren Iwan dem Schrecklichen beginnt und sich über Peter den Großen, Katharina die Große bis zu Josef Stalin erstreckt, sieht sich wohl auch Putin.

Seine historische Aufgabe ist, den als große Niederlage (des russischen Imperialismus) interpretierten Zerfall der Sowjetunion wieder wettzumachen. Nach dem Niedergang der Sowjetunion habe der Westen die sowjetische Einflusssphäre missachtet[87] und seine politischen Strukturen im Falle der baltischen Staaten sogar auf ehemalige Sowjetrepubliken ausgedehnt. Litauen, Lettland und Estland haben sich in den bis zur Besetzung unter Stalin geltenden territorialen Grenzen als Staaten wieder etabliert und sie sind sowohl Mitglied der EU wie der Nato geworden. Auch die ehemaligen Sowjetrepubliken Ukraine und Georgien streben nach militärischen

Konflikten mit Russland sowohl eine NATO- wie eine EU-Mitgliedschaft an. Aus postsowjetischer Sicht wäre eine Verwestlichung nach dem Minimalmodell, also Privatwirtschaft, Handel und Auslandsinvestitionen mit Einschränkungen akzeptabel, aber keine Ausdehnung der politischen und militärischen Strukturen der westlichen Staatengemeinschaft in die politische Interessensphäre Russlands. Daher sieht Putin seine Aufgabe darin, wieder einen starken und wegen seiner militärischen Fähigkeiten von seinen Gegnern gefürchteten Staat zu etablieren.

Nach dem traditionellen russischen Staatsverständnis wurden alle wichtigen nationalen Projekte – von der Erschließung Sibiriens über den Handel und den Austausch mit dem Westen bis hin zur Industrialisierung – von energischen Herrschern unter konsequentem Gebrauch staatlicher und militärischer Gewalt durchgesetzt, dem weder durch Regeln des Rechts noch durch die Moral Grenzen gesetzt waren. Aus dieser Perspektive lassen sich Grausamkeit, die offene Missachtung des Rechts und das konsequente Verfolgen nationaler Ziele nicht voneinander trennen. Die Unterwerfung unter die Staatsgewalt kommt der Unterwerfung unter den Willen des Herrschers gleich, der sich aber nicht wie im alten Ägypten als Sprachrohr göttlicher Gewalten sondern durch die konsequente Verfolgung des nationalen Interesses legitimiert. In ähnlicher Weise hat auch der Faschismus autoritäre Herrscher hervorgebracht. Auch sie dirigierten eine weder durch eine Rechtsordnung eingehegte noch durch Moral gezähmte staatliche Gewalt, die sich durch das Streben nach nationaler Größe legitimierte.

Während der bürgerliche Staat als eine Art Dienstleistungszentrum für eine sich in Kategorien wie Reichtum, Lebensstandard und individuelle Selbstbestimmung definierende Bürgergesellschaft verstanden werden kann, beansprucht der autoritäre Staat, dass er den gesellschaftlichen Leistungsbereich unter dem nationalen Ziel des Strebens nach staatlicher Größe und Bedeutung verbindlich dirigiert. Wenn dies gelingt, dann werde es auch den Menschen gut gehen.

Unter dem analytischen Blickwinkel des Sozialtheoretikers bedeutet das, dass die Medien des Wirtschaftssystems, also Eigentum und Geld, keine vom Medium staatlicher Macht unabhängige Bedeutung gewinnen dürfen. Die Marktabhängigkeit wird also durch die Abhängigkeit von der staatlichen Macht gebrochen. Genau darauf zielten auch die Veränderungen, die Putin zunächst durchsetzte. Im Zuge der chaotischen Privatisierung des staatlichen Eigentums nach 1991 waren mächtige Oligarchen entstanden, die die russische Industrie, v. a. die Energiewirtschaft, dirigierten. Wenn sie sich nicht als treue Anhänger und Gehilfen Putins verhielten, wurden sie bis hin zu Enteignung drangsaliert und ‚auf Linie' gebracht. Zudem stiegen neue Unternehmer zu Oligarchen auf, die zu Putins Vertrauten gezählt werden (Dawisha 2014). Damit wurde sichergestellt, dass die russische Wirtschaft politischen Direktiven folgt, unabhängig davon, ob die Unternehmen davon wirtschaftlich profitieren oder nicht. Ebenso wurden auch die nicht regimetreuen Massenmedien weitgehend unter politische Kontrolle gebracht.

Politisch und ideologisch lässt sich dieser Vorgang auch als Zurückdrängung ‚westlicher Werte' verstehen. Unter diesem Gesichtspunkt hat auch die Propaganda gegen den westlichen Individualismus bis hin zum Gesetz „gegen homosexuelle Propaganda" (2013) und die weitgehende Behinderung von Nichtregierungsorganisationen[88] einen wichtigen Stellenwert. Ihnen werden die traditionellen ‚russischen Werte' gegenüber gestellt, die als die ‚eigentlich' und ‚von Natur aus' richtigen ausgegeben werden. Wichtig ist zunächst ‚Männlichkeit', die sich nur in einer sexuellen Orientierung ausleben lässt, und die sich auch in aggressivem Patriotismus, kriegerischem Heldenmut etc. zeigt[89].

Der direkte und persönliche Draht zwischen Macht und Geld: Netzwerke, Bereicherung und die Rolle der Korruption

Aus westlicher Sicht hat der Staat die Aufgabe, das private Eigentum zu schützen. Allein der freie Markt ist die einzige Autorität, die es zerstören aber auch durch Vermögenszuwachs befördern kann. Aus dieser Sicht ist es schockierend, wenn politische Macht zur Neubildung und zur Umverteilung von Eigentum gebraucht wird. Wer dies tut, gehört aus bürgerlich-liberaler Sicht in die Kategorie der Diebe. Karen Dawisha bringt erdrückende Belege dafür, dass Putin in diese Kategorie gehöre und ein diebisches Regime („thieving regime") in einem zutiefst korrupten Land errichtet habe.

Dabei wird allerdings ausgeblendet, dass Eigentum jenseits der Ideologie der bürgerlichen Gesellschaft schon immer *auch* durch militärische Gewalt und politische Macht geschaffen oder geformt werden konnte. Die Struktur auch noch des heutigen englischen Großgrundbesitzes ist zum großen Teil eine Folge der normannischen Eroberung nach 1066. Man kann natürlich auch an näher liegende militärische Ereignisse wie den Zweiten Weltkrieg erinnern, die tief in die Strukturen des Privateigentums eingegriffen haben: Durch die Vertreibung der deutschen Bevölkerung aus Tschechien und den deutschen Ostgebieten, ebenso durch die Vertreibung der polnischen Bevölkerung aus Weißrussland und der Westukraine wurde Eigentum ‚politisch umdefiniert'. Die politische Enteignung widerfuhr zuvor bereits dem jüdischen Eigentum durch die NS-Diktatur. Ähnliche Folgen hatten die ‚ethnischen Säuberungen' im Jugoslawien-Krieg. Aber auch mit der Rettung ‚systemrelevanter Banken' in der Wirtschaftskrise von 2006 und der daran anschließenden ‚Politik des billigen Geldes' durch die Zentralbanken bewirkte die politische Macht tiefe Eingriffe in die Struktur privater Vermögen.

Selbstverständlich kann man einwenden, dass manche dieser Beispiele politisch legitimiert waren, andere dagegen nicht. Das ändert aber nichts an dem Argument, dass politische und militärische Macht schon immer Eigentum umverteilt hat, also aus dem Blickwinkel der Ideologie der bürgerlichen Gesellschaft zumindest ‚Diebe' begünstigt hat.

Die Implosion des Realsozialismus war für das Privateigentum eine ‚Stunde null'. Wie sollte das (ideologisch gesehen) ‚Volkseigentum' bzw. (realiter) ‚Staatseigentum' unter das ‚Volk' aufgeteilt werden? Wer sollte dabei das Sagen haben? Nach welchen Kriterien sollte vorgegangen werden? Diese Fragen umreißen zumindest grob das Minenfeld, das auch ein Staat mit intakten demokratischen Strukturen wie die BRD bei der Privatisierung des DDR-Eigentums nicht zur Zufriedenheit Aller durchschreiten konnte (z. B.: Börs u. a. 2010; Behling 2015; Jürgs 1997; Laabs 2012). Dass die ‚Stunde null' auch in der ehemaligen Sowjetunion, wo es zugleich um einen politischen Neuanfang ging, jede Menge Chancen und Gelegenheiten für tatkräftige und durchsetzungsfähige Individuen bot, steht außer Frage. Putin hat sie in seiner Leningrader/St. Petersburger Zeit genutzt, um nicht nur Bürgermeister zu werden, sondern auch, um ein Netzwerk an persönlichen Vertrauten zu bilden, das an ehemaliges Staatseigentum kam und so politische Macht mit wirtschaftlichem Einfluss verband.

Auf solche Netzwerke stützen sich auch westliche Politiker, nur wird hier zumindest in der Regel die wechselseitige persönliche Loyalität durch ein funktionierendes Rechtssystem kanalisiert und begrenzt. Straftatbestände wie z. B. Begünstigung im Amt, Vorteilsnahme usw. oder auch Regeln wie die Verpflichtung zu öffentlicher Ausschreibung und zu einem transparenten Bieterverfahren bei Staatsaufträgen sollen einer allzu engen Verbindung zwischen politischen und Wirtschaftseliten entgegen wirken. Wo aber solche Regeln nicht existieren oder nicht beachtet werden müssen, da blühen Korruption und Vetternwirtschaft. Die Privatisierung von Staatseigentum mutiert dann zur Selbstbedienung für politisch erfolgreiche Netzwerke. In diesen Kontext lässt sich sicherlich auch das Wirken von Putin einordnen. Nur ist damit noch nichts über die Funktion solcher Netzwerke für das Regieren ausgesagt. Genau das aber soll nun versucht werden.

Zunächst einmal fällt auf, dass sich nahezu alle erfolgreichen modernen Diktatoren und Autokraten auf derartige Netzwerke gestützt haben. Hitler beispielsweise hätte weder die ‚Arisierung' der Privatwirtschaft so geräuschlos noch die Aufrüstung für den Weltkrieg so schnell und effektiv zu Stande gebracht, wenn er sich nicht auf die Kooperation zumindest jenes Teils der führenden Unternehmer und Wirtschaftsfachleute hätte stützen können, der persönliche Beziehungen zum Führungszirkel der NS-Diktatur unterhielt. Ähnliches gilt für neuere Diktatoren wie Assad (Senior und Junior), Saddam Hussein oder auch für Autokraten wie Erdogan.

Wo die Fesseln einer ‚westlichen' Rechtsordnung fehlen, erlauben es solche Netzwerke, ein wirksames Regieren wirtschaftlich zu unterfüttern. Wenn Putin

z. B. Serbien enger an Russland binden und eine EU- Mitgliedschaft des Landes verhindern möchte, dann sind Direktinvestitionen russischer Unternehmen in diesem Land ein wichtiges Druckmittel. Sie können auf kurzem Wege bei ‚loyalen' Oligarchen ‚angeregt' werden.

Korruption spielt zumindest für eine flächendeckende Ausweitung solcher rechtlich nicht kanalisierter Netzwerke eine wichtige Rolle. Wer sich durch Geldzuwendung einen politischen oder wirtschaftlichen Vorteil erkauft, der etabliert zugleich einen persönlichen Draht zum gesellschaftlichen Machtzentrum, der bei nächster Gelegenheit wieder genutzt werden kann. Geld stiftet hier keine unpersönliche Geschäftsbeziehung sondern eine Win-win-Situation zwischen konkreten Personen, die Menschen jenseits der demokratischen Willensbildung an ein Regime bindet. Während Steuern als eine Tributzahlung in der Hoffnung auf allen gleichermaßen zu Gute kommende staatliche Organisations- und Protektionsleistungen entrichtet werden, wird durch Korruption eine konkrete staatliche Leistung bei einem konkreten Funktionsträger erkauft. Das schafft wechselseitig persönliche Loyalität.

Eine Renaissance faschistischen Denkens?

Der Anspruch des Westens auf weltweite Durchsetzung seines Gesellschaftsmodells setzt autoritäre Regimes zunehmend unter ideologischen Druck. Denn ihre politischen Praktiken greifen zwangsläufig in die Interessen und Biographien ihrer Bürger auf eine Weise ein, die sich mit dem westlichen Verständnis von Meinungsfreiheit, Bürger- und Menschenrechten, sowie einer transparenten und fairen Rechtsordnung nicht in Übereinstimmung bringen lässt. Also muss dem westlichen Konzept etwas entgegengesetzt werden können.

Bei der Entwicklung eines konkurrierenden Gesellschaftsmodells ist Russland wohl am weitesten vorangekommen. Interessant ist dabei vor allem, dass der Bruch mit der marxistisch-leninistischen Vergangenheit immer markanter wird und eine Anlehnung an faschistische Traditionen erfolgt ist. Insbesondere ist eine Nähe zum italienischen Faschismus unverkennbar. Im neunten Kapitel hatten wir den italienischen Faschismus durch drei ideologische Muster charakterisiert: revolutionärer Nationalismus, nationaler Sozialismus und Aktivismus. Die Überwindung des Gegensatzes von Kapital und Arbeit durch einen nationalen Sozialismus spielt in Russland keine Rolle, die beiden anderen Muster haben dagegen zentrale Bedeutung.

Der revolutionäre Nationalismus, der bereit ist, auch erhebliche militärische und politische Risiken in Kauf zu nehmen, um den für das eigene Land beanspruchten Großmachtstatus durchzusetzen, wurde bei der Annexion der Krim und in der Ostukraine nachhaltig demonstriert. Ebenso gilt auch für Russland, dass ‚der Westen' das Land in seinem Großmachtstatus beschnitten und erniedrigt habe. Dies gelte es nun zu revidieren. Der revolutionäre Nationalismus spielt aber auch eine Rolle bei der Zurückweisung des westlichen Individualismus. Denn das Streben nach dem Status einer global angesehenen und gefürchteten Großmacht habe Vorrang vor Individualinteressen.

Die Betonung des Aktivismus führt ganz ähnlich wie in den 1930er Jahren in Italien zu der Lesart, dass die Tatkraft einer einzigen Person, nämlich Putins, Russlands Stärke bewirkt habe. Auch in Russland werden wieder kriegerische Tugenden glorifiziert, von dem angeblich spontanen Patriotismus der ‚Aufständischen' in der Ostukraine bis hin zu Schlägereien russischer Hooligans anlässlich der Fußball EM in Frankreich. Dem kränklichen ‚Westen', der die Schwulen, Lesben und weitere Minderheiten hofiere, wird die gleichermaßen vitale wie natürliche Männlichkeit entgegengesetzt, die sich nicht nur biologisch durchsetze. Nur bei der Instrumentalisierung des Aktivismus geht Russland neue Wege. Während in den 1930er Jahren die faschistischen Regimes die Menschen in Uniformen steckten und von den jeweiligen ‚Führern' dirigierte Bürgerkriegsarmeen formierten, gibt es in Russland nur spärliche Ansätze in diese Richtung (z. B. die patriotische Putin-Jugend). Für wichtiger wird gehalten, dass *die regierungstreuen Aktivisten die öffentliche Kommunikation einschließlich der sozialen Medien steuern und kontrollieren*. Dieses Ziel gilt nicht nur für die innerrussische politische und vorpolitische Kommunikation. Ebenso soll gezielt Einfluss genommen werden auf die politische Kommunikation in für Russland wichtigen Ländern.

Der Bruch mit dem Westen

Solange es nur um das Minimalmodell westlicher Expansion akzeptiert wird, haben die westlichen Staaten größte Toleranz gegenüber Diktaturen jeglicher Couleur bewiesen. Wieso konnte nicht auch mit Putin-Russland eine stabile Form der politischen Kooperation etabliert werden? Der Knackpunkt, an dem sich das Verhältnis der westlichen Staaten zu derartigen Regimes klärt, ist das Verhältnis zwischen staatlicher Autorität und der Rechtsordnung.

Über völkerrechtlich bindende multilaterale Verträge soll ja ein besseres ‚Investitionsklima' auch in den nichtwestlichen Staaten geschaffen werden. Das kann aber immer nur bedeuten, dass dort staatliche Souveränität mit den Mitteln des Rechts auf ähnliche Weise eingeschränkt wird wie im bürgerlichen Staat (Kapitel 13 und 17). Das wirft automatisch die Gretchen-Frage auf: Steht die Rechtsordnung über der Staatsmacht oder steht der Staat über der Rechtsordnung? Internationale Verträge unterstellen zumindest, dass in diesem Fall ersteres gilt, denn sonst wären sie ja sinnlos. Dagegen läuft die russische Staatstradition auf das andere Modell hinaus. Die Vorstellung, westliche Unternehmen könnten im Rahmen der Rechtsordnung schalten und walten, wie sie wollen, ist daher eine Herausforderung für die Staatsmacht. Während die meisten autoritären Regimes diese Kröte schluckten, war das bei Putin nicht der Fall.

Der Prozess gegen Chodorkowski, die Zerstörung nicht regierungskonformer Massenmedien und die kaum kaschierte Ermordung von Oppositionellen haben klar gemacht, *dass der bürgerliche Rechtsstaat nach dem Ende des Kalten Kriegs keineswegs zur globalen Norm geworden ist.* Das russische Modell eines starken weil despotischen Staates, der sich auch vom Westen in seiner Souveränität nicht beschneiden lässt, findet international, von der Türkei bis zu den Philippinen allenthalben Anklang und Nachahmer. Selbst eine EU-Mitgliedschaft hat autoritäre Regimes in Ungarn und Polen nicht daran gehindert, die Massenmedien zu gängeln und auf Regierungslinie zu trimmen. Auch für die Rechtspopulisten in Mittel- und Westeuropa scheint das ‚russische Staatsmodell' immer attraktiver zu werden.

16.4 Der Kreuzzug gegen den Westen: der islamische Terrorismus

Die kulturelle Hegemonie der Familien, Sippen und Stammesverbände wird durch die Individualisierung herausgefordert

Schon die westliche Expansion nach dem Minimalmodell kollidiert mit der kulturellen Hegemonie von Sippen und Familien, in die das Leben der Menschen in vormodernen Gesellschaften ganz selbstverständlich eingebettet ist. Sie bieten Schutz und die selbstverständliche Integration in die vorgegebenen sozialen Strukturen und kulturellen Praktiken. Deswegen sind die in solche Verwandtschaftszusammenhänge integrierten Menschen auch bereit, ihren eigenen Willen den Erfordernissen und den Direktiven des Familienverbands unterzuordnen. Diese sozialen Verhältnisse werden vor allem durch Arbeitsverträge aufgebrochen, in denen *Individuen* bindende Verpflichtungen eingehen. Hier liegt die Keimzelle des westlichen Individualismus.

Die Idealbilder ‚westlicher' Lebensführung auf der Suche nach Selbstverwirklichung und dem eigenen privaten Glück wurden durch die Massenmedien global verbreitet. Die wirtschaftliche Expansion westlicher Unternehmen nach 1991 hat in den meisten nichtwestlichen Staaten jedoch so gut wie keine Ansatzpunkte für die massenhafte Realisierung derartiger Lebensentwürfe geschaffen. Es ging ja gerade um Billiglöhne, um unkontrollierte Arbeitsbedingungen und einen ‚liberalen' Arbeitsmarkt. Im Regelfall exportierte die westliche wirtschaftliche Expansion also den Frühkapitalismus und die ‚soziale Frage'. Das trifft vor allem auf den islamischen Kulturkreis zu. Sieht man einmal von den reichen Golfstaaten und Saudi Arabien ab, dann hat sich die westliche Expansion hier weitgehend auf den Tourismus und das Billiglohnsegment beschränkt. In vielen Ländern hat sie überhaupt nicht stattgefunden. Das hat zu einer weitgehenden Enttäuschung und Ernüchterung geführt, die sich mit der Angst der alten Eliten, der Stammesführer, Sippenältesten, der patriarchalen Familienoberhäupter und der geistlichen Führer vor dem kulturellen und sozialstrukturellen Wandel verquickte.

Vor diesem Hintergrund hat die Konfrontation mit westlichen Lebensentwürfen im islamisch geprägten Kulturkreis zu einer religiös unterlegten militanten Gegenreaktion geführt. Sie zielt gewissermaßen direkt auf das Herz der westlichen Lebensführung, auf die Unverletzlichkeit des eigenen Körpers und das Ideal eines langen Lebens in Gesundheit. Das Selbstmordattentat für eine angeblich gerechte Sache demonstriert auf schockierende Weise, dass die Attentäter mit letzter Konsequenz bereit sind, auch ihr Leben für die Ziele einer politischen Bewegung zu opfern. Gezielter lässt sich der westliche Individualismus weder in Frage stellen noch bekämpfen.

Den als ‚Ungläubige' moralisch abgewerteten ‚Anderen' wird demonstriert, dass nicht nur die westliche Zivilisation, sondern darüber hinaus jedes städtische Leben, das auf Anonymität, Verträgen etc. beruht, höchst unsicher und risikoreich sein kann. Wenn dieses politische Instrument des Selbstmordattentats in die Zentren der westlichen Zivilisation getragen wird, dann führt es vor Augen, dass das eigene Leben und Überleben wieder von schicksalhaften Zufällen abhängt. Sie sind entweder, wie etwa die zahllosen Verkehrsopfer, erfolgreich verdrängt oder, wie die Kindersterblichkeit und die großen Seuchen, längst von der westlichen Zivilisation beseitigt worden. Selbst das Damoklesschwert eines Krieges und die damit verknüpfte Anforderung, sein Leben für die Interessen des eigenen Landes aufs Spiel setzen zu müssen, wurden zusammen mit der allgemeinen Wehrpflicht faktisch beseitigt. Es zeichnet sich bereits die Möglichkeit ab, dass in naher Zukunft Drohnen und andere ‚intelligente' Waffensysteme das Geschäft des Tötens übernehmen werden[90], so dass menschliche Opfer tendenziell nur noch bei den technisch unterlegenen nichtwestlichen Gegnern zu beklagen sein werden. Auch die Medizin stößt in immer neue Bereiche der Lebensverlängerung vor.

Diese Richtung der menschlichen Zivilisation soll demontiert werden. Die historische Uhr soll bis ins Zeitalter der Religionskriege zurückgedreht werden, die in Europa im 17. Jahrhundert zu Ende gingen.

Die Instrumentalisierung des Islam

Alle großen Weltreligionen vermitteln ihren Anhängern ein religiös begründetes Überlegenheitsgefühl: Im Unterschied zu ‚den Ungläubigen' oder denjenigen, die dem ‚falschen Glauben' anhängen, ist man im Besitz der wahren Heilsversprechen. Nur deswegen kann man dereinst ins Paradies einziehen, ins Nirwana gelangen, oder man kann im Diesseits zu einem Virtuosen werden, der ein moralisch vorbildliches Leben führt. Dieser elitäre Zug der großen Weltreligionen wird erst dann problematisch, wenn zu einer *gewaltsamen* Ausbreitung einer Religion aufgerufen wird. Keine Weltreligion ruft systematisch zur Tötung Ungläubiger auf, aber keine ist gefeit gegen derartige Interpretationen. Die Geschichte liefert hinreichend Beispiele dafür, dass selbst Religionen mit einer eigentlich pazifistischen Moral wie der Buddhismus oder das Christentum zur Legitimation von exzessiver Gewalt gegen Anhänger anderer Bekenntnisse, gegen angebliche Ketzer, oder gegen ‚Heiden' instrumentalisiert werden können.

Eine Instrumentalisierung liegt immer dann vor, wenn die Verteidigung oder Ausbreitung einer Religion auch, ja sogar in erster Linie nichtreligiösen Zielen dient. So war die Alternative Zwangstaufe oder Tod im frühmittelalterlichen Europa, später dann auch in Süd- und Mittelamerika die für Besiegte vorgesehene Unterwerfungsgeste. Wer sich taufen ließ, unterwarf sich der siegreichen Religion der neuen Herrscher. Auch die Religionskriege in England und Deutschland in 16. und 17. Jh. waren mit weltlichen Konflikten verzahnt. In England mit dem Machtkonflikt zwischen Krone und Bürgern/Unterhaus; in Deutschland wurde dem Aufstieg der Habsburger zur europäischen Vormacht auf diese Weise Grenzen gesetzt.

Vor diesem Hintergrund kann man den islamischen Dschihadismus besser verstehen. Gläubige sollen angeblich für den Islam kämpfen, obwohl es eigentlich um einen politisch- sozialen Kampf gegen den westlichen Lebensstil und den westlichen Individualismus geht. Anders als das militante Christentum hat der Dschihad aber durchaus eine direkte Wurzel in der Heiligen Schrift des Islam, im Koran. Der Dschihad wird vielfach als sechste Säule des Islam bezeichnet. Offiziell kennt der Islam fünf Säulen: das Glaubensbekenntnis, das rituelle Gebet, Almosen, Fasten und die Pilgerfahrt nach Mekka. Gleich danach komme der Dschihad. Wörtlich übersetzt bedeutet er: Anstrengung, Kampf, Bemühung für Allahs Sache. Nach der schiitischen Lehre wird zwischen einem ‚kleinen' und einem ‚großen' Dschihad unterschieden. Kleine Verdienste erwirbt man sich danach im militärischen Kampf, große Verdienste dagegen im Kampf gegen die eigenen Fehler.

Im sunnitischen Islam dominiert dagegen die militärische Bedeutung des Jihad. Dabei wird im Koran betont, dass der Krieg gegen die Ungläubigen maßvoll sein müsse. Es gelte, den Widerstand gegen die Ausübung des Islam zu brechen. Mit den Besiegten müsse man aber human umgehen. So heißt es in der zweiten Sure u.a.: „Wenn sie jedoch ablassen, dann (wisset), dass keine Feindschaft erlaubt ist, außer wider die Ungerechten". Solange Widerstand geleistet werde, müsse jedoch entschlossen vorgegangen werden. „Und bekämpfet sie, bis die Verfolgung aufgehört hat und der Glauben an Allah (frei) ist." (ebd.)

Die Stellen im Koran über den Dschihad müssen sicherlich im historischen Kontext der Durchsetzung des Islam auf der arabischen Halbinsel bis zum Tod Mohammeds gelesen werden. Mohammed ging es dabei um die Mobilisierung seiner Anhänger für den Kampf gegen die Ungläubigen. Dieser Kampf sollte zwar entschlossen aber auch zivilisiert, also als ein ‚gerechter Krieg' ausgefochten werden. Zu dieser Zivilisierung der militärischen Gewaltausübung gehört auch, dass der Dschihad die einzig zulässige Form eines Krieges gegen Nichtmuslime ist. Schon diese Vorschrift hat zu allen Zeiten zu einer zeitgemäßen Auslegung genötigt.

Für den *radikalen* zeitgenössischen Islam ist vor allem die Interpretation von Sayyid Qutb maßgeblich. Danach sei der Dschihad heute als ein *uneingeschränkter Krieg gegen den Westen*, nämlich *gegen Kolonialismus, Kapitalismus und Sittenlosigkeit* zu führen. Seine religiöse Botschaft lautete, dass sich die Menschen darauf besinnen müssten, dass sie allein der Herrschaft Allahs unterworfen seien. Ihm hätten sie als Knechte zu dienen, nicht politischen Herrschern. Politische Herrschaft könne sich allein als Sprachrohr Gottes legitimieren. Das führt zurück zur ursprünglich religiös legitimierten politischen Herrschaft (vgl. Kapitel 2).

Diese Lehre trifft sich mit dem Salafismus. Hierunter ist eine Reformbewegung zu verstehen, die allein das Wissen und die Praktiken der ersten drei Generationen von Muslimen für authentisch und damit für maßgeblich erklärt. An diesem vor allem im Koran fixierten Wissen und nicht an der später entstandenen Theologie und den Rechtsschulen müsse man sich orientieren. Damit wird die politische Hoffnung verknüpft, dass die Rückbesinnung auf die Wurzeln der islamischen Welt wieder zu alter Stärke verhelfen werde. Zu dieser Rückbesinnung gehört vor allem die Wiedereinführung der Scharia, eines Systems von Verhaltensregeln, denen ähnlich wie den zehn Geboten im Christen- und Judentum göttlicher Ursprung zugeschrieben wird. Während die zehn Gebote jedoch sehr allgemein gehalten sind, gibt die Scharia genaue Handlungsanweisungen, die die Religionsausübung wie auch das Zusammenleben der Gläubigen in frühislamischer Zeit regeln sollten. Nach Auffassung der Salafisten sollen sie auch heute uneingeschränkt gelten.

Die Salafisten stellen sicherlich eine radikale Minderheit innerhalb des sunnitischen Islam dar, aber sie sind schon deswegen sehr einflussreich, weil sie der wahabitischen Lehre sehr nahe stehen, die in Saudi-Arabien und in Katar Staatsreligion ist.

Die Wurzel des kulturellen Konflikts

Gerade die Rückbesinnung auf den frühen Islam und die Propagierung der Scharia beleben *das vormoderne Verständnis einer respektablen Lebensführung*. Indem man ganz konkrete Regeln penibel einhält, erweist man sich als ein sittlich guter und sozial respektabler Mensch. Einige historische Texte, wie die Klage des Humanisten Erasmus von Rotterdam über den ‚Formalismus' einiger kulturell zurück gebliebenen Mitmenschen aus dem 16. Jahrhundert (vgl. Borst 1982: 661), erinnern daran, dass diese sich in der Kenntnis und der peniblen Befolgung von Geboten und Regeln bewährende Lebensführung früher ebenfalls in Europa üblich war.

Im westlichen Individualismus geht es dagegen darum, das Beste aus gegebenen Möglichkeiten zu machen. Feste Regeln bestehen daher nur noch in Form konkreter Verbote, aber nicht mehr[91] in Geboten. Was jeweils konkret geboten ist, bemisst sich dann an den persönlichen Präferenzen, unterliegt jedoch auch der sozialen Kontrolle durch das eigene soziale Umfeld (Freundeskreis etc.). Jeder muss selbst herausfinden, welche Entscheidung in einer konkreten Situation für ihn die Richtige ist. Genau diese Fähigkeit zeichnet Lebensretter, Menschen, die sich für eine gute Sache einsetzen, die Zivilcourage zeigen usw., aus. Diese Fähigkeit wird im Westen mit Orden und Ehrungen bedacht.

Dagegen belebt die Wiedereinführung der Scharia das vormoderne Verständnis von Sittlichkeit, die sich in der peniblen Befolgung von Geboten zu bewähren hat. Unter diesen Bedingungen ist es wichtig, die genauen Regeln zu kennen. Das führt dann z. B. zu einem religiösen Gutachten von Geistlichen des IS darüber, was man mit weiblichen Sklaven tun darf und was nicht (vgl. Gesellschaft für Menschenrechte; dt. Übersetzung im Internet). Diese Gebote ersetzen das Gewissen. Der Umgang der Sklavenhalter mit ihren Sklaven und Sklavinnen kann dann so gewissensfrei sein, wie im Westen die genaue Befolgung der Verkehrsregeln.

Islamistisch geprägte Staaten

In politischer Hinsicht wird mit der Rückbesinnung auf den frühen Islam die Rückkehr zum traditionellen islamischen Staat mit einem Kalifen als Oberhaupt propagiert. Ein Kalif ist ein Vertreter oder Nachfolger des Propheten Mohammed, also jemand, der in göttlichem Auftrag die Regierungsgeschäfte führt. Das knüpft direkt an die ursprüngliche Konstruktion von Staaten als religiöses Unterwerfungsverhältnis unter einen Gott mit einem Herrscher als göttlichem Sprachrohr an, die im zweiten Kapitel erläutert wurde. Der Unterschied liegt nur im konsequenten Monotheismus des Islam.

Islamische Staaten, in denen die Scharia direkt angewendet wird, sind im Bereich des sunnitischen Islam Saudi-Arabien und der IS-Staat, im schiitischen Islam der Iran. Daneben gibt es aber auch in weiteren islamischen Staaten Bestrebungen in diese Richtung.

Da es beim so verstandenen Islam immer um konkrete Gebote geht, spielt in diesen Staaten die Religionspolizei eine wichtige Rolle. Sie überwacht das öffentliche Leben darauf hin, ob die islamischen Gebote für Anstand und sittlich korrektes

Verhalten eingehalten werden und sie bringt Verstöße zur Anzeige. Wie die Verkehrspolizei überwacht sie die Einhaltung von Geboten.

Im Iran, noch ausgeprägter auf dem syrisch-irakischen Territorium des IS-Staates, bedeutete der Gottesstaat ein zivilisatorisches Roll-Back, in allen Fällen aber auch eine Überforderung der Religion. Mit einem Sittengesetz aus der Zeit Mohammeds lässt sich keine Staatlichkeit im 21. Jahrhundert durchgängig organisieren und als gottgemäß legitimieren. Für zentrale Bereiche wie z. B. die Geld- und Wirtschaftspolitik oder Bildung und Wissenschaft ist es schlicht blind. Wo es aber ‚greift', fällt es hinter die heutigen zivilisatorischen Standards zurück. Das wird besonders deutlich beim Geschlechterverhältnis.

Nach der Scharia und der daraus z. B. für Saudi- Arabien folgenden Praxis benötigen Frauen einen männlichen Vormund. Das ist in der Regel zunächst der Vater, ansonsten der Bruder oder ein Onkel und nach der Verheiratung dann der Ehemann. Sie benötigen diesen Vormund, weil sie nicht als selbstständige Rechtsperson, sondern letztlich als materielles Eigentum angesehen werden. Diese *Tendenz* gab es per se in allen patrilinearen Gesellschaften, wo deswegen auch ein Brautpreis an die Herkunftssippe bzw. Herkunftsfamilie zu entrichten war, der für den *materiellen Verlust* entschädigen sollte. Das macht auch durchaus Sinn, wenn man bedenkt, dass in einer auf manueller Arbeit basierenden Agrargesellschaft eine Arbeitskraft der Herkunftssippe bzw. -familie durch Heirat verloren ging. In der Scharia wird dieses Eigentumsverständnis individualisiert und sexualisiert. Die Frau mutiert von der Arbeitskraft zum Luxusobjekt. Nur der Ehemann soll sich an seinem erworbenen Eigentum ‚erfreuen'. In öffentlichen Räumen muss es deswegen vor den Blicken anderer Männer durch Verhüllungsgebote und männliche Begleitung zuverlässig geschützt werden. Wenn ein Mann reich genug ist, dann darf er auch weitere derartige ‚Luxusobjekte' erwerben.

Durchsetzung und Ausbreitung des Islam

Das andere, generellere Ziel ist die Durchsetzung und Ausbreitung des Islam. Hier wird dann die bereits erläuterte Pflicht jedes Gläubigen zum Dschihad unmittelbar wichtig. Auf den ersten Blick ist der militärische Dschihad eine defensive Konstruktion, da der Islam kein Missionsgebot kennt. Muslime sollen Ungläubige lediglich zum Islam ‚einladen'. Andererseits sollen die Gläubigen notfalls mit Waffengewalt für die ungehinderte Religionsausübung der Muslime sorgen. Was aber diese Religionsausübung behindert, ist interpretationsfähig, wie nicht nur Sayyid Qutb bewiesen hat. Wird sie durch westliche Medien bedroht, die z. B. auch spärlich bekleidete Frauen abbilden oder Werbung für Alkohol machen? Was ist mit unverschleierten westlichen Touristinnen? Die Liste möglicher Irritationen ist lang, da es beim Islam weniger um die persönliche Überzeugung und Hingabe an einen

Glauben geht, sondern primär um die Ordnung öffentlicher Räume. Dazu dienen gerade auch die Gebote für Frauen wie das Verschleierungsgebot, das jeweils ganz detailliert festgelegt wird, oder auch das Gebot, sich nur in männlicher Begleitung in der Öffentlichkeit zu bewegen. Daher kann bei hinreichender Radikalität nahezu alles, was diejenigen tun, die nicht dem rechten Glauben anhängen, als Beeinträchtigung der Ausübung der islamischen Religion angesehen werden.

Hinzu kommt, dass diese Regeln eine freie Religionsausübung für andere Religionen nicht vorsehen. Allerdings wurden im frühen Islam die Anhänger von ‚Buchreligionen', vor allem Christen und Juden, nicht daran gehindert, ihre Religion weiter auszuüben, wenn sie eine zusätzliche Steuer zahlten. Sie kann vermutlich als eine materielle Kompensation für die allein schon von der Existenz fremder Religionen ausgehende ‚Belästigung' der frommen Muslime angesehen werden.

Vor diesem Hintergrund kann man die Angst vor einer Islamisierung westlicher Staaten durch eine muslimische Minderheit nicht als reine Panikmache abtun. Allerdings ist es schon merkwürdig, wenn diese Gefahr überwiegend dort beschworen wird, wo es so gut wie keine islamischen Zuwanderer gibt[92]. Wo es aber größere Islamische Gemeinden gibt, könnten radikale Gruppen tatsächlich versuchen, ‚befreite Zonen' zu etablieren, wo eine selbsternannte Religionspolizei die Einhaltung islamischer Regeln überwacht (Stichwort: Religionspolizei in Wuppertal). Da dies der Staat nicht hinnehmen kann, können die Radikalen das Verbot als Behinderung der islamischen Religionsausübung interpretieren und ihre Anhänger zum Dschihad aufrufen, um mit Attentaten die Eskalationsspirale weiter anzuheizen. Da die Salafisten die Grenze zwischen Gläubigen und Ungläubigen sehr eng ziehen, sind Schiiten und gemäßigte Sunniten von dieser Terrorgefahr ebenso betroffen wie Christen oder Nichtreligiöse.

Die westlichen Staaten müssen daher eine ganz klare rote Linie ziehen. Nur wer bereit ist, den Anhängern aller anderen Religionen *dieselben Rechte auf freie Religionsausübung* zuzugestehen, die er für die eigene Religion beansprucht, kann ein Bleiberecht und ggfs. die Einbürgerung bekommen. Wer dazu nicht bereit ist, muss gehen.

17 Die sozialen Kosten der westlichen Expansion

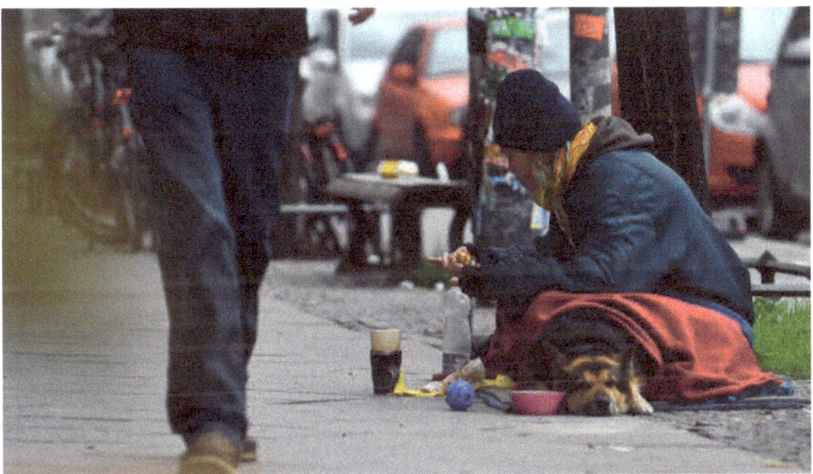

Die Bundesarbeitsgemeinschaft Wohnungslosenhilfe e.V. schätzt, dass in Deutschland im Jahr 2014 335000 Menschen ohne Wohnung waren und prognostiziert eine weitere Zunahme der Wohnungslosigkeit.

17.1 Wieso soll eine Schadensbilanz gezogen werden?

Im fünfzehnten Kapitel haben wir gesehen, dass der Westen die Selbstauflösung des sowjetischen Realsozialismus für eine überwiegend wirtschaftliche Expansion genutzt hat. Dagegen hat sich die westliche Staatengemeinschaft nur unwesentlich erweitert um mittel- osteuropäische Staaten. Sie haben zwar die Aufnahmekriterien der EU erfüllt, aber es ist noch offen, ob sich in diesen Staaten eine Zivilgesellschaft etablieren kann, die die Verwestlichung lebt und sich mehrheitlich mit Demokratie und Marktwirtschaft identifiziert. Hier ist schon deswegen Skepsis angebracht, weil die rein wirtschaftliche und nur auf ein institutionelles ‚Minimalmodell' gestützte westliche Expansion die Zivilgesellschaft in den ‚älteren' westlichen Staaten erheblich strapaziert und geschädigt hat.

In diesem siebzehnten Kapitel soll daher eine Schadensbilanz gezogen werden. Im *folgenden Abschnitt* wird gezeigt, dass die soziale Frage infolge der wirtschaftlichen Globalisierung zumindest für einen Teil der Bevölkerung wieder aktuell wurde. Im *dritten Abschnitt* werden wir dagegen auf einen relativ neuartigen Widerspruch zwischen dem nationalen und dem transnationalen Staat stoßen. Seine Grundlage wurde zwar bereits in der Ära des Kalten Kriegs gelegt, aber erst nach 1991 schiebt er sich zunehmend in den Vordergrund. Sowohl die soziale Frage wie auch der Widerspruch zwischen nationalem und transnationalem Staat bilden den Humus für zunehmende innere Systemkritik. Sie richtet sich nicht gegen das westliche Gesellschaftsmodell an sich, sondern sie propagiert die Wiederkehr des nationalen Staates, der für seine Bürger Partei ergreift und in einer nationalen Kultur wurzelt (fünfter Abschnitt).

17.2 Die zunehmende soziale Spaltung und die Rückkehr der sozialen Frage

Man kann zeigen, dass die Sozialstruktur der westlichen Staaten in den letzten Jahrzehnten wieder hierarchischer geworden ist und zunehmend in drei Sozialschichten auseinanderdriftet. Infolge der üblicherweise als Globalisierung bezeichneten westlichen Expansion nach dem Minimalmodell sind die sozialen Auswirkungen des westlichen Kapitalismus wieder wesentlich selektiver geworden. Man kann auch von einer neuen sozialen Spaltung sprechen, die aber zwei Gräben zugleich aufwirft: Zwischen ‚ganz oben' und einer breiten Mitte sowie zwischen dieser Mitte und ‚ganz unten'. Während eine Oberschicht von der Globalisierung profitiert hat, hat sich für die mittleren Soziallagen wenig verändert. Dagegen hat sich eine neue Unterschicht gebildet, weil für einfache Routinetätigkeiten die Marktmechanismen in einer an den Frühkapitalismus erinnernden Art und Weise wieder wirksam geworden sind. In diesem Bereich ist auch die Protektion durch den Wohlfahrtsstaat löchrig geworden.

Wie unterscheiden sich diese drei Sozialschichten voneinander? Eine Oberschicht grenzt sich von der Mittelschicht dadurch ab, dass sie ihre Einkommen überwiegend in den Vermögensaufbau fließen. Entweder werden sie als Renditen aus Vermögenswerten erzielt (näheres hierzu bei Piketty 2014: 447ff.) oder als hohe Entlohnung für besondere Qualifikationen, die weltweit gesucht werden (Stichwort: Symbolanalytiker; Reich 1993). Daher erzielen sie bei der Vermarktung des eigenen Arbeitsvermögens Erträge in einer Höhe, die überwiegend in den Aufbau eines eigenen Vermögens fließen können (Piketty 2014: 401ff.).

Auch die Mittelschicht erzielt noch nennenswerte Kapitalerträge, wenn man wie Piketty Mieterträge und die Nutzung eigener Immobilien einbezieht. Unabhängig davon, ob Erträge aus dem Eigentum an Produktionsmitteln, aus selbständiger Tätigkeit oder Transferleistungen oder aus der Vermietung der eigenen Arbeitskraft fließen, definiert sich die Mittelschicht durch laufende Einkommen, die überwiegend für den Lebensunterhalt verwendet werden. Wenn überhaupt, dann kommt es in dieser Schicht nur zum Aufbau von Vermögenswerten in überschaubarer Höhe, von deren Erträgen allein man nicht leben kann.

Dagegen kann die Unterschicht (heute wird dieser tabuisierte Begriff meist durch ‚Prekariat' ersetzt) entweder durch die Vermietung des eigenen Arbeitsvermögens und/oder durch staatliche Transferleistungen gerade so viel Einkommen erzielen, dass ein Leben in relativer Armut geführt werden kann. Dabei ist aber die Reproduktion des eigenen Arbeitsvermögens tendenziell gefährdet und die Zukunft unklar. Dadurch fehlt der Lebensführung eine verlässliche Zukunftsperspektive. Es dominiert ein Leben ‚von der Hand in den Mund'.

Es ist nun leicht zu verstehen, warum die *Unterschicht Opfer der neoliberalen Wende und der wirtschaftlichen Globalisierung* geworden ist. Einmal fassen Migranten typischerweise in diesem unteren Segment niedrig entlohnter und vom Sozialstaat nur unzureichend geschützter Arbeit Fuß. Die Konkurrenz auf dem nationalen Arbeitsmarkt wächst also. Zum anderen wurde gerade in diesem Segment der Arbeitsmarkt erfolgreich ‚liberalisiert', so dass das sozialdemokratische Ziel, von der Vermietung des eigenen Arbeitsvermögens lebenslang auskömmlich leben zu können, hier nicht mehr realisiert werden kann. In Deutschland stoßen wir auf diese Art von Arbeit sowohl bei Leiharbeit, bei sogenannten 400 Euro- Jobs, aber auch bei Routinearbeit in Teil- oder Vollzeit in einigen Branchen des Dienstleistungssektors. Hinzu kommen Menschen, die von Schwarzarbeit jenseits der Sozialversicherungspflicht leben. Auch dort, wo es sich um sozialversicherungspflichtige Arbeitsplätze handelt, werden keine Anrechte auf Renten erzielt, die oberhalb der Sozialhilfesätze liegen. Diese ‚Liberalisierung' wurde durch die von den Unternehmen praktizierte Strategie letztlich erzwungen, Fertigungsprozesse mit einem hohen Lohnkostenanteil und dominierender Routinearbeit in Billiglohnländer auszulagern.

Die Mittelschicht lebt gewissermaßen noch in den alten Verhältnissen vor der neoliberalen Wende, weil für sie trotz einiger Abstriche der Wohlfahrtsstaat noch funktioniert und die Globalisierung weder positiv noch negativ gravierende Spuren hinterlassen hat. Das schließt den Aufbau von Zukunftsangst jedoch nicht aus. Auch wenn die Finanzierung des eigenen Lebens gesichert erscheint – wie sieht es für die nächste Generation aus? Was ist mit dem sozialen Umfeld, mit Kindern, Nachbarn, Freunden und Bekannten?

Die Oberschicht hat von der Globalisierung und der neoliberalen Wende eindeutig profitiert. Piketty hat gezeigt, dass seit etwa 1970 die Vermögen und die daraus fließenden Renditen wieder wachsen. Bei der Einkommensverteilung sind die besonders hohen Einkommen besonders stark gewachsen (Piketty 2014: 573ff.). Auch diejenigen, die besonders hohe Erträge mit ihrem besonders gefragten Arbeitsvermögen[93] erwirtschafteten, konnten hohe Zuwächse erzielen, weil sich auch dieses Arbeitsmarktsegment globalisiert hat.

Daher wird der soziale Graben zwischen denjenigen, die von Routinearbeit auskömmlich leben, und den wirtschaftlichen Eliten tiefer und immer deutlicher sichtbar. Daneben ist ein zweiter sozialer Graben unter den Routinearbeitern entstanden. Dieser zweite soziale Graben signalisiert: man kann nicht mehr selbstverständlich davon ausgehen, von Routinearbeit lebenslang auskömmlich leben zu können. Unter ungünstigen Umständen landet man in Soziallagen mit extrem hohem Armutsrisiko. In dieser Form ist die alte soziale Frage aus dem 19. Jahrhundert auf die politische Bühne der westlichen Staaten zurückgekehrt.

17.3 Was wird aus der staatlichen Protektion der eigenen Bürger? Der Widerspruch zwischen nationaler und transnationaler Protektion

Die Protektion der eigenen Bürger ist ein grundlegendes Merkmal aller Staaten

Dass Staaten sich nur um die eigenen Bürger zu kümmern haben, ist geradezu ihr Wesensmerkmal. Vielleicht ist es bei der Erfindung der Staatlichkeit nur besonders klar hervorgetreten (vgl. Kapitel 2 und 3). Denn die Kultgemeinschaften, die sich den übermächtigen lokalen Göttern unterworfen hatten, gewannen auf diese Weise *ganz exklusiv* deren Schutz und Unterstützung. Das ermutigte sie systematisch an Kollektivgütern zu arbeiten, wie etwa am Bau und der Wartung von Bewässerungskanälen, die die Grundlage für mehrere Ernten im Jahr und damit für wirtschaftliches Wohlergehen der Bevölkerung des jeweiligen Staates schufen. Mit der Ausbreitung der Staatlichkeit wurde dann der militärische Schutz, aber auch die Möglichkeit der Plünderung und Eroberung ‚feindlicher' Staaten immer wichtiger.

Damit klar ist, wem die staatliche Protektion gilt, auf welches Gebiet sie sich erstreckt, und wer Leistungen für den Staat erbringen muss, müssen Staaten erstens territoriale Grenzen definieren und durchsetzen. Zweitens müssen sie genau regeln, wer zur Bevölkerung gehört und wer nicht. Drittens müssen Staaten über eine Regierung verfügen, die die notwendigen Entscheidungen trifft und durchsetzt. Das sind von den ersten Staaten bis heute genau die Merkmale geblieben, an denen man Staaten erkennen kann (Jellinek 1900). Vor einigen Jahrzehnten ist die Idee aufgekommen, dass die Staaten in Form von Steuern und Abgaben eine „Protektionsrente" kassieren würden, die den Ertrag ihrer ‚Protektionsleistung' beschreibt (Hintze 1929, Bornschier 1998). Diese Hinweise sollten ausreichen, um zu begründen, warum die Beziehung des Staates zu *seinen* Staatsbürgern ein grundlegendes Merkmal von Staatlichkeit ist. Die *wirtschaftliche Komponente* dieser Beziehung können wir als Austausch von staatlichen Protektionsleistungen gegen Steuern und andere Tributleistungen (PgS) fassen.

Eine neuartige Beziehung zwischen Bürger und Staat

Neben diese altbekannte Beziehung der Staaten zu ihren eigenen Bürgern ist infolge der wirtschaftlichen Globalisierung eine zweite Beziehung zwischen der *westlichen Staatengemeinschaft* und *transnationalen Wirtschaftsakteuren* getreten. Auch in dieser Beziehung geht es um den Austausch von Steuern/Tributleistungen gegen staatliche Protektion. Sie folgt aber Mustern, die mit der traditionellen Bürger-Staat-Beziehung unvereinbar sind.

Mit der Herausbildung transnationaler Unternehmensnetzwerke und der damit einher gehenden Transnationalisierung des Finanzsektors entsteht der Typus eines *transnationalen Wirtschaftsakteurs*, der seinerseits auswählt, zu welchen Staaten er jederzeit reversible wirtschaftliche Austauschbeziehungen von Steuerpflicht gegen Protektion eingeht. *An die Stelle der festen politischen Beziehung zwischen der bürgerlichen Zivilgesellschaft und dem Staat* treten *wirtschaftliche Selektionsentscheidungen* (insbesondere Standortwahl), die auf die durch Ratingagenturen systematisierte Bewertung der unterschiedlichen ‚Bonität' von Staaten reagieren.

Diese Bonitätsbewertungen reflektieren den international vergleichenden Blick auf staatliche Protektionsleistungen wie Rechtstaatlichkeit, Bekämpfung von Kriminalität und Korruption, Subventionen, die Garantie infrastruktureller Leistungen

(Verkehrsverbindungen, Energieversorgung, Internet etc.) und den ungehinderten Transfer von Gewinnen. Weiterhin geht es dabei um standortspezifische Ressourcen und Möglichkeiten wie das Arbeitskräftepotential, hohe Wachstumsraten, Nachholbedarf bei Konsumgütern etc.

In dieser alternativen Bürger–Staat-Beziehung hat sich das traditionelle Unterwerfungsverhältnis der Staatsbürger unter die Staatsgewalt (Kapitel 2) umgekehrt, *weil das staatliche Gewalt- und Steuermonopol nicht mehr unausweichlich gilt.* Hier tritt der Staat als eine Art Standortanbieter dem transnationalen Wirtschaftsakteur gegenüber, der ‚optimale' Standorte für Unternehmensaktivitäten oder Finanztransaktionen sucht. Die *politische* Beziehung Bürger-Staat ist also *an die Marktbeziehung assimiliert worden.* Wie in jeder anderen Marktbeziehung kann auch auf diesem *Markt für staatliche Protektion* die Nachfrage das Angebot gemäß ihren Wünschen zu steuern versuchen. Der Kunde ist auch hier König. Allerdings können auch auf diesem Markt die Anbieter die Kräfteverhältnisse durch Kooperation (Stichwort: Oligopol) umkehren.

Heute existieren zwei Varianten des liberalen bürgerlichen Staats nebeneinander

Die große Innovation der bürgerlichen Gesellschaft war zweifellos der dienende Staat (Kapitel 6). Dieser dienende Staat basierte aber nach wie vor auf dem klassischen Unterwerfungsverhältnis der Bürger unter die staatliche Herrschaft. Neuartig war nur, dass die staatliche Herrschaft dazu dienen sollte, den Bürgern genau fixierte Rechte zu garantieren und dass die Staatsgewalt ganz direkt auf die Marktordung und die wirtschaftliche Protektion der Staatsbürger ausgerichtet wurde.

Mit der wirtschaftlichen Globalisierung der 1990er Jahre ist eine hierzu alternative Beziehung zwischen Staaten und transnationalen Wirtschaftsakteuren hinzugekommen. Hier gilt das traditionelle Unterwerfungsverhältnis nicht mehr uneingeschränkt. Eine natürliche oder eine juristische Person wählt unter Nützlichkeitsgesichtspunkten aus, welcher staatlichen Herrschaft man sich für welche Geschäftsbeziehung wie lange unterwirft. Im zweiten Kapitel dieses Buches wurde gezeigt, dass erst die *gemeinsame* Unterwerfung unter eine überlegene zunächst als göttlich interpretierte Macht das Problem zwischenmenschlicher Machtausübung löste. Hier ist dieses Unterwerfungsverhältnis auf den Zwang geschrumpft, sich für Standorte und damit auch für staatliche Steuer- und Gewaltmonopole *entscheiden zu müssen.*

Ist es vorstellbar, dass alle Bürger-Staat-Beziehungen auf dieses neue Modell umgestellt werden könnten? Prinzipiell ja, aber dann müssten entweder alle Bürger zu Nomaden werden oder der Grundsatz müsste abgeschafft werden, dass ein Staat exklusiv über ein Territorium herrscht. Ähnlich wie bei der Aufhebung des Postmonopols könnte man dann an einem Ort unter mehreren Anbietern staatlicher Dienstleistungen wählen. Da beide Möglichkeiten vorerst keinerlei Realisierungschancen haben werden, muss man davon ausgehen, dass sich bis auf weiteres zwei ganz unterschiedliche Bürger-Staat-Beziehungen nebeneinander etabliert haben.

Mit diesen beiden unterschiedlichen Beziehungen zwischen Bürger und Staat sind, und das ist der eigentliche Knackpunkt, zwei ganz unterschiedliche Varianten des bürgerlichen Staates verknüpft. Während in der herkömmlichen Bürger-Staat-Beziehung die Staaten gegenüber dem Bürger souverän sind und z. B. sein Verhalten durch Gesetze regulieren oder Steuersätze bei Bedarf erhöhen können, unterliegt der Staat als Standortanbieter einem Leistungswettbewerb mit anderen Anbietern staatlicher Protektion. Hierbei geht es darum, mit möglichst niedrigen Steuersätzen möglichst viel an effektiver Marktordnung, an Kriminalitätsbekämpfung etc. zu leisten.

Noch bedeutsamer war allerdings, dass die westlichen Staaten die Rahmenbedingungen für die über den klassischen Freihandel ja wesentlich hinausgehende wirtschaftliche Globalisierung der 1990er Jahre organisieren mussten. Das war ohne eine partielle Vergemeinschaftung des einzelstaatlichen Gewaltmonopols nicht möglich. Aus der einzelstaatlichen Perspektive betrachtet bedeutet das, *dass jeder Staat politische Souveränität abtreten musste*. Dies geschieht in Form völkerrechtlich bindender Verträge zwischen den Staaten. Darüber hinaus können Staaten sich zusammenschließen, um einen gemeinsamen Wirtschaftsraum politisch zu organisieren. In der EU ist diese Möglichkeit am konsequentesten genutzt worden.

Der Widerspruch zwischen dem nationalen und dem transnationalen westlichen Staat

In der Ära des Kalten Kriegs und des Ost-West-Gegensatzes wurde auch die Tatsache durch das alles dominierende Freund-Feind-Schema überlagert, dass sich diese beiden unterschiedlichen Varianten des westlichen Staats nicht unter einen Hut bringen lassen. Nach der Lehmann Pleite 2008 nahmen die Anforderungen und Erwartungen an die westlichen Staaten von allen Seiten zu. Daher wurde nun zunehmend sichtbar, dass sich beide Varianten sogar diametral widersprechen.

Der hauptsächliche Punkt ist, dass in der nationalen Bürger- Staat-Beziehung immer ein *parteilicher Staat* erwartet werden kann: Es geht immer nur um die Interessen und den Schutz der eigenen Bürger. Das ist der traditionelle Nutzen des Unterwerfungsverhältnisses. Deswegen fühlten sich schon im alten Ägypten die Bürger von Tunip berechtigt, ihren Pharao trotz seines Status als Gott hart zu kritisieren und staatlichen Schutz einzufordern (vgl. Kapitel 2). Dieser Tradition folgten auch die bürgerlichen Staaten, wie am Beispiel Venedigs gezeigt wurde. Mit dem Wohlfahrtsstaat wurde dieser Schutz auf die wirtschaftlichen Interessen der

Lohnarbeiter ausgeweitet, so dass die staatliche Protektion aller Staatsbürger zur inhaltlichen Grundlage der westlichen Demokratie werden konnte.

Genau diese Parteilichkeit für die eigenen Bürger muss der transnationale Staat aber glaubwürdig dementieren, wenn er bei der Standortkonkurrenz erfolgreich sein will und wenn er sich an der Etablierung transnationaler Wirtschaftsräume und gemeinsamer Märkte beteiligen möchte. Während der Nationalstaat zumindest vom Prinzip her für alle *seine* Bürger und ihre Interessen da sein will, ist der transnationale Staat für alle da, die auf transnationale Wirtschaftsräume angewiesen sind. Das schließt eine Parteilichkeit für die eigenen Bürger aus. *Faktisch gilt diese transnationale Protektion jedoch nur den wirtschaftlichen Eliten*: großen und mittleren Unternehmen, die ihre Produkte tendenziell weltweit verkaufen und die selbst zu transnationalen Unternehmensnetzwerken wurden. Weiterhin sind das Investoren, die nur deswegen gute Renditen erzielen, weil sie nicht nur auf einem nationalen Markt zuhause sind. Ebenso profitieren auch diejenigen direkt von der Transnationalisierung, die über international besonders gesuchte Spezialqualifikationen verfügen.

Liberale Anhänger der Idee eines freien Welthandels können nun mit respektablen Argumenten einwenden, dass zumindest indirekt alle von der wirtschaftlichen Globalisierung profitieren. Daher wäre transnationale Protektion zugleich immer auch nationale Protektion. Als Konsumenten profitieren wir alle von billigeren Produkten. Lokale oder nationale Unternehmer, Selbständige und Arbeitnehmer profitieren vom höheren Wirtschaftswachstum. Die Gegenargumente betonen dagegen, dass die wirtschaftliche Globalisierung die Verlagerung von Arbeitsplätzen in Niedriglohnstandorte ermöglicht hat und dass sie das Wegrationalisieren von Arbeitsplätzen rentabler mache. Als Fazit ergibt sich daraus: Sicher ist nur, dass die wirtschaftlichen Eliten vom transnationalen Staat profitieren. Ob und inwieweit alle anderen indirekt mitprofitieren oder ob sie unter dem Strich eher Verlierer der Transnationalisierung sind, bleibt unklar, solange nur die Argumente ausgetauscht werden. Da die Globalisierung ein Realexperiment ist, kann weder die eine noch die andere Sichtweise empirisch ausgetestet werden. Als Belege können immer nur Beispiele genannt werden, die aber allenfalls nur punktuelle Beweiskraft haben können. Mehr Beweiskraft hat nur der historische Längsschnitt, also z. B. die Entwicklung der Reallöhne oder auch der Vermögen über längere Zeiträume. Hier zeigt sich, dass die Reallöhne in den westlichen Ländern in der Ära des kalten Kriegs bis ca. 1980 angestiegen sind und seitdem stagnieren oder leicht rückläufig sind[94]. Ab ca. 1970 nimmt dagegen die Ungleichheit bei der Vermögensverteilung wie auch der Anteil der Kapitaleinkommen wieder zu (Piketty 2014: 157ff.). Ebenso lassen sich bei der Einkommensverteilung Tendenzen zur zweifachen sozialen Spaltung ausmachen (siehe unter 17.2).

Der Widerspruch zwischen nationalem und transnationalem Staat entzündet sich also an der Frage seiner Parteilichkeit. *Für die ‚standorttreuen' Bürger ist unklar geworden, für wessen Interessen ‚ihr' Staat tatsächlich eintritt.* Diese Frage wird durch zwei weitere Aspekte dieses Widerspruchs noch weiter politisch aufgeladen.

Der erste Aspekt betrifft den Zusammenhang zwischen Steuern und staatlicher Protektionsleistung. In der *nationalen* Bürger-Staat-Beziehung ist klar, dass der Staat die Steuern erhöhen kann, wenn er mehr Geld benötigt. Wenn Steuererhöhungen demokratisch korrekt zustande gekommen sind, muss sie der Bürger schlucken. Der transnationale Akteur kann dagegen zumindest auf mittlere Sicht auf ‚billigere' Staaten ausweichen und vor allem kann er, wenn er ein hinreichend verschachteltes Firmenimperium aufgebaut hat, dafür sorgen, dass Gewinne nur dort anfallen, wo die Besteuerung gegen Null geht. Das hindert ihn aber keineswegs daran, gleichermaßen von der Bonität eines Standorts zu profitieren wie nationale Konkurrenten, die ihrer Steuerpflicht in vollem Umfang nachkommen. Hinzu kommt, dass sie von den Aktivitäten des transnationalen Staates nicht nur indirekt sondern auch direkt profitieren können. Von Programmen zur Rettung systemrelevanter Banken oder von nationalen Programmen, die zur Ankurbelung der Weltkonjunktur beitragen sollen, profitieren nämlich alle am nationalen Standort präsenten Wirtschaftsakteure. Finanziert wurden sie aus dem nationalen Steuertopf. Auch bei Kreditfinanzierung haftet und zahlt letztlich der nationale Steuerbürger. Selbst wenn man vorsichtig formuliert, kann man immer noch festhalten, dass die Profiteure der Globalisierung große Chancen haben, von den steuerfinanzierten staatlichen Protektionsleistungen als steuervermeidende Trittbrettfahrer zu profitieren. Dabei darf allerdings nicht übersehen werden, dass die westlichen Staaten in jüngster Zeit einiges unternommen haben, um dieses Trittbrettfahrerproblem in den Griff zu bekommen.

Der andere Aspekt ist dagegen mit konventionellen Mitteln nicht zu lösen. Die transnationale Bürger-Staat-Beziehung ist nämlich nicht nur mit einem finanziellen Trittbrettfahrerproblem verknüpft. Sie unterhöhlt auch noch die Demokratie. Die demokratische Willensbildung muss nämlich einen *partei*-lichen Staat unterstellen. Nur dann macht es Sinn, dass sich *Parteien* etabliert haben, die unterschiedliche politische Programme vertreten. Diese Programme sollen aufzeigen, wie die Interessen der Wähler am besten in konkrete Regierungspolitik übersetzt werden sollten. In diesem Rahmen bewegen sich folglich auch die politischen Debatten und Kontroversen und der aus dem demokratischen Prozess letztlich folgende Auftrag einer Mehrheit der Wahlbeteiligten an die Regierung. Nähere Details sind entbehrlich, weil für das Demokratieproblem unerheblich.

Die offensichtliche Leerstelle im demokratischen Prozess ist die transnationale Protektionsleistung des Staates. Die maßgeblichen Akteure der Weltwirtschaft sind eher zufällig unter den Wählern vertreten und das, was der Staat für den transnationalen Wirtschaftsraum tun soll, ist eher zufällig in den politischen Debatten und den programmatischen Aufträgen der Wähler enthalten, weil die Wähler ja einen nationalen Staat unterstellen, der für seine eigenen Bürger und für niemand sonst etwas tun soll. Dennoch machen die Regierungen westlicher Staaten permanent transnationale Politik und sie sorgen für die politische Protektion transnationaler Akteure.

Allerdings muss sich nun niemand sorgen, dass transnationale Akteure/Eliten deswegen ohne politischen Einfluss wären. Das Gegenteil ist der Fall und das Problem ist, dass diese Einflussnahme über Kanäle jenseits der demokratischen Willensbildung erfolgt. Der wohl wichtigste Faktor ist schlicht der Standortwettbewerb. Da die Kriterien, nach denen die ‚Bonität' von Wirtschaftsstandorten bewertet wird, relativ klar sind, müssen Regierungen in vorauseilendem Gehorsam ihre Politik an diesen Kriterien orientieren, wenn ihr Territorium und damit auch die eigenen Bürger als Arbeitnehmer von der Globalisierung profitieren sollen. Darüber hinaus verfügen internationale Investoren über eine ganze Reihe von *Instrumenten, um die Politik von Regierungen direkt zu beeinflussen.*

Das wohl wichtigste Instrument ist die *Spekulation gegen eine Währung.* So standen z. B. am Beginn der sogenannten ‚Eurokrise' koordinierte öffentliche Verlautbarungen internationaler Investoren, in denen ein Kurseinbruch des Euro aufgrund der massiven Neuverschuldung der Euro- Länder vorausgesagt wurde. Dabei störte es überhaupt nicht, dass sich die USA in demselben Zeitraum wesentlich massiver verschuldet hatten. Denn nicht nur Börsenkurse sind kurzfristig wechselnden ‚Stimmungen' der Anleger unterworfen. Dasselbe gilt auch für Währungen, wobei hier eben die finanziellen Hebel, mit denen solche Befindlichkeiten und Prognosen in Realität umgesetzt werden, entsprechend großformatiger sein müssen[95]. Allerdings reicht es oft aus, die eigene ‚Prognose' durch entsprechende finanzielle Transaktionen ‚anzuschieben'. Das veranlasst dann zahllose weitere Anleger auf den fahrenden Zug aufzuspringen. Hier ist nur das politische Resultat erfolgreicher Einflussnahme wichtig: *Der Kampf der Euro-Staaten gegen diese Anti-Euro-Spekulation erzwang in kürzester Zeit mehr institutionelle Veränderungen der EU als zehn Jahre ‚normale Politik'.*

In diesen Kontext gehört auch der *Markt für Staatspapiere und die Bewertungen der Bonität der Schuldnerstaaten.* Anders als die klassischen bürgerlichen Staaten verschulden sich heutige Staaten nicht mehr bei den eigenen Besitzbürgern (Kapitel 6) sondern bei internationalen Finanzinvestoren. Sie haben keine feste Bindung zu einem Staat, sondern orientieren ihre Operationen an der ‚Bonität' von Staaten. Je geringer das ‚Vertrauen' der Investoren in die Bonität eines Staates, desto höher der Zinssatz seiner Staatspapiere und umgekehrt. Je höher die Verschuldung eines

Staates ist, desto größer sind die Möglichkeiten internationaler Investoren, durch Stimmungsmache und Spekulation politischen Druck auf die jeweilige Regierung auszuüben.

Neben diesen großformatigen und auf rasche Wirkungen abzielenden Einflusskanälen gibt es noch das weite Feld des *politischen Lobbyismus*. Schon die Schätzungen über die Zahl der ‚offiziellen' Lobbyisten[96] signalisieren, dass auch dieser Einflusskanal erhebliche Bedeutung hat. Lobbyisten nehmen aber weniger auf generelle Standortbedingungen, Steuersätze oder die gesamte Umweltgesetzgebung Einfluss. Der Lobbyismus zielt mehr auf Details, auf konkrete Interessen einzelner Branchen und Unternehmen. Gute Beispiele aus Deutschland sind die Ausnahmeregelungen für energieintensive Betriebe bei der Ökosteuer oder der Einfluss auf die genaue Regelung der Deckelung der Preise für Medikamente der Pharmaindustrie bei der ‚Gesundheitsreform'. Diese Gesetzesdetails wären ohne den Einfluss der ‚einschlägigen' Lobbyisten wohl anders ausgefallen[97].

In der Frühgeschichte des Parlamentarismus, insbesondere in England, wurden Abgeordnete schlicht gekauft, wenn sie über kein Vermögen verfügten, aus dem sie ihre Lebenshaltung finanzieren konnten. Diese Art von Bedürftigkeit ist durch die Besoldung der Abgeordneten abgeschafft worden. Daher müssen Lobbyisten heute subtiler vorgehen. Sie setzen einerseits finanzielle Mittel ein, etwa um den Wahlkampf einzelner Parlamentarier zu unterstützen oder für sie Möglichkeiten der Profilierung zu schaffen. Sie gewinnen ihr Ohr aber auch, wenn sie ihnen z. B. Kontakte schaffen, sie in bestimmte Zirkel einführen, ihnen zu medienwirksamen Auftritte verhelfen usw. Schließlich helfen auch Hinweise auf Arbeitsplätze, die im Wahlkreis des Parlamentariers gerettet bzw. geschaffen werden können, wenn der Gesetzesentwurf XY in einem Punkt geändert werden soll.

Diese Einflusskanäle sorgen dafür, dass der ‚normale', im politischen System der Massendemokratie vorgesehene Weg zunehmend an Bedeutung verliert, nämlich sich am Prozess der politischen Willensbildung zu beteiligen. Diese Abwertung der politischen Willensbildung ist vor allem darauf zurückzuführen, dass Entwicklungen auf den relevanten Märkten für Währungen und Staatskredite, darüber hinaus auch die allgemeine Wirtschaftsentwicklung, die operative Politik jederzeit zu Problemlösungen zwingen kann, die mühselig durchgesetzte politische Programme schnell zu Makulatur werden lassen. Dagegen sorgt der Wirtschaftslobbyismus dafür, dass viele ambitionierte politische Programme zu zahnlosen Tigern werden, sobald sie in Gesetzesform gegossen werden. Solche Erfahrungen mit der tatsächlichen Politik führen bei manchen Bürgern zu politischer Resignation, bei anderen zu hilflosem Wutbürgertum und zu einer Kultur der Wahlenthaltung, weil die Wähler permanent das Gefühl haben, dass die Politiker nach der Wahl eher das Gegenteil von dem machen, was sie vor der Wahl versprochen haben.

Er wäre aber zu kurz gegriffen, wenn man diese Enttäuschung zu einer Charakterfrage der zur Wahl stehenden Politiker machen würde. Die Rede vom ‚Wählerbetrug' oder gar die üble Parole von den ‚Volksverrätern' vernebelt eher das Problem. Es hat vor allem damit zu tun, dass die oben skizzierten Einflusskanäle auch die charakterfestesten Politiker in Situationen bringen, in denen das Programm, das sie durchsetzen wollen, nur noch wenig zählt.

Das Demokratieproblem wird durch einen weiteren Aspekt des Widerspruchs zwischen nationalem und transnationalem Staat noch verschärft. Die nationalen Interessen seiner Bürger konnte immer nur ein starker Staat durchsetzen. Deswegen war in der frühmodernen Phase der Globalisierung auch die Stärke des nationalen Staates der entscheidende Grandmesser dafür, ob die Bürger eines Staates von der Globalisierung profitieren oder nicht. Der international renommierte Historiker dieser Globalisierungsphase, Immanuel Wallerstein hat daher eine nach nationaler Stärke abgestufte Hierarchie zwischen den Staaten des 17. und 18. Jahrhunderts ausgemacht (Wallerstein 1974; 1980; 2004). Die jeweilige Hegemonialmacht stand dabei an der Spitze der Zentrumsstaaten, weil sie den mächtigsten Staat ausgebildet hatte. Sie sorgte dafür, dass die *eigenen* Staatsbürger am meisten von der Globalisierung *profitierten*. Eine solche Hierarchie mit der Hegemonialmacht USA lässt sich auch heute noch ausmachen. Nur hat sich die Beziehung zwischen staatlicher Stärke und dem wirtschaftlichen Profitieren der eigenen Bürger deutlich relativiert. Das liegt daran, dass die westlichen Staaten zugunsten eines transnationalen Wirtschaftsraums Souveränität abgetreten haben und sich zur Gleichbehandlung wirtschaftlicher Akteure verpflichtet haben. Das begrenzt zwangsläufig auch die politischen Möglichkeiten nationaler Regierungen und zwar insbesondere bei wirtschaftlich sensiblen Themen. *Die Souveränität jeder Regierung wird heute* eben nicht nur durch die Verfassung sondern auch, *und zwar mit steigender Tendenz, durch internationale Verträge eingeengt.*

Das Ziel solcher Verträge kann ja nur sein, dass Staaten Souveränität abtreten. Wenn ein Staat z. B. dem Vertag gegen Landminen beitritt, dann verpflichtet er sich für die Zukunft, keine Landminen einzusetzen. Das Gleiche gilt aber auch bei Handelsabkommen, in denen z. B. Investoren ein Schutz ihrer Investitionen gegen zukünftige profitmindernde Gesetze etwa im Bereich von Ökologie und Umwelt oder von Sozialstandards zugesagt wird. Für jedes dieser Abkommen mag es sehr gute Gründe geben. Das ändert aber nichts daran, dass die freie politische Willensbildung auf diesem Wege immer weiter eingeengt wird.

Übersicht Zum Widerspruch zwischen nationalem und transnationalem westlichen Staat

<table>
<tr><th></th><th>Nationaler Staat</th><th>Transnationaler Staat</th></tr>
<tr><td>1</td><td>Parteilich zugunsten der eigenen Staatsbürger</td><td>Will für alle Wirtschaftsakteure gleiche Bedingungen schaffen.</td></tr>
<tr><td>2</td><td>Vom Nationalstaat profitieren nur die eigenen Bürger.</td><td>Von der wirtschaftlichen Globalisierung ab 1991 profitiert mit Sicherheit die internationale Wirtschaftselite; ob alle übrigen eher gewinnen oder eher verlieren, ist umstritten.</td></tr>
<tr><td rowspan="2">3</td><td colspan="2">Die staatliche Protektionsleistung wird, ob national oder transnational, aus nationalen Steuertöpfen durch Steuern der Bürger finanziert.</td></tr>
<tr><td>Bei Bedarf können Steuern erhöht werden.</td><td>Transnationale Akteure können Steuervermeidung praktizieren, ohne dass dadurch die Qualität der Protektionsleistung sinkt.</td></tr>
<tr><td rowspan="2">4</td><td colspan="2">Ausrichtung der Protektionsleistung durch</td></tr>
<tr><td>demokratische Willensbildung/politische Parteien, Parteispenden.</td><td>Standortwahl, Währungsspekulation, Finanzierung der Staatsschulden, Lobbyismus, Parteispenden.</td></tr>
<tr><td>5</td><td>Die Bürger sind an einem möglichst starken Staat interessiert.</td><td>Abtretung nationaler Souveränität in Form völkerrechtlich bindender Verträge.</td></tr>
<tr><td>6</td><td>Der Wohlfahrtsstaat bleibt national.</td><td>Der ideologische Kern der bürgerlichen Gesellschaft wird transnational: der freie Markt</td></tr>
</table>

Der zweite Widerspruch betrifft also die *Beziehung zwischen Bürger und Staat*. In direktem Zusammenhang mit der Etablierung eines transnationalen Wirtschaftsraums wird sie aufgespalten in einerseits die einmalige und irreversible wechselseitige Beziehung des Bürgers zu ‚seinem' Staat und des Staates zu ‚seinen' Bürgern. Ihr steht die jederzeit reversible *‚politische Marktbeziehung' zwischen Standortanbieter und Standortnachfrager* gegenüber.

17.4 Eine kleine Fallstudie zu den beiden konkurrierenden Welten der Staatlichkeit: Die EU Ende der 1980er Jahre

Nach einem vielbeachteten Urteil des Bundesverfassungsgerichts aus dem Jahr 1993 ist die EU als *Staatenverbund* anzusehen. Den Hintergrund für diesen Kategorisierungsversuch bildet die juristische Unterscheidung zwischen Staatenbund und Bundesstaat. Bei einem Staatenbund schließen sich Staaten zusammen, um bestimmte gemeinsame Interessen wahrzunehmen. Wenn sie einen Dachverband schaffen, der damit beauftragt wird, diese gemeinsamen Interessen zu vertreten, dann spricht man auch von einer Konföderation. In beiden Fällen bleiben die beteiligten Staaten in ihren Entscheidungen souverän. Bei einem Bundesstaat treten sie dagegen ihre autonome staatliche Souveränität ganz oder teilweise an eine Zentrale ab. Sie erlangt die Kompetenz, ihren Aufgabenbereich selbständig zu organisieren (sogenannte Kompetenz Kompetenz). Mit dem Begriff Staatenverbund wollte das Bundesverfassungsgericht einmal betonen, dass die EU nicht die juristischen Merkmale eines Bundesstaates aufweist, andererseits aber festhalten, dass sie ein verbindlicherer Zusammenschluss als ein bloßer Staatenbund ist.

Diese Begriffe beziehen sich direkt auf Zusammenschlüsse zwischen Staaten. Möglicherweise ist es jedoch sinnvoller, sich der EU unter dem weniger engen Gesichtspunkt multinationaler völkerrechtlicher Verträge zu nähern. Schließlich beruht sie ausschließlich auf derartigen Vereinbarungen zwischen den Mitgliedsstaaten. Ähnlich wie konkrete oder juristische Personen in privatrechtlichen Verträgen wechselseitige Verpflichtungen vereinbaren, binden sich in solchen Verträgen Staaten wechselseitig. Sie bleiben souverän, aber durch jeden multilateralen Vertrag begrenzen sie ihre Handlungsautonomie. Beispielsweise schränkten die Unterzeichner des Schengen-Abkommens ihre Souveränität bei der Gestaltung der Grenzkontrollen wechselseitig ein. Die EU beruht auf einem Geflecht solcher multilateraler Verträge, über das eine Zentrale, die EU-Kommission, vor allem ermächtigt wird, einen gemeinsamen europäischen Binnenmarkt zu organisieren, in dem sich im Prinzip Waren wie Personen frei bewegen können. Im Unterschied zu einem Bundesstaat (Beispiel USA) ist diese Zentralinstanz nicht autonom. Sie kann sich nicht in Zusammenwirken mit einem Bundesparlament selbst organisieren, sondern sie kann Gesetze nur vorschlagen. Diese müssen dann von den *Mitgliedsstaaten* gebilligt werden, die auch das Recht haben, die Vorschläge der Kommission in ihren Verhandlungen im sogenannten Ministerrat frei abzuändern oder zu verwerfen. In diesem Prozess hat das EU-Parlament eine überwiegend beratende Funktion. Teilweise kann es politische Entscheidungen auch blockieren (Beispiel: Ernennung der Kommissare der EU-Kommission). In jedem Fall ist es kein Parlament, in dem die Legislative konzentriert ist, wie zum Beispiel in den USA im Kongress. Das darf nicht sein, damit es nicht zu einem Bundesstaat kommt.

Aus der Perspektive des einzelnen Mitgliedsstaats bedeutet das: Er ist und bleibt im Prinzip souverän. Aber er hat sich dafür entschieden, die der EU zugrunde liegenden Verträge zu ratifizieren, dadurch hat er seine Souveränität eingeschränkt und sich zur Kooperation mit den anderen Mitgliedsstaaten verpflichtet. Er hätte den Beitritt auch ablehnen können. Meine These ist nun, dass durch die EU- Mitgliedschaft die politischen Systeme der Mitgliedstaaten auf eine problematische Weise gespalten werden. Einerseits sind sie als nationale Parlamente und Regierungen den eigenen Bürgern verpflichtet. Entsprechend der demokratischen Tradition sollen sie Politik für *ihre* Bürger, also nationale Politik, machen. Diese nationale Politik wird jedoch durch das Mitwirken der Regierung an der transnationalen Politik der EU auf vielfach Weise beschnitten und kanalisiert. Um nämlich das Projekt der europäischen Einigung voranzutreiben, muss sie zwangsläufig an der immer weiteren Verengung der Spielräume autonom nationaler Politik mitwirken. Zudem fungiert die Regierung in der nationalen Politik als Exekutive, im Ministerrat in Brüssel nehmen die Regierungsmitglieder für ihre jeweiligen Ressorts die legislative Rolle von Parlamentariern ein, für die sie in der Sache aber kein klares Mandat haben. Sowohl der Ministerrat wie auch seine Aufgaben sind durch zwischenstaatliche Verträge zustande gekommen. Rechtlich gesehen geht das sicherlich in Ordnung, aber den nationalen Wählern ist kaum bewusst, dass sie Parlamentarier gewählt haben, die nicht nur nationale Politik für ihre Interessen betreiben, sondern, wenn sie in die Regierung einziehen, zugleich immer auch transnationale Politik für einen europäischen Binnenmarkt mit darum gruppierten Politikfeldern gestalten. Welche Ziele sie dort verfolgen sollen, war kein Thema im Wahlkampf. Die Akteure im Ministerrat sind in der Regel in die nationalen Parlamente gewählt worden und den eigenen Wählern für nationale Politik verantwortlich. Jedes Vorankommen der EU impliziert jedoch zwangsläufig die Selbstverstümmelung der nationalen Politik durch nationale Politiker.

Die immer weitgehendere Selbstbindung durch multilaterale und völkerrechtlich bindende Verträge engt die sich in nationaler Politik ausdrückende staatliche Souveränität immer weiter ein. Dem Wähler muss also immer häufiger erklärt werden, dass dies und jenes zwar politisch sinnvoll wäre, aber ‚wegen Brüssel' nicht gehe. Diese ‚Selbstbeschneidung' nationaler Politik erfolgt zudem auf eine gelinde gesagt demokratisch fragwürdige Weise. Politikwissenschaftler wie Michael Zürn beklagen dieses Demokratiedefizit der EU seit langem (vgl. Zürn 1996). Dabei müsste dann aber auch ehrlicherweise hinzugefügt werden, dass es nur durch ein echtes EU-Parlament mit allen gesetzgeberischen Rechten behoben werden könnte, also durch den Schritt zu einem Bundesstaat.

Ich sehe in der EU nur die Spitze eines Eisbergs. Im Prinzip dieselbe Einschränkung der faktischen Möglichkeiten nationaler Politik erfolgt auch bei jedem anderen völkerrechtlich bindenden multilateralen Vertrag. Alle Runden zum Abbau von Handelshemmnissen beispielsweise müssen zwangsläufig die Wirtschaftspolitik der Vertragspartner einengen. Darum geht es ja. Wenn man an dieser Stelle die beiden dem Westen zugrunde liegenden Staatsmodelle des bürgerlichen und des Wohlfahrtsstaates (Kapitel 6 und 7) als Maßstab benutzt, dann ist zu erkennen, *dass die Transnationalisierung einseitig auf den ideologischen Kern der bürgerlichen Gesellschaft und des sie garantierenden Staates konzentriert worden ist: den freien Markt, die Freiheit des Warenverkehrs und der Person.* Er wird auf eine demokratisch fragwürdige Weise transnationalisiert. Dagegen bleiben die Sozialstandards und die sozialen Sicherungssysteme Domänen nationaler Politik.

Weil die EU nur die Spitze des Eisbergs der Transnationalisierung ist, lassen sich die alten Freiheiten nationaler Politik nicht allein durch einen EU-Austritt zurückzugewinnen. Diese von vielen Brexit-Befürwortern vertretene Vorstellung ist naiv. Das wird sich deutlicher zeigen, wenn der Austritt Großbritanniens aus der EU Realität werden sollte.

Dieser Prozess der Verlagerung nationaler Souveränität auf eine transnationale Ebene lief nach 1991 ungebremst weiter. Was bedeutete das für die EU und den Prozess der europäischen Einigung? Sie gewann durch die deutsch-deutsche Vereinigung neuen Schwung. Neben der Stärkung der westlichen Staaten in Kalten Krieg war mit der EU immer auch das Projekt einer europäischen Aussöhnung verbunden, die Kriege zwischen europäischen Staaten unmöglich machen sollte. Wer gemeinsam im Ministerrat Europa politisch führt, der wird nicht gegeneinander Krieg führen. Unter diesen Gesichtspunkten brachte der Anschluss der DDR an die BRD vor allem für die Nachbarstaaten das Problem eines von der Bevölkerungszahl und der Wirtschaftskraft her wieder allzu starken Deutschlands mit sich, das am besten durch eine stärkere EU- Integration eingebunden werden sollte. Vermutlich wäre der Vertrag von Maastricht ohne dieses Problem nicht oder jedenfalls nicht bereits 1992 zustande gekommen.

Nicht zuletzt, um dieses zu große und damit zu mächtige Deutschland in Europa einzubinden, wurden der EU Kompetenzen auf weiteren Politikfeldern eingeräumt, so dass sie jetzt für folgende Bereiche zuständig ist: Zollunion, Binnenmarkt und Außenhandel, Wirtschafts- und Währungsunion, Forschungs- und Umweltpolitik, Gesundheit, Verbraucherschutz, Sozialpolitik. Innen- und Justizpolitik (Zusammenarbeit bei Zivil- und Strafsachen). Von diesen Politikfeldern ist nur die Zuständigkeit für eine Vereinheitlichung des EU- Binnenmarktes, für Handelsverträge mit Nicht-EU-Ländern und (für die Eurozone) die Geldpolitik in vollem Umfang vergemeinschaftet worden. Auf diesen Feldern agiert die EU wie eine europäische

Regierung, deren legislative Grundlage allerdings, wie bereits erwähnt wurde, im Ministerrat und nicht im EU-Parlament gelegt wird. Auf allen übrigen Politikfeldern geht es eher darum, einen gemeinsamen Rahmen für nationale Politik zu finden und, wo erforderlich, europaweit zu kooperieren.

Ob das nun schon zu viel oder noch zu wenig Europa ist, lasse ich offen, weil es nicht mein Thema ist. Anmerken möchte ich allerdings, dass für viele Beobachter deutlich geworden ist, dass durch den Vertrag von Maastricht Deutschland eben nicht nur politisch in Europa eingebunden wurde, sondern auch zur faktischen EU- Führungsmacht (etwa bei der Euro- und Griechenlandkrise) gemacht wurde. Die EU ist für das Thema dieses Buches dagegen deshalb wichtig, weil hier der Prozess der Transnationalisierung des Westens als Wirtschaftsraum besonders greifbar wird. Sie wurde durch die Einführung einer Gemeinschaftswährung, des Euro, und durch die sehr weit fortgeschrittene Vereinheitlichung des EU-Binnenmarkts besonders weit vorangetrieben. Dabei darf auch nicht vergessen werden, dass weitere Länder, insbesondere Norwegen und die Schweiz, de facto in den europäischen Binnenmarkt integriert sind und weitere Staaten, insbesondere die Türkei, wirtschaftlich eng mit der EU verflochten sind. Wenn nun noch neben dem Abkommen der EU mit Kanada auch das Handelsabkommen mit den USA (TTIP) zustande käme, dann wäre der klassische Kernbereich ‚des Westens' zu einem weitgehend liberalisierten transnationalen Wirtschaftsraum verbunden.

Selbst wenn für den Verbraucher tatsächlich goldene Zeiten anbrechen sollten, haben diese Fortschritte in Richtung auf immer größere, mit einheitlichen Wettbewerbsregeln versehene Märkte vor allem für transnationale Wirtschaftsakteure enorme Bedeutung.

Das zeigt sich auch an politischen Streitpunkten wie den privatisierten internationalen Schiedsgerichten, die von Investoren angerufen werden können, wenn die Rentabilität ihrer Investitionen durch nationale Regierungspolitik geschmälert werden sollte. Investitionen sind ja immer Wetten auf die Zukunft und die Schiedsgerichte sollen sie gegen unvorhersehbare politische Risiken absichern[98]. Das Problem solcher Schiedsgerichte ist natürlich, dass sie die nationale Souveränität zwar keineswegs formal aber faktisch untergraben. Welcher Staat wird es sich unter diesen Bedingungen noch leisten können, etwa den Umweltschutz auszubauen, wenn das Milliardenzahlungen an internationale Investoren nach sich ziehen könnte?

Neben der EU sind die internationalen Schiedsgerichte eine weitere sichtbare Spitze des Eisbergs eines transnationalisierten Westens, dessen Institutionen vorrangig die Interessen internationaler Investoren bedienen, also vor allem die Erwerbschancen einer verschwindenden Minderheit der westlichen Bevölkerung fördern. Wenn man sich an den von Piketty 2014 angegebenen Zahlen orientiert, dann profitiert maximal 1 Prozent der Bevölkerung. Mit der Transnationalisierung ist ein riesiges inhaltliches Demokratieproblem verbunden, das weit über das Problem der demokratisch nicht gedeckten Doppelfunktion der Regierungen der EU-Mitgliedsländer hinausgeht. Projekte wie der EU-Binnenmarkt oder auch transnationale Handelsabkommen wie TTIP scheinen nur die Interessen dieser kleinen Minderheit in vollem Umfang zu bedienen, indem sie ihre Geschäftsfelder standardisieren und damit ausweiten. Dazu ist es dann in der Tat notwendig, Handelshemmnisse wie das deutsche Reinheitsgebot zu beseitigen. Ob darüber hinaus alle Konsumenten in Form niedrigerer Preise und einer noch höheren Auswahl bei abgesenkten Standards im Verbraucherschutz profitieren, ist eher unklar. Noch unklarer ist das häufig bemühte Arbeitsplatzargument. Denn ein Wettbewerb auf immer größeren vereinheitlichten Märkten könnte die Unternehmen auch dazu erziehen, nun in großem Umfang in Jobkiller wie die neue Generation von Industrierobotern zu investieren. Klar ist also nur, dass die Bildung immer größerer ‚Binnenmärkte' in jedem Fall die Interessen großer transnationaler Investoren und Unternehmen bedient.

17.5 Der Kampf um die Parteilichkeit des westlichen Staates

Die überdehnte Staatlichkeit

Im ersten Teil dieses Buches haben wir die sozialen Grundlagen der Staatlichkeit von Gesellschaften kennen gelernt. Dort wurde gezeigt, dass das Problem zwischenmenschlicher Machtausübung nur durch die gemeinsame Unterordnung unter eine ‚höhere Gewalt' stabil gelöst werden konnte. Diese ‚höhere Gewalt' wurde immer kulturell konstruiert (Götter, Naturgewalten, kosmologische Ordnung …) und inszeniert. Im Umgang mit diesen höheren Gewalten entwickelte sich Ordnungssozialität, also die Bereitschaft, das eigene Sozialverhalten an ‚Ordnungen' auszurichten und auf dieser Grundlage gesellschaftliche Leistungen zu erbringen. Mit dem Staat bzw. der Staatlichkeit von Gesellschaften wurde eine ‚Form' entwickelt und durchgesetzt, mit der der gesamte Komplex von Herrschaft und gesellschaftlichen Leistungen bis heute organisiert werden kann. Mit dem bürgerlichen Staat wurde diese vor ca. fünfeinhalbtausend Jahren entwickelte und zunächst autoritär praktizierte ‚Form' zivilisiert, auf wirtschaftliche Interessen ausgerichtet und der politischen Kontrolle gesellschaftlicher Großgruppen unterworfen (zweiter Teil; Kapitel 6).

Wie auch andere Formen des sozialen Miteinanders ist die Staatlichkeit dehn- und modifizierbar. Mit dem in den vorangegangenen Abschnitten behandelten Spagat zwischen nationalem und transnationalem Staat droht allerdings eine Überdehnung der Staatlichkeit. Sollte sie bei diesem Dehnungstest zerbrechen, hätte das katastrophale, möglichweise tödliche Folgen für das westliche Gesellschaftsmodell.

Die Sollbruchstelle im sozialen Konstrukt der Staatlichkeit liegt m. E. in der Prämisse, dass jeder Staat ausschließlich für *seine* Bürger Partei ergreift. Worin genau diese Parteilichkeit liegt, ist selbstverständlich dehnbar. Bei zeitgenössischen westlichen Staaten wird sie in Form einer Verfassung fixiert, im alten Mesopotamien lag sie zunächst in der exklusiven Protektionsleistung, die dem Stadtgott zugeschrieben wurde. In beiden Fällen beschränkte sich diese Parteilichkeit auf die Staatsangehörigen. In der Ära des Kalten Kriegs wurde diese soziale Grenze der Staatsangehörigkeit erstmals deutlich überschritten und durch eine Freund-Feind-Unterscheidung zwischen den durch unterschiedliche Gesellschaftsmodelle geprägten rivalisierenden Machtblöcken teilweise ersetzt. Auf diese Weise wurde eine *politische Transnationalisierung* erreicht (dritter Teil).

Wer für ‚uns' war, der verdiente den Schutz durch westliche Staaten. Die Freund-Feind-Unterscheidung erlaubte also, *die Parteilichkeit auf alle Anhänger des westlichen Gesellschaftsmodells auszudehnen.* Die ideologische Grenze zwischen Freunden und Feinden wurde mit der Staatsangehörigkeit zu *einem beliebigen* westlichen Staat verbunden und ggfs. damit in Übereinstimmung gebracht, wenn z. B. DDR-Dissidenten von Westdeutschland ‚frei gekauft' und danach zu Bürgern der BRD oder auch zu englischen Staatsbürgern wurden. Deshalb war es konsequent, dass sich die antikapitalistische Fundamentalkritik der 68er Bewegung an ideologisch fragwürdigen Freunden (und Verbündeten) des Westens, wie dem iranischen Diktator Reza Pahlevi, entzündete. Für noch größere Medienresonanz sorgte dann die Parteinahme gegen den amerikanischen Vietnamkrieg und für den nordvietnamesischen Diktator Ho Chi Minh. In Deutschland wurde sie konsequenterweise von den prowestlichen Medien und der prowestlichen Bevölkerungsmehrheit mit der Aufforderung gekontert: „Geht doch nach drüben!" Gerade solche ‚Grenzverletzungen' und ‚Provokationen' zeigten, dass die ideologisch aufgeladene Freund-Feind-Unterscheidung als ideologische Grenze zwischen durch Gesellschaftsmodelle definierten Machtblöcken funktionierte. Sie hatte die staatlichen Grenzen überlagert.

Mit dem Sieg im ‚Kalten Krieg' wurde diese ideologische Freund-Feind-Unterscheidung jedoch unhaltbar und deswegen sehr rasch aufgegeben. Da es scheinbar nur noch ein legitimes Gesellschaftsmodell gab, waren alle Menschen außerhalb der westlichen Staatengemeinschaft in politischer Hinsicht plötzlich zu Brüdern und Schwestern geworden, die nun auch, über kurz oder lang, in den Genuss der Vorzüge des westlichen Gesellschaftsmodells kommen sollten. Da aber auch der Zwang zum gemeinsamen Handeln entbehrlich geworden war, reduzierte sich die politische Fürsorge des Staates nun wieder auf die jeweils eigenen Staatsbürger. Ein instruktives Beispiel für diese rasche Renationalisierung der staatlichen Parteilichkeit lieferte in Deutschland die Regierung Schröder/Fischer, die mit der deutschen Nichtbeteiligung am zweiten Irakkrieg von Bush jr. eine Bundestagswahl gewinnen konnte.

Das bedeutete keineswegs die Selbstauflösung von Nato und anderen transnationalen politischen Kooperationen. Allerdings verloren sie den Status der Alternativlosigkeit. Sie mussten und müssen bis heute sich als nützlich für den jeweiligen Nationalstaat und die Interessen seiner Bürger erweisen.

Dagegen liegt das Problem der Parteilichkeit bei der *wirtschaftlichen Transnationalisierung* anders. Sobald, wie bei der EU, ein gemeinsamer Markt gebildet wird, wird die Parteilichkeit in wirtschaftlicher Hinsicht vergemeinschaftet. Denn alle Marktteilnehmer müssen nun von allen beteiligten Staaten gleich behandelt werden, unabhängig davon, ob sie eigene Bürger sind oder Bürger anderer an diesem Projekt beteiligter Staaten. Während die EU nur auf einen europäischen Binnenmarkt abzielte, zielt die Idee eines freien Welthandels auf einen globalen Markt. Das Problem dieser wirtschaftlichen Vergemeinschaftung ist, *dass das politische Fundament diesen Vorgang nicht einfach nachvollziehen kann*. Beispielsweise sind die Teilnehmer des europäischen Binnenmarkts politisch gesehen keine Europäer geworden, sondern Briten, Franzosen, Italiener, Deutsche usw. geblieben. Damit unterliegen sie einerseits einem nationalen Steuer- und Gewaltmonopol. Andererseits wird diese Unterwerfung unter die Regeln des nationalen Staates für internationale Investoren und für transnationale Unternehmensnetzwerke aber zunehmend nutzlos. Als Entscheider über Standorte haben Sie die Staaten zu Dienstleistungsanbietern degradiert. Als Kunden staatlicher Dienstleistungen stellen sie die Kriterien und Maßstäbe auf, denen Staaten zu genügen haben. *Das dementiert die soziale Grundlage der Staatlichkeit. Sie besteht darin, dass es staatliche Protektion immer nur durch Unterwerfung unter die Staatsgewalt geben kann.*

Der politische und kulturelle Kampf um die Parteilichkeit des Staates

Diese Grundregel gilt aber nach wie vor für den überwiegenden Rest der Bevölkerung. Sie ist und bleibt auf Gedeih und Verderb auf den eigenen Staat angewiesen und sie hat nur die Möglichkeit, auf demokratischem Weg dafür zu sorgen, dass ihre wirtschaftlichen Interessen protegiert werden. Infolge der wirtschaftlichen Globalisierung hat sich ihre Abhängigkeit von staatlichen Protektionsleistungen noch verstärkt. Um ihr Wohlstandsniveau halten zu können, sind die Arbeitnehmer auf einen gegen Arbeitsmigranten und gegen Lohndumping schützenden nationalen Arbeitsmarkt ebenso angewiesen wie auf entsprechende soziale Sicherungssysteme, freie Gewerkschaften und kollektive Tarifvereinbarungen. Aber auch kleine und mittlere Selbständige benötigen nationalstaatliche Protektion.

In der Ära des Kalten Kriegs stimmte die politische Parteinahme für den ‚Westen', also das Eintreten für Freihandel, allgemeine Bürger- und Menschenrechte mit den Grundlagen des eigenen Wohlstands überein. Es galt ja die kommunistische Gefahr abzuwehren, die *beides zugleich* bedrohte. Nach dem Sieg im Kalten Krieg haben sich die praktischen Folgen der westlichen Werte gegen die wirtschaftlichen Interessen der Bevölkerungsmehrheit gekehrt. *Offene Grenzen bedeuten letztendlich, dass die kleinen Leute in den westlichen Staaten ihren relativen Wohlstand und ihre soziale Sicherheit mit den Mittellosen teilen müssen.* Zumindest in der Tendenz hatte das innerhalb der westlichen Staatengemeinschaft ein allmähliches Abschmelzen des Lebensniveaus und eine allmähliche Wiederkehr der sozialen Probleme des Frühkapitalismus zur Folge.

Dagegen stimmt die Propagierung westlicher Werte mit den wirtschaftlichen Interessen der transnationalen Investoren und transnationalen Unternehmensnetzwerke, also der Globalisierungsgewinner, überein.

Vor dem Hintergrund dieser konträren Interessen kann es keineswegs überraschen, dass ein politischer wie kultureller Kampf um den Staat ausgebrochen ist, nachdem die von der Öffnung staatlicher Grenzen in ihren wirtschaftlichen Interessen bedrohte Mehrheit ihre politische Sprachlosigkeit überwunden hat. Der eigentlich schon überwunden geglaubte Nationalstaat erlebt eine Renaissance und wird zu einer Wagenburg gegen die von der wirtschaftlichen Globalisierung ausgelöste Angst vor dem sozialen Abstieg und der kulturellen Überfremdung. ‚Moderne' westliche Werte und gesellschaftspolitische Grundhaltungen wie Chancengleichheit, Leistungsgerechtigkeit, der Abbau sozialer Diskriminierung, die in der Ära des Kalten Kriegs den Lebensstandard der Mehrheit der Arbeitnehmer verbessern halfen, *sind gewissermaßen auf die Gegenseite gewechselt und zu potentiellen Bedrohungen geworden*. Denn nach dem Niedergang des Realsozialismus wurden die gut bezahlten Routinearbeiter in den westlichen Gesellschaften entbehrlich. Die Großunternehmen und die internationalen Investoren konnten auf die Erschließung neuer Arbeitsmärkte, aber auch auf Zuwanderer mit geringeren Ansprüchen setzen. Der westliche Kapitalismus ist auf diese Weise durch und durch transnational geworden.

In dieser Lage bleibt der demokratische Nationalstaat, der Partei für seine Bürger ergreift, ein letzter Rettungsanker. Er hätte die Möglichkeit, die Transnationalisierung des Kapitalismus aufzuhalten, auch wenn Trumps Wahlkampfversprechen, die Bosse der großen US-Unternehmen durch Drohungen auf den nationalen Arbeitsmarkt zurück zu zwingen, nur schlichte Gemüter überzeugen dürften. Zu den realistischeren Optionen gehören dagegen eine angemessene Besteuerung transnationaler Aktivitäten und die Rückkehr zu Zollschranken und anderen Hindernissen beim Zugang zu nationalen Märkten.

Ein solche Abkehr von der über Jahrzehnte verfolgten liberalen Politik der Grenz- und Marktöffnung ist ohne einen Kulturkampf um Staat und Gesellschaft kaum durchsetzbar. Die Fronten sind dabei klar. Auf der einen Seite wird eine offene Gesellschaft propagiert, die auch für Menschen aus anderen Kulturkreisen Heimat werden will und die ein attraktiver Standort beim Wettbewerb und Kapitalanlagen und um neue Arbeitsplätze sein möchte. Auf der anderen Seite geht es um die Wiederbelebung des traditionellen Nationalstaats. Dieser Kulturkampf beginnt beim ehrfurchtsvollen Umgang mit dem Staat und seinen Symbolen. Er setzt sich fort bei der Forderung, dass sich der Staat mehr um die Interessen der Mehrheit und weniger um Minderheiten zu kümmern habe. Gegen den Multikulturalismus und die Vorstellung, ein Standort für die Weltgesellschaft zu werden und an der Weltkultur zu partizipieren, werden traditionelle Werte und kulturelle Traditionen in Stellung gebracht, die es gegen Überfremdung zu schützen gelte. Während die eine Seite die Modernisierung von Gesellschaft und Staat weiter führen möchte, knüpft die andere an die Rhetorik des Klassenkampfes an, *der aber in einen Kulturkonflikt umgedeutet wird.* Die eigenen Werte und Interessen werden dabei als Mehrheitsinteressen gedeutet, die von den Eliten ‚verraten' worden seien. Zu diesen werden neben den Politikern der „Altparteien" vor allem die Journalisten der etablierten Medien (Kampfparole: „Lügenpresse") gezählt. Erst in dritter Linie kommen dann die wirtschaftlichen Profiteure der Globalisierung. Am Ende eines solchen Kulturkampfes soll dann wieder ein Nationalstaat stehen, der Vorbildern aus dem ausgehenden 19. Jahrhundert gleicht, also in eine ‚nationale Kultur' eingebettet ist und auf nationale Themen und Interessen fokussiert ist. Nur sozialpolitisch soll er an den Wohlfahrtsstaat aus der Ära des Kalten Kriegs anknüpfen und vor allem die Existenz der ‚kleinen Leute' absichern.

Die Erfolge rechtspopulistischer Bewegungen wie einzelner Politiker, die das um sich greifende Unbehagen an der wirtschaftlichen Globalisierung und der westlichen Modernisierung bedienen, demonstrieren, dass bei der westlichen Expansion nach 1991 einiges schief gelaufen ist. Es ist offensichtlich geworden, dass immer mehr Menschen aus guten Gründen gegen ein einfaches ‚weiter so' opponieren werden. Anders als im Kalten Krieg wird die Transnationalisierung des Staates nicht mehr per se begrüßt, weil sie dem eigenen ‚Lager' nutzt, sondern es kommt heute darauf an, wer in welcher Weise von der staatlichen Transnationalisierung und der wirtschaftlichen Globalisierung profitiert. Auf vielen Feldern wurde alles getan, um den Eindruck zu bestärken, dass es sich hierbei um ein Projekt der wirtschaftlichen Elite handle, die sich bereichert, aber die Kosten und Risiken auf die ‚normalen' Steuerbürger abwälzt. Die andere ungelöste Frage ist, welche Art von Staat an die Stelle des für seine Bürger Partei ergreifenden, insofern immer ‚nationalen' Staates treten soll. Die Propagierung von Weltoffenheit, offenen Grenzen und einer multikulturellen Gesellschaft beantwortet diese Frage nicht!

Fünfter Teil

Wege aus der Krise

Eine Sanierung ist möglich 18

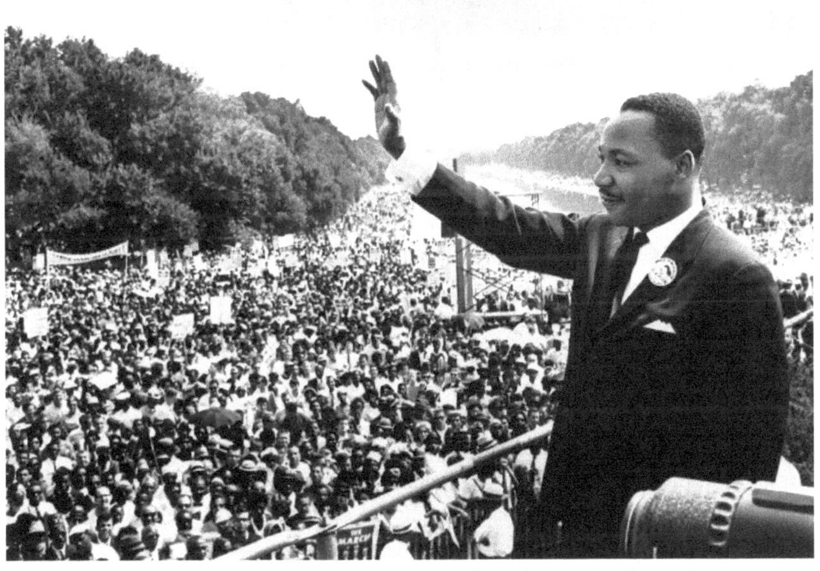

Das Bild zeigt Martin Luther King, bei seiner berühmten Rede, in der er seinen Traum einer völligen rechtlichen Gleichstellung der schwarzen Bevölkerung der Vereinigten Staaten verkündet. So wichtig die rechtliche Gleichstellung auch sein mag: die Zukunftschancen des westlichen Gesellschaftsmodells hängen davon ab, ob es gelingt, höhere materielle und soziale Mindeststandards für die gesamte Bevölkerung zu garantieren.

Im vierten Teil ist deutlich geworden, dass ‚der Westen' nach dem Ende des Kalten Kriegs allmählich zu einem gesellschaftspolitischen Sanierungsfall geworden ist. Zunächst: Lohnt sich eine Sanierung überhaupt? Meines Erachtens durchaus, weil er das einzige Gesellschaftsmodell ist, das individuelle Freiheits- und Menschenrechte sowie Rechtssicherheit und rechtliche Gleichheit global durchsetzen möchte und in Form von Demokratie und Gewaltenteilung das vergleichsweise fairste Modell für den staatlichen Machtgebrauch kennt.

Daher soll in diesem letzten Teil eine Sanierungs*perspektive* aufgezeigt werden. Alles Weitere wäre dann die Aufgabe politischer Debatten und demokratischer Parteien. Eine solche Sanierungsperspektive sollte zunächst die wichtigsten Probleme und Widersprüche benennen, die es zu lösen gilt. Dieser Problemaufriss wird im 19. Kapitel gegeben. Dabei werden die Ergebnisse der bisherigen Analysen vorausgesetzt. Für den Leser ist es sicherlich nützlich, dass sie an dieser Stelle mit Blick auf die Sanierungsperspektive des westlichen Gesellschaftsmodells noch einmal kurz resümiert werden.

Aus dem *ersten Teil* sind zwei Eckpunkte in Erinnerung zu rufen, die jedes Gesellschaftsmodell beachten muss. Erstens: Nur Menschen kennen Ordnungssozialität, die die soziale Grundlage unserer heutigen Zivilisation bildet und menschliche Arbeit wie Arbeitsteilung hervorgebracht hat. Zweitens: Arbeitsteilige gesellschaftliche Leistungen können aber nur dann erbracht werden, wenn es gelingt, Staaten auf der Grundlage von Legitimationserzählungen zu etablieren, die von einer überwiegenden Mehrheit geglaubt und vertreten werden. Für diese Jahrtausende alten, relativ einfachen zivilisatorischen Grundlagen haben wir bis heute keinen Ersatz gefunden.

Dennoch hat der Staat in den beiden heute immer noch wichtigen Gesellschaftsideologien, im Liberalismus wie im Marxismus, ein ganz schlechtes Image. Radikale Marxisten wollen ihn ‚absterben' lassen, Liberale ihn auf ein Minimum reduzieren, weil staatliche Machtausübung die individuelle Freiheit einenge bzw. immer „Herrschaft von Menschen über Menschen" bedeute. Da bis heute aber keine Alternative für die Staatlichkeit entwickelt wurde, kann jedoch immer nur um die Zweckmäßigkeit und ‚Rationalität' des Staates gerungen werden. Sie steht und fällt mit der Frage, wozu der Staat eigentlich da sein soll. Auch deswegen ist eine überwiegend geglaubte und von den Gesellschaftsmitgliedern wie den Institutionen vertretene Legitimationserzählung auch heute immer noch alles andere als ideologischer Ballast, auf den verzichtet werden kann. Vielmehr ist sie nach wie vor von grundlegender Bedeutung, weil sie nicht nur eine generelle Motivationsbasis für gesellschaftliche Leistungen[99] schafft, sondern auch den letztlichen Zweck staatlicher Herrschaftsausübung fixiert.

Im *zweiten Teil* hat sich zunächst einmal gezeigt, dass die traditionellen religiösen Legitimationserzählungen, die aus der Perspektive der Priester gegenüber herrschenden göttlichen Gewalten formuliert waren, wohl endgültig von ‚weltlichen' Legitimationserzählungen abgelöst wurden. Wie dann auch der dritte Teil beleuchtet, haben sich in den letzten einhundert Jahren vier Legitimationserzählungen herauskristallisiert, die in der Lage sind, ein ideologisches Fundament für staatlich organisierte Gesellschaften zu legen: die Erzählung von den wohltätigen Wirkungen des freien Marktes (1), vom fürsorglichen Sozialstaat (2), von den segensreichen Wirkungen der Abschaffung des Privateigentums an Produktionsmitteln (3) und von der Größe und dem Vorrang des eigenen ‚Volkes' (4).

Die drei zuerst genannten behaupten einen Vorrang der Wirtschaft. Sie stimmen darin überein, dass wir gesellschaftliche Leistungen erbringen, damit der materielle gesellschaftliche Wohlstand wachsen kann. Dieser Wohlstand wird in der bürgerlichen Legitimationserzählung als ‚Vermögen' gedacht, in den beiden anderen als Versorgung mit Gütern und Dienstleistungen. Die vierte, völkische, Legitimationserzählung kreist dagegen um das ‚Wohlergehen' des eigenen ‚Volkes' und verbindet materielle mit Herrschaftsaspekten.

Weiterhin ist im *zweiten und dritten Teil* deutlich geworden, dass ‚der Westen' zwar an die bürgerliche Gesellschaft anknüpft. Zu einem Gesellschaftsmodell für die ganze Bevölkerung konnte er aber nur durch die Weiterentwicklung zum Wohlfahrtsstaat werden. Er ist damit *das einzige Gesellschaftsmodell, das zwei Legitimationserzählungen zugleich bedient* – sowohl die von den wohltätigen Wirkungen des freien Marktes wie auch die vom fürsorglichen Sozialstaat. Sie stimmen zwar darin überein, dass materieller Wohlstand entscheidend und das Geldmedium unverzichtbar ist. Nicht aufzulösende Diskrepanzen ergeben sich allerdings bei der Frage, *worin die Aufgabe des Staates bestehen und um welche Art von Wohlstand es letztlich gehen soll.*

Soll der Staat dazu verhelfen, dass möglichst viele Staatsbürger einen möglichst hohen Lebensstandard haben können? Dann ginge es vorrangig um die Versorgung mit Gütern und Dienstleistungen, um Geld als Tauschmittel unter dem Schirm eines fürsorglichen Sozialstaats. Oder soll der Staat vorrangig die geschäftlichen Interessen der Besitzbürger und der Unternehmen bedienen? Dann sollte er, wie zuvor schon der bürgerliche Staat, der Privatwirtschaft förderliche Rahmenbedingungen setzen und die Geschäftsinteressen seiner Bürger protegieren.

Während in der bürgerlichen Legitimationserzählung die materielle Güterversorgung immer nur zweitrangig sein kann, setzt die wohlfahrtstaatliche Orientierung auf ein Primat der Güterversorgung und sie entzaubert den Glauben an den freien Markt (Kapitel 11; Keynesianismus). Solange der Ausscheidungskampf gegen den Faschismus und den Realsozialismus andauerte, musste die Frage, welche Legitimationserzählung das westliche Gesellschaftsmodell mit Vorrang verfolgen soll, nicht entschieden werden. Das ideologische Freund-Feind-Schema sorgte für hinreichende Legitimation und ermöglichte es, beide Optionen zugleich zu bedienen.

Mit dem Sieg im Kalten Krieg (*vierter Teil*) ging dieses integrativ wirkende Feindbild verloren. Nun stellte sich erneut die Frage, um welche Art von Wohlstand es im westlichen Gesellschaftsmodell vorrangig gehen soll. In der Realität dominierte ein pragmatisches ‚weiter so'. Das vermeintliche Erfolgsmodell sollte nun weltweite Verbreitung erfahren. Der vierte Teil hat allerdings gezeigt, dass sich nur die bürgerliche Legitimationserzählung und die daraus folgende Bestimmung staatlicher Aufgaben transnationalisiert haben (‚Globalisierung'). Der fürsorgliche Staat und der wohlfahrtsstaatliche Komplex blieben dagegen eine jeweils nationale Aufgabe. Während im kalten Krieg die ideologische Unentschiedenheit des Westens ein Vorteil bei der Systemkonkurrenz war, nimmt sie durch die wirtschaftliche Globalisierung die Form eines neuartigen inneren Widerspruchs in den Beziehungen zwischen Staat und Bürgern an. Damit gewinnt sie heute das Potential, das westliche Gesellschaftsmodell zu zerstören.

Weiterhin hat der vierte Teil gezeigt, dass die auf die bürgerliche Legitimationserzählung und auf den bürgerlichen Staat reduzierte Transnationalisierung des westlichen Gesellschaftsmodells einseitig die wirtschaftlichen Interessen großer Unternehmen und internationaler Investoren bedient hat. *Aufgrund dieser Einseitigkeit* hat sie aber auch antibürgerliche und antiwestliche Gegenströmungen befeuert. Diese haben dem Faschismus und dem Kommunismus, also den beiden scheinbar besiegten und überwundenen Legitimationserzählungen neues Leben eingehaucht. Während es noch unklar ist, ob der wirtschaftliche Aufstieg Chinas zu einer Renaissance des Realsozialismus führen wird, zeichnet sich eine Renaissance der völkischen Legitimationserzählung in Form eines ‚Faschismus light' auf breiter Front ab. Mit dem islamischen Terrorismus ist sogar eine religiöse Legitimationserzählung wieder lebendig geworden. Hier soll die Staatlichkeit wieder zu einem religiösen Projekt gemacht werden.

Diese im vierten Teil vorgetragene Gegenwartsdiagnose vom Zustand des westlichen Gesellschaftsmodells mündet im nun folgenden 19. Kapitel in einen Problemaufriss. Im Schlusskapitel werden dann Sanierungsmöglichkeiten aufgezeigt. Sie gehen in zwei Richtungen.

Sowohl für die Festlegung der Staatsaufgaben wie auch für die Legitimation und ‚das Image' des westlichen Gesellschaftsmodells ist es unerlässlich, dass endlich eine Synthese der beiden im westlichen Gesellschaftsmodell enthaltenen Legitimationserzählungen versucht wird. Sie wird jedoch nicht auf dem bisher zentralen wirtschaftlichen Feld zu erreichen sein, da sich weder ein Kompromiss noch eine Synthese zwischen einem als Versorgung mit Gütern und Dienstleistungen und einem als Profit und Vermögen gedachten gesellschaftlichen Reichtum erzielen lässt. Hinter diesen unterschiedlichen Vorstellungswelten stecken alternative Verwendungsmodi von Geld, nämlich Geld als Tauschmittel und als Kapital, die sich nicht unter einen Hut bringen lassen. Daher ist es m. E. aussichtsreicher, auf den liberalen Eigentumsbegriff zu setzen, der mit dem unveräußerlichen Eigentum an der eigenen Person die entscheidende Grundlage jeder freiheitlichen Gesellschafts- und Wirtschaftsordnung benennt. Im ersten Abschnitt des 20. Kapitels wird gezeigt, wie auf dieser Grundlage die im 19. Kapitel genannten Probleme in einer Art Gesellschaftsvertrag konsensfähig bewältigt werden könnten. Im dritten Abschnitt wird schließlich gezeigt, wie auf der Grundlage des liberalen Eigentumsbegriffs ein einheitliches Fundament für das westliche Gesellschaftsmodell gelegt werden könnte.

Eine ergänzende zweite Sanierungsperspektive ergibt sich, wenn man über die Chancen bundessstaatlicher Zusammenschlüsse offensiv debattiert. Solange es keinen Ersatz für die Form ‚Staat' gibt, kann nur so angemessen auf die wirtschaftliche Transnationalisierung, aber auch auf eine kulturell und sozial immer weiter zusammenwachsende Welt reagiert werden. Bundesstaatliche Zusammenschlüsse sind vor allem dann eine Option, wenn die Demokratie erhalten werden und demokratische Kontrolle zurückgewonnen werden soll. Auf diese Weise kann auch einer erneuten Fragmentierung der Welt durch Zollschranken und Einreiseverbote wirkungsvoll begegnet werden.

19 Zusammenfassende Bestandsaufnahme: ungelöste Probleme westlicher Gesellschaften und Scheinlösungen

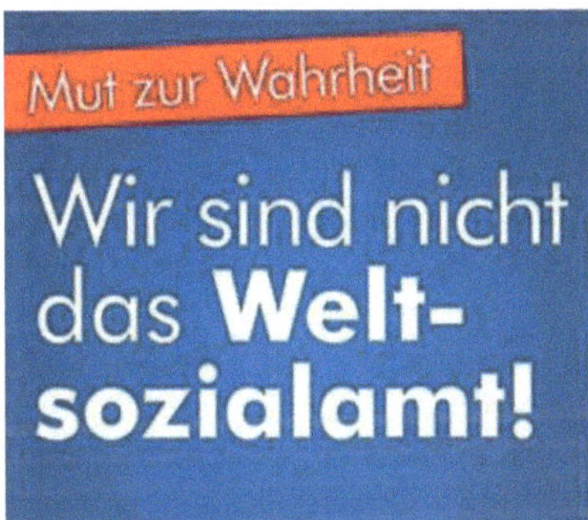

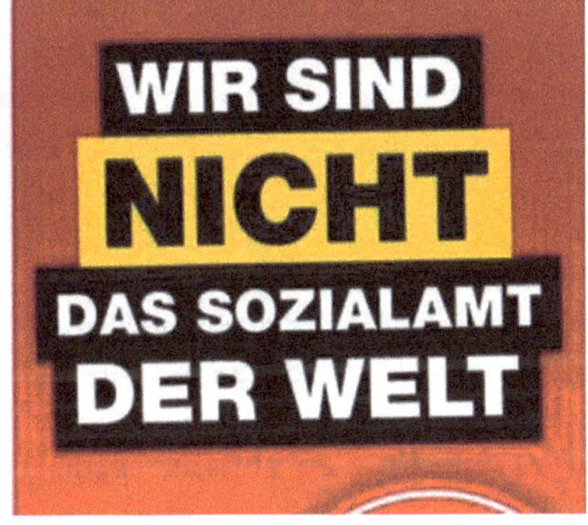

Sollen westliche Staaten weiterhin weltoffen sein oder nur die Interessen ihrer Bürger vertreten? In fast allen westlichen Staaten haben sich rechtspopulistische Gruppierungen gebildet, die gegen Überfremdung und Zuwanderung protestieren und soziale Leistungen auf die eigenen Staatsbürger beschränken wollen. Das Foto zeigt Wahlplakate der AfD und der NPD.

19.1 Vier grundlegende Probleme und keine Retro-Lösungen

In diesem Kapitel geht es um eine zusammenfassende Bestandsaufnahme, die von vier gravierenden Problemen geprägt sein wird. Auf sie werden Antworten, aber nicht unbedingt definitive Lösungen gefunden werden müssen, wenn das westliche Gesellschaftsmodell eine Zukunft haben soll.

Dieser letzte Satz reagiert auf ein im deutschen Idealismus, vor allem bei Hegel und Marx, kultiviertes Missverständnis. Sie haben angenommen, dass bei Realmodellen analog zu rein theoretischen Modellen zu verfahren sei. Deswegen war Marx zutiefst davon überzeugt, dass der von ihm für die sozialen Frage verantwortlich gemachte Grundwiderspruch zwischen Produktionsverhältnissen und Produktivkräften zunächst im Modell einer kommunistischen Gesellschaft theoretisch gelöst worden sei und dass diese theoretische Lösung dann nur 1:1 in einer proletarischen Weltrevolution umgesetzt werden könne. Die Sozialgeschichte des 19. und 20. Jahrhunderts hat uns aber beigebracht, dass solche theoretischen Modelle oft wenig Realisierungschancen haben und im Erfolgsfall mehr soziale Folgeprobleme aufwerfen können, als sie soziale Probleme lösen. Deswegen ist es oftmals klüger, soziale Probleme gezielt einzudämmen. Das bedeutet: die innergesellschaftlichen Widersprüche zu deeskalieren. Zumindest muss versucht werden, sie soweit ab zu puffern, dass niemandem, bildlich gesprochen, die Luft zum Atmen genommen wird.

Aber auch diese behutsamere Strategie beginnt mit Umdenken. Es muss öffentlich akzeptiert werden, dass die herrschende Gesellschaft so gebaut ist, dass etwas falsch läuft und Grundlegendes verändert werden muss. Aber dieses Eingeständnis ist nicht zwangsläufig gleichbedeutend mit einer totalen Abkehr vom geltenden Gesellschaftsmodell.

In diesem Kapitel geht es zunächst darum, zu erkennen, dass das Janusgesicht des Westens – einerseits das Modell des bürgerlichen Staates, andererseits das des fürsorglichen Sozialstaats zu vertreten – nach 1991 zur Quelle sozialer Probleme und innergesellschaftlicher Widersprüche geworden ist. Es speist einmal einen Widerspruch zwischen dem westlichen Staat als Träger einer transnationalen Ordnung und als nationaler Nachlassverwalter des Sozial- und Wohlfahrtsstaats. Daneben ist die soziale Frage des 19. Jahrhunderts infolge der wirtschaftlichen Globalisierung nach 1991 wieder aktuell geworden. Sie wird vom Widerspruch regiert zwischen dem gesellschaftlichen Reichtum, der sich in Durchschnittskategorien wie dem Prokopfeinkommen messen lässt, und einer Verteilung dieses Reichtums, die verbreitete Armut einschließt. Daher diskreditiert und dementiert sie diesen Reichtum, also das ideologische Postulat wirtschaftlicher Prosperität.

Für die Bewältigung dieser beiden inneren Widersprüche kann man aus der Sozialgeschichte des Westens lernen, dass die soziale Frage in der Vergangenheit nur durch eine weitgehende Kompromissbereitschaft beider Seiten gelöst werden konnte. Sie ist heute erneut gefordert. Denn im vierten Teil haben wir gesehen, dass beide Widersprüche nach dem Sieg im Kalten Krieg soweit eskaliert sind, dass die Unterstützung des westlichen Gesellschaftsmodells innerhalb der westlichen Staatengemeinschaft bröckelt. Zudem hat die westliche Expansion immer stärkere antiwestliche Strömungen befeuert. Sie zielen auf die Revision grundlegender zivilisatorischer Errungenschaften.

Zu diesen beiden inneren Widersprüchen kommen noch *zwei generellere Probleme, mit denen alle Gegenwartsgesellschaften zu kämpfen haben.* Sie müssen bei der De-Eskalation der inneren Widersprüche unbedingt berücksichtigt werden, wenn das Gesellschaftsmodell wieder perspektivisch tragfähig werden soll. Das eine grundlegende Problem ist der mit der Industrialisierung eingeläutete *Strukturwandel der menschlichen Arbeit*, das andere das Sinken der Profite und die immer schwieriger werdende *Suche nach profitablen Investitionsmöglichkeiten*.

Am Ende dieses Kapitels beschäftigen uns noch die naheliegenden Versuche, die Zeit zurückzudrehen, also dorthin zurückzukehren, wo die inneren Widersprüche noch nicht eskaliert waren. In der theoretischen Debatte ist es oftmals wichtig, gedanklich nochmals auf den Ausgangspunkt zurückzugehen. Analog dazu kann aber bei Realmodellen die soziale Realität nicht wieder zurückgedreht werden. Was einmal in die Welt gesetzt wurde, kann nicht einfach wieder eingesammelt werden.

19.2 Der innere Widerspruch zwischen nationaler und transnationaler Protektion

Im vierten Teil wurde ausführlich erläutert, dass die eine Seite des westlichen Gesellschaftsmodells, nämlich der auf eine dienende Funktion gegenüber dem Wirtschaftssystem zugeschnittene westliche Staat mit der Aufgabe überfordert ist, als Mitglied einer westlichen Staatengemeinschaft die wirtschaftliche Globalisierung zu organisieren.

Selbst wenn man die andere wohlfahrtsstaatliche Seite für einen Moment ausklammert, bleibt das Problem, dass der bürgerliche Staat traditionell darauf zugeschnitten ist, die wirtschaftlichen Interessen seiner Bürger auf Kosten ‚fremder Bürger' zu protegieren. Wenn er zugleich noch an der Organisation eines transnationalen Wirtschaftsraums beteiligt wird, muss er dagegen alle transnational agierenden Wirtschaftsakteure protegieren. Für diese transnationale Aufgabe fehlt aber die demokratische Rückkopplung.

Der westliche Nationalstaat steckt also in dem Dilemma, dass er nicht nur widersprüchliche Aufgaben zu erledigen hat. Auch seine Beziehung zu den Bürgern wird dadurch aufgespalten. Im nationalen Rahmen ist er gegenüber den ‚standorttreuen' Bürgern der Souverän, dessen Monopolen (Steuer; Gewalt) und Gesetzen sich alle zu fügen haben. Im transnationalen Wirtschaftsraum ist er dagegen nur noch ein Anbieter staatlicher Dienstleistungen neben anderen. Es sind also zwei Kategorien von Bürgern entstanden: einmal diejenigen, die die Gesetze ihres Staates befolgen und dem nationalen Steuertarif unterliegen, zum anderen transnationale Wirtschaftsakteure, die sich die für sie günstigsten Gesetze und Steuertarife aussuchen. In der Vergangenheit wurde dieser Widerspruch in der Regel zu Lasten des nationalen Rahmens, insbesondere des Wohlfahrtsstaats und der sozialen Sicherungssysteme gelöst. Das hat die um sich greifende Staats- und Politikverdrossenheit schon deswegen befeuert, weil sich die schleichende Verwandlung des Nationalstaats zum Wirtschaftsstandort mit dem demokratischen Mittel der politischen Willensbildung nicht aufhalten ließ.

19.3 Die soziale Frage ist zurück

Der Schritt von einzelnen bürgerlichen Staaten zum westlichen Gesellschaftsmodell mit tendenziell globalem Verbreitungsanspruch (Kapitel 13) wäre nicht möglich gewesen ohne eine Einbindung der Bevölkerungsmehrheit der Arbeitsnehmer in das westliche Gesellschaftsmodell. Das setzte die Lösung der ‚sozialen Frage' durch die Etablierung des Wohlfahrtsstaats voraus. Er ist darauf ausgerichtet, den ‚sozialdemokratischen Traum' zu realisieren, dass Jedermann von seinem Arbeitslohn lebenslang auskömmlich leben kann. In der Phase der Nachkriegskonjunktur und unter den sozialen Rahmenbedingungen der 1950er und 1960er Jahre konnte sich die Überzeugung durchsetzen, dass (a) auch die Arbeitnehmer vom Wirtschaftswachstum profitieren und (b) Arbeitnehmer im Westen am besten leben können. Begünstigt durch den Ost-West-Gegensatz entwickelte sich deshalb ein Verhältnis wechselseitiger Loyalität zwischen den beiden wichtigsten Bevölkerungsgruppen. Die Besitzbürger trugen den Wohlfahrtsstaat einschließlich Umverteilung und wachsender Staatsquote mit. Die Arbeitnehmer dagegen den westlichen Kapitalismus. Man kann das als einen *impliziten Gesellschaftsvertrag* bezeichnen. Er wurde im Wesentlichen in drei Schritten aufgekündigt.

In einem *ersten Schritt* wurde der stillschweigende Konsens zerstört, dass soziale Probleme nur über den Wohlfahrtsstaat gelöst werden können. Er ist eng mit dem *Aufstieg des Neoliberalismus verknüpft*; in den Wirtschaftswissenschaften mit dem Aufstieg der angebotsorientieren Ökonomie; in der Politik mit Margaret Thatcher, Ronald Reagan und den ‚Chicago Boys'. Sie einte die Überzeugung, dass nur durch Wettbewerb und die weitgehende Privatisierung staatlicher Leistungen Effizienz hergestellt werden könne. Dies galt auch für Bildung und soziale Sicherheit. Der Marktmechanismus sei sachlich unangemessen beschränkt worden.

In einem *zweiten Schritt* wurden, ebenfalls in neoliberalem Geist, der regulierte nationale Arbeitsmarkt und das Prinzip der Waffengleichheit zwischen den Tarifpartnern in Frage gestellt. Hierdurch sollte der nationale Standort wieder wettbewerbsfähiger werden. Ein instruktives Beispiel hierfür gibt Deutschland unter der Regierung Schröder/Fischer ab.

Damit hängt untrennbar ein *dritter Schritt* zusammen: Die wirtschaftlichen Interessen der großen Unternehmen und des Großbürgertums entschwanden in einen *transnationalen Wirtschaftsraum*[100]. Unternehmen organisierten sich zu *transnationalen Unternehmensnetzwerken*, um die diversen Standortvorteile gezielter zu nutzen.

Die Folgen dieser neoliberalen Wende für die Sozialstruktur der westlichen Staaten lassen sich auf die These zuspitzen, dass sie tendenziell zu einer Dreiklassengesellschaft neuen Typs geführt hat. Diese drei Klassen bzw. Schichten wurden bereits im vierten Teil (Kapitel 17) beschrieben.

19.4 Das verdrängte Problem der Zukunft der menschlichen Arbeit

Schon in der Mitte des neunzehnten Jahrhunderts hatte Karl Marx erkannt, dass mit der Industrialisierung die Frage nach der Zukunft der menschlichen Arbeit aufgeworfen wurde. Er hat sie auf Produktionsarbeit reduziert, also auf den sogenannten sekundären Sektor der Beschäftigung. Dass die Arbeit in Produktion und Gewerbe Zug um Zug durch Maschinen ersetzt werden kann, war damals bereits abzusehen. Womit soll aber dann die arbeitende Bevölkerung ihr Geld verdienen? Um eine auch perspektivisch tragfähige Antwort auf diese Frage zu finden, hat er sie mit dem alten Menschheitstraum vom Schlaraffenland verknüpft. Er könne mit der zu erwartenden Automatisierung der Fabrikarbeit Realität werden. Mit der Abschaffung der harten körperlichen Arbeit würde auch das schwere Los der arbeitenden Klassen unweigerlich zu Ende gehen. Diesen Vorgang hat er mit der

Zukunft des Kapitalismus verknüpft. Hier wollte er beweisen, dass der Kapitalismus die Technisierung der Arbeit nicht überleben könne, weil für ihn die quantitativ messbare menschliche Arbeit die einzige Quelle der Bereicherung sei. Daher müsse es zwangsläufig zu einer ‚Vergesellschaftung' der Produktionsmittel und zu einer kommunistischen Gesellschaft kommen, in der es nur noch schöpferische Arbeit geben würde und ansonsten jeder seinen Hobbies nachgehen könne.

Seine Prognose einer proletarischen Weltrevolution hat sich jedoch als naiv entpuppt und die realistischere leninistische Variante hat eine staatliche Gewaltherrschaft hervorgebracht (Kapitel 8), die am Ende des Kalten Kriegs implodiert ist (Kapitel 12). Daher beantwortet kein rational überzeugendes theoretisches Modell die Frage nach der Zukunft der Arbeit. Die Einordnung der Produktionsarbeit in ein drei Sektoren-Modell (Clark 1940; Fourastié 1949), das zusätzlich zu Fabrikarbeit und gewerblicher Arbeit (=sekundärer Sektor) auch noch Landwirtschaft und Gartenbau (= primärer Sektor) sowie einen sehr heterogenen Dienstleistungssektor (= tertiärer Sektor) kennt, hat nur für eine zeitweilige Entlastung von diesem Zukunftsproblem gesorgt.

Diese Entlastung lieferte die zutreffende These, dass sich die Beschäftigung zunehmend auf den Dienstleistungssektor konzentrieren werde (Stichwort Dienstleistungsgesellschaft). Nicht ganz bewahrheitet hat sich die damit einhergehende Erwartung, dass der Dienstleistungssektor (a) *alle Arbeitsplatzverluste* in Landwirtschaft und Industrie kompensieren werde und ebenso (b) die mit der Auflösung der traditionellen Familien verknüpfte Erosion der unbezahlten häuslichen Arbeit durch zusätzliche Arbeitsplätze auffangen werde.

Dienstleistungsarbeit ist bis heute arbeitsintensiv und wenig technisiert. Deswegen fügt sie sich nur schwer in das mit der Industrialisierung etablierte kapitalistische und durch soziale Sicherungssysteme abgefederte Geschäftsmodell ein. In der jüngeren Vergangenheit haben sich zwei alternative Wege herauskristallisiert, wie die Dienstleistungsgesellschaft organisiert werden konnte. Der marktwirtschaftliche Weg setzte auf einen gegen den Wohlfahrtsstaat durchgesetzten Niedriglohnsektor für Routinedienstleistungen (das sind z. B. Regale einräumen, Verkauf, LKW-fahren) und vergrößert damit aber auch das Prekariat. Der Wohlfahrtsstaat machte dagegen bestimmte Dienstleistungen entweder durch Umlagefinanzierung in sozialen Sicherungssystemen (insbesondere Gesundheit, Altenpflege) oder durch Steuerfinanzierung (insbesondere Bildung) für alle bezahlbar. Der dafür von den Bürgern zu entrichtende Preis sind höhere Steuern und Sozialabgaben.

Heute ist absehbar, dass die Automatisierung auch vor dem Dienstleistungssektor nicht Halt machen wird. Zumindest Routinedienstleistungen werden zunehmend technisiert werden (Beispiele: Roboter in der Altenpflege; das selbstfahrende Auto). Damit kann Dienstleistungsarbeit billiger werden, der Druck auf Steuern und Abgaben kann sinken und Dienstleistungsarbeit für Hungerlöhne teilweise abgeschafft werden. Der Preis für diese Technisierung wird jedoch in Form höherer Arbeitslosenraten zu entrichten sein, wenn nicht zugleich eine riesige Expansion des Volumens der Dienstleistungen erfolgt. Sie wird sich nicht von selbst ergeben. Dafür bedarf es eines politischen Konzepts einschließlich einer Finanzierungsstrategie.

Heute macht sich der Strukturwandel der Arbeit vor allem dort in Form hoher Arbeitslosenraten bemerkbar, wo die Privatwirtschaft zwar stark genug war, den Niedergang der Haus- und Familienarbeit und der Arbeit in der Landwirtschaft zu forcieren, aber zu schwach war, um für hinreichenden Ersatz zu sorgen. Innerhalb der westlichen Staatengemeinschaft hat sich vor allem in Südeuropa (Portugal, Spanien, Süditalien, Griechenland) eine hohe Arbeitslosenrate gebildet. In den Expansionsräumen der westlichen Wirtschaft sind hohe Arbeitslosenraten sogar die Regel. Eine Ausnahme bilden nur wenige Staaten, wo hohe Wachstumsraten eine Eigendynamik wirtschaftlicher Entwicklung ermöglichten (insbesondere Südostasien). Sobald aber auch Dienstleistungsarbeit in großem Ausmaß technisiert wird, wird das Problem der Massenarbeitslosigkeit auch (wieder) die Zentren des westlichen Kapitalismus erreichen.

Arbeitslosigkeit ist nicht nur für die direkt Betroffenen ein Problem. Das Risiko, arbeitslos zu werden und dadurch in die relative Armut abgedrängt zu werden, schwebt wie ein Damoklesschwert über vielen Routinearbeitnehmern in den westlichen Gesellschaften. Insbesondere für Jüngere, die erst noch einen erfolgreichen Einstieg in die Erwerbsarbeit schaffen müssen, ist dieses Risiko ein Unsicherheitsfaktor erster Ordnung. Die durch die rasante technische Entwicklung zunehmend dementierte Hoffnung auf eine unproblematische Transformation zur Dienstleistungsgesellschaft schafft aber auch darüber hinaus Unsicherheit über die Zukunft der Bevölkerungsmehrheit in den westlichen Staaten, also bei jenen, die nur eine für Routinejobs qualifizierte Arbeitskraft vermarkten können.

19.5 Die Suche nach profitablen Anlagemöglichkeiten

Seit dem Auslaufen der Nachkriegskonjunktur und des Wiederaufbaus der vom Krieg zerstörten Gebiete stand für die Besitzbürger und die großen Aktiengesellschaften das alte Problem der Suche nach rentablen Kapitalanlagen wieder im Vordergrund. Es hat sowohl die Expansionsanstrengungen des westlichen Gesellschaftsmodells befeuert wie auch die Bemühungen um einen transnationalen Wirtschaftsraum. Auch bei der neoliberalen Kritik am Wohlfahrtsstaat und der Propagierung einer Privatisierung von Staatsaufgaben ging es nicht zuletzt um die Rentabilität alter und um zusätzliche neue Geschäftsfelder, in denen Geld verdient werden kann. Die Aufkündigung des impliziten Gesellschaftsvertrags aus der Ära des Kalten Kriegs hatte also nicht nur mit Ideologie zu tun, sondern war auch Teil einer Strategie, Steuern und Abgaben zu senken, und so die Gewinne der Unternehmen zu erhöhen.

Nach Auffassung der Wirtschaftswissenschaften ist die Suche nach immer neuen Geschäftsfeldern und nach profitablen Investitionen der primäre Fortschrittsmotor der westlichen Gesellschaften, der auch ihre Überlegenheit gegenüber Staats- und planwirtschaftlichen Konzepte ausmacht. Nach marxistischer Auffassung ist das zumindest auf lange Sicht ein vergebliches Unterfangen, da die fortschreitende Technisierung zu einem tendenziellen Fall der Profitrate führen werde. Die empirische Wirtschaftsforschung zeigt in der Langfristperspektive ein allmähliches Absinken der Renditen (Piketty 2014), was die innovative Funktion von Investitionen aber keineswegs schmälert. Vor allem die mit dem Abbau von Handelshemmnissen flankierte westliche Expansion (Kapitel 15) hat bis zur Lehman-Pleite 2008 vor allem Großunternehmen und sehr innovativen Unternehmen zu hoher Profitabilität verholfen.

Um die Wirtschaft wieder auf Wachstumskurs zu bringen, wird von den Notenbanken der westlichen Staaten eine Politik des billigen Geldes, tendenziell eine Nullzinspolitik betrieben. Aus der Sicht der angebotsorientierten Ökonomie muss genau das die Lehre aus der Weltwirtschaftskrise sein. Diese Politik hat aber die Suche nach profitablen Anlagemöglichkeiten nur verschärft, was ein hohes Risiko für erneute Spekulationsblasen mit sich bringt. Das monetaristische Realexperiment allein wird daher wenig bewirken, weil es dafür blind ist, dass, wie im Keynesianismus vorgesehen, zumindest in der Krise zusätzlich die Realwirtschaft angekurbelt werden muss, um die Trendwende zu schaffen. Erst dann könnten sich wieder mehr Investitionschancen ergeben. Daher ist es gerade in den westlichen Staaten nötig, der Realwirtschaft neue Impulse zu geben.

19.6 Ist eine Rückkehr zum klassischen Nationalstaat überhaupt möglich und sinnvoll?

Eine Rückabwicklung der Transnationalisierung und damit eine Rückkehr zum klassischen Nationalstaat würden zweifellos viele *politische* Probleme der westlichen Staaten lösen. Denn so könnte die Souveränität der einzelnen Staaten in vollem Umfang wieder hergestellt werden. Jeder Staat könnte über Zuwanderung und Staatsbürgerschaft ohne die Einmischung anderer entscheiden. Er könnte auch die Unternehmen notfalls zwingen, keine Arbeitsplätze zu exportieren. Die

USA, aber auch das Vereinigte Königreich, Frankreich, Deutschland usw. würden wieder ‚great', wie Donald Trump den amerikanischen Wählern versprochen hat.

Anders als viele Wähler rechtspopulistischer Parteien ersehnen, würde man bei einer solchen Rückabwicklung aber nicht in den goldenen 1960er Jahren landen, sondern in den Jahren vor dem Ausbruch des Zweiten Weltkriegs. Das erinnert zunächst einmal daran, dass zur vollen nationalstaatlichen Souveränität auch die Entscheidung über Krieg oder Frieden gehört. Die EU ist ja auch entstanden, um Kriege zwischen europäischen Staaten unmöglich zu machen. Eine Rückabwicklung der transnationalen Bindungen würde vor allem in Europa auf mittlere und längere Sicht auch das Risiko von Kriegen erhöhen.

Kurzfristig, wahrscheinlich aber auch perspektivisch, würden sich dagegen *gravierende Wohlstandsverluste* einstellen, wenn an die Stelle des transnationalen Wirtschaftsraums wieder das alte System von hohen Zöllen und weiteren Hindernissen beim Marktzugang treten würde. Vor allem eine Auflösung des europäischen Binnenmarktes würde an wirtschaftlichen Selbstmord grenzen, da nicht nur Großunternehmen sondern auch mittlere und kleinere Unternehmen auf diesen gemeinsamen Markt ausgerichtet sind.

Ein einseitiger EU-Austritt oder eine Auflösung der EU unter Beibehaltung des europäischen Binnenmarktes wären dagegen reine populistische Mogelpackungen. Denn eine Teilhabe am europäischen Binnenmarkt ist ohne teilweisen Souveränitätsverzicht nicht möglich. Im Falle Norwegens, das voll in den EU- Binnenmarkt integriert ist, bedeutet die Nichtmitgliedschaft sogar einen noch größeren Souveränitätsverzicht. Da die norwegische Regierung in Brüssel nicht mit am Verhandlungstisch sitzt, hat sie keinen direkten Einfluss auf die Entscheidungen, die sie dann aber umsetzten muss. Dazu hat sie sich verpflichtet, um am europäischen Binnenmarkt beteiligt zu sein. Nationalstaatliche Souveränität sieht anders aus! Deshalb erwägt die britische Regierung auch einen ‚harten Brexit', also einen von drastischen Steuersenkungen für Unternehmen flankierten Ausstieg aus dem europäischen Binnenmarkt. Wirtschaftsexperten sehen das überwiegend skeptisch. Auffällig an dieser Debatte ist, dass sie vorrangig nur noch darum geht, wer dabei verliert. Dass jemand verliert, wird somit als Gewissheit bereits unterstellt!

19.7 Droht eine Rückabwicklung des westlichen Individualismus?

Sieht man einmal vom islamischen Terrorismus ab (Abschnitt 16.4), dann verfolgt niemand das Ziel einer Rückabwicklung des westlichen Individualismus. Sie wird aber sowohl von autoritären Regimes mit faschistischem Einschlag wie Russland (Kapitel 16.3), von rechtspopulistischen Bewegungen wie auch von Marktradikalen, die den Wohlfahrtsstaat abwickeln wollen, zumindest in Kauf genommen.

Die Rechtspopulisten reiben sich an einer Kultur der Weltoffenheit und Toleranz, die eine direkte Konsequenz des westlichen Individualismus ist. Auch das Ausleben abweichender sexueller Orientierungen darf eben nicht sanktioniert werden, wenn man das Eigentum an der eigenen Person ernst nimmt. Daraus wird dann von der Kreml-Propaganda das Zerrbild eines abartigen, angeblich von Schulen und Lesben dominierten Westens gezeichnet. Gegen dieses Zerrbild wird dann das naturgegebene Geschlechterverhältnis gesetzt auf dem die eigene, eben ‚gesunde' und ‚natürliche' Gesellschaft beruhe. Die rechtspopulistischen Parteien fordern einen auf eine nationale Leitkultur beschränkten Individualismus und eine Begrenzung der Zuwanderung bis hin zur ‚Remigration', damit diese nationale bzw. westliche (zwischen diesen beiden Polen wird argumentiert) Leitkultur aufrechterhalten werden kann. Hier soll dann tatsächlich die Alltagskultur der 1960er Jahre wiederbelebt werden, die in öffentlichen Räumen weder den Islam noch Schwule und Lesben, dafür aber klare Geschlechterrollen kannte. De facto liefe dies darauf hinaus, viele Lebensformen und Milieus zu ‚zensieren' und zu sanktionieren (vgl. Jessen 2016) und damit auch Menschen- und Bürgerrechte einzuschränken wie das Recht auf Religionsfreiheit und die Diskriminierungsverbote. An die Stelle einer weltoffenen Gesellschaft soll wieder eine mit einem ‚gesunden Volksempfinden' begabte ‚Volksgemeinschaft' treten, die schon in der Ära des Nationalsozialismus von den Machthabern konstruiert wurde, um Minderheiten zu drangsalieren, mundtot zu machen und ‚zu entfernen'.

Aber auch vom Boden der bürgerlich-liberalen Gesellschaft aus wird westlicher Individualismus tendenziell abgewickelt. Und zwar dort, wo der Arbeitsmarkt soweit ‚liberalisiert' und der Wohlfahrtsstaat soweit abgebaut wurde, dass das Walten des freien Marktes in beträchtlichem Maße Lebens- und Arbeitsbedingungen hervorbringt, die ohne Einbußen an Selbstachtung und menschlicher Würde nicht zu bewältigen sind. In Gesellschaften mit hoher sozialer Ungleichheit, in denen sich keine größere Mittelschicht entwickelt hat, stoßen oftmals die Wohnquartiere der Reichen an die Elendsviertel. Wo Reichtum und Luxus an bittere Armut angrenzt, kommt es mit hoher Wahrscheinlichkeit zu Entwicklungen, die als ‚Brasilianisierung' charakterisiert wurden (Beck 1999). Die Sicherheitsbedürfnisse und damit aber auch die Lebensentwürfe der Reichen können nur noch in umzäunten und von Sicherheitspersonal bewachten Quartieren realisiert werden. Das bedeutet eben nicht nur ‚no entry' für Arme sondern auch die Reichen erleiden erhebliche Einbußen an persönlicher Freiheit und persönlichen Entfaltungsmöglichkeiten.

Westliche Gesellschaften, in denen die soziale Ungleichheit noch nicht so stark eskaliert ist (Stichwort: Gini Koeffizient um 0.3), kennen dagegen öffentliche Räume, in denen sich alle Bürger frei bewegen, in denen sie Erfahrungen gewinnen und soziale Kontakte knüpfen können. Die Individualisierung hat hier ein soziales Fundament.

20 Einsichten und Umdenken

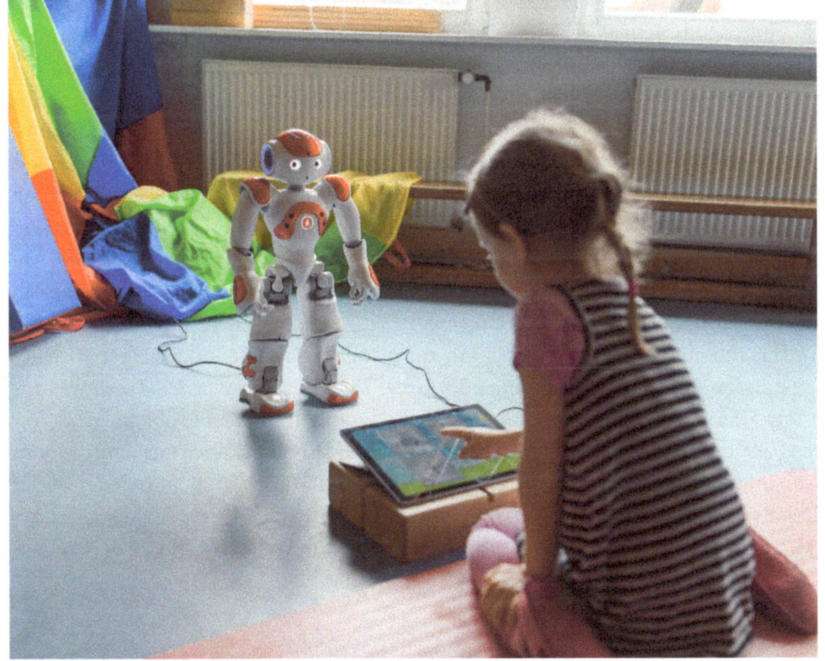

Copyright: Christian Protte

Vor allem immer ‚intelligentere' Roboter werden in naher Zukunft viele Dienstleistungen automatisieren. Wie soll unter diesem Bedingungen Vollbeschäftigung erreicht und Massenarbeitslosigkeit vermieden werden? Das Foto zeigt die fünfjährige Paulina, die in ihrer Kita Kontakt mit Robin, ihrer Lernmaschine, aufnimmt.

20.1 Wo ansetzen?

In diesem Kapitel wird die These vertreten, dass nur eine innere Erneuerung des westlichen Gesellschaftsmodells aus der Krise führen kann. Ihr liegt die Einschätzung zugrunde, dass die inneren Probleme im westlichen Gesellschaftsmodell und der Gegenwind von außen sich gegenseitig befeuern. Wenn man sich dieses Zusammenspiel genauer ansieht, dann zeigt sich deutlich, dass nur von einem Ansetzen an den inneren Problemen nachhaltige Effekte ausgehen können.

In einer globalisierten Welt kennen auch die Gegner des westlichen Gesellschaftsmodells seine Schwächen und Widersprüche. Der andere Punkt ist, dass der Westen mit der wirtschaftlichen Expansion auch seine Probleme exportiert hat. Insofern war das Minimalmodell (Kapitel 14), also der Versuch, im nichtwestlichen Ausland durch Investitionen *einfach* nur Geld verdienen zu wollen, ausgesprochen naiv. Da man von geringeren Löhnen und fehlenden Sozialstandards profitieren wollte, hat man zwangsläufig die ‚soziale Frage' in der harten Variante des Manchesterkapitalismus exportiert. Ebenso wie die Expansionsbestrebungen selbst, haben auch diese Folgeprobleme zu Gegenreaktionen geführt, die politisch in die westliche Staatengemeinschaft hineinwirken, weil sie eben auf für westliche Gesellschaften typische Probleme antworten. Wie im Fall Russlands und Putins deutlich geworden ist, kann diese Attraktivität jederzeit politisch instrumentalisiert werden, indem man mit oppositionellen Strömungen bzw. Parteien in den westlichen Staaten gezielt paktiert, um die westliche Staatengemeinschaft zu schwächen.

Das mutet wie ein Teufelskreis an, kann aber auch als überdeutlicher Hinweis verstanden werden, *dass nur eine Lösung der inneren Probleme den Trend wenden kann*. Hier liegt eben auch der Schlüssel für die zunehmenden Probleme des Westens auf der Weltbühne. Wenn ‚wir' die inneren Probleme aber tatsächlich lösen wollen, dann sind m. E. drei strategische Debatten unumgänglich. In jeder dieser Debatten wird es darum gehen, den Westen zwar nicht völlig neu zu denken oder gar zu erfinden, aber zu lernen, ihn in einem etwas anderen Licht zu sehen. Das meine ich mit Umdenken.

20.2 Das Versprechen der amerikanischen Verfassung muss endlich zum gesellschaftspolitischen Programm werden: Jeder soll eine *realistische* Chance bekommen, etwas aus seinem Leben zu machen

Ein neuer Gesellschaftsvertrag?

In der Rückblende wird man die Periode 1991- 2008 vermutlich einmal als eine ‚goldene Zeit' für all diejenigen bezeichnen, deren Lebensziel es ist, ein Vermögen anzuhäufen, von dessen Erträgen sich leben lässt. Für den Rest der Bevölkerung in den westlichen Staaten wurde die Spaßgesellschaft propagiert. Auch er sollte Party auf seine Weise feiern können. Das Rezept ist schon aus der Kaiserzeit des römischen Reiches bekannt, als das einfache Volk mit Brot und Gladiatorenkämpfen bei Laune gehalten wurde.

Mit der Lehman-Pleite scheint die Bereicherungsparty allerdings zu Ende gegangen zu sein. Auch politisch ist die neoliberale Seifenblase eines Kasino-Kapitalismus geplatzt, bei dem die westlichen Staaten nur die Bereicherung der wirtschaftlichen Eliten zum angeblichen Wohl der Konsumenten politisch und institutionell flankieren sollten. Wenn die angehäuften Privatvermögen weiter bestehen sollen, dann wird es nicht mehr ohne den großen Rest gehen. Ein Blick auf die übrige Gesellschaft ist also selbst ‚von oben' aus unumgänglich.

Er zeigt eine sozial gespaltene und von Widersprüchen zerriebene Gesellschaft, deren innere Probleme in verschärfter Form exportiert wurden. Das ist im vierten Teil ausführlich erläutert worden. Eine Trendwende wird nur gelingen, wenn sich die beiden wichtigsten Interessengruppen innerhalb der westlichen Gesellschaften wieder als *politisch gleichrangig* betrachten. Das wird sicherlich schwer zu erreichen sein. Denn das, was in der Ära des Kalten Kriegs durch den Ost- West-Gegensatz und das gemeinsame Feindbild quasi erzwungen wurde, muss sich heute auf die rationale Überzeugung stützen, dass nur in einem fairen Miteinander das westliche Gesellschaftsmodell und seine Vorzüge erhalten und zukunftsfest gemacht werden können. Wie kann eine solche politische Verständigung zwischen den Besitzbürgern/Globalisierungsgewinnern und der gesellschaftlichen Mehrheit, die auf die Vermarktung von Routinearbeit angewiesen ist, aussehen?

Ein Ansatzpunkt ist, dass beide Großgruppen zwar unterschiedliche Interessen haben, aber in und von derselben wirtschaftsbetonten westlichen Welt leben. Die Unterschiede in den wirtschaftlichen Interessen sind für die jeweils andere Seite nicht nur rein intellektuell nachvollziehbar, sondern man verfügt auch über einschlägige Erfahrungen mit der Erfahrungswelt der anderen Seite. Denn der universelle Code und das universelle Erfolgsmedium des Wirtschaftssystems, das Geld, kennt genau zwei unterschiedliche Verwendungsmodi, die auf die jeweilige

Praxis der Besitzbürger bzw. der Arbeitnehmer zugeschnitten sind. Geld kann entweder als reines Tauschmittel verwendet werden oder es kann als Selbstzweck fungieren, wenn man Geld anlegt oder investiert, um Zinsen zu bekommen. Wer von der Vermarktung von Routinearbeit lebt, der ist an der erstgenannten Bedeutung des Gelds interessiert: Er benötigt einen konstanten Geldzufluss in bestimmter Höhe, um sich als Konsument die für sein Leben und seinen Lebensstil erforderlichen Waren und Dienstleistungen kaufen zu können. Daneben kennt er aber auch die investive Geldverwendung. Nur hat sie für ihn eben keine ‚tragende' Bedeutung. Genau umgekehrt verhält es sich bei den Besitzbürgern. Für sie ist die investive Geldverwendung und der Erhalt bzw. Aufbau des eigenen Vermögens von vorrangiger Bedeutung, aber man kennt natürlich auch die Bedeutung von Geld als Tauschmittel.

Verträge sind die rechtliche Form für die Abwicklung von Tauschbeziehungen. Sie werden meist mit anonymen Anderen geschlossen. Man ‚kennt' den Vertragspartner nicht so genau, hält ihn aber für verlässlich, also für einen Menschen, der vertragliche Verpflichtungen erfüllt. Ebenso wird man selbst zu den vertraglichen Verpflichtungen stehen. Verträge sind daher ein wichtiges Instrument, um Waren zu tauschen, Kredite zu vergeben und/oder Leistungen zu vereinbaren, obwohl man sich nicht genau kennt und unterschiedliche Interessen hat. Das funktioniert nicht nur individuell, sondern auch kollektiv, etwa bei Tarifverträgen.

Vor diesem Hintergrund macht es Sinn, etwas abweichend von der üblichen Bedeutung, von einem „Gesellschafts-Vertrag" zu sprechen. Der Begriff steht hier für einen *politischen Tauschvorgang* zwischen den beiden zentralen Großgruppen in den westlichen Gesellschaften. Die Besitzbürger sind eine zahlenmäßig relativ kleine, aber wirtschaftlich mächtige Großgruppe. Sie wird allein nie in der Lage sein, ein demokratisch verfasstes westliches Gesellschaftsmodell dauerhaft zu dirigieren. Also benötigt sie die Unterstützung der Mehrheit, die sich auch für ein anderes Gesellschaftsmodell entscheiden könnte.

Die Mehrheit kann fest an das westliche Gesellschaftsmodell gebunden werden, wenn man ihr einen funktionierenden Wohlfahrtsstaat zusichert, der durch Transferleistungen für kontinuierlich fließende Einkommen in hinreichender Höhe sorgt. Damit er stabil finanziert werden kann, muss ebenfalls eine angemessene Besteuerung der Wirtschaftsaktivitäten akzeptiert werden. Dagegen tauscht man eine stabile Zukunftsperspektive für die Privatwirtschaft und das bürgerliche Gesellschaftsmodell ein. Das bedeutet z. B. auch in Zukunft Rechtssicherheit, Bürger- und Menschenrechte, einen dienenden Staat usw. Die auf Lohnarbeit angewiesene Mehrheit mit Routinequalifikationen gewinnt durch einen derartigen Gesellschaftsvertrag ebenfalls eine stabile Zukunftsperspektive einschließlich der zivilisatorischen Standards des westlichen Gesellschaftsmodells. Dafür muss sie akzeptieren, dass andere Menschen das Vorrecht behalten, nur von der Kapitalverwertung zu leben, und dass der demokratische Staat immer auch die wirtschaftlichen Interessen der zahlenmäßigen Minderheit gleichrangig bedient.

Wie auch bei anderen Verträgen wird *für beide Seiten eine Win-win-Situation geschaffen*, die einem solchen impliziten Gesellschaftsvertrag Dauer verleihen kann. Deswegen könnte es vor allem für große Volksparteien Sinn machen, ihn politisch zu konkretisieren. Das würde zunächst einmal bedeuten, an die Stelle des bisherigen Nebeneinanders von öffentlicher Demokratie für die Besitzlosen und nichtöffentlichen diskreten Verhandlungen mit den Besitzbürgern einen Interessenausgleich auf offener Bühne zu verhandeln. Dadurch gewänne der demokratische Prozess wieder seine Ernsthaftigkeit zurück.

Ein solcher ‚Gesellschaftsvertrag' ist aber ganz zwangsläufig mit dem Problem des Strukturwandels der menschlichen Arbeit behaftet. Er kann nur dann zukunftsfähig gemacht werden, wenn dieses Problem mit bedacht wird.

Wie kann man im Rahmen des westlichen Gesellschaftsmodells solidarisch mit dem Strukturwandel der gesellschaftlichen Arbeit umgehen?

Klar ist, dass konventionelle Routinearbeit und zwar sowohl körperliche Arbeit in Landwirtschaft, Produktion und Gewerbe wie auch Routine-Dienstleistungsarbeit kontinuierlich abnehmen wird. Insofern derartige Arbeit als Kostenfaktor erfasst wird, wird der Anreiz zunehmen, sie durch Roboter zu ersetzen oder sie anderweitig zu automatisieren. Das schafft für Arbeitnehmer mit Qualifikationen im Bereich der Routinearbeit zwei perspektivische Folge-Probleme: das Einkommensproblem und das Problem, was man mit und aus seinem Arbeitsvermögen machen kann, wenn die gewohnte Arbeit nicht mehr existiert. Dabei werden keine definitiven Patentlösungen gesucht, sondern Möglichkeiten, beide Folgeprobleme dieses Strukturwandels beherrschbar zu halten[101].

Erstes Problem: Arbeit und Selbstverwirklichung

Sich aktiv in den gesellschaftlichen Leistungsbereich einzubringen, ist ein wichtiger Bestandteil unserer Sozialität. Im ersten Teil wurde ja gezeigt, dass die menschliche Sozialität aus zwei ganz unterschiedlich gebauten Mustern besteht. Einmal agieren wir sozial in der direkten Kommunikation mit anderen Menschen. Diese Art von Sozialität haben wir mit sozial lebenden Tieren gemeinsam. Daneben haben wir Ordnungssozialität entwickelt, um die es in diesem Buch ausschließlich geht. Hier orientieren wir unser soziales Handeln an einer als geltend gedachten Ordnung. Während die direkte Sozialität einen ständigen Wechsel zwischen Geben und Nehmen kennt, haben sich im Bereich der Ordnungssozialität hierfür feste Rollen gebildet.

Man kann zwischen Leistungsrollen und Publikumsrollen unterscheiden (vgl. z. B. Schimank 2006), zu denen das für die Lebenswelt typische situative Wechselspiel von *Geben und Nehmen* verallgemeinert und systematisiert wurde. Im Bereich der Wirtschaft entsprechen ihnen *Arbeits- und Konsumentenrollen*. Mit Adam Smith (1978: 16) können wir davon ausgehen, dass es zu unserer Würde gehört und für die soziale Anerkennung durch andere unverzichtbar ist, dass jeder, der dazu fähig ist, sich den Konsum gesellschaftlicher Leistungen durch Arbeit verdient.

Vor jedem Warentausch beginnt das westliche Gesellschaftsmodell jedoch beim Eigentum an der eigenen Person. Dass jeder über seine Person frei verfügen kann, aber auch muss, und dass dieses Eigentum nicht verkäuflich ist, ist der kleinste gemeinsame Nenner aller Bürger westlicher Gesellschaften. Damit ist die Idee verknüpft, dass jeder aus seinem Leben etwas machen, nach seinem persönlichen Glück streben soll, wie es in der Verfassung der USA festgehalten ist. In staatlich organisierten Gesellschaften ist Arbeit die bei Weitem wichtigste Chance, etwas aus seinem Leben zu machen.

Der Strukturwandel der Arbeit wird perspektivisch dazu führen, dass zumindest konventionelle Arbeitsrollen weitgehend verschwinden werden, aber keineswegs die gesellschaftlichen Leistungsrollen insgesamt. Politische Entscheidungen werden weiterhin von Menschen getroffen werden. Es wird nach wie vor Ärzte, Lehrer und Wissenschaftler usw. geben. Plakativ formuliert: Hinter Armeen von Robotern und Automaten werden immer noch Menschen tätig sein. Auch die Suche nach Selbstverwirklichung, Selbstachtung, sozialer Anerkennung durch Arbeit wird bestehen bleiben.

Klar ist auch, dass wir uns nur schrittweise einer Ära annähern werden, in der Routinearbeit nur noch von Robotern und Automaten erledigt wird. Deswegen wird es unheimlich wichtig sein, diesen allmählichen Übergang sozialverträglich hinzubekommen. Nur dann werden alle Gesellschaftsmitglieder eine realistische Chance haben, die zentrale Errungenschaft des westlichen Gesellschaftsmodells, das Eigentum an der eigenen Person, in akzeptablen Lebensentwürfen auch ausleben zu können.

Die Ökonomen argumentieren, dass auch auf dem Arbeitsmarkt der Preis ein Gleichgewicht zwischen Angebot und Nachfrage schaffe. Bei Arbeitslosigkeit könnten daher mehr Arbeitsplätze nur durch niedrigere Löhne geschaffen werden. Dagegen könnten bei Vollbeschäftigung die Löhne dann wieder steigen. Mit einigen Einschränkungen (Stichworte: Arbeitsmarktsegmentation; begrenzte Elastizität des Angebots; Tarifverträge) kann diese Argumentation auf die Nachfrage nach Arbeit im privatwirtschaftlichen Bereich angewendet werden. Die Privatwirtschaft spielt für die meisten der heute neu entstehenden automationsresistenten Arbeitsplätze jedoch nur eine Nebenrolle. Jenseits der wirtschaftswissenschaftlichen Modelle müssen wir anerkennen, dass sich eine *gemischte Wirtschaft* entwickelt hat, die neben profitorientierten auch viele non-profit-Unternehmen kennt. In den für neue Arbeitsplätze wichtigsten Bereichen, Bildung und Gesundheitswesen, wurden diese Zuwächse in den meisten westlichen Ländern über den Wohlfahrtsstaat erreicht, der allgemeine Anrechte auf Bildung und medizinische Behandlung gewährt hat und die Finanzierung teilweise über eine Zwangsumlage, teilweise aus Steuermitteln organisiert hat. Auf dieser Grundlage sind im Bildungssystem durch den Trend zu immer längeren Bildungszeiten (Stichwort Bildungsexpansion), aber auch durch Qualitätsverbesserung viele neue Arbeitsplätze entstanden[102]. Im medizinischen Bereich hat vor allem der wissenschaftliche Fortschritt, der immer wirksamere Behandlungsmethoden ermöglicht, in Verbindung mit zunehmender fachlicher Spezialisierung und besserer medizinischer Versorgung die Nachfrage nach Arbeit erhöht. In den USA, wo der Wohlfahrtsstaat nur rudimentär existiert, wurden ebenfalls Zuwächse in diesem beiden Bereichen erzielt. Sie erfolgten teilweise auf einer marktwirtschaftlichen Grundlage. Wer es sich irgendwie leisten kann, gibt viel Geld für medizinische Versorgung und die Ausbildung der eigenen Kinder aus.

Aus diesen Erfahrungen in der jüngeren Vergangenheit kann man Lehren für die Zukunft ziehen:

Erstens: Arbeitsplatzverluste durch Automatisierung und Rationalisierung können vor allem durch hochwertige Dienstleistungen kompensiert werden. Das passiert aber nicht automatisch, sondern *durch die Etablierung höherer Standards bei der Versorgung mit bestimmten Dienstleistungen*. Hierbei können sowohl der Wohlfahrtsstaat wie auch die Zivilgesellschaft eine entscheidende Rolle spielen.

Zweitens: In den letzten Jahrzehnten wurden bereits höhere Standards bei Bildung und medizinischer Versorgung etabliert, die aber noch ausbaufähig sind. *In der Zukunft kann daher mehr Arbeit in andere, bisher noch vernachlässigte Bereiche fließen*. Derzeit deutet sich an, dass als dritter Bereich die Ökologie hinzukommen könnte. Also ein durch die Zivilgesellschaft artikulierter Bedarf an höheren Standards im Umwelt-, Natur- und Artenschutz. Er wird sich dann auch in staatlichen Aktivitäten niederschlagen. Dagegen hat sich die Entwicklungshilfe noch immer nicht von einer programmatischen Forderung zu einem Tätigkeitsfeld entwickelt, in dem viele neue Arbeitsplätze entstehen.

Drittens: Seit der Industrialisierung ist das traditionelle Familienleben, sind traditionelle Nachbarschaftsbeziehungen und Formen des dörflichen Zusammenlebens zunehmend zerstört worden, wodurch sich das Arbeitskräfteangebot für den Arbeitsmarkt entscheidend erhöht hat (Lutz 1989; Stichwort: Erwerbsquote). Die Familienforschung begreift daher heutige Familien in Form zweier Rudimente: der Partnerbeziehung und der Eltern-Kind Beziehung (vgl. exemplarisch Nauck 1990). *Der Strukturwandel der menschlichen Arbeit bietet jetzt die Chance, konzeptionell zu überlegen, wie das gesellschaftliche Zusammenleben in Zukunft aussehen soll.* Die eine Möglichkeit ist, parallel zur Automatisierung die normalerweise zu leistende Arbeitszeit schrittweise zu reduzieren. Damit würden die auf Arbeit angewiesenen Menschen freie Zeit hinzu gewinnen, die sie auch mit anderen Menschen verbringen können. Auf diese Weise könnten sowohl Nachbarschaftsbeziehungen wie auch Hausarbeit, also Arbeit für konkrete Mitmenschen, wieder aufblühen. Ebenso könnte diese frei werdende Lebenszeit natürlich auch kommerziell gebunden werden (Tourismus, Events, Medienkonsum …). In jedem Fall aber würde der gesellschaftliche Leistungsbereich, zumindest im Durchschnitt, einen immer geringeren Teil unseres Zeitbudgets in Anspruch nehmen. Die Alternative dazu ist, das, was an zwischenmenschlichen Beziehungen und an häuslicher Arbeit für konkrete Andere verloren wurde, in Form von Arbeit für den gesellschaftlichen Leistungsbereich neu zu erfinden.

In diese Richtung gehen die Anregungen von Jeremy Rifkin (1996), der sich vorstellen kann, dass viele Initiativen und Vereine sich z. B. mit lokalen Traditionen und lokaler Geschichte beschäftigen, sich um das Ortsbild kümmern, Themen in die Öffentlichkeit bringen usw. und dass sie hierfür Menschen beschäftigen (zur Finanzierung siehe weiter unten). Auf diese Weise könne lang andauernde Massenarbeitslosigkeit vermieden werden. Wenn wir uns in diese zweite Richtung entwickeln wollen, werden wir den Zeitaufwand für den gesellschaftlichen Leistungsbereich konstant halten oder sogar noch erweitern.

Mit dem Strukturwandel der Arbeit ist also die Frage verknüpft, welchen Stellenwert der gesellschaftliche Leistungsbereich und die Ordnungssozialität in Zukunft haben sollen. Wollen wir sie wieder zugunsten der direkten Sozialität zurückfahren oder soll sie weiter (oder sogar noch stärker) unser Leben dominieren?

Zweites Problem: das Einkommen

Diese Entscheidung können wir aber keineswegs völlig frei treffen. Denn mit beiden Formen von Sozialität stellen wir Bindungen her, die für unser Leben wichtig sind. Über direkte Sozialität werden Bindungen an konkrete Personen geschaffen (Partnerschaft, Familie, Freundeskreis, Nachbarschaft …). Dagegen wird Ordnungssozialität vor allem dort wichtig, wo unser Leben und Überleben von Geld und Waren abhängt. Wer selbst weder landwirtschaftliche Selbstversorgung betreibt noch Waren produziert oder von Zinsen leben kann, der muss seine Arbeitskraft vermarkten, um zu Geld zu kommen, mit dem er dann die benötigten Waren kaufen kann. Diese Marktabhängigkeit muss bei beiden Möglichkeiten immer mitgedacht werden.

Bei einem Zurückfahren der Arbeit/der Leistungsrollen im gesellschaftlichen Leistungsbereich müssten entweder die Löhne entsprechend steigen oder es müsste ein Anrecht auf ein arbeitsunabhängiges Einkommen geschaffen werden. Im anderen Fall müsste die neu geschaffene Arbeit wie auch Arbeitslosigkeit angemessen entlohnt werden.

Der Strukturwandel der menschlichen Arbeit wird vor allem für diejenigen zum Problem, die nur ein für Routinearbeit geeignetes Arbeitsvermögen verfügen. Durch den Strukturwandel sinken nämlich die Chancen, Arbeitsvermögen für Routinearbeit überhaupt noch vermarkten zu können und, wenn das gelingen sollte, dabei auf ein Entgelt zu kommen, dass für ein Leben oberhalb relativer Armut ausreicht. Dieses Problem kann nur teilweise durch eine weitere Bildungsexpansion aufgefangen werden. Man muss damit rechnen, dass nicht alle Menschen einen Hochschulabschluss erreichen können. Daher muss denjenigen, die keine Arbeit oder nur schlecht bezahlte Arbeit finden, unter die Arme gegriffen werden. Geeignete Instrumente existieren bereits. Es muss nur der politische Wille hinzukommen, dieses Problem über politische Flickschusterei hinausgehend auch auf eine perspektivisch tragfähige Art und Weise lösen zu wollen.

Am geeignetsten scheinen mir zwei Varianten zu sein. Erstens könnte für alle Staatsbürger ein Anrecht auf ein bestimmtes Grundeinkommen geschaffen werden (Bürgergeld/staatlich garantiertes Mindesteinkommen für alle Bürger). Es kann entweder bedingungslos bezahlt werden, dann wäre ein langsames Abschmelzen des gesellschaftlichen Leistungsbereichs ohne soziale Opfer möglich. Oder es wird an eine Mindestarbeitszeit geknüpft. Dann bekämen nur diejenigen etwas aus diesem Topf, die eine geforderte monatliche Mindestarbeitszeit leisten. Sie könnte sich am Normalarbeitsverhältnis orientieren und Abzüge nach sozialen (z. B. Alleinerziehende, Betreuung von alten und kranken Familienangehörigen) und medizinischen Kriterien vorsehen. Diese Variante wäre eine Option für ein Beibehalten der zentralen Bedeutung des gesellschaftlichen Leistungsbereichs. Sie setzt aber voraus, dass genügend Arbeit vorhanden ist, also die durch Automation abgeschaffte menschliche Arbeit sowohl durch neue Aufgabenfelder wie auch durch eine Verwandlung der zerstörten Verwandtschafts- und Nachbarschaftsbeziehungen in Arbeit kompensiert werden kann.

Von der heutigen deutschen Sozialhilfe würde sich ein solches Bürgergeld in jedem Fall dadurch unterscheiden, dass entwürdigende Verfahren der Bedürftigkeitsüberprüfung entfallen. Die Bedürftigkeit muss nicht nachgewiesen bzw. durch den Verbrauch von Eigentumswerten erst hergestellt werden. Es sollte auch ein höheres Lebensniveau finanziert werden, da es eben nicht um ein Überleben in Armut am Rande der Gesellschaft gehen soll.

Die andere Möglichkeit bestünde in der Subventionierung von Arbeit, deren Marktpreis nicht ausreicht, um davon auskömmlich leben zu können. Dies könnte über das Instrument des Mindestlohns laufen. Das Problem ist hierbei, dass ein zu hoher Mindestlohn zu viel Arbeit vernichtet. Deswegen ist zusätzlich eine personenbezogene Aufstockung erforderlich, die auch auf begründete Einschränkungen in der Arbeitsfähigkeit reagiert. Man landet also auch hier wieder bei einem Anrecht auf Transferleistungen, deren Bezug an die Bedingung geknüpft wäre, ähnlich lange zu arbeiten, wie diejenigen, die von ihrer Arbeit auskömmlich leben können.

Den Strukturwandel der Arbeit als Chance für das westliche Gesellschaftsmodell begreifen

Der Strukturwandel der Arbeit könnte von einer Bedrohung des inneren Zusammenhalts der westlichen Gesellschaften zu einer Chance für ihre Revitalisierung werden, wenn er politisch verantwortungsvoll begleitet wird. Die Chance besteht darin, dass neue verantwortungsvolle und interessante Aufgaben definiert werden, etwa in den Bereichen Ökologie und Entwicklungszusammenarbeit, aber auch bei der Wiederbelebung von Nachbarschaftszusammenhängen. Wenn diese neuen Aufgaben in attraktive Arbeitsplätze übersetzt und konkretisiert werden können, dann wird die Formel vom Eigentum an der eigenen Person nicht zu einer verlogenen Floskel degenerieren. Vielmehr kann sie dann auf immer vielfältigere Art und Weise gelebt werden. Solche beruflichen Zukunftsaufgaben zu identifizieren und zu definieren ist in erster Linie eine Aufgabe der Zivilgesellschaft. Aus ihrer Mitte können Trägervereine und Nichtregierungsorganisationen entstehen, die entsprechende Projekte definieren. Das wird aber nur funktionieren, nachdem die Finanzierungsfrage durch entsprechende staatliche Rahmenbedingungen geklärt ist. Ein an entsprechende Arbeitsnachweise geknüpftes Bürgergeld würde einen darauf bezogenen Arbeitsmarkt definieren, der teilweise direkt, teilweise perspektivisch von der Rationalisierung der Routinearbeit gespeist würde. Aber es sind selbstverständlich auch andere Finanzierungsformen denkbar.

Wird damit aber nicht dem ersten Arbeitsmarkt und der Privatwirtschaft Konkurrenz gemacht? Mit diesem Argument sind zumindest in Deutschland in der Vergangenheit alle in diese Richtung gehenden Initiativen recht erfolgreich bekämpft worden.

Sachlich ist das Argument nur bedingt richtig. Sicherlich gehen der Privatwirtschaft punktuell Geschäftsfelder verloren und es ist auch richtig, dass der für die Unternehmen vorteilhafte Druck der Massenarbeitslosigkeit vom Arbeitsmarkt genommen wird. Vielleicht ziehen auch einige gut qualifizierte Arbeitnehmer eine bescheiden entlohnte Arbeit für einen guten Zweck einem lukrativen Job in der Privatwirtschaft vor. Allerdings hat sich in der Vergangenheit die Privatwirtschaft nicht immer als der große Jobmotor erwiesen. Deswegen haben sich um die Bereiche Bildung und Gesundheit bereits heute sehr viele Arbeitsplätze *im Non-Profit Bereich* etabliert. Es hat sich aber auch gezeigt, dass gerade hierdurch neue Geschäftsfelder für die Privatwirtschaft entstanden sind (Beispiele im Bildungsbereich: Privatschulen und Privatuniversitäten; Geschäftsfelder: Unterrichtsmaterialien, Büroausstattung, Bauwirtschaft usw. Im Gesundheitswesen: Pharmaindustrie, Labore, kommerzielle Forschung, Privatkliniken usw.).

In einer *gemischten Wirtschaft*, die sowohl aus profitorientierter Privatwirtschaft wie auch aus am Gemeinwesen orientierten Non-Profit- Unternehmen besteht[103], findet *schon heute* ein wechselseitiges Geben und Nehmen statt. Zwar war der westliche Kapitalismus in der Vergangenheit immer dann besonders erfolgreich, wenn es darum ging, Massengüter für Menschen mit einem bescheidenen Lebensstandard zu produzieren. *In Zukunft wird es jedoch zunehmend um Märkte für den gehobenen Bedarf gehen, die oft durch Non-Profit Unternehmen initiiert werden.* In einer gemischten Wirtschaft werden also immer auch neue Geschäftsfelder für die Privatwirtschaft entstehen. Sie kennt zwei nebeneinander wirkende Wirtschafts- und Jobmotoren. Neben die klassische privatwirtschaftliche konjunkturelle Belebung in Verbindung mit neuen Technologien und neuen Produkten tritt die Etablierung neuer Dienstleistungsstandards durch die Zivilgesellschaft und den Non-profit-Bereich.

Vor allem in den USA ist zu beobachten, dass besonders erfolgreiche Milliardäre Gemeinsinn entwickeln und einen Teil ihres Vermögens in Stiftungen investieren. Auch auf diesem Wege wird der Non-Profit-Sektor des Wirtschaftssystems weiter gestärkt! Für die Vergangenheit kann konstatiert werden, dass ohne ein staatlich organisiertes Bildungs- und Gesundheitswesen die Lebensqualität heute erheblich niedriger läge und das Sozialprodukt ein geringeres Wachstum zu verzeichnen gehabt hätte. Daran lässt sich anknüpfen.

In dem Argument, dass solche Initiativen der Privatwirtschaft Arbeitskräfte und Geschäftsfelder wegnehmen, steckt aber vor allem ein perspektivisches Problem. Es *unterstellt nämlich, dass Staat und Gesellschaft nur dazu da seien, möglichst gute Geschäfte zu ermöglichen.* Wir erinnern uns: genau dieser Blick auf die Gesellschaft hatte die reichen Kaufmannsfamilien Venedigs dazu inspiriert, den erfolgreichsten bürgerlichen Staat des Mittelalters zu schaffen (Kap 6). *Dieser Blickwinkel kann aber immer nur eine feudale Variante des bürgerlichen Staates und der bürgerlichen Gesellschaft hervorbringen* (siehe Kapitel 6; Abschnitt 6.1). Wo er heute die Politik wieder zu dominieren droht, wie in den USA, können wir daher die Revitalisierung feudaler Strukturen beobachten. Auf längere Sicht wird dieser ‚Kollektiv-Egoismus' aber das westliche Gesellschaftsmodell unweigerlich zerstören. Entweder faktisch (siehe Karl Marx) oder qualitativ (siehe George Orwell).

Das westliche Gesellschaftsmodell hat nur dann eine gute Überlebenschance, wenn es sich auf eine *nichtfeudale Version des privaten Eigentums* gründet, die *alle* Gesellschaftsmitglieder einbezieht: also auf das Eigentum an der eigenen Person. Der liberale Eigentumsbegriff benennt die gemeinsame Grundlage, die sowohl den als Vermögen wie als Güterversorgung gedachten gesellschaftlichen Reichtum hervorbringt: den sein Leben organisierenden, tätigen, arbeitenden Menschen. Aber nicht nur deswegen sollte das Versprechen der amerikanischen Verfassung ernst genommen werden und jeder nicht nur das formale Recht, sondern auch eine *realistische* Chance bekommen, etwas aus seinem Leben zu machen.

Der neue westliche Gesellschaftsvertrag, der an die Stelle des ehemaligen Feindbilds von der kommunistischen Bedrohung treten könnte, wäre genau dies: *Wir, Individuen wie gesellschaftliche Großgruppen, sichern uns wechselseitig zu, dass jeder eine realistische Chance bekommen soll, etwas aus seinem Leben zu machen.*

Das kann die klassische Karriere vom Tellerwäscher zum Milliardär (nicht mehr Millionär, die Geldentwertung muss eingepreist werden) bedeuten, aber auch etwas ganz anderes. Wer es für wichtiger hält, anderen Menschen zu helfen oder Tierarten vor dem Aussterben zu retten, der soll das nicht nur dürfen, sondern sein Weg sollte darüber hinaus als legitim und gesellschaftlich nützlich anerkannt und durch entsprechende Arbeitsplatzangebote ermöglicht werden[104]. Wer einfach nur sein Leben genießen möchte – warum nicht, wenn er ‚nebenbei' auch noch arbeitet!

Die in einem solchen Gesellschaftsvertrag zu ziehende Grenze legitimer Selbstverwirklichung liegt also in der Forderung, dass jeder einen angemessenen[105] Beitrag zum gesellschaftlichen Leistungsbereich leistet. Wer über ein hinreichendes Privatvermögen verfügt, der kann das als ein rein moralisches Postulat ansehen, dem er aber nicht Folge leisten muss. Diese Toleranz der Mehrheit gegenüber dem Nichtarbeitsprivileg der Besitzbürger unterscheidet einen solchen Gesellschaftsvertrag von sozialistischen Gesellschaftsmodellen. Wer dagegen von der Vermietung seiner Arbeitskraft lebt, der muss, sofern es genügend Arbeit gibt, eine gewisse Mindestarbeitszeit leisten, um sich dann auch angemessen aus dem verfügbaren Sortiment an Waren und Dienstleistungen bedienen zu dürfen.

Auf der anderen Seite müssen die Besitzbürger verstehen lernen, dass der Wohlfahrtsstaat nicht nur aus politischen Gründen irreversibel ist, sondern eine notwendige Konsequenz aus dem allgemeinen Eigentum an der eigenen Person zieht. Er ist daher auch kein Fremdkörper und auch kein bloßes Zugeständnis. Da seit der Industrialisierung der Weg vom Eigentum an der eigenen Person zur wirtschaftlichen Selbständigkeit nur noch ein Minderheitenprogramm ist, müssen eben auch andere Wege der Selbstverwirklichung institutionell geebnet und legitimiert werden. Dazu muss der Wohlfahrtsstaat nicht abgeschmolzen sondern in Abstimmung mit der Zivilgesellschaft weiter entwickelt werden. An der Mitgestaltung sollten sich auch die Besitzbürger, z. B. über Stiftungen, aktiv beteiligen.

Wenn die führenden transnationalen Unternehmen und die Milliardäre ein Interesse haben, die wirtschaftliche Globalisierung und damit auch ihre heutigen Vermögenswerte zukunftsfest zu machen, dann müssten sie über den Tellerrand der Gegenwart hinausschauen, bei dem es ja immer auch darum geht, aus dem Standortwettbewerb der westlichen Staaten für sich möglichst günstige Steuertarife, hart an der Grenze der Steuerbefreiung, herauszuschlagen. Ihr *perspektivisches* Interesse kann nur sein, dass sich die Staatengemeinschaft auf einen an *allen Standorten gleich hohen Steuertarif einigt, der so hoch ist, dass die Kosten der staatlichen Organisation der Globalisierung abgedeckt werden.*

20.3 Endlich eine offene Staatlichkeitsdebatte führen

Dass man heute von einem westlichen Gesellschafts*modell* in einem realen Sinn reden kann, ist eine Folge des Kalten Kriegs. In Anlehnung an die klassischen bürgerlichen Staaten England, die Niederlande und vor allem die USA haben sich explizite Kriterien herausgebildet, nach denen beurteilt wird, ob ein Staat und die zugehörige Gesellschaft diesem Gesellschaftsmodell folgen bzw. wo sie davon abweichen (vgl. z. B. die Aufnahmekriterien zur EU: Kapitel 15, Abschnitt 2). Neben einer profitorientierten Privatwirtschaft gilt die parlamentarische Demokratie als ein zentrales Merkmal.

Allerdings hat sich gezeigt, dass das nur die halbe Wahrheit ist. Das westliche Gesellschaftsmodell existiert nicht nur als Blaupause für staatlich organisierte Gesellschaften sondern auch zugleich als ein transnationaler Wirtschaftsraum (‚Globalisierung'). Genau diese Eigenschaft sorgte dafür, dass sich einheitliche Merkmale des westlichen Gesellschaftsmodells herauskristallisiert haben. Es war der Druck auf die Nationalstaaten, den internationalen Investoren und Unternehmen kompatible Rahmenbedingungen bieten zu müssen, um sich als attraktiver Standort der Weltwirtschaft etablieren zu können. Genau betrachtet, ist ein solcher transnationaler Wirtschaftsraum nichts anderes als die Summe gleicher oder miteinander kompatibler staatlicher Rahmenbedingungen. Er gleicht einer Ponton-Brücke, die sich gedanklich auf die Summe der aneinander geketteten Pontons reduzieren lässt.

Das Problem ist, dass sich infolge der Globalisierung die Beziehung zwischen Bürgern und Staat auf eine an Feudalgesellschaften erinnernde Art und Weise aufgesplittet hat. In Feudalgesellschaften war es üblich, dass der Kriegerstand und die Geistlichkeit keine Steuern zu entrichten hatten, aber dies war immerhin durch spezifische Leistungen dieser Stände legitimiert. Heute sind die internationalen Unternehmen und Investoren zwar vom Prinzip her ebenfalls steuerpflichtig. Aber sie können durch Strategien der Standortwahl einen durch wesentlich weniger Steuern gegenfinanzierten Zugang zu staatlichen Protektionsleistungen erreichen als die ‚Normalbürger', die schicksalhaft Bürger eines bestimmten Staates sind.

Die Institutionen der westlichen Staaten, insbesondere die parlamentarische Demokratie sind jedoch nur für den letztgenannten Fall konzipiert. Regierungen sind immer nur *ihren* Bürgern und Wählern rechenschaftspflichtig. Dass Staaten zu einem transnationalen Wirtschaftsraum wie Pontons zu einer Brücke verbunden werden, war hierbei nicht vorgesehen. Dieser Fall lässt sich auch nicht einfach in das Konzept eines demokratischen Staates integrieren.

Ein derartiger Versuch wurde bisher nur ansatzweise mit dem Konstrukt einer doppelten Staatsbürgerschaft unternommen. Er ist aber auf den hier eher marginalen Fall der Zuwanderung zugeschnitten und soll Zuwanderern den Übergang in eine neue politische Kultur erleichtern. Die doppelte Staatsbürgerschaft ist nicht unumstritten. Kritiker bemängeln, dass sich die Loyalität dem Staat gegenüber nicht teilen lasse. Auch der Volksmund weiß: Niemand kann zwei Herren dienen! Das zeigt, dass sich die jahrtausendende alten Konstrukte – Ordnungssozialität, legitime Herrschaft und Staat – nicht nach Belieben dehnen und modifizieren lassen.

Deshalb ist der hier zur Debatte stehende Fall *wirtschaftlicher Transnationalität* mit der auf den einzelnen Staat zugeschnittenen demokratischen Kontrolle nicht unter einen Hut zu bringen. Wirklich lösen lässt sich das Problem nur radikal. Entweder durch eine Rückkehr zur vollen nationalstaatlichen Souveränität oder durch Zusammenschluss zu einem westlichen Gesamtstaat. Aus unterschiedlichen Gründen ist beides derzeit keine realisierbare Option. Aber eine ehrliche Debatte über diese Möglichkeiten könnte sehr nützlich sein und sich als ein wirksames Rezept gegen die sich immer weiter ausbreitende Politikverdrossenheit bewähren.

Eine Rückkehr zur *vollen* nationalstaatlichen Souveränität würde für westliche Staaten bedeuten, dass sie nicht nur aus Organisationen wie der NATO oder der EU, aber auch aus der UN austreten müssten, sondern auch aus einer Unzahl völkerrechtlich bindender Verträge! Ob zur vollen nationalstaatlichen Souveränität auch die Verfügung über Atombomben und Interkontinentalraketen gehört, lasse ich offen, auch wenn die einschlägigen Überlegungen der nordkoreanischen Erbdiktatur, dass man einen wirksamen Schutz gegen atomare Erpressung benötige, nicht von der Hand zu weisen sind.

Wenn man das mal sacken lässt, dann kann sich jeder selbst ausmalen, welcher Preis für eine Wiedergewinnung der vollen nationalstaatlichen Souveränität entrichtet werden müsste. Die Zugbrücken an den Grenzen gingen wieder hoch. Die anderen Staaten werden unberechenbarer und unzugänglicher – nicht nur für Wirtschaftsakteure sondern auch für Touristen. Die Welt insgesamt wird wieder unzugänglicher und abenteuerlicher. Das Zusammenwachsen der Welt, das jeder einigermaßen aufmerksame Beobachter in den letzten Jahrzehnten registrieren konnte, wäre abrupt beendet. Wünschen kann sich eine solche Entwicklung wohl nur jemand, der in *einem* Staat die gesellschaftliche Ordnung umkrempeln möchte.

Wer aber die Möglichkeit beibehalten möchte, sich auf diesem Planeten relativ frei bewegen zu können, der wird in Kauf nehmen müssen, dass er als Wähler nur begrenzte Alternativen hat und sich die Programme der politischen Parteien nur in Nuancen unterscheiden, weil sich jede Regierung in einem Netz völkerrechtlich bindender Verträge und transnationaler Organisationen bewegt. Wo die großen Alternativen angeboten werden, sind die oben skizzierten Risiken und Nebenwirkungen zwangsläufig mit im Angebot.

Innerhalb dieses Spektrums wechselseitiger vertraglicher Verpflichtungen stellt die EU einen Sonderfall dar, weil sich die Mitgliedsstaaten nicht nur vertraglich gebunden haben. Darüber hinaus haben sie sich in den römischen Verträgen verpflichtet, vor allem für einen gemeinsamen Binnenmarkt, aber auch für Freizügigkeit innerhalb des gemeinsamen Wirtschaftsraums, gemeinsam konkrete Politik zu machen. Hier wird der nationalstaatliche Souveränitätsverlust nicht nur als einmalige vertragliche Verpflichtung wirksam, sondern als permanenter Prozess installiert und kann daher von allen ständig beobachtet werden. Die Argumentation der Brexit-Befürworter ist also keineswegs völlig substanzlos. Viele, aber keineswegs alle, der im Brüsseler Ministerrat getroffenen Entscheidungen werden über unsere Köpfe hinweg und ohne die Zustimmung der nationalen Parlamente realisiert.

Wie sollte das auch anders gehen? Die EU ist schon schwerfällig genug. Sie muss fast zwangsläufig politische Handlungsfähigkeit wird mit Verlusten an demokratischer Kontrolle erkaufen. Dass das vor allem in Ländern, die sich ihre Souveränität erst vor nicht allzu langer Zeit wieder erkämpft haben oder die über eine lange und ausgeprägte demokratische Tradition verfügen, besonders argwöhnisch verfolgt wird, ist nachvollziehbar. Aber dieser Argwohn kann nicht mit wirklich überzeugenden Argumenten begründet werden. Denn jedes Land ist auf eine demokratisch legitimierte Weise beigetreten und hat genau gewusst, auf was es sich einlässt. Das gilt vor allem für Staaten, die später beigetreten sind. Sie konnten die politischen Entscheidungsprozesse in Brüssel ja bereits beobachten.

An dieser Stelle wird nun die Debatte um einen bundesstaatlichen Zusammenschluss wichtig. Es mag zunächst paradox anmuten, dass eine solche Debatte in Zeiten um sich greifender EU-Verdrossenheit geführt werden sollte. Der Grund ist, dass nach dem momentanen Wissensstand nur so das Demokratie- wie das Souveränitätsproblem in der EU, aber auch darüber hinaus, gelöst werden könnte. Der EU-Ministerrat ist ja nur deswegen zur entscheidenden politischen Instanz der EU geworden (vgl. Kapitel 12, Abschnitt 5), weil vor knapp 60 Jahren ein europäischer Bundesstaat nicht in Frage kam. Heute lohnt eine Debatte um diese damals aus guten Gründen ausgeklammerte Frage schon deswegen, weil sie Klarheit darüber schafft, wie die Alternativen aussehen.

Die EU würde zu einem Bundesstaat werden, sobald ihr für den Politikbereich, der derzeit im Ministerrat verhandelt wird, die Gesetzgebungskompetenz zugestanden wird. An seine Stelle würde dann eine EU-Bundesregierung treten, die von einem EU-Parlament gebildet werden müsste, das die Entscheidungskompetenz für das in den römischen Verträgen fixierte Aufgabenpaket bekommt. An dieses Parlament würden die Beitrittsstaaten jene Kompetenzen definitiv abgeben, die sie jetzt faktisch an den Ministerrat delegiert haben. Sie sind also bereits faktisch in Brüssel, aber jede nationale Regierung ist an den konkreten Entscheidungen beteiligt. Der Schritt zum Bundesstaat ist also nur noch relativ klein, aber natürlich von eminenter symbolischer wie auch praktischer Bedeutung.

Ich denke, dass das eigentliche Problem in einer fehlenden demokratischen Tradition zum politischen Zusammenschluss liegt. Zumindest in Europa wird demokratische Selbstbestimmung immer mit dem Gegenteil, mit Separatismus, assoziiert. Es geht dabei darum, die schmerzlichen Wunden der kulturellen Vereinheitlichung (allgemein verbindliche Hochsprache, nationale Bildungstradition …) im Zuge der Bildung von Nationalstaaten dort zu lindern, wo sie noch präsent sind wie etwa in Katalonien, im Baskenland, in der Bretagne oder in Schottland. Großstaaten sind traditionell durch Eroberung gebildet worden. Daher sind Beispiele für demokratische Zusammenschlüsse äußerst rar. Bei ihnen hat immer auch ein Druck von außen Pate gestanden. Die amerikanischen Kolonien hatten nur dann eine Chance, sich gegen die ehemalige Kolonialmacht Großbritannien zu behaupten, wenn sie sich zu einem Bundesstaat zusammenschlossen. Die Schweizer Kantone haben zunächst einen Staatenbund gebildet, waren also über lange Zeit souveräne Klein- und Kleinststaaten. Erst Mitte des 19. Jhs. haben sie den Schritt zum Bundesstaat getan, um sich gegen die umliegenden Staaten besser behaupten zu können, aber auch aus Gründen wirtschaftlicher Modernisierung (Aufhebung von Zollgrenzen zwischen den Kantonen, einheitliche Währung).

Für einen EU- Bundesstaat gibt es ebenfalls genau dieses Argument. Nur noch ein europäischer Bundesstaat kann im 21. Jh. gegenüber anderen Großstaaten wie USA, China, Indien, Russland, Brasilien die europäischen Interessen wirksam vertreten. Aufgrund ihrer politisch gewollten Schwerfälligkeit kann die jetzige EU diese Aufgabe offensichtlich nur ungenügend erfüllen.

Ebenso wichtig wäre der Gewinn an demokratischer Kontrolle und Transparenz. Entscheidungen der Brüsseler Zentrale wären damit in ähnlicher Weise durch ein Parlament demokratisch legitimiert wie die Entscheidungen der französischen oder deutschen Regierung. Auch müsste man den Bürgern nicht mehr mühsam erklären, warum es sich lohnt, sich an Wahlen für das EU-Parlament zu beteiligen.

Es ist leider ein weit verbreiteter Irrtum, zu glauben, eine europäische Bundesregierung träte in diesem Fall einfach an die Stelle nationaler Regierungen. Die

Zentrale hat immer nur die Kompetenzen, die an sie abgetreten werden. Sie können den Umfang der Römischen Verträge haben, aber auch geringer oder größer ausfallen. Das müsste ausgehandelt werden. Ein solcher Aushandlungsprozess böte eine erneute Chance, den Aufgabenbereich der EU einschließlich der gemeinsamen Währung und der mit ihr verbundenen Implikationen zu überdenken. Angenommen, man würde sich auf den in den Römischen Verträgen fixierten Umfang einigen, dann würden bei einem europäischen Bundesstaat die nationalen Regierungen weiterhin genau all jene politischen Entscheidungen souverän treffen, die sie auch bisher autonom treffen konnten. Sie würden nur nicht mehr in Brüssel auf intransparente Art und Weise mitregieren. Dagegen würde der Einfluss der Bürger und des EU-Parlaments steigen. Es ist zu vermuten, dass sich mit einer Demokratisierung der EU auch das Problem einer allzu einflussreichen deutschen Regierung erledigen würde. Jedenfalls ist aus den USA, die ja auch aus Bundesstaaten mit sehr unterschiedlicher Bevölkerungszahl und sehr unterschiedlicher Wirtschaftsleistung bestehen, nicht bekannt, dass große Bundesstaaten einen dominierenden Einfluss in Washington ausübten.

Der Widerspruch zwischen den nationalen und transnationalen Aufgaben westlicher Staaten ließe sich ebenfalls über einen staatlichen Zusammenschluss lösen. An diesem wären dann aber alle westlichen Staaten (= Mitglieder der OECD) beteiligt. Ein solcher westlicher Gesamt-Bundesstaat wäre dann für die Vereinheitlichung des transnationalen Wirtschaftsraums zuständig. Er bringt damit auch die bisher transnational operierende Wirtschaftselite unter staatliche Kontrolle und hätte allein deswegen schon Züge eines Super-Staats. Selbstverständlich bewegen wir uns hier endgültig im Bereich ‚politischer Phantasie', weit jenseits realer Optionen. Diese ‚Denkrichtung' hängt aber auch damit zusammen, dass es der Menschheit bisher nicht gelungen ist, andere Muster als den Staat zu entwickeln, über die der gesellschaftliche Leistungsbereich zuverlässig organisiert werden könnte.

Für ausgebliebene staatliche Zusammenschlüsse, die das Zusammenwachsen der Welt auch politisch nachvollziehen, müssen wir heute einen m. E. viel zu hohen politischen Preis bezahlen. Wir alle bezahlen die unterhalb der Schwelle staatlicher Zusammenschlüsse laufende Organisation transnationaler Räume mit einem Verlust an demokratischer Kontrolle und mit einem faktischen Sonderstatus transnational operierender Wirtschaftsakteure. Eine Debatte um staatliche Zusammenschlüsse lässt diese Nachteile deutlicher erkennbar werden.

20.4 Ein einheitliches Fundament für das westliche Gesellschaftsmodell entwickeln

Die Debatte um eine Erneuerung des impliziten Gesellschaftsvertrags aus der Ära des Kalten Kriegs hat bereits gezeigt, dass wohl nur der mit dem Eigentum an der eigenen Person einsetzende liberale Eigentumsbegriff eine Plattform für die Verständigung zwischen Besitzbürgertum und Arbeitnehmern bieten kann. Ein sich-gegenseitig-akzeptieren aus Eigennutz, also ein rein utilitaristisches Motiv, ist auf Dauer kein wirklich stabiler Anker für das westliche Gesellschaftsmodell. Deswegen könnte es zusätzlich Sinn machen, für das ideologische Nebeneinander zwischen den Legitimationserzählungen vom freien Markt und vom fürsorglichen Wohlfahrtsstaat ein gemeinsames Fundament zu entwickeln.

Wie jedes andere Erfolgsmedium ist auch das individuelle Eigentum binär codiert. Es kennt einen Positivwert und einen Negativwert. ‚Eigentum haben' gilt als positiv; es nicht zu haben ist der Negativwert. Davon weicht nur das Eigentum an der eigenen Person ab. Es gilt als ein *unveräußerliches Recht*. ‚Nicht haben', also Sklaverei, ist deswegen *normativ* ausgeschlossen. Genau wegen dieser gewollten Unverkäuflichkeit lässt sich das Eigentum an der eigenen Person als politisches Fundament, als der eigentliche Grundwert des westlichen Gesellschaftsmodells, ansehen. Insofern liegt ihr eine implizite Legitimationserzählung zu Grunde, die eine Eigentümergesellschaft postuliert, in der alle Gesellschaftsmitglieder Eigentümer ihres Organismus sind und daher über ihre Lebensführung selbst entscheiden sollen. Nur im westlichen Gesellschaftsmodell wird die allen Menschen und Tieren gegebene Fähigkeit, selbst zu handeln und zu entscheiden, als Eigentum normativ überhöht. Gerade wegen dieser Universalität kann sie als ideologische Grundlage des westlichen Gesellschaftsmodells fungieren.

Aber auch, weil man aus dem Eigentum an der eigenen Person alle anderen wichtigen Elemente des westlichen Gesellschaftsmodells ableiten kann, ist es logisch plausibel, hier den Grundwert des westlichen Gesellschaftsmodells zu lokalisieren. Nur wenn diese logische Plausibilität gegeben ist, besteht eine Chance, dass eine entsprechend formulierte einheitliche politische Legitimationserzählung für das westliches Gesellschaftsmodell zu entwickeln, die von der überwiegenden Mehrheit der Beteiligten verstanden, akzeptiert und aktiv vertreten werden kann. Dann kann aus einem rein theoretischen Modell ein praktiziertes, den westlichen Staat und darüber hinaus den gesamten gesellschaftlichen Leistungsbereich formendes *Realmodell* werden. Es kann dann als eine gedachte Ordnung fungieren, an der Menschen ihr Handeln orientieren.

Wieso könnte eine solche Legitimationserzählung sowohl als Grundlage der Erzählung vom freien Markt wie auch der vom fürsorglichen Staat verstanden werden können? Das soll im Folgenden wenigstens skizziert werden. Vom venezianischen Staat bis zum heutigen westlichen Gesellschaftsmodell hat sich als Konstante *das Postulat vom Vorrang des Wirtschaftssystems* auf privatwirtschaftlicher Grundlage erhalten. Als Modernisierungsziel wurde erstmals bei Adam Smith formuliert, dass es den Wohlstand der Nationen zu erhöhen gelte. Heute hören wir beständig, dass unser Wohlergehen von einer positiven wirtschaftlichen Wachstumsrate abhänge.

Alle denkbaren Konzepte der Privatwirtschaft unterstellen aber das Eigentum an der eigenen Person in Form von Akteuren, die ihren Nutzen zu mehren versuchen. Nur deswegen produzieren sie Güter für den Verkauf. Die wirtschaftlichen Aktivitäten derjenigen, die über die notwendigen Produktionsmittel verfügen, also sowohl unternehmerisches Kalkül wie auch die Investition von Kapital setzt zwangsläufig *handlungsfähige Menschen voraus,* die auf eigene Rechnung und in eigener Verantwortung handeln und dabei ihren Verstand gebrauchen. Ebenso ist auch Lohnarbeit ein Wirtschaften auf eigene Rechnung und in eigener Verantwortung. Daher schützt der bürgerliche wie der westliche Staat das Eigentum an der eigenen Person und fördert seine Realisierung (Rechtsstaat, Freiheits- und Menschenrechte). Während die klassische Legitimationserzählung vom freien Markt nur die Lebenswirklichkeit von Kaufleuten und Warenproduzenten trifft, erfasst eine vom Eigentum an der eigenen Person ausgehende Legitimationserzählung die Lebenswirklichkeit *aller* Bürger. Sie rahmt sowohl den bürgerlichen Staat, der die Interessen von Kaufleuten und Warenproduzenten protegiert, wie auch den Wohlfahrtsstaat, der die Bedingungen dafür schafft, dass Menschen von der Vermietung ihres persönlichen Arbeitsvermögens dauerhaft in Würde leben können.

Dass das Eigentum an der eigenen Person *ein durchaus alltagstaugliches Unterscheidungsmerkmal gegenüber konkurrierenden Gesellschaftsordnungen ist,* hat sich schon in der Ära des Kalten Kriegs gezeigt. Wer selbst in dieser Ära gelebt hat, kennt vielleicht noch das Gedankenspiel: „Was würde aus mir, wenn uns eines Tages der Iwan überrollt und hier DDR wird? Da müsste ich halt das Maul halten und parieren, sonst würde ich an die Wand gestellt." Auf diese drastische Weise wurde damals das Eigentum an der eigenen Person und damit verknüpfte Errungenschaften wie Rechtsstaat und Bürger- und Menschenrechte als zentrales Alleinstellungsmerkmal ‚des Westens' reflektiert.

Heute muss sich gerade auch der ‚Normalbürger' fragen, wie rechtspopulistische oder gar offen faschistische ‚Parteien' in sein Leben eingreifen würden, wenn sie an die Macht kämen. Es wäre nämlich ein großer Irrtum, zu denken, dass sie nur in das Leben von Flüchtlingen und Einwanderern gewaltsam intervenieren würden. Jeder kann in bestimmter Hinsicht zur Minderheit werden, die auf die Toleranz der herrschenden ‚Mehrheit' plötzlich nicht mehr rechnen kann. In Polen beispielsweise konnte nur eine Welle von Bürgerprotesten verhindern, dass ein drakonisches Abtreibungsverbot vom Parlament beschlossen wurde (Oktober 2016). Hier haben die Menschen auch schon bei Eingriffen in die Meinungsvielfalt der Medien schmerzhaft erfahren, dass eine freiheitliche Gesellschaft keine Selbstverständlichkeit (mehr) ist. Das Eigentum an der eigenen Person erweist sich auch in derartigen Debatten als ein klares Unterscheidungsmerkmal. *Wo es keine zentrale Leitlinie staatlicher Machtausübung mehr ist, da endet auch das westliche Gesellschaftsmodell.*

Von der heutigen gespaltenen westlichen Gesellschaft unterscheidet sich ein *konsequent* auf das Eigentum an der eigenen Person gegründeter ‚Westen' vor allem dadurch, dass er nicht nur einer Minderheit sondern tendenziell allen Gesellschaftsmitgliedern gute Bedingungen und Voraussetzungen dafür geben möchte, dass sie etwas aus ihrem Leben machen, was sowohl gesellschaftlich nützlich ist wie auch ihnen persönlich etwas bedeutet. Also ein erheblicher Anteil an Utopie, aber auch an konstruktiver und integrativer Zukunftsperspektive für das westliche Gesellschaftsmodell!

Anmerkungen

1 „,Soziales' Handeln aber soll ein solches Handeln heißen, welches seinem von dem oder von den Handelnden gemeinten Sinn nach auf das Verhalten *anderer* bezogen wird und daran in seinem Ablauf orientiert ist" (Weber 1972; 1, §1; Hervorh. im Original)

2 In §5 der Kategorienlehre heißt es: „Handeln, insbesondere soziales Handeln und wiederum insbesondere eine soziale Beziehung, können von Seiten der Beteiligten an der *Vorstellung* vom Bestehen einer *legitimen Ordnung* orientiert werden." (Weber 1972; 16; Hervorhebung im Original)

3 Die Piraha sind eine archaische Stammesgesellschaft, die im Urwald des Amazonas lebt und erst in jüngster Zeit in Kontakt mit der ‚Zivilisation kam (vgl. Everett 2012).

4 Ebenso wie unsere Vorfahren leben Schimpansen und Bonobos (=Zwergschimpansen) in Gruppen. Sie umfassen in der Regel bis zu 40, in Ausnahmefällen bis zu 100 Artgenossen (Henke/Rothe 2003: 99). Dieses Zusammenleben ist evolutionär vorteilhaft. Es ist *teilweise egalitär strukturiert*, folgt also dem Modell des reziproken Altruismus. So wird etwa besonders seltene Nahrung geteilt und auch die für die emotionale Stabilisierung der Gruppenmitglieder wichtige Fellpflege (‚grooming') erfolgt wechselseitig. Die Schweifgruppen weisen aber auch *Rangordnungen* auf, die sowohl durch *körperliche Gewalt* wie auch durch *Koalitionen* hergestellt und stabilisiert werden. Vom Modell des Kriegs aller gegen alle (Hobbes 1651) unterscheiden sie sich vor allem dadurch, dass Rangordnungs*konflikte* nur *sporadisch* ausgefochten werden und sich auf *männliche Exemplare* konzentrieren. Diese Konfliktphasen sind in Phasen besonders intensiver sozialer Zuwendung eingebettet, die auch die unmittelbaren Kontrahenten einschließt (de Waal 1991). „Das Leben in einer Primatengruppe ist daher durch eine sehr feine Balance von Kooperation und Konkurrenz gekennzeichnet" (Henke/Rothe 2003: 101).

5 Deswegen leben heute solche ‚archaischen' Stammesgesellschaften nur noch in extremen klimatischen Nischen wie dem tropischen Regenwald, in Trockensavannen wie der Kalahari oder in Zonen mit extremer Kälte wie die Inuit.

6 Ein besonders archaisch geltender Stamm, der in der Kalahari lebt. Die ältere Fremd-Bezeichnung ist ‚Buschmänner'.

7 Solche Strategien spielten bis heute immer wieder eine Rolle im politischen Geschäft – z. B. bei der Aristokratie im alten Griechenland (Stahl 2003: 59ff.) oder auch im modernen Japan, wo die traditionelle Regierungspartei, die LDP, sich aus fünf bis sechs solcher ‚Big Men'-Gruppierungen zusammensetzt (Coulmas 1993: 153ff.).

8 Beispielsweise verkörperte Hitler zumindest für seine Anhänger die soziale Attraktivität des Nationalsozialismus.

9 Solche Welterklärungen werden als Kosmologien bezeichnet. Sobald damit zugleich die Entstehung der Welt erklärt wird, dann spricht man von Kosmogonien. Einen umfassenden Überblick bietet Eliade 1978 ab S.74.

10 Ereignisse sind dann kontingent, wenn sie so aber auch anders eintreten könnten. Der Begriff schließt damit Ereignisse aus, die zwangsläufig eintreten.

11 Dieser Begriff wird heute als inkorrekt kritisiert. Marija Gimbutas, die die archäologischen Funde auf diesem Gebiet gesammelt und interpretiert hat, spricht vom Kult der Göttin (vgl. Gimbutas 1995).

12 „Wird es (das Götterbild; D.B.) im Tempel angemessen behandelt, ist es ein Garant der *göttlichen Präsenz* und somit der Stabilität, des Reichtums und des Wohlergehens der gesamten Gesellschaft" (Nunn 2014:1; Hervorhebung D.B.).

13 Wir wissen nichts über die Einwohnerzahlen. Wenn man sich daher an der räumlichen Ausdehnung orientiert, dann war allein das alte Uruk wesentlich größer als das antike Athen zu seiner Glanzzeit und erreichte etwa die Hälfte der Ausdehnung des antiken Rom zur Kaiserzeit (Nissen 1995)!

14 Eine Ausnahme bleibt vor allem Norbert Elias, der die Vergesellschaftung des Herrschaftsmonopols eingehend untersucht hat (Elias 1976; Bd.2: 222ff).

15 Der Ethnologe James Frazer (1854-1941) hat in seinen Arbeiten (einen Überblick gibt Frazer 1989) aufgezeigt, dass in vielen Ackerbau betreibenden Stammesgesellschaften sogenannte Vegetationskönige existierten, deren Kraft das Wachstum stimulieren sollte.

16 Bevor man milde über dieses Unwissen lächelt, sollte man mit der Möglichkeit rechnen, dass in der damaligen mündlichen Überlieferung auch Ereignisse wie Vulkanausbrüche erinnert wurden. Sie belegten die Gefährlichkeit der Unterwelt nachdrücklich, konnten aber nur magisch erklärt, also auf das Wirken von mächtigen Geistern oder Göttern zurückgeführt werden.

17 Heute spielt diese Frage noch im Kasperltheater eine wichtige Rolle, wenn Kasperl den bösen und mächtigen Zauberer überlistet und so für das Publikum entzaubert.

18 Im antiken Griechenland konnte jeder, der geliehene Güter nicht in der vereinbarten Frist zurück erstatten konnte, also die Reziprozitätsnorm nicht erfüllte, vom Gläubiger als Sklave verkauft werden (vgl. Stahl 2003). Dieses Los konnte ebenso Gefangene treffen (Keegan 1995). In beiden Fällen hatten Menschen ihre ‚Ehre' und damit auch ihre Handlungsfreiheit verloren.

19 Allerdings gibt es einzelne Ausnahmen. Imhotep, der ‚Architekt', dem erstmals die stabile Konstruktion einer Pyramide gelang, wurde sogar als Gott verehrt (Wildung 1977).

20 Redistributiv heißt rückverteilend. Das Grundprinzip der Staatswirtschaft war also, dass die Ressourcen, die als Steuern oder Trubute eingezogen wurden, wieder gegen Arbeitsleistungen rückverteilt wurden. Wie das funktionierte, hat Polanyi am Beispiel des Königreichs Dahomey rekonstruiert; Polanyi 1966.

21 „Eine Ware … ist ein materielles Wirtschaftsgut, welches Gegenstand des Handelsverkehrs ist oder als Gegenstand des Warenverkehrs in Betracht kommen könnte" (Wikipedia; Stichwort Ware, Abfrage 26.4. 2016).

22 Was genau unter Erfolgsmedien zu verstehen ist, wird im nächsten Kapitel erläutert.

23 So lässt etwa Sargon II. folgenden Satz schreiben: „Sargon … der Günstling der Götter … welchem Assur und Marduk ein Königreich ohnegleichen verliehen und dessen

Namens Ruf sie an die Spitze berufen haben…“ (Wikipedia; Stichwort: Assyrerreich; Abruf 15.4.2017)

24 Die zuletzt genannte binäre Codierung ist heute zur Grundlage des Wissenschaftssystems geworden und gegen religiöse Spekulation abgeschottet. In den Feudalgesellschaften war die Suche nach Wahrheit dem ersten Stand vorbehalten.

25 Diese Grenze steht in der Tradition der wesentlich älteren Unterscheidung zwischen einem heiligen religiösen Bereich und dem alltäglichen Leben; vgl. Durkheims Unterscheidung religiös- profan (Durkheim 1981).

26 Dieser Gesichtspunkt steht bei Habermas im Mittelpunkt. Er spricht von Teilnehmerperspektive (=Lebenswelt) und Beobachterperspektive (= System; zur Kritik an dieser Verknüpfung vgl. Brock 2011: 180ff.). Deswegen kennt er nur die Medien Macht und Geld.

27 Bei Luhmann wird die Codierung ‚Macht haben‘ bzw. ‚Macht nicht haben‘ genannt. Das ist wenig überzeugend, denn es geht immer um den *autorisierten* Machtgebrauch (vgl. Kapitel 2). Deswegen wird ja auch jeder Missbrauch des Machtmediums, bei dem natürlich auch ‚Macht haben‘ festgestellt werden kann, durch die autorisierte Macht verfolgt (z. B. Begünstigung im Amt, Bestechung, Kriminalität…).

28 Das wird auch in der einschlägigen soziologischen Diskussion z. B. zur Kontextsteuerung unterstellt. Vgl. Willke 1983; Teubner/Willke 1984; Ulrich 1994. Vgl. auch die kritische Diskussion bei Schimank 2000: 197ff.

29 Ältere republikanische Vorläufer, wie Athen und die römische Republik, bleiben aus Gründen der Argumentationsökonomie ausgeblendet.

30 In der christlich-jüdischen Tradition ist der Leviathan ein fürchterliches Seeungeheuer mit Zügen eines Drachens und eines Wals, gegen das jeder menschliche Widerstand zwecklos ist. Genau diese Eigenschaft hat Thoma Hobbes (1650) auch für den Staat als zentral angesehen und ihn deswegen als Leviathan bezeichnet.

31 Es wird sich noch zeigen, wodurch sich diese Argumentation von der klassischen marxistischen These unterscheidet, dass der Staat das Instrument der herrschenden Klasse sei. Meine Argumentation läuft genau umgekehrt: Die wirtschaftlichen Interessen, die sich bei der politischen Willensbildung durchsetzen, werden zu buchstäblich herrschenden Interessen, weil (und solange) sie das Machtmedium für sich einspannen können. So herum haben wir es mit keiner Tautologie, sondern mit einer empirisch überprüfbaren These zu tun.

32 Daraus ergibt sich unter anderem, dass der bürgerliche Staat den Kapitalismus keineswegs erfunden hat. Er ist nur das erste politische System, das auf seine Protektion zugeschnitten wird.

33 Gleiches gilt auch für die Hansestädte im Nord- und Ostseeraum.

34 Zwar wurde von den Beteiligten das ‚lateinische Kaiserreich‘ gegründet, das sich auf Byzanz und angrenzende Gebiete konzentrierte. Es bestand aber nur bis 1261, weil es von Venedig kaum unterstützt wurde.

35 Dagegen versteht Platon unter einer Aristokratie die *uneigennützige* Herrschaft der Besten. Ich denke, dass dieser Begriff auf Venedig nicht angewendet werden sollte, weil er zu sehr auf die Besonderheiten der griechischen Aristokratie bezogen ist (vgl. Stahl 2003). Venedig wird üblicherweise als eine Adelsrepublik bezeichnet. Im Unterschied zur Demokratie, bei der die tatsächliche Staatsgewalt vom Volk ausgeht, wird in einer Republik das Staatsoberhaupt bzw. die Regierung vom Staatsvolk legitimiert. Das trifft für das römische Reich in der Vorkaiserzeit sicherlich zu. Für Venedig ist dagegen weder

ein Staatsvolk zu erkennen noch eine Legitimation des Dogen oder der Signoria durch die Bevölkerung.

36 Der Begriff ,Volk' ist hier nicht als eine ethnische sondern als eine soziale Kategorie zu verstehen. Er beschreibt einen Zusammenschluss von Sippen zu einem politischen Verband (vgl. bereits Morgan 1877). Dagegen wird im Nationalsozialismus Volk als eine ethnische Kategorie interpretiert.

37 Anders als heute gab es kein Parlament, das für das gesamte Staatsgebiet zuständig war. Vielmehr hatte jede Herrschaft, also jeder Herrschaftstitel des Souveräns, ein eigenes Ständeparlament. Herrscher, die, wie etwa Karl V., viele Herrschaftstitel führten, hatten es mit mindestens ebenso vielen Parlamenten zu tun.

38 Vgl. hierzu und zur nachfolgenden Darstellung: Der große Ploetz 1998: 962ff.

39 Das zeigt sich heute noch an der zeremoniellen Rolle des Speakers im Unterhaus, an den die Abgeordneten ihre Ausführungen adressieren. Ursprünglich sollte er dem König die Meinung des Parlaments vortragen.

40 In der allgemeinen Formulierung, dass der Staat das Eigentum in diesem umfassenden Sinne zu schützen habe, kann man sehr gut die Familienähnlichkeit zwischen der protestantischen Ethik und dem Liberalismus erkennen. Das ist nicht ganz unwichtig, wenn man verstehen möchte, warum der ,moderne Kapitalismus' nur im ,Okzident' entwickelt werden konnte (Weber 1988). In der protestantischen Ethik ist materieller Reichtum ein Anzeichen für Auserwähltheit und der ökonomische Prozess Teil einer göttlichen Ordnung. Der Liberalismus ist gewissermaßen die säkularisierte Variante, die Erfolg auf Tüchtigkeit, also eine individuell wie zugleich gesellschaftlich sinnvolle Nutzung der individuellen Freiheit zurückführt. Daher müsse jeder die Chance haben, seine Talente zu nutzen und zu Reichtum bzw. materiellem Eigentum zu kommen. Während im asketischen Protestantismus die Erfolgreichen die von Gott Auserwählten sind und die Erfolglosen von Gott verworfen wurden, haben im Liberalismus nur die Erfolgreichen einen positiven Beitrag zur Gesellschaft und ihrer weiteren Entwicklung geleistet. Daraus lässt sich dann ableiten und zugleich rechtfertigen, dass nur die Besitzenden politisch mitbestimmen sollen.

41 Wenn man diesen Standard bei allen Schwierigkeiten wenigstens in etwa mit *heutigen* Lebensniveaus vergleichen will, dann landet man bei der ,oberen Mittelschicht', statistisch bei den obersten 10 %. Denn Piketty schätzt, dass die Kaufkraft der Durchschnittseinkommen um 1800 bei gerade einmal 10 % *heutiger* Durchschnittseinkommen lag, so dass man für diese Schwelle für ein ,elegantes' Leben auf das 2-3-fache des *heutigen* Durchschnittseinkommens kommt.

42 Der Fortschrittsbegriff des 18., 19. und teilweise auch noch des 20. Jahrhunderts war ganz überwiegend normativ eingefärbt wie der Untertitel eines soziologischen Bestsellers aus dem 19. Jahrhundert treffend illustriert. Der Untertitel von Morgans ,Ancient Society' (Morgan 1877) lautet in der deutschen Übersetzung: „Untersuchungen über den Fortschritt der Menschheit aus der Wildheit durch die Barbarei zur Zivilisation".

43 Sklaven sind dagegen individuelles Eigentum. Allerdings kannte das römische Reich auch Staatssklaven.

44 Weitere 17 % der Erwerbspersonen weist die Statistik als Selbständige; 15 % dagegen als ,mithelfende Familienangehörige' aus (Bolte 1970).

45 Daher konnte nur die religiöse Variante des asketischen Protestantismus auch Eigentumslose in die bürgerliche Ordnung integrieren. Heute hat der Vormarsch der protestantischen Sekten in Ländern wie Brasilien oder Kenia genau denselben Effekt.

46 Diese Volksversammlungen hatten die politische und gesetzgeberische Gewalt inne. Sie existierten in vielen Stadtstaaten: im antiken Griechenland, im alten Rom ebenso wie bei den germanischen Stämmen. Auf diese germanische Tradition wird sowohl der isländische Althing wie auch die bis heute existierende Landgemeinde des schweizer Kantons Glarus zurückgeführt.
47 Allerdings hat die Regierung Schröder/Fischer den Arbeitgeberanteil zur Kranken- und Pflegeversicherung partiell eingefroren (Juni 2005), so dass heute keine Parität mehr besteht.
48 Vgl. Abelsdorf 1905. Da mit der zunehmenden Industrialisierung und Verstädterung die Musterungsergebnisse schlechter wurden, sprachen auch militärische Interessen für eine Stabilisierung der Lebensbedingungen der breiten Masse der Bevölkerung durch sozialpolitische Maßnahmen. Dazu sollte man wissen, dass damals nur die militärische Planung (Stichwort: Schlieffen-Plan) in Preußen/Deutschland Reservisten in vorderster Front einsetzen wollte (Tuchman 1996).
49 Schätzungen von Historikern kommen auf 1-2 %; vgl. Brock 1991: 109.
50 Eschatologie ist ein theologischer Begriff für religiöse Prophezeiungen von der *Vollendung* des Einzelnen bzw. der menschlichen Gattung und der gesamten Schöpfung. Damit ist meist die Prophezeiung vom Anbruch einer neuen, perfekten Welt verbunden. Ein solches Versprechen wird im Marxismus säkularisiert, also auf die diesseitige Welt projiziert, die durch den Kommunismus in einen perfekten weil widerspruchsfreien Zustand gebracht werden könne.
51 „Die Geschichte aller Länder zeugt davon, dass die Arbeiterklasse ausschließlich aus eigener Kraft nur ein trade-unionistisches Bewusstsein hervorzubringen vermag" Lenin 1963; Kap. 2b, erste Seite.
52 Hier zeigt sich eine wichtige Parallele zum *historischen* bürgerlichen Staat: In beiden Fällen geht es nicht um eine Mehrheit in der Bevölkerung, sondern um die Mehrheit unter *autorisierten* Akteuren! In der modernen Massendemokratie besteht sie dagegen aus einer Mehrheit der vom Volk in geheimer Wahl bestimmten Abgeordneten.
53 Anzumerken ist, dass die konzeptionellen Grundlagen für solche ‚Säuberungen' bereits unter Lenin gelegt wurden. Unter Stalin werden sie allerdings zu einem Willkürinstrument ‚weiterentwickelt', weil von nun an die Gründe für den Parteiausschluss oder auch die physische Vernichtung bei Bedarf willkürlich konstruiert werden. Worin bestehen diese Grundlagen? Unter Lenin ist bereits das Prinzip des ‚demokratischen Zentralismus' und das ‚Verbot von Fraktionsbildungen' zu einer Grundlage der politischen Willensbildung gemacht worden. Wie bereits erwähnt wurde, besagen diese Prinzipien, dass nur so lange kontrovers diskutiert werden darf, bis ein Beschluss gefasst ist. Dieser Beschluss ist dann von allen zu tragen und auszuführen. Sobald eine unterlegene Gruppe ihre Positionen wieder einbringt, liegt der Versuch einer Fraktionsbildung vor. Dieser ist mit dem Parteiausschluss zu ahnden. Hier liegt der Ansatzpunkt für die Strategie der politischen Säuberung.
54 Der Begriff Säuberung knüpft an die *religiöse* Kategorie der Reinheit an: Durch den Prozess der politischen Säuberung soll also die ‚politische Reinheit' der sozialistischen Gesellschaft wieder hergestellt werden!
55 NEP = Neue ökonomische Politik
56 „Doch schon einige Zeitgenossen relativierten die (religiösen) Exzesse, indem sie schlichter Raubgier und materiellem Neid mehr Bedeutung zumaßen als ‚frommer Überzeugung'." (Marboe 2006: 290).

57 Mit dieser Formel kann in der Tat eine Schnittmenge zwischen ansonsten unterschiedlichen Entwicklungen wie der Lebensphilosophie, dem Futurismus, dem Surrealismus sowie der Jugendbewegung fixiert werden.

58 Männerbünde waren eine historische Organisationsform von Kriegern, Priestern wie auch von patriarchalisch geprägten Staaten. Charakteristisch ist, dass alle Mitglieder einen Schwur leisten, ein gemeinsames Ziel entschlossen zu verfolgen. Die Zugehörigkeit ist an äußerlichen Zeichen ablesbar und die Mitgliedschaft von Frauen ist ausgeschlossen. Als Organisationsform sind Männerbünde im Rahmen der konservativen Revolution neu entdeckt worden (Schurz 1902; Kershaw 2004).

59 Wladimir Majakovskij (1893-1930) war ein sowjetischer Dichter des ‚kommunistischen Futurismus; Hanns Johst (1890-1978) ein vom Nationalsozialismus überzeugter Dramatiker, der 1935-1945 Präsident der ‚Reichskulturkammer' und Mitglied der NSDAP wie auch der SS war.

60 Hier wird der Rassismus antiwestlich, weil eine Verbindung zwischen Judentum und westlichem Gesellschaftsmodell konstruiert wird.

61 Dies hatte für Mussolini vor allem auch finanzielle Folgen, da er bezahlter Funktionär und Redakteur war. Mussolini eröffnete eine eigene Zeitung, in der er Kriegspropaganda betrieb. „Zur Finanzierung der neuen Zeitung waren offensichtlich bedeutende Geldmittel aus Frankreich geflossen, das am Kriegseintritt Italiens sehr interessiert war. Ab Herbst 1917 erhielt Mussolini ebenfalls vom britischen Geheimdienst MI5 mindestens ein Jahr lang wöchentliche Zahlungen von 100 Pfund Sterling (etwa 6.400 Euro pro Woche nach heutigem Wert)" (Wikipedia: Benito Mussolini; Abruf 5.3. 2016).

62 Die Parallelen zu dem Vorgehen Erdogans in der Türkei 2016/2017 sind frappierend.

63 Zu den Vordenkern solcher Formen der sozialen Integration gehört auch der Soziologe Emile Durkheim mit seinem Konzept der sozialen Arbeitsteilung (Durkheim 1993).

64 Sie ist z. B. auf der Rückseite einer Hitlermünze zu finden. Weiterhin wurde sie vielfach plakatiert. Vgl. auch Klümper 2012.

65 In Japan existieren beide Elemente, dagegen ist der deutsche Nationalsozialismus am Volk, der italienische Faschismus an der Nation orientiert.

66 Die Rede von den gemeinsamen Werten oder gemeinsamen Wertüberzeugungen krankt an der Schwammigkeit des Begriffs ‚Werte'. Auch in der Soziologie gehen die Definitionen weit auseinander. Während sich die empirische Forschung an Kluckhohns Versuch orientiert, Werte aus den Wünschen der Befragten herauszudestillieren, werden sie in der Sozialtheorie als Generalisierungen normativer Überzeugungen aufgefasst. Bei den westlichen Grundwerten scheint es sich dagegen eher um normative Eckpunkte eines Gesellschaftsmodells zu handeln. Sie sollen für westliche Staaten obligatorisch sein, während alles andere als variierbar angesehen wird. Daher gehe ich einfachheitshalber davon aus, dass das westliche Gesellschaftsmodell nur aus diesen Eckpunkten besteht.

67 Das gaullistische Frankreich hat zwar die Verbindlichkeit des westlichen Militärbündnisses ausgetestet, aber das westliche Gesellschaftsmodell nie infrage gestellt.

68 Auf dem Höhepunkt der Krise war die Industrieproduktion in den USA um 46,8 %, in Polen um 46,6 % gefolgt von Kanada 42,4 %, Deutsches Reich 41,8, Tschechoslowakei 40,4 % (vgl. Romer 2003) gefallen. In allen anderen Volkswirtschaften lag der Rückgang unter 40 %.

69 Es drängen sich Parallelen auf zu den römischen Staatssklaven, die allerdings vom Staat an private Haushalte verkauft wurden, wie auch zu den lakonischen Staatsklaven (weniger zu den Heloten) in Sparta auf.

70 Als in den 60er Jahren die Bundesrepublik wiederum auf der Suche nach Arbeitskräften ist, werden nach demselben Muster ausländische Arbeitskräfte nahezu ausschließlich für einfache Tätigkeiten rekrutiert. Dieses Muster der Immigration bestimmt die deutsche Zuwanderungsbilanz bis heute.

71 Das Bruttosozialprodukt betrug 1929 103,1 Mrd. Dollar, 1935 dagegen nur noch 72,2 Mrd. Dollar; Piore/Sabel 1909: 103

72 Die neoklassische Schule definiert die bis heute vorherrschende Analysemethode in den Wirtschaftswissenschaften. Von den Klassikern, die die Preisbildung von den Produktionskosten her erklärt haben, unterscheidet sie sich durch die Grenznutzenlehre und das Marginalprinzip, die die Rationalität individueller Entscheidungen zu systematisieren versuchen (Stichwort: neoklassische Theorie).

73 Wenn man nicht allein den Mitteln der Stilisierung aus dem Comic vertraut, dann muss man zumindest ergänzen, dass es in beiden großen Parteien immer auch eine Minderheit von Liberalen gab, die nicht dem Motto ‚America first' folgten, sondern sich für eine freie Welt engagierten. Bei der Präsidentenwahl 1940 hatte sich bei den Republikanern sogar ein liberaler Kandidat gegen die isolationistische Mehrheit durchsetzen können: Wendell Willkie wurde Roosevelts Herausforderer.

74 Im 21. Jahrhundert, gut sechs Jahrzehnte nach dieser Erklärung, ist diese Identität von Programmatik und Wirtschaftsinteressen nicht mehr in vollem Umfange gegeben. Dies führt dazu, dass die Regierung der USA (vor Trump) zwar immer noch prinzipiell für den freien Welthandel eintritt, aber ihrerseits dort Hürden aufrichtet, wo die internationale Konkurrenzfähigkeit der heimischen Wirtschaftsakteure nicht mehr in vollem Umfang gegeben ist, wie beispielsweise bei der Eisen- und Stahlindustrie oder auch der heimischen Landwirtschaft, deren Exporte seit Jahrzehnten subventioniert werden.

75 Aber auch schon zuvor, im Spanischen Bürgerkrieg (1936 bis 1939), war die Unhaltbarkeit der Appeasement- beziehungsweise strikten Nichteinmischungspolitik- offenkundig geworden. Auch in Spanien waren infolge der Weltwirtschaftskrise die Gegensätze zwischen den drei Gesellschaftssystemen/Weltanschauungen eskaliert und hatten schließlich nach einem Putsch faschistischer Generäle zum Bürgerkrieg geführt, dessen Konstellationen die Bündnisse des Zweiten Weltkriegs vorweg nahmen. Die Spanische Republik wurde von einem Bündnis aus Bürgerlichen und Kommunisten verteidigt, wobei in Spanien traditionell starke anarchistische Strömungen hinzu kamen. Ihnen standen faschistische Militärs gegenüber, die die Macht erobern wollten. Als kriegsentscheidend wird die Unterstützung der faschistischen Generäle durch Italien und Nazideutschland angesehen, die mit militärisch organisierten und gut bewaffneten ‚Freiwilligenverbänden' in den Krieg eingriffen. Die andere Seite wurde nur von der Sowjetunion mit Waffenlieferungen unterstützt, die aber von der strikten Nichtinterventionspolitik der Westmächte erschwert wurden. So hatte Frankreich die Grenze nach Spanien hermetisch abgeriegelt, um Waffenlieferungen zu unterbinden. Von westlicher Seite beteiligten sich nur Freiwilligenverbände, die diese Bezeichnung zu Recht trugen und entsprechend dürftig bewaffnet waren. Vor diesem Hintergrund überrascht nur die lange Dauer, aber nicht das Ergebnis dieser kriegerischen Auseinandersetzung.

76 Diese Metapher wurde bereits früher mehrfach benutzt. Churchill verwendete sie erstmals in seiner Rede vom 5.3. 1946, um damit die Ost-Westbeziehungen zu charakterisieren. „From Stettin in the Baltic to Trieste in the Adriatic an Iron Curtain has descended across the continent".

77 In den Religionskriegen des 16. und 17. Jahrhunderts war allmählich klar geworden, dass den Untertanen kein bestimmtes religiöses Bekenntnis gewaltsam aufoktroyiert werden konnte. Dies könne nicht zu religiöser Überzeugung sondern nur, so die klassische Argumentation von Adam Ferguson, zur Heuchelei der Untertanen führen. Sie wären gezwungen, das geforderte Bekenntnis und die geforderten Rituale ohne religiöse Überzeugung, also heuchlerisch zu praktizieren, was das genaue Gegenteil von Religion sei (vgl. Holmes 1985).

78 Symptomatisch ist vielleicht die Einschätzung des damals führenden westlichen Wirtschaftswissenschaftlers, Joseph Schumpeter, die seinem bekannten Buch ‚Kapitalismus, Sozialismus und Demokratie' zugrunde lag. Er war der Überzeugung, dass über kurz oder lang der Kapitalismus am Ende sei und durch den Sozialismus ersetzt werde (Schumpeter 1993).

79 Die Staatsverschuldung sank von 54 % des Bruttosozialprodukts im Jahre 1984 auf 33 % 1990. Margaret Thatcher amtierte von 1979-1990. Quelle: www. ukpublicspending. co.uk

80 Breschnew stand 18 Jahre lang, von 1964 bis 1982, an der Spitze der Sowjetunion. Das war nach Stalin die längste Amtszeit.

81 Das zeigt sich gerade in ‚Ausnahmesituationen', wo der Freund-Feind-Code durch religiöse oder kulturelle Gemeinsamkeiten punktuell überlagert wurde. So kam es offenbar z. B. in beiden Weltkriegen zu spontanen ‚Verbrüderungen'. Man hat gemeinsam Weihnachten gefeiert, aber am nächsten Tag wieder aufeinander geschossen, weil nun die Offiziere den Freund-Feind-Code wieder durchgesetzt hatten (vgl. Wikipedia; Stichwort: Weihnachtsfrieden).

82 Der genaue Wortlaut der Frage des Instituts für Demoskopie war: „Wann in diesem Jahrhundert ist es nach ihrem Gefühl Deutschland am besten gegangen?" (Noelle/ Neumann 1965: 231)

83 Aufgrund des innerdeutschen Entwicklungs- und Standortnachteils setzte sich dieser Trend zunächst fort. 1990-2006 verlassen noch einmal 1,2 Mio. die neuen Bundesländer. Danach flachte der Trend ab und liegt heute nahe 0 (alle Zahlen: Martens 2010).

84 Das gilt auch für die Implementation des westlichen Modells in den neuen Bundesländern nach 1990, die durch einen Transfer sowohl des westdeutschen Sozialsystems wie auch durch einen staatlichen Leistungstransfer zum Aufbau wettbewerbsfähiger Standorte ermöglicht wurde. Einschließlich der Sozialtransfers werden die Kosten auf knapp 2 Billionen Euro geschätzt (Hansen 2014).

85 Vgl: Review and Prospects 1980 -2020 (Part I) Chinas Comprehensive National Strength Keeps Rising. In: China Nachrichten vom 15. September 2004

86 Dabei darf aber nicht vergessen werden, dass auch in westlichen Staaten erhebliche politische Eingriffe in die Resultate von Marktprozessen erfolgen. So wurden insbesondere 2008 eine ganze Reihe sogenannter systemrelevanter Banken durch staatliche Finanzspritzen gerettet. Ebenso greifen westliche Staaten ein, wenn Großunternehmen mit vielen Arbeitsplätzen die Insolvenz droht. Beispiele: Philipp Holzmann in Deutschland oder General Motors in den USA.

87 Dieser Vorwurf dürfte in Russland weitgehend Konsens sein. Auch Gorbatschow erhebt ihn.

88 U. a. haben sie in Russland den offiziellen Status „ausländischer Agenten" bekommen.

89 Putin lässt sich gerne in den entsprechenden Posen ablichten.

90 Derzeit werden nur ‚Schurken' und ‚Drahtzieher' wie das Führungspersonal des IS mit diesen Mitteln zur Strecke gebracht.
91 Es gibt nur wenige Ausnahmen wie z. B. die Verkehrsregeln oder Regeln in Sport und Spiel.
92 So gibt es z. B. in Dresden, wo die „patriotischen Europäer gegen die Islamisierung des Abendlands" zuerst aktiv wurden, gerade einmal 750 Muslime unter den ca. 550 000 Einwohnern (0,14 %). Quelle Wikipedia ‚Religionen in Dresden'; Abruf 21.11. 2016
93 Hierbei handelt es sich insbesondere um Topmanager, besonders renommierte Forscher, Stars aus Profisport und der Unterhaltungsbranche; besonders renommierte Anwälte und weitere Spezialqualifikationen im Bereich unternehmensbezogener Dienstleistungen; um Topbanker und Topspekulanten Vgl. hierzu auch Reich 1993.
94 So sind die Reallöhne in Deutschland im Zeitraum 1992- 2012 um 1,5 % gefallen (bpb 2017). Zum Anstieg vgl. Brock 1991.
95 Die Blaupause für Währungsspekulation lieferte George Soros 1998 mit seiner Spekulation gegen das britische Pfund. (Slater 2009).
96 Laut Lobby Control arbeiten in Brüssel schätzungsweise 20 000 Lobbyisten, von denen 70 % für Unternehmen und Wirtschaftsverbände arbeiten; in Berlin bis zu 6000 (Quelle SZ online vom 15.2. 2016).
97 Ein sicherlich ausgefallenes Beispiel, das deswegen auch die Breite der Einwirkungen des Lobbyismus auf die Gesetzgebung gut veranschaulicht, ist der Entwurf zur EU-Saatgutverordnung aus dem Jahr 2013. Hier sollten „Industriepflanzen zum einzig gültigen Standard (erhoben werden). Alte und seltene Landsorten von Gemüse, Getreide und Obst wurden darin als wertlos abgestempelt und in bürokratische Nischen verbannt" (Der praktische Gartenratgeber 12/2016; S. 372).
98 Die Idee solcher privatisierten Schiedsgerichte wurde übrigens nicht von amerikanischen Milliardären, ihren Beraterstäben oder einer neoliberalen US-Administration ausgetüftelt, sondern sie geht auf deutsche Ministerialbürokraten zurück, die bereits in den 1950er Jahren mit Pakistan ein damit garniertes Handels- und Entwicklungshilfeabkommen vereinbart haben.
99 Die gängige Ansicht, dass jeder nur gegen Geld bereit ist, zu arbeiten und in dieser Form gesellschaftliche Leistungen zu erbringen, ist zu vordergründig. Richtig ist, dass Geld als Erfolgsmedium den Rekurs auf die herrschende Legitimationserzählung und auf staatliche Herrschaft in den meisten Fällen ersetzen kann (Kapitel 4), aber eben nicht in allen Fällen. Und: Metall- und Papierstücke müssen erst erfolgreich zu ‚Geld' erklärt werden. Das funktioniert nur mit Legitimation.
100 Das bedeutet selbstverständlich nicht zwangsläufig, dass die Reichen und Superreichen zu Nomaden werden (vgl. Hartmann 2016). Man muss zwischen dem Lebenszuschnitt der konkreten Personen und ihren wirtschaftlichen Interessen unterscheiden.
101 Anders als Marx kann ich noch keine bessere Gesellschaft der Zukunft erkennen, daher plädiere ich dafür, die westliche Gesellschaft trotz ihrer Widersprüche und Ungerechtigkeiten zumindest solange zu bewahren, bis ein besseres Gesellschaftsmodell klarer erkennbar wird.
102 So stieg beispielsweise in Deutschland die Beschäftigung im Bereich Erziehung und Unterricht von 1,7 Mio. im Jahr 1990 auf 2,3 Mio. im Jahr 2010 an (Quelle: Stat. Bun desamt 2017: 351).
103 Wenn man, wie auch in diesem Buch, vom westlichen Kapitalismus spricht, sollte man immer mit bedenken, dass sich daneben mit zunehmender Tendenz Non-Profit-Unter-

nehmen (Organisationen, Trägervereine, Behörden, gemeinnützige Vereine, Schulen, Universitäten, Krankenhäuser in öffentlicher Hand) entwickelt haben, die Arbeitsplätze bereit stellen und zum Sozialprodukt in erheblichem Maße beitragen. Deshalb wäre es korrekter, von einer *gemischten Wirtschaft* zu sprechen.

104 Wer will, kann diesen Vorschlag auch als Alternative zur Null-Zins-Politik der Notenbanken verstehen. Anstelle des Gelddruckens wird eine realwirtschaftliche Variante des Arbeitsplätze-Schaffens durch die Etablierung höherer Standards etwa im Umweltschutz oder der Entwicklungszusammenarbeit vorgeschlagen.

105 Was das genau bedeutet, muss politisch debattiert und entschieden werden.

Ausführliche Gliederung

Vierter Teil
Der vermeintliche Siegeszug des westlichen Gesellschaftsmodells

Fünfter Teil
Wege aus der Krise

Abbildungsverzeichnis

Seite 147: Eröffnung eines Teilabschnitts der Autobahn bei Hamburg © Fotoarchiv Schorer/ Deutsches Historisches Museum, Berlin.

Seite 165: West-Berliner Jungen, die auf einem Trümmerberg stehen, begrüßen winkend ein US-amerikanisches Transportflugzeug © picture-alliance / dpa.

Seite 191: Bundestagswahl 1953. Diese Datei wurde Wikimedia Commons freundlicherweise von der Konrad-Adenauer-Stiftung im Rahmen eines Kooperationsprojektes zur Verfügung gestellt.

Seite 203: Deutsch-deutsche Grenzöffnung – Berlin © picture-alliance / dpa.

Seite 207: Globalisierung © Freimut Woessner.

Seite 219: Es war ein Tag, der die Welt veränderte. © Henny Ray Abrams / AFP.

Seite 251: Armut in Deutschland © picture-alliance / dpa / Paul Zinken.

Seite 275: Martin Luther King Jr. addresses a crowd from the steps of the Lincoln Memorial where he delivered his famous, "I Have a Dream," speech during the Aug. 28, 1963, march on Washington, D.C.

Seite 281: Fundstelle: Bell Tower, Netz für digitale Ziviltechnik.

Seite 293: Sprachroboter „Robin" in Kita © Christian Protte.

Literaturverzeichnis

Abelsdorf, W. (1905): Die Wehrfähigkeit zweier Generationen mit Rücksicht auf Herkunft und Beruf. Berlin.

Abelshauser, W. (1983): Wirtschaftsgeschichte der Bundesrepublik Deutschland 1945-1980. Frankfurt/M.: Suhrkamp.

Assmann, J. (1998): Moses der Ägypter. München: Hanser.

Axelrod, R. (2005): Die Evolution der Kooperation. München: Oldenbourg.

Barta, W. (1975): Untersuchungen zur Göttlichkeit des regierenden Königs. Ritus und Sakralkönigtum in Altägypten nach Zeugnissen der Frühzeit und des Alten Reiches. München/ Berlin.

Bauman, Z. (1992): Dialektik der Ordnung. Die Moderne und der Holocaust. Frankfurt/M. : EVA.

Beck, U. (1999): Schöne neue Arbeitswelt – Vision: Weltbürgergesellschaft. Frankfurt/M.: Campus.

Behling, K. (2015): Die Treuhand. Wie eine Behörde ein ganzes Land abschaffte. Berlin: edition berolina.

Bergson, H. (1989): Zeit und Freiheit. Frankfurt/M.: athenäum.

Benedict, R. (1955): Urformen der Kultur. Reinbek: Rowohlt. (Amerikanische Originalausgabe 1934)

Börs, K./ Nelles, U./ Thiele, H. (Hrsg.) (2010): Wirtschaftskriminalität und die Privatisierung der DDR-Betriebe. Baden-Baden: Nomos.

Bolte, K.M./ Kappe, D./ Aschenbrenner, K./ Neidhardt, F. (1967): Deutsche Gesellschaft im Wandel. 2.Aufl. Opladen: Westdeutscher Verlag.

Bolte, K.M./ Aschenbrenner, K./ Kreckel, R./ Schultz-Wild, R. (1970): Beruf und Gesellschaft in Deutschland. Opladen: Leske.

Bornschier, V. (1998): Westliche Gesellschaft – Aufbau und Wandel. Zürich: Seismo.

Borst, A. (1982): Lebensformen im Mittelalter. Frankfurt/M./ Berlin/ Wien: Ullstein.

Bpb (Hrsg.)(2017): Zahlen und Fakten. Die soziale Situation in Deutschland. Online.

Brakelmann, G. (1975): Die soziale Frage des 19. Jahrhunderts. 5. Auflage. Bielefeld: Luther.

Braudel, F. (1985): Sozialgeschichte des 15.-18 Jahrunderts. Der Alltag. München: Kindler.

Breuer, S. (1981): Zur Soziogenese des Patrimonialstaates. In: Ders./ Treiber, H. (Hrsg.): Entstehung und Strukturwandel der Staaten. Opladen: Westdeutscher Verlag.

Brock, D. (1991): Der schwierige Weg in die Moderne. Umwälzungen in der Lebensführung der deutschen Arbeiter zwischen 1850 und 1980. Frankfurt/M. /New York: Campus.

Brock, D. (2006): Leben in Gesellschaften. Von den Ursprüngen bis zu den alten Hochkulturen. Wiesbaden: VS.
Brock, D. (2011): Die klassische Moderne. Wiesbaden: VS.
Brock, D. (2014): Die radikalisierte Moderne. Wiesbaden: VS.
Bundeszentrale für politische Bildung (Hrsg.) (2013): Datenreport. Bonn.
Castells, M. (2003): Der Aufstieg der Netzwerkgesellschaft. Band 1 der Trilogie ,Das Informationszeitalter. Opladen: Leske & Budrich.
Clottes, J./ Lewis-Willams, D. (1997): Schamanen, Trance und Magie in der Höhlenkunst der Eiszeit. Sigmaringen: Thorbecke.
Coleman, J.S. (1995): Grundlagen der Sozialtheorie. Band 1: Handlungen und Handlungssysteme. Band 2: Körperschaften und die moderne Gesellschaft. München/ Wien: Oldenbourg.
Coulmas, F. (1993): Das Land der rituellen Harmonie: Japan: Gesellschaft mit beschränkter Haftung. Frankfurt/Main.
Cumings, B. (2005): Korea's Place in the Sun: A Modern History. New York/ London: Norton.
Davisha, K. (2014): Putins Kleptocracy. Who owns Russia? New York/ London/ Toronto/ Sydney: Simon&Schuster.
Dentan, R. (1968): The Semai: A Non-Violent People of Malaya. New York.
Dumézil, G. (1996): Archaic Roman Religion. Baltimore: John Hopkins University Press.
Durkheim, E. (1981/1912): Die elementaren Formen des religiösen Lebens. Frankfurt/M.: Suhrkamp. Frz. Originalausgabe 1912.
Durkheim, E. (1992): Über soziale Arbeitsteilung. Studie über die Organisation höherer Gesellschaften. Frankfurt/M.: Suhrkamp. Französische Originalausgabe 1893.
Ehrenreich, B. (2001): Arbeit poor. Unterwegs in der Dienstleistungsgesellschaft. München: Kunstmann.
Eliade, M. (1957): Schamanismus und archaische Extasetechnik. Zürich.
Eliade, M. (1978): Geschichte der religiösen Ideen. Band 1. Freiburg, Basel, Wien: Herder.
Elias, N. (1976): Über den Prozess der Zivilisation. 2 Bände. Frankfurt/M.: Suhrkamp.
Engels, F. (1845): Die Lage der arbeitenden Klasse in England. Leipzig: Otto Wigand.
Esping-Andersen, G. (1990): The Three Worlds of Welfare Capitalism. Cambridge: Polity Press.
Everett, D. (2012): Das glücklichste Volk. Sieben Jahre bei den Piraha-Indianern am Amazonas. München: Pantheon.
Everett, D. (2013): Die größte Erfindung der Menschheit. Was mich meine Jahre am Amazonas über das Wesen der Sprache gelehrt haben. München: DVA.
Fischer, W./ Bajor, G. (Hrsg.) (1967): Die soziale Frage. Neuere Studien zur Lage der Fabrikarbeiter in der Frühphase der Industrialisierung. Stuttgart: Köhler.
Fourastié, J. (1949): Le Grand Espoir du XXe Siècle. Paris: Presses Universitaires de France.
Frazer, J. G. (1989): Der goldene Zweig. Das Geheimnis von Glauben und Sitten der Völker. Reinbek: Rowohlt.
Friedman, J. (1975): Tribes, States, and Transformations. In: Bloch, M. (Hrsg.): Marxist Analyses and Social Anthropology. London.
Friedman, J./ Rowlands, M. J. (Hrsg.) (1977): The Evolution of Social Systems. Glocester.
Friedman, M. (1971): Kapitalismus und Freiheit. Stuttgart 1971: Seewald.
Gall, L. (2002): Bismarck. Der weiße Revolutionär. München: Ullstein, Heyne, List.
Geiger, T. (1949): Die Klassengesellschaft im Schmelztiegel. Opladen: Westdeutscher Verlag.
Gellner, E. (1995): Nationalismus und Moderne. Berlin: Rotbuch.
Gershuny, J. (1981): Die Ökonomie der nachindustriellen Gesellschaft. Produktion und Verbrauch von Dienstleistungen. Frankfurt/M./ New York: Campus.

Gilcher-Holthey, I. (2008): 1968. Eine Zeitreise. Frankfurt/M.: Suhrkamp.
Gimbutas, M. (1995): Die Sprache der Göttin. Das verschüttete Symbolsystem der westlichen Zivilisation. Frankfurt/M.: Zweitausendeins.
Gimpel, J. (1996: Die Kathedralenbauer. Mit einem Vorwort von Ken Follett. Hamburg: Deukalion.
Goffman, E. (1993): Rahmen-Analyse. Ein Versuch über die Organisation von Alltagserfahrungen, Frankfurt/M.: Suhrkamp (Amerikanische Originalausgabe 1974).
Gold, T./ Guthrie, D./ Wank, D. (2002): Social Connections in China: Institutions, Culture and the Changing Nature of Gunaxi. Cambride: Univ. Press.
Gould, R. (1982): To Have and Not to Have: The Ecology of Sharing Among Hunter-Gatherers. In: Williams, N./ Hunn, E. (Hrsg): Resource Managers; S. 69-91. Boulder Colorado.
Graeber, D. (2012): Schulden. Die ersten 5000 Jahre. Stuttgart: Klett-Cotta.
Gumplowicz, L. (1883): Der Rassenkampf. Innsbruck.
Habermas, J. (1981): Theorie des kommunikativen Handelns. Zwei Bände. Frankfurt/M.: Suhrkamp.
Hansen, A. (2014): Eine Zahl mit 12 Nullen. In: Die Zeit 44/2014 vom 23.10.
Harris, M. (1992): Menschen. Stuttgart: Klett-Cotta.
Hartmann, M. (2016): Die globale Wirtschaftselite. Eine Legende. Campus: Frankfurt/M.
Haustein, S. (2007): Vom Mangel zum Massenkonsum. Deutschland, Frankreich und Großbritannien im Vergleich; 1945-1970. Frankfurt/M.
Hayek, F.A. von (1969): Grundsätze einer liberalen Gesellschaftsordnung. In: Ders.: Freiburger Studien; S. 108- 125. Tübingen: Mohr- Siebeck.
Henke, W./ Rothe, H. (2003): Menschwerdung. Frankfurt/M.: Fischer.
Herbert, U. (Hrsg.) (1999): Fremdarbeiter. Politische Praxis des „Ausländer-Einsatzes“ in der Kriegswirtschaft des Dritten Reiches. Bonn.
Heydemann, G. (2002): Gesellschaft und Alltag in der DDR. Informationen zur politischen Bildung, Heft 270. Bonn: Bundeszentrale für politische Bildung.
Hitler, A. (1930): Mein Kampf. Einbändige ‚Volksausgabe‘. München: Franz Eher.
Hobbes, Th. (1998): Leviathan. Stuttgart: Reclam. Englische Originalausgabe 1651.
Holmes, S. (1985): Differenzierung und Arbeitsteilung im Denken des Liberalismus. In: Luhmann, N. (Hrsg.): Soziale Differenzierung. Zur Geschichte einer Idee. Opladen: Westdeutscher Verlag.
Hintze, O. (1929): Staat und Verfassung. Band II. Göttingen: Vandenhoeck & Ruprecht.
Holz, K. A. (2007): Have Chinas Scholars All Been Bought? In: Far Eastern Economic Review. April.
Horkheimer, M./ Adorno, Th. W. (1988): Dialektik der Aufklärung. Taschenbuchausgabe. Ffm.: Fischer (Erstausgabe Amsterdam 1947).
Hulsewe, A. F. (1962): China im Altertum; in: Mann, G./ Heuss, A. (Hrsg.): Propyläen Weltgeschichte; Band 2; S. 477-571. Berlin/ Frankfurt/M.: Propyläen.
Jellinek, G. (1900): Allgemeine Staatslehre. Berlin: O. Häring.
Jessen, Jens (2016): Sprengstoff Leitkultur. In: Die Zeit Nr.40 vom 22.9. 2016.
Jünger, E. (2015). In Stahlgewittern. Stuttgart: Klett-Cotta.
Jürgs, M. (1997): Die Treuhändler. Wie Helden und Halunken die DDR verkauften. München und Leipzig: List.
Kalmbach, P. (1973): Der neue Monetarismus. München: Nymphenburger Verlagshandlung.
Keegan, J. (1995): Die Kultur des Krieges. Berlin: Rowohlt.

Kershaw, K. (2004): Der einäugige Gott und indogermanische Männerbünde. Uhlstädt-Kirchhasel: Arun.

Keynes, J.M. (1936): The General Theory of Employment, Interest and Money. London: Macmillan.

Klages, H. (2001): Werte und Wertewandel. In: Schäfers, B./ Zapf, W. (Hrsg.): Handwörterbuch der Gesellschaft Deutschlands. 2. Auflage. Opladen: Westdeutscher Verlag.

Klengel, H. (1991): König Hammurapi und der Alltag Babylons. Frankfurt/M. und Wien: Güchergilde Gutenberg.

Klengel, H. (2006): Mesopotamien in: Die Zeit (Hrsg.): Welt- und Kulturgeschichte; Band 2,S. 12-28. Hamburg: Zeitverlag.

Klümper, G. F. (2012): Du bist nichts, Dein Volk ist alles. Erinnerungen eines Zeitzeugen 1937-1941. Baden-Baden: Aquensis.

Kondratieff, N. D. 1926: Die langen Wellen der Konjunktur. In: Archiv für Sozialwissenschaft und Sozialpolitik 56 (3): 573-609.

Kramer, F./ Sigrist, C. (1987): Gesellschaften ohne Staat I. Gleichheit und Gegenseitigkeit. Frankfurt/ M.: Syndikat.

Kreckel, R. /Brock, D./ Thode, H. (1972): Mobilität und Immobilität in der BRD. Bonn/ Bad Godesberg.

Krockow, C. Graf von (2000): Bismarck. Eine Biographie. DTV: München.

Kuckenburg, M. (2004): Wer sprach das erste Wort? Die Entstehung von Sprache und Schrift. Stuttgart: Konrad Theiss Verlag.

Kuczynski, J. (1982): Geschichte des Alltags des deutschen Volkes. Band 3. Köln: Pahl- Rugenstein Verlag.

Laabs, D. (2012): Der deutsche Goldrausch. Die wahre Geschichte der Treuhand. München: Pantheon.

Lane, F. (1979): Profits from Power. Readings on Protection Rent and Violence Controlling Enterprises. Albany: State University of New York Press.

Lawick-Goodall, J. van (1971): Wilde Schimpansen. Reinbek: Rowohlt.

Le Bon, G. (1922): Psychologie der Massen. 4. Aufl. Stuttgart: A. Kröner Verlag.

Le Goff, J. (2005): Das Hochmittelalter. Frankfurt/M.: Fischer.

Le Goff, J. (Hrsg.) (2004): Der Mensch des Mittelalters. Essen: Magnus.

Lee, R. (1969a): Eating Christmas in the Kalahari. In: Natural History, Dezember, S. 14-22, 60-63.

Lee, R. (1969 b): !Kung Bushman Subsistence: An Input-Output Analysis. In: Vayda, A.P. (Hrsg): Environment and Cultural Behaviour; S. 47-79. Garden City (N.Y.).

Lenin, W. I. (1963/ 1902): Was tun? Brennende Fragen unserer Bewegung. In: Ders.: Ausgewählte Werke. Berlin: Dietz Verlag.

Locke, J. (1790):Two Treatises of Government. London: Amen-Corner (deutsch: Locke, J. (1977) Zwei Abhandlungen über die Regierung. Frankfurt/M.: Suhrkamp).

Luhmann, N. (1984): Soziale Systeme. Frankfurt/M.: Suhrkamp.

Luhmann, N. (1987): ‚Distinctions directrices'. Über Codierung von Semantiken und Systemen. In: Ders.: Soziologische Aufklärung; Band 4; S. 13-31. Opladen: Westdeutscher Verlag.

Luhmann, N. (1988): Die Wirtschaft der Gesellschaft. Frankfurt/M.: Suhrkamp.

Luhmann, N. (1997): Gesellschaft der Gesellschaft. 2 Bände. Frankfurt/M. 1997: Suhrkamp.

Lutz, B. (1989): Der kurze Traum immerwährender Prosperität. Frankfurt/M./ New York: Campus.

Malinowski, B. (1981): Korallengärten und ihre Magie. Bodenbestellung und bäuerliche Riten auf den Trobriand-Inseln. Herausgegeben mit einer Einleitung von Fritz Kramer. Frankfurt/ M.: Syndikat.

Martens, B. (2010): Zug nach Westen – Anhaltende Abwanderung. In: bpb (Hrsg.) Dossier: Lange Wege der deutschen Einheit. Bonn.

Marx, K./ Engels, F. (1972): Das kommunistische Manifest. In: Marx-Engels-Werke, Band 4; 459-493. Berlin: Dietz Verlag. Erstausgabe 1848.

Marx, K. (1972) : Das Kapital. Erster Band. In: Marx-Engels-Werke; Band 23. Berlin: Dietz.

Marx, K. (1974): Grundrisse der Kritik der politischen Ökonomie. Berlin: Dietz Verlag. 2. Auflage.

Maull, H.W./ Maull, S. M. (2004): Im Brennpunkt Korea. Geschichte, Politik, Wirtschaft, Kultur. München: C.H. Beck.

Mauss, M. (1990): Die Gabe. Form und Funktion des Austauschs in archaischen Gesellschaften. Frankfurt/M.

Mcdonald, J. (2005): Es begann in Italien. Essay. Die Zeit vom 3. 11. 2005; Nr.45.

Mead, G. H. (1973): Geist, Identität und Gesellschaft. Hrsg. von Charles Morris. Frankfurt/M.: Suhrkamp.

Möllers, C. (2014): Was genau ist der Staat? Rezension zu: Pierre Bourdieu: Über den Staat. In: Die Zeit; Nr. 32, S. 38 vom 31.7. 2014.

Morgan, L.H. (1877): Ancient Society. Researches in the Lines of Human Progress from Savagery through Barbarism to Civilization. Chicago: Charles H. Kerr&Company.

Morus, T. (2016): Utopia. Übersetzt von Hermann Kothe. Altenmünster: Jazzybee. Erstveröffentlichung 1516 in Löwen.

Müller. H. P. (2012): Wertewandel in: bpb.de/politik/grundfragen/deutsche-verhaeltnisse-eine-sozialkunde (Abruf: 24.4.2017).

Münch, R. (1980): Über Parsons zu Weber. Von der Theorie der Rationalisierung zur Theorie der Interpenetration. In: ZfS 9; S. 18-53.

Münch, R. (1988): Theorie des Handelns. Frankfurt/M.: Suhrkamp.

Münch, R. (2003): Soziologische Theorie. Band 3: Gesellschaftstheorie. Frankfurt/M./ New York: Campus.

Mussolini, B. (1933): The Polical and Social Doctrine of Fascism. London.

Nauck, B. (1990): Erwerbstätigkeit und Familienstruktur. München: Dt. Jugendinstitut.

Nauck, B/ Kohlmann, A. (1999): Values of Children. Ein Forschungsprogramm zur Erklärung von generativem Verhalten und intergenerativen Beziehungen. In: Busch, F./ Nauck, B./ Nave-Herz, R. (Hrsg.): Aktuelle Forschungsfelder der Familienwissenschaft. Würzburg: Ergon. S. 53-73.

Niedhart, G. (2006): Die Außenpolitik der Weimarer Republik. Enzyklopädie der deutschen Geschichte Band 53. München: Oldenbourg.

Nissen, H. J. (1995): Grundzüge einer Geschichte der Frühzeit des Vorderen Orients. Darmstadt: Wissenschaftliche Buchgesellschaft.

Noelle, E./ Neumann, E.P. (1965): Jahrbuch der öffentlichen Meinung 1958-1964. Allensbach: Verlag für Demoskopie.

Nunn, A. (2014): Stichwort Götterbild. In: Bibelwissenschaft.de. Abruf 14.4.2017.

Ortega y Gasset, J. (1956): Der Aufstand der Massen. Reinbek: Rowohlt.

Paasche, H. (1984): Die Forschungsreise des Afrikaners Lukanga Mukara ins innerste Deutschland. Bremen: Donat & Temmen.

Parsons,T/ Shils, E.A. (Hrsg.) (1951): Towards a General Theory of Action. Cambridge Mass.: Harvard University Press.

Parsons, T. (1972): Das System moderner Gesellschaften. München: Juventa. (Amerikanische Originalausgabe 1971: The System of Modern Societies).

Piore, M./ Sabel, Ch. (1989): Das Ende der Massenproduktion. Frankfurt/M.: Fischer.

Polanyi, K. (1979): The Great Transformation. Politische und ökonomische Ursprünge von Gesellschaften und Wirtschaftssystemen. Wien: Europaverlag.

Polanyi, K. (1966): Dahomey and the Slave Trade. An Analysis of an Archaic Economy. Seattle und London: Univ. of Washington Press.

Popitz, H. (1992): Phänomene der Macht. Tübingen: Mohr-Siebeck.

Preiser, E. (1963): Wesen und Methoden der Wirtschaftslenkung. In: Ders.: Bildung und Verteilung des Volkseinkommens; S. 321-365. 3. Auflage. Göttingen: Vandenhoeck&Ruprecht.

Reeves, N. (2002): Echnaton. Ägyptens falscher Prophet. Mainz: von Zabern.

Reich, R. (1993): Die neue Weltwirtschaft. Frankfurt/M./ Berlin: Ullstein.

Riesman, D./ Denney, R./ Glazer, N. (1958): Die einsame Masse. Eine Untersuchung der Wandlungen des amerikanischen Charakters. Reinbek: Rowohlt.

Rifkin, J. (1996): Das Ende der Arbeit und ihre Zukunft. Frankfurt/M./ New York: Campus.

Salomon, P. (2003): Die Geschichte der Mikroelektronik-Halbleiterindustrie in der DDR. Dessau.

Schimank, U. (2000): Theorien gesellschaftlicher Differenzierung. 2. Auflage. Opladen: Leske&Budrich.

Schimank, U. (2006): Teilsystemische Autonomie und politische Gesellschaftssteuerung. Wiesbaden: VS.

Schmidt, R.F. (2004): Otto von Bismarck (1815-1898). Realpolitik und Revolution. Stuttgart: Kohlhammer.

Schumpeter, J.A. (1993): Kapitalismus, Sozialismus und Demokratie. 7. Auflage Tübingen und Basel: Francke.

Schumpeter, J. (1934): Theorie der wirtschaftlichen Entwicklung. Eine Untersuchung über Unternehmergewinn, Kapital, Kredit, Zins und deren Konjunkturzyklus. 4. Auflage. Berlin: Duncker&Humblot.

Schurz, H. (1902): Männerbünde und Altersklassen. Berlin: Reimer.

Seitz, K. (2006):China. Eine Weltmacht kehrt zurück. München: Goldmann.

Service, E. (1977): Ursprünge des Staates und der Zivilisation. Der Prozess der kulturellen Evolution. Frankfurt/M.

Sieferle, R.P. (1995): Die konservative Revolution. Fünf biographische Skizzen. Frankfurt/M.

Slater, R. (2009): George Soros: Sein Leben, seine Ideen, sein Einfluss auf die globale Wirtschaft. München: FinanzBuch-Verlag.

Smith, A. (1978): Der Wohlstand der Nationen. München: dtv. Engl. Original 1776: An Inquiry into the Nature and Causes of the Wealth of Nations.

Soden, W. von (1961): Sumer, Babylon, Hethiter bis zur Mitte des zweiten Jahrtausends v. Chr.; in: Mann, G./ Heuß, A. (Hrsg.): Propyläen Weltgeschichte. Erster Band. Berlin/ Frankfurt/M. S. 523-609.

Spernol, B. (2008): Notstand der Demokratie. Der Protest gegen die Notstandsgesetze und die Frage der NS-Vergangenheit. Essen: Klartext.

Stahl, M. (2003): Gesellschaft und Staat bei den Griechen: Archaische Zeit. Paderborn: Schöningh.

Stalin, J.W. (1951-1955): Werke, Band 1-13. Berlin: Dietz.

Staritz, D. (1996): Geschichte der DDR 1949-1990. Erweiterte Neuausgabe. Frankfurt/M.

Statistisches Bundesamt (Hrsg.) (2017): Statistisches Jahrbuch 2016. Pdf – download.

Stolleis, M. (1983): Pecunia Nervus Rerum. Zur Staatsfinanzierung der frühen Neuzeit. Frankfurt/M.: Vittorio Klostermann.

Stürmer, M. (1986): Die Reichsgründung. Deutscher Nationalstaat und europäisches Gleichgewicht im Zeitalter Bismarcks. München: dtv.

Teubner, G./ Willke, H. (1984): Kontext und Autonomie. Gesellschaftliche Selbststeuerung durch reflexives Recht. EUI-Working Paper 93. Florenz: EUI.

Townsend, J. (1971; Erstauflage 1786): A Dissertation on the Poor Laws. By a Well-Wisher to Mankind. Berkeley: University of California Press.

Tuchman, B. (1996): August 1914. Frankfurt/M.: Fischer.

Ulrich,G. (1994): Staatliche Intervention aus systemtheoretischer Sicht. Opladen: Leske&-Budrich.

Van Lawick- Goodall, J. (1971): Wilde Schimpansen. Reinbek: Rowohlt.

De Waal, F. (1991): Wilde Diplomaten. Versöhnung und Entspannungspolitik bei Affen und Menschen. München/Wien: Carl Hanser Verlag.

Wallerstein, I. (1974): The Modern World-System I. Capitalist Agriculture and the Origins of the European World-Economy in the Sixteenth Century. San Diego.

Wallerstein, I. (1980): The Modern World-System II. Mercantilism and the Consolidation of the European World-Economy, 1600-1750. Boston/ San Diego.

Wallerstein, I. (2004): Die große Expansion. Das moderne Weltsystem III. Wien: Promedia.

Weber, M. (1972): Wirtschaft und Gesellschaft. 5. Auflage Tübingen: Mohr – Siebeck.

Weber, M. (1988): Die protestantische Ethik und der Geist des Kapitalismus. In: Ders.: Gesammelte Aufsätze zur Religionssoziologie. Band 1: 17-206. Tübingen: Mohr-Siebeck.

Wetterau, K. (2017): 68 – Täterkinder und Rebellen. Familienroman einer Revolte. Bielefeld: Aisthesis.

Wiegand (1981): Zur historischen Entwicklung der Löhne und Lebenshaltungskosten in Deutschland: In: Historical Social Research 6; S. 18-44.

Wildung, D. (1977): Impotep und Amenhotep. Gottwerdung im alten Ägypten. München: Deutscher Kunstverlag.

Willke, H. (1983): Entzauberung des Staates. Überlegungen zu einer sozietalen Steuerungstheorie. Königstein/ Taunus: Hain.

Winkler, H. (1996): Malthus: Krisenökonom und Moralist. Innsbruck.

Zibelius-Chen, K. (2006): Im Land der Pharaonen. In: Die Zeit (Hrsg.): Welt und Kulturgeschichte. Band 1; S. 261-512. Hamburg: Zeitverlag.

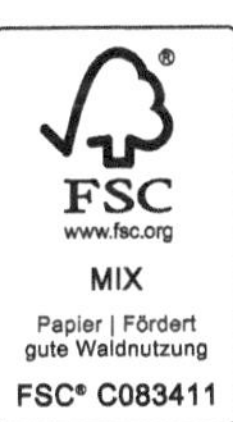

Zeitfracht Medien GmbH
Ferdinand-Jühlke-Straße 7
99095 Erfurt, Deutschland
produktsicherheit@kolibri360.de